U0042924

柯嘉豪

器物的象徵

佛教打造的中國物質世界

The Impact of Buddhism on Chinese Material Culture

John Kieschnick

「潮歷史」書系總序

反映當前歷史學潮流，引領歷史閱讀新風氣

蔣竹山
書系主編／國立中央大學
歷史研究所副教授兼所長

每個時代都有那個時代的流行歷史著作，粗略來看，我的大學時代是《萬曆十五年》，某個時期是《槍炮、病菌與鋼鐵》，最近可能是《維梅爾的帽子》。從歷史學發展的趨勢來看，現在市面上的歷史類書籍出版，似乎未能反映當代歷史學的走向。整個臺灣歷史學的出版，有一個大趨勢就是全球史作品變多了。

放眼西方歷史學界近十年來的變化，經我統計，透過會議、研究計畫、論著發表來看，可歸納出十個趨勢：情感史、書籍史、文化相遇、歷史記憶、全球史、帝國史、環境史、醫療史、數位史學、公眾史學。相較於這些主題的多元，現有的臺灣歷史類書籍的出版市場就顯得

過於偏食。有鑑於此，我們希望規劃一套能夠反映當前歷史學潮流的叢書，既有學術深度，又有可讀性，「潮歷史」因而誕生。

在上述十個既有的趨勢調查之外，我們發現有些面向漸漸受到重視，像是動物史與動物轉向就是過往較少被關注的，人與動物關係的議題從社會學、生態學、倫理學延伸到歷史學，開始注意歷史上人與動物的互動，這便是我們叢書規劃的方向之一。其次，像是我最近正在推動「全球視野下的物質文化史研究群」，物質文化史主題也會是這個書系的重點。又或是我的藏書有大宗的日記，而如何藉由日記反映微觀史與日常生活，這樣的主題亦將出現在我們的名單中。此外，食物史同樣是近來的跨領域研究重點，涉及營養、衛生、醫療、農業及飲食文化等課題，相當值得關注。

歷史是作為一位當代公民最重要的素養之一。「潮歷史」，意指歷史如潮汐，歷史可以很「潮」，是時代的浪潮，更是閱讀的風潮。

最重要的是，在這個時代，我們希望「潮歷史」能夠成為一個歷史創作的新平臺。集結國內外有觀點、有見解、有趣味的嶄新研究與重要論述，不論是國際知名學者、年輕一輩的研究者，或大眾歷史和輕歷史的創作者等，都能在「潮歷史」的規劃下，一起開創和引領華人世界的歷史閱讀風氣，讓這塊土地人民的視野「朝向歷史」。

期待這套「潮歷史」的規劃，既能引進國外的佳作，更能挖掘臺灣本土的歷史寫手——在比例上我們更傾向於後者——藉此翻轉現有人社書籍以翻譯為大宗的失衡現象。

序

本書緣起於我在研究所讀書時讀到的印度佛教史家格里高利・叔本（Gregory Schopen）的一篇論文。據其考證，雖然律典等傳世文獻說明古代印度的比丘沒有私人財產，但金石與考古材料卻證明，實際上古印度的出家人往往私財豐厚。[1]這篇精彩的論文引發我使用考古資料來證明中國僧人亦擁私財的構想。因此，我開始大量翻閱《考古》與《文物》等學刊尋找相關資料。我不久便發現考古、金石、寫本以及傳世文獻都有大量的資料說明中國的僧人常擁有私人的物品與財產，而且研究中國佛教的學者都知道這點。換言之，這不是發現而是常識。

正當我想就此放棄此課題時，偶然間我又讀到黃正文發表在《文物》上的一篇短文，主張中國椅子的起源應與佛教的流傳有關。[2]之後，我用了幾年的時間，試圖更充分地論證黃先生的說法。同時我發現，自宋代以降，國內外有很多學者對中國椅子之謎下過功夫，但卻未有研究佛教的學者討論過此一饒富興味的問題。正在此時，研究美國宗教的學者科林・麥克丹奈

（Colleen McDannell）出版了一本專書，探討美國宗教中的物質文化，這也啟發我從椅子的流傳寫起而為中國佛教撰寫類似的專書。在研究塑像、舍利子、橋梁等題材時，我很快就發現，正如前文所提及的僧人私財與椅子一樣，這類問題的原始材料非常豐富，個別相關研究的品質亦佳，但我們卻仍缺乏綜合性的專書。總之，我認為本書如有貢獻，不在於提出新的資料，而是從宏觀的角度，結合以前學者的研究成果來探討中國佛教與物質文化的關係。

十幾年前我寫作此書最主要的目的之一，是希望將來西方學者寫中國通史時，除了提到佛教在思想、信仰以及儀式等方面的激盪外，也會多加一段筆墨，強調佛教曾影響中國的物質文化。同時，我也希望本書能提醒佛教史學者多留意佛教的流傳與物質文化間的關係。此外，我自然也希望此書能對西方研究其他宗教的學者有所啟發，因為之前宗教研究者往往忽略宗教與物品之間的關係。總之，因為此書主要是為西方學者所寫，所以其中恐怕有不少內容對臺灣讀者而言是十分平凡的常識。然而，或許從一個較宏觀的角度來討論佛教對中國物質文化的影響，仍能引起各位讀者的共鳴，引發思索宗教物品在自身的信仰與生活中所扮演的角色。

剛拿到此書英文校樣時，我的同事祝平一一打開書，便注意到書目裡的錯字。另一位西班牙的朋友 Ramon Guardans 閱讀前言時，指出我唯一提到西班牙的地方就有嚴重的錯誤（伊斯蘭教是在八世紀進入西班牙，而非九世紀）。其後，我收到當時還未曾相識的印度佛教專家

Jonathan Silk的一封長信。他前面先讚美此書的論點，同時也在後面四頁中列出了書中各式各樣的錯誤，我非常感謝這些學者的指正。另外，在中文版中我增加了一些原書所無的圖片，並補充了少數近年來的研究，但由於我最近的研究與物質文化無關，如有疏漏，尚祈方家賜正。

最後，我要感謝陳金華與孫英剛籌備此書的翻譯，也要感謝譯者陳瑞峰、趙悠、董浩暉、宋京和校譯者趙凌雲、楊增，以及最後幫忙潤色的祝平一、李玉珍、吳宓苓與丁一。

本書的簡體版於二〇一五年出版，但第一章少了二十世紀出借舍利到緬甸等事項，這次繁體版補足了這一缺撼。本人感謝本書系主編中央大學歷史研究所的蔣竹山老師、遠足文化的總編輯李進文先生以及編輯王育涵在出版本書時的各種協助。本書是我任職中研院史語所時主要的研究成果，因此很高興本書能以繁體面貌與臺灣讀者見面。

柯嘉豪

序於美國史丹佛大學

目次 *Contents*

導言

佛教影響中國文化約始於公元一世紀，它帶來了許多新的概念、教義和信仰。隨著佛教思想的扎根和傳播，諸如天堂地獄、新的神祇、輪迴以及「業」等概念，都深入中國人的日常生活。此外，佛教還帶來了新的行為方式，例如坐禪、供佛、開光與懺法儀式，乃至「合掌」這樣的新手勢。因為接觸到來自異域的傳教者以及通過譯自外文的文獻，佛教也對中國人如何認知母語以及語言本身的變化做出了貢獻。許多常見的現代漢語表述方式都源自佛典，同時也藉深入考察佛典所使用的印度語言，人們開始認識到漢語自身的獨特特點，比如對聲調的依賴。

此外，經由引入新的聖物、符號、建築、法器，以及其他各種大大小小的物品，乃至對這些物品的看法及與之互動的新方式，佛教還改變了中國人的物質世界。佛教從一世紀進入中國開始，就隨即對中國物質文化產生了影響，並一直持續到佛教退出印度主流文化舞臺的十二世紀之後。佛教相關的物品、關於物品的觀念以及與物品相關的行為都跟隨佛教來到中國，其後它們為了適應各種新的環境和社會需求——它們進入的是一個充滿活力的社會，擁有著巨大的生產、使用和拋棄物品的能力——不斷變化和演進。時至今日，只要是存在中國文化的區域，佛教仍然在當地的物質文化中占有顯著地位。本書將聚焦於在佛教影響中國物質文化的歷史過程中，某些具有代表性的器物史，並概觀上述發展過程。但是在討論個別物品的歷史之前，我們要先回顧佛教對待物品的尖銳態度。

佛教對物質世界的批評

很少有宗教會像佛教這樣學理嚴密地抨擊物質世界。從最早期的佛典到現在，佛教僧眾一如既往地擁護著摒棄物質世界而苦修的理念。在五世紀漢譯的《長阿含經》首篇中，釋迦牟尼自述：他和前六世的佛陀一樣生為王子，並在奢靡的宮廷裡長大，過著安逸富足的生活。當他的父親懷疑兒子動了出家之念時，他立刻就為其安排更多的美女服侍，並整修已然豪華的宮殿，希望藉由俗世感官的刺激引誘他繼續待在宮裡。但與過去六佛如出一轍，釋迦牟尼最終還是趁夜乘馬車偷偷溜出宮城，換去錦衣，披上隱士衣袍，並命令車夫攜王子華服、寶車返宮，他身無長物，獨自在森林裡遊蕩。[1] 釋迦牟尼「捨棄俗物」出家的壯舉，成為每一位比丘的模範，在許多文獻和無數繪畫、造像中被反覆描繪；除了實體器物外，出家也意味著要放棄音樂、性愛和對家庭的依戀。不過，正因為釋迦牟尼生於富貴之家，所以他對物質性享受的摒棄就被凸顯了出來，因為一個人擁有的愈多，他放棄的也就愈多。釋迦牟尼的行為還暗示了物質享受和靈修精進之間判若水火的關係。佛傳中明確指出，如果他繼續過著富裕王子的放逸生活，整日為奢華之衣物所環繞，那麼他必定無法成就正覺。

富人對物質的重視和僧尼對精神的追求是佛典中常見的對比。在《中阿含經》中，佛陀宣稱：與商人、武士和祭司等追求物質性財富的人不同，僧人追求的是真理。[2]佛陀也在別處提及：僧人與只關心戰事、覬覦財富的國王不同，與戀慕男人與珠寶的女人有異，僧人只思索「四聖諦」，只想求得涅槃。「富裕」是小商小販對蠅頭小利的癡迷，他們渴求財富，無法將自己從對物質的貪婪中解放。[3]金錢與財寶如同女色，是「堅固縛」、「染汙心」的鐐銬。[4]正因為一旦生活為物質享樂所充斥，人的注意力就會被其引誘而分散，所以釋迦牟尼離開了閒適的宮廷生活而過起了出家人的艱苦日子；也正因為如此，他堅持認為弟子們應該仿效他，去過清貧自律的生活。[5]

無數佛典的片段涉及佛陀這類告誡：對物質的追求不僅讓人遠離更純粹、更高貴的信仰，而且還是極其短視的；因為從長遠來看，一個人絕不會因為聚斂財富而獲得回報，「至命盡時，財寶續在世間」。[6]任何生前沒有用於行善的事物，死時都毫無益處。佛陀也同樣不留情面地批評單純貪圖現世的物質享受。對占有之欲，哪怕稍有屈服都是危險的；若非自律，我們永遠欲壑難填——「天下一切萬物，一人得不自足」。[7]

一般人多執著於物質世界，無視可怕的業力之報。而造成這種業報的是對道德責任的忽視，且我們也沒有意識到對物質的這種渴求只會帶來稍縱即逝的快感，因為本質上物質世界只是一場騙局，一個我們遲早應當從中醒來的夢境。佛陀訓誡弟子：物質享受「如人夢見好舍好園豪貴快樂，寤則不見，世間所有貧富貴賤，如人夢耳」。[8]

印度的佛教思想家一再強調物質世界為虛幻，並且熱衷於攻擊傳統意義上「真實」（conventional reality）的觀念。為此，他們系統地將現象分解至其組成的基本成分。僅就表相而言，所有的經驗可以被分成「五蘊」（梵語：*skandha*）：色、受、想、行、識。其中的每一蘊都可以再進一步分解成不同的元素。比如頗具影響的印度學院式論著《阿毗達磨俱舍論》就主張：事物由「十一色」構成，五根、五境及無表色（梵語：*avijñapti*）。接著《俱舍論》又列出了五境：色、聲、香、味、觸。在此之中，「色」又可以分為不同顏色，包括青、黃、赤、白、明、暗。還有八種聲、四種香、六種味、十一種觸等等。[9]只有最最基本的元素「法」（梵語：*dharma*），才可姑且說是獨立真實存在的，但也僅在一剎那間。我們周身的事物看上去好像是各自獨立存在的實體，如一個紅色的瓶子在我們看來是持久、獨立的存在，但事實上，它僅僅是一個暫時的多元聚合體，是光線、色彩、密度等獨立元素的精密組合，它無時無刻不處於變化之中。從前一天到後一天，這個瓶子似乎是一個不變的整體，然而這只是感官的把戲，它掩蓋了「逝者如斯」的真相。如此檢視之後，我們身邊的物質世界便消解為一個個處在狂亂瞬逝之中的獨立元素，只是暫時以某種形式聚合成形（比如一個紅瓶子、一座山、一個人），卻又在極短的時間裡消失；或又融入新的成分而以另一種面貌重新出現。[10]如《大智度論》所說：

無智人謂地等諸物以為實；聖人慧眼觀之，皆是虛誑。譬如小兒見鏡中像以為實，歡喜欲取，謂為真實；大人觀之，但誑惑人眼。諸凡夫人見微塵和合成地，謂為實地；餘有天眼者，散此地，但見微塵；慧眼分別破散，此地都不可得。11

諸如上述，故物質世界不斷地被認為是夢幻泡影，而迴避物質財富便成為戒律中所規定的僧團理想。一位僧人所允許擁有的財產僅限於能夠隨身攜帶的幾樣生活必需品，如縫衣針、乞鉢、鞋之類；僧人不應接觸金錢，他們要穿最樸素的衣服，吃最簡單的食物。總之，不論在眾所皆知的經文裡、專門的形上學論著中，還是在僧律中，佛教不認同感官享受和棄絕物質世界的態度總是無所不在。

服侍佛法的物品

然而，若我們拋下這眾多繁雜深奧的教義和義理，轉而看一看佛教被實踐的方式，就會發現相關的器物用品比比皆是。考古材料證明，在印度，僧人們很早就已經擁有私人財產並且使用貨幣。[12]中國僧人也一直都擁有私產，從宗教性物品，如經卷、畫像，到奴隸、牲口以及大量的地產。[13]這種苦行理想與現實生活之間的落差，不論在佛教教團內外，都有人認為是墮落甚至是偽善；但也有人試圖以廣為人知的教義和經典來證明這種差距的合理性。比如在《彌沙塞部和醯五分律》中，佛曰：「雖是我所製，而於餘方不以為清淨者，皆不應用。雖非我所製，而於餘方必就行者，皆不得不行。」所以，如果一種既定的實踐不適用於某一特定區域，就應該調整，以適應當地風俗；這給了僧團戒律相當大的闡釋餘地。[14]不過，大多數人並不認為有必要論證僧人擁有私產是否正當，這已經被視為是理所當然的了。

即便暫不論事實上佛教如何被實踐，而僅在理念的領域之內進行討論，將佛教教義描述為完全反物質性的事物，也並不正確。僧律遠非對物質毫無興趣，反而往往在寺院財產一事上長篇大論，精心規定僧衣剪裁和滾邊的細節、製作僧鉢的材料、行路錫杖的長度等等。這正是為了清晰地區分開僧、俗兩種物品，前一種與苦行的僧眾有關，後一種則與致力於追逐財物及炫耀物質的其他類型的人有關。換言之，這些物品是用來表現僧人如何地鄙夷這個由迷戀私財的眾生組成的墮落世界。為了更高尚的出世追求，某些物品也無妨一用，但必須對其細節一絲不苟，並且在製作和使用的過程中恪遵戒律。

另外，儘管僧人個體不應該斂財，但僧伽的共同財產卻不受約束。事實上，以各種供品供養僧眾正是在家信眾最重要的義務之一。這能為他們掙得此世的福報，以及來世更好的出身。在《增一阿含經》中，佛曰供養人可以在死時得賞而轉世於天道中，同時布施者還有五種增勝：「一者顏貌豪貴，威神光明；二者所欲自在，無事不果；三者若檀越施主生人中者，值富貴家；四者饒財多寶；五者言從語用。」[15]其中提及的「饒財多寶」尤其值得注意，財物布施的福報之一，就是獲得更多的財物。此處我們其實已遠離對「少欲知足」、「一切皆空」等觀念的熱烈宣講，而進入到慈善領域以及寺院募款。佛教經典中反覆強調向僧院布施的重要性，而人生易逝和個人所有之微不足道，又更加肯定了這一觀念。有一則故事重複出現在不同佛經之中，一位事業有成的居士說道：

人謂我為貴人，財富無量，饒益眾生，今正是時，應當大施。富貴雖樂，一切無常，五家（即王、賊、火、水以及惡子）所共，令人心散，輕泆不定，譬如彌猴不能暫住；人命逝速，疾於電滅，人身無常，眾苦之藪。以是之故，應行布施。

其後便是一長串的各式供物清單——穀物、酥油、白象、珠寶、金子和家具——由居士供奉給僧眾。[16]

佛經中訴說了很多慷慨的在家眾供奉華美供品的故事，並仔細地描述了佛陀在世時供給僧團的金子和寶石。猶如早期基督徒利用三博士攜重禮來拜望嬰兒耶穌的典故，佛經中也有高尚的在家眾向佛陀的出家眾獻上貴禮的典故，佛教供養人（以及鼓勵他們布施的僧人們）便依此行事。[17]猶有甚者，即使是那些熟稔佛教本體性空的人也備受鼓勵布施，儘管與此同時他們明白「所施財者，從因緣和合有，無有一法獨可得者。如絹、如布，眾緣合故成，除絲除縷，則無絹、布」。[18]換言之，人可以既認識到一切事物根本上性空，又權且使用它們並布施支援僧眾，以成全大善。以眾所周知的權威佛經為依據，供養者在以巨資供養一個本應該是簡樸出世的群體時，就可以心無愧疚。

佛典中鼓勵布施的社會根源是很明顯的；僧人依賴這些供品為其主要收入來源之一，所以他們關注供養僧眾即可獲得福報的相關教理，並大力宣揚過往慷慨解囊的供養人。然而，供養往往遠超出令僧人豐衣足食的實際需求。儘管佛陀已入涅槃，僧人仍然鼓勵覲拜者向他獻上供物。在《法華經》中，佛陀支持虔敬的教徒向窣堵坡（佛塔）供奉金銀、水晶、珍珠貝和瑪瑙。他們甚至受命用金銀、瑪瑙、琉璃等寶石來製作佛像。[19]跟其他諸如食品、僧衣、金錢等布施不同，這些裝飾品並非為了僧眾的日用而作，而是用來莊嚴佛陀。而這些用來供奉佛陀的物品，不像與個別僧尼相關的物品那樣受到嚴格限制。佛教藝術極少以簡潔和克制為重要理念；相反的，佛教造像和供養物往往通過極端壯觀的景象來喚起人們的敬畏與虔誠。

與之相似，佛經中細緻描述了佛陀周遭的各種供養品，進而凸顯出佛陀的雄偉與莊嚴。比如《華嚴經》的開頭幾句便描繪了在摩羯陀國的佛陀——坐在由金剛石鋪就的地面上，被寶石與幢幡圍繞，頭頂覆蓋著七寶羅網。他坐在菩提樹下，樹根是琉璃做的，枝上則掛滿摩尼珠。[20]經文中充斥著奇珍異寶，這樣的場景顯示出佛陀是如何高人一等，儘管事實上佛教徒（同時）認為佛陀是超越一切物質依戀的棄世者。這好比早期基督教造像中的耶穌，雖然他拋棄財富而窮困潦倒，卻背負著一個鑲嵌珠寶的鍍金十字架。[21]

阿彌陀佛的淨土是善男信女理想的修煉之地，但也同樣充滿稀有珍貴的物品。黃金鋪地；通向天臺的階梯由金、銀、琉璃所造；各層的圍欄與窗格皆是寶石，圍繞著整個淨土；就連樹木都是由珠寶製成。[22]此處並沒有嘲諷物質財富，而是將其視為對虔信者的吸引和褒獎。我們已經知道布施者必得到物質的獎賞；而在家眾若能遵守五戒（不殺生、不偷盜、不邪淫、不妄語、不飲酒），也將因其所行收穫同等的福報，「增益無損」。[23]

我們可以看到，描述佛陀也使用了相同的手法，諸多經文指出他的皮膚是金色的。[24]即便佛教論師也沒有將佛陀與世俗的、物質性的價值相隔離，而是樂意以一種刻意的、精密的方式利用這些價值。比如《大智度論》就提到一種理論：佛陀皮膚的顏色取決於觀者的價值觀。對於不看重金子的人，佛身看上去就可能像是青金石、琉璃或金剛石，隨著觀者最欽羨的寶石而異。[25]此處暗示著佛陀的形象終究如幻，可能正是以此來削弱珠光寶氣的商人和偉大的出家人間強烈的對比，並強調佛陀最終是超越一切地域性的審美觀和物質價值的。然而，哪怕在這個案例中，作者也絲毫沒有拒絕使用世俗文學中的華麗形象來包裝佛陀。在任何社會中，擁有珍貴物品都是特殊地位的基本象徵，其誘惑力是如此強烈，以至於就算在根本上超越這些價值的藝術、儀式乃至宗教當中，融入這些物質都顯得再自然不過。於是，將佛陀或僧院與珍寶、精緻的裝飾聯繫在一起，立刻獲得了來自各色人等的共鳴，在展現莊嚴、尊貴和榮耀的同時，還表達了供養人和被供養者對豐足物質生活的集體渴望。

中國對待佛教物品的態度

筆者在前文徵引了佛教內部不同時期、不同部派的印度文獻。印度佛教的專家或許能夠甄別印度佛教在不同歷史時期對待物品的細微差別，並依據不同的文獻材料梳理出物品發展變化的歷史。但在中國，佛典的傳入相當無序，且從來沒有被細緻無誤地按時間順序整理過——這是一個讓今天最出色的文獻學者仍然望而卻步的艱鉅工作。前文中所引用記載佛陀言論的文獻，在五世紀中期以前皆已譯成中文，並被普遍認為是佛陀訓誡的真實紀錄。所以佛教從傳入中國開始，就建立起灌輸其中國信徒摒棄物質享受的強大傳統，但同時又在一些具體的語境之下積極倡導使用貴重的世俗物品。這兩股佛教思想都在中國歷史上留下了痕跡。

其實早在佛教傳入中國以前，使用物品應節儉克制已然是中國思想中的重要理念。孔子告誡人們應抵禦財富的誘惑：「飯疏食飲水，曲肱而枕之，樂亦在其中矣。不義而富且貴，於我如浮雲。」[26]而莊子的措辭更為激烈，他懇請讀者做到「物物而不物於物」[27]，不只反對誇飾頭銜、財富及地位，還反對人為物品所物化。

綜觀整部中國古代史，人們斥責逾矩誇耀財富，提倡樸素節儉的理念，例如在喪儀中厲行節約。[28]長期以來不斷呼籲使用財富應節儉克制的言論，其實同時吐露了一種相反的傾向——即物質性的物品普遍被人們用來維護與抬高自己的社會地位，並視之為體現莊嚴、繁榮與富庶的重要方式。

在佛教傳入中國以後，佛教對待物質的態度在中國有關物質的觀念中很快便找到了與自己相契合的思想。對於佛陀將物質財富視作轉眼即逝、浮華矯飾之物的訓示，中國僧人並不會感到突兀陌生。正如我們所知，汲取這一理念的主要文本至五世紀中期都已被譯介到中國，而為識字的僧人所熟知。當時的中國僧人都應當相當了解有關僧院戒律的具體明文規定，其中對苦行簡樸之理念的闡述就占了相當大的篇幅；中國僧人還就戒律中有關個人財產及僧人應如何保持與物品的適當關係，撰寫了許多著作進行評論，並從不同角度進行爭辯。與之類似，印度佛教文獻中關於探討物質無常虛幻本質的著作，在中國也得到極大的關注。筆者曾在前文引述過的《阿毘達磨俱舍論》，其將現象世界解析為不同的元素，這是僧人的基本訓練，一些重要的中國僧界思想家也曾長篇大論地探究過物質的真正本質。[29]而世界無常的佛教思想，以及感官享受和精神追求之間的根本衝突，並不僅限於僧人。在中國佛教史上，文人雅士向來懷抱著這樣的憧憬：逃離上層社會的物質陷阱而遁入山林寺院過簡單純樸的生活；當佛教在中國人的敘述中出現時，便常被藉以批評世俗世界在物質方面的墮落。

於此同時，佛教對於「莊嚴」及用物質表達虔信的重要性同樣影響深遠。考古學家與藝術史學者詳細記錄了中國佛教史不同時期的無數佛教造像，它們由不同社會階層的人們委託製作，各種尺寸形狀俱全。製作造像的材料受到重視，貴重金屬製成的雕像相當常見。事實上，用以製造佛像的金屬是如此之多，以至於國家一直在覬覦這筆財富。從中世紀到一九六〇年代，不同朝代的政府不斷下令熔化佛像以充實國庫，或為建築工事、軍隊提供原料。有一則例子足為代表：八四五年唐武宗毀佛時，敕詔禁用金、銀、銅、鐵以及寶石製作佛像，詔令中有言：「但用土木，足以致敬」，[30]故今後佛教徒應使用黏土及木料製作佛像。儘管武宗這一說法有其不可否認的邏輯，但他企圖改變佛教以昂貴物質來表達虔敬的努力，卻成效甚微；一俟駕崩其詔令便被解除，佛教徒又重新開始使用貴金屬製作佛教器物。導致武宗失敗的原因有二：首先，很多人並不認同土木足以用來表達敬意，正如帝王會要求與其身分相配的貴重器物，佛陀與眾菩薩也亦如此；其次，佛教造像不僅是教徒個人與神靈間的溝通管道，它們同時也是人們在社會上贏得或維護聲望的嘗試。社會中，一尊小型的、人人供養得起的泥塑佛像，與一尊大型的、唯權貴才有能力鑄出的貴金屬造像，這之間的差別判若雲泥。同樣的道理，除了材料，尺寸也非常重要。花費不貲、耗時長久、需要大量人力才能完成的巨型佛像始終在中國風景名勝中占有顯赫的地位，還有無數的佛塔、寺院和其他一些遍布全國的佛教建築亦復如是。

中國佛教典籍往往以有關奢華的詞藻來描繪佛教藝術及建築，而質樸節制的詞彙則被用來形容僧人。比如，四世紀的高僧支道林，讚揚釋迦牟尼像「色豔紫金」。[31]在另外一些文本中，則以「華麗」、「繡柱金鋪，驚駭心目」[32]描寫佛塔。提及佛塔總是因其外觀的美麗及「莊嚴」。[33]一位七世紀時期比丘的傳記中，一群在家居士如此說道：「功德佛事須用壯觀」。[34]與此相同，對於裝飾及精美物品的偏好甚至延伸到僧房。在寺院裡，「佛殿精妙，僧房華麗」。[35]還有說：「佛殿僧坊一皆嚴麗，雕刻華蒻。」[36]我們幾乎找不到任何一處文字是在頌揚樸實無華的佛教造像及廉價的佛塔，也找不到將寺院描述為簡單、鄙陋棲身之處的敘述。在中國佛教中，類似的詞藻在審美詞彙中根本就不存在。而佛教慈善的經濟收益往往大部分被用以莊嚴寺院的外觀。

僧人苦行的理想和佛教寺院經濟成功之間的對比，在排斥佛教的言論中並不少見。一位五世紀時還俗的僧人質疑以前的眾僧兄弟說：「何棲託之高遠，而業尚之鄙近？……或商旅博易與眾人競利。」[37]一位六世紀攻擊佛教的人士則抱怨大量的財富及氣力被揮霍在建造精美的佛殿之上，「佛家遺教，不耕墾田，不貯財穀，乞食納衣，頭陀為務，今則不然。」[38]批評佛教虛偽的言論，一直延續到後來歷史上的各個時期。比如七世紀初，唐高祖就曾指出佛教的這種反差：一方面「清淨為先，遠離塵垢，斷除貪欲」，另一方面僧人「嗜欲無厭」且熱衷於「聚積貨物」。[39]還有八世紀時，辛替否上疏抗議朝廷支持寺院大興土木，也同樣以「清淨」和「無我」等佛教教義與以「深堂迴廊」、「華美裝飾」為標榜的佛寺進行對比。[40]

儘管對於像辛替否這樣的批評者而言，佛教的苦行理念與其奢華建築和造像間的矛盾顯而易見，可是在佛教界內部這點卻通常被忽視。佛教經典中既遍布以毫無節制的華麗手法奉佛的記載，也不乏宣揚棄世、簡樸和克制的理念。通常來說，佛教文獻的作者們並不覺得有必要去論證佛教藝術與建築豪奢的合理性。就以唐代禪宗名僧牛頭慧忠的弟子遺則（七七三－八三〇）之傳為例，其中再三強調遺則對物欲的超脫：少年時他就「恬恬終日而無所營」，後更「一朝捐家業」成為僧人。傳中引述遺則自己的話說：「天地無物也，我無物也，然未嘗無物。斯則聖人如影，百年如夢，孰為生死哉？」[41]在慧忠門下修習完畢之後，遺則隱居於人跡罕至之地，給自己搭了一個以野草與樹葉蓋成的茅蓬，「飲山流、飯木實而充虛。」這一切都符合對佛教苦行僧的慣常描述，但以下的文字同樣典型：「其後劇木者見之轉相告。有慕其道者曰：『道者未有弟子。』相率為築室，圖佛安僧，蔚為精舍焉。」[42]在描述僧人的居住環境由驚人的簡樸轉為人聲鼎沸、掛著精美圖像的僧院時，這則傳記及其他類似文字並未感到絲毫不安；這兩種理念互補而並不牴牾。

當然，如同「空觀」一樣，佛教的苦行觀還是影響了僧俗兩界對於物質的看法。僧人的苦行傾向背後正是這樣的理念。對僧人私財限制的重視，一些僧人認為出家人只要一件緇衣、簡單的服飾並堅持茹素，這些都部分起源於佛教教義中對棄絕物欲、自我節制的強調。同樣，一些具有文化教養的居士也被佛教寡欲知足的理念所吸引。甚至那些頗有權勢地位的人，例如唐代詩人王維，到了晚年歸隱山林，過著誦經內省、身無長物的簡樸生活。[43]但是，苦行的召喚並沒有令僧人像基督新教改革者般革除寺院的外觀裝飾，他們甚至都未曾提過這種可能性。在實踐當中，僧人不時能聚斂可觀的個人財富，經營由佃農和奴僕耕種的廟產，也會給自己披裹上昂貴、精美的僧袍。

總之，隨著佛教在中國的發展，從把物質貶低為墮落的虛幻之物，到把物質視為虔誠奉佛及理解佛教真諦的工具，佛教思想允許對物質持有多元的態度。研究佛教對中國物質文化影響的歷史，其途徑之一就是檢視中國佛教思想家們的著作，留意他們普遍如何看待財富和物質。在接下來的篇幅中，筆者將聚焦在佛教教義如何影響中國物質文化。然而，如果過分看重觀念在物質文化形成及發展中所扮演的角色，也會出現問題。許多事物的使用並非出自精確定義的戒規，而只是遵循約定俗成的宗教行為模式。[44]有時反而是物品史的內在演進促發了教義的變化，而並非一定是由教義影響物品史。用莊子的話來說，即物質常常操控著我們（物於物），而並非我們操控物質（物物）。這一點在宗教研究中很容易被忽略，因為我們總是想當然地把宗教研究看作是一套固定核心教義的延伸。

當我們關注某些具體物品的歷史，而不只是泛泛而談佛教經典對待財富的一般態度，我們就能一窺佛教對中國物質文化所產生的廣泛影響，包括與寺院佛教如僧院或僧人衣履緊密相關的物品，乃至許多非佛教場合中使用的佛教器具——例如清代宮廷袍服上裝飾的朝珠，或者在地方郡縣的禮堂內擺放的佛教供物。歷史上，如橋梁、印刷術等許多東西乍看之下以為與佛教毫無關係，但其實正好相反，一經細究便發現它們與佛教的理念和實踐密不可分。據此，筆者形成了本書各章所呈現的研究取逕：追蹤一些特殊物品的歷史，考察人們對待這些東西的態度，以及在歷史長河中如何使用它們，並由之揭示出佛教如何以複雜而微妙的方式改變一個文明的物質生活。但在落實到具體物品的細節之前，筆者還需要說明一下「物質文化」的含義，以及其他學者在相似主題的研究中如何使用這一術語，因為這將有助於澄清之後的討論。

術語：物質文化

研究器物的學者提出過多種對「物質文化」不同的定義。曾有學者試圖將其限制在人們為了生存而製造與使用的物品範圍之內，因而將法器、滿足審美需要的物品（例如藝術品），乃至提高人體感官舒適度的物品如家具等都排除在外。[45]但也有一些學者則把「物質文化」這一概念的邊界推衍至不僅包括所有形式的物品，甚至包括了人類語言，「畢竟，詞語是依據習得的文化規則，通過發聲器官形塑而成的氣團」。[46]大部分學者介於這兩種極端之間，將「物質文化」定義為「與由個人或群體製造的可見有形的物品（諸如工具、衣物、屋舍等）直接相關的所有資料」。[47]此「資料」（data）既包括對於物品的觀念（例如聖像是神聖的、鐘是美麗的），也包括與物品有關的行為（例如信徒向聖像進獻供品、僧人在一天的特定時辰敲響梵鐘等）。考古學家邁克爾·布賴恩·希弗（Michael Brian Schiffer）把人造物品（artifacts）定義為「製造、複製物品，或者藉由人力形成物品整體或部分的現象」，給了這一概念更為準確的含義。該定義涵蓋的物品種類相當廣泛，比如藝術品、食物、衣飾和花園，但把諸如星辰、自然河流及野生動物等，他稱之為「外在者」（externs）的東西排除在外。[48]

物質與文化之間的關係是「物質文化」中更為微妙的層面。學者們通常認為人造物是文化的反映。一件中國上古時代的青銅器，其製作過程能夠為我們提供製作者的階層等社會線索，而鐫刻其上的圖案則可能透露出宗教信仰方面的資訊。另一些研究者則強調除了反映文化，物品在文化形成當中起著不可或缺的作用。如果沒有物品，個人或群體的身分，甚至所有形式的溝通和表達都變得不可能存在。[49]我們並非赤身裸體在曠野之中進行交流，而總是被各式各樣的物品環繞著，它們影響著我們看待周遭世界以及採取行動的方式。

但是，在理解物品對日常生活各方面所具有之更為深刻的意義的同時，因製造及使用某些物品而產生的觀念、行為及關係也值得關注。讓我們仍以中國古代青銅器為例：製作一件青銅器，除了一整套關於青銅器價值的文化預設（觀念）及代代相傳的青銅器製作技術（行為）外，還需要青銅器的最終擁有者與製作匠人之間的協調（關係）。正是藉由器物（青銅器），中國文化的這些側面才得以顯現。換言之，除了探究器物如何反映文化以及它們在文化活動中所扮演的一般角色之外，我們還可以更具體地探究以特定器物為中心的文化組成。這個要點也將貫穿本書：製作佛教用具的過程中涉及哪些社會協商？所製作的物件作何用途？人們對待它們的態度為何？

物質文化的研究

不同於文學理論、社會學乃至宗教學，物質文化研究不能被簡括為一種運動和關鍵人物組成的系譜。與文本研究相似，物質文化研究是在多種不同且相互無甚關聯的領域內獨自發展起來的。收藏家以及考古、民間生活、人類學、科技史、藝術史、社會史等領域的學者都各有一套面對物品的方式。直到最近，這一研究領域才有了一些自我意識，學者們也開始大量積累從不同專業角度而來的方法和材料，以期在物質文化研究這一領域中能有所洞見。

早在「物質文化」一詞通行前，十九世紀的人類學家和考古學家就已經極為重視物品。對於物品的關注，在很大的程度上是起源於這兩類學者致力於勾勒出人類文化的演化圖譜；在劃分類型及比較不同的社會時，物品就非常有用。通過比較史前時期工具及容器的製造，人類發展的過程即清晰可見，例如從舊石器時代演進至新石器時代、從鐵器時代演進至青銅時代。一旦建立起基本的發展框架，同時期的不同文化就能被放進此框架內進行考量。依據當時提倡進化論的學者所說，阿茲特克文化比塔希提島文化先進，中國文化比阿茲特克文化先進，義大利文化又比中國文化先進。[50]雖然文化的其他方面，如宗教、政治組織等也都是演化方程式中的組成成分，但區分不同文化系統的依據主要仍在於該社會的物質所達到的複雜程度。

然而人類學家很快就意識到進化論的缺陷。史前考古學材料往往留下大量空隙，例如我們對於可以存留下來的陶器製作知之較詳，但對不耐久存的籃筐編織就所知有限。從技術方面的差異中，我們比較能掌握的是該地區的物質資源情況，而非其在文化及技術方面達到的水準；例如：沒有金礦，人們當然就打造不出精美的金飾。[51]出現較複雜物質的遺跡其年代反而早於較為簡單的物品之後，考古學家也逐漸放棄了機械化的線性進化模型。[52]

自很早開始，與進化模型並行且同樣重要的便是擴散論（diffusionism）：在一個特定的文化裡，器物並不完全是在既有的物品上獨立發展，有些是從其他地方直接以成熟的形式進入該文化之中。該理論最為極端的形式可謂「超級擴散論」，即試圖將物質文化裡的一切發展都統統溯源到一小撮核心文化的個別發現，其餘的文化則都是汲取自這個核心文化。[53]進化論和擴散論迄今尚未被捨棄，也不必完全放棄。對於劃分文化類型、追溯技術的發展，物品仍然相當有用，甚至是必需的工具。[54]青銅，相對於之前尚未懂得使用它的文化來說，標誌著重大的進步。而且，通過文物我們能夠了解很多不同文化間的關係。例如研究北美殖民地的考古學家揭示：十七世紀由自由黑人建造的房屋與西非房屋具有共同特徵，並且結構與同時期歐洲裔美國人所建造的房屋截然不同，這表明了非洲裔美國人在當時就有意識地保持著獨特的身分。[55]所有這些主題——發展、擴散、文化身分——都是理解佛教對中國物質文化影響的關鍵所在。我在本書中所探討的物品，有些起源於中國，有一些則是隨著佛教從境外傳入。而且在諸多案例中，某些物品與其出源之間的關聯，在很大程度上決定了人們對待它們的態度。

愈來愈多的人類學家和考古學家認識到器物不僅僅是我們追蹤中心文化問題的線索，它們自身即是文化的重要組成部分，出現在各種行為和溝通形式中。這一認識激發了他們對物品進行更加深入複雜的分析。比如，人類學家與考古學家揭示：正如人生一樣，物品會歷經不同的發展階段，從製造（出生），經過使用（生命），到最後被棄置（死亡）。人們對待陳舊破碎與嶄新發亮的東西，態度截然不同，呈現出不一樣的意義。因此，為物品寫作「傳記」或者「生命故事」並非沒有價值。[56]

與考古學家及人類學家相同，藝術史學家也可以說一直都在研究物質文化，甚至早在該術語被廣泛使用之前已先著手。儘管大多數藝術史學者仍然集中研究風格和圖像學（style and iconography）等嚴格意義上的審美問題，但其中亦有學者從事美學邊緣的物質文化研究。以邁克爾．巴克森達爾（Michael Baxandall）的研究為例，他關注十五世紀義大利某些顏料的價格，藉此解釋一位十五世紀的觀眾對一幅畫的反應：用當時無人不曉的昂貴顏料繪製的大型色塊，往往是整幅畫中最引人注目的部分。[57]在同一著作中，巴克森達爾還探討了將貨品裝入木桶的商業行為如何影響了人們欣賞繪畫。[58]概言之，關注贊助人及藝術品的社會政治功能已在藝術史學者中成為標準的研究方法。社會學家和歷史學家也試圖將藝術史放入具體的社會背景下來考察，其中物品被用以確定一個人的社會地位，而不僅僅是提供審美享受。[59]

歷史學家們對過往人們製造和使用的物品也會略有興趣。古希臘史學大師希羅多德在敘述埃及歷史時理所當然地把金字塔包括進來，司馬遷則詳細地記錄了秦始皇陵墓的設計和內部情況。現代史學之父們也不曾完全忽視物質。麥考利（Thomas Babington Macaulay）於一八四八年開始寫作英國史，立志不僅要處理政治和軍事的歷史，還將「追溯具有實用及裝飾性藝術的發展歷程……甚至不會忽略服飾、家具、用餐及公共娛樂方面的變遷」。[60]幾乎在同一時間，大西洋對面的史學家威廉．普萊斯考特（William H. Prescott）洋洋灑灑地描繪了阿茲特克人的物質世界，並在書中一處呼應了當時考古學和人類學學者對人造物品的使用，他評價道：阿茲特克人所達到的「物質文明」程度介於「新大陸野蠻民族之上」和「舊世界文明社會之下」。[61]

然而，直到二十世紀，歷史學家們才開始特別關注實物（tangible things）在歷史進程中所扮演的角色。費爾南・布勞岱爾（Fernand Braudel）在其面面俱到的巨著《日常生活的結構：十五至十八世紀的物質文明、經濟和資本主義》中檢視了各色物品存在的歷史：史前北美的玉米、非洲的茅屋、十八世紀德國的牆紙和西班牙風車都被恰如其分地賦予其在各自文明發展進程中所應有的位置。[62]而在地理歷史研究尺度的另一端，作為微觀歷史的經典案例之一，勒華拉杜里（Le Roy Ladurie）描述了一個十四世紀村莊裡的車輛、道路、織物、工具等等。[63]科技史學家可能是在這方面做得最成功的，他們詳述了諸如馬鐙、馬拉犁、駱駝鞍等工具的興盛及影響。[64]簡言之，考古學家也許會抱怨歷史學家不肯超出文本範圍，未能在其著作中盡量融入考古學，但很少有史學家會否認物質性物體對歷史進程的重要性，因此我們很容易找到一些世界著名的歷史學家撰寫的有關具體物品發展史的著作。[65]

物品與宗教史

考古學家和歷史學家在不同的院系接受訓練，在不同的期刊上發表文章，而歷史研究很大程度上受限於這種實際情況，因此相對來說較不重視人造物品。一般而言，歷史學家並非覺得人造物品與人類歷史進程毫不相關或微不足道，他們只不過是對物質的研究方法與相關史料不夠熟悉而已。然而，宗教歷史學家卻明確地將物品排除在其研究的領域之外。活躍於二十世紀二〇年代的約翰・赫伊津哈（Johan Huizinga）是把非傳統材料援引入中世紀研究的先驅，包括通過藝術品來重構十四、十五世紀法國與荷蘭人的心態。但一涉及宗教問題，赫伊津哈認為宗教中使用的物品只令人感到失望：「這樣通過外在的形式來呈現意念的傾向，有讓一切神聖觀念僵化為生硬的形式主義的危險。」隨後又說：「這種對物質的虔誠依賴，將無可避免地令聖徒崇拜淪落入又粗糙又原始的境地。」[66]赫伊津哈的這一預設承繼自宗教改革，認為宗教本質上是一種內在的精神追求（「神聖觀念」）而無需假借任何物品（「形式主義」）。因此，執著於聖跡、聖像和聖水等宗教之物只不過是在枝節問題上浪費時間，這些轉瞬即逝的東西最好是留給有古董癖的人而非宗教領域裡的專家來處理。

在一個關於物質文化研究及美國宗教的調查中，科林・麥克丹奈也哀悼了同樣的偏見。在絕大部分美國宗教的研究中，圖像與人造物品至多被用以闡釋從文本中提煉出來的論點，多數時候物品經常被直接忽略。[67]迴避討論物質在宗教中的地位是非常普遍的情況，甚至研究基督教史的考古學專家也會在其著作中提醒讀者，說明自己的發現與基督教的本旨無關。[68]

這種對宗教物品的輕蔑，根源繁雜，但部分可追溯到慈運理（Ulrich Zwingli）和喀爾文（Jean Calvin）等新教改革者。他們排斥「形式主義」，拒絕為「外在事物」操心，呼籲回歸《聖經》，以之為精神上覺悟與力量的源泉。這一傾向在宗教研究中被涂爾幹（Durkheim）、韋伯（Weber）、伊利亞德（Mircea Eliade）等近代宗教學大師再度強化：他們強調神聖與世俗兩者的區分，堅持認為宗教在根本上自成為一個獨立、特殊的領域。[69]這一假設，與「精神」和「物質」的切分密切相關。除了挑選出的一些被賦予了神聖權力的物品之外，絕大多數宗教物件都顯得太過普通與庸俗，不能就宗教的本質提供洞見。成千上百幾乎一模一樣、擁塞在寺廟裡的聖像、普通信徒指間的念珠、平凡的僧尼們穿著的僧袍，這一切似乎都更適合留給考古學家、民俗文化史學家或經濟學家，而非宗教研究的學者作為核心課題——尤其因為有關這些物品的研究會不可避免涉及對製作技術的探討以及匠人與雇主之間經濟方面進行的討價還價，因此這些都似乎跟探求宗教觀點及價值的研究無關。

叔本（Gregory Schopen）指出，佛教研究中相關學者同樣迴避採用物質材料。[70]自十九世紀至今，印度佛教的研究者完全依賴文本，儘管事實上有大量的硬幣、造像和銘文與印度佛教史直接相關。雖然偶爾有學者在研究中使用了物質性的遺跡，他們也還是太過於傾向以文獻材料來強行解釋物品。例如，在銘文本身並無提及任何動機的情況下，將正統性的動機強加到銘文所載的供養人身上。當物品與文獻依據發生牴觸時，學者更傾向於對物品做出扭曲的解釋，而不願承認文字記錄的教義可能並未如實地反映人們在生活中如何奉行佛教。更常見的是，即便在考古幾乎是唯一能提供證據的情況下，考古證據仍然會被完全忽視，早期佛教僧團制度如何處理死者便是這樣的例子。同樣的，物品不僅微不足道，甚至會分散對宗教中關鍵問題的注意力。但事實上，宗教與所有其他溝通方式一樣，與物質世界密不可分。物品不僅在各種宗教活動中扮演重要角色，而且一般參與宗教活動的人都能意識到它們的重要性，並就此留下了諸多評論，給願意探索宗教中物質文化地位的歷史學家留下了豐富的資料。

一旦將物品引入到整個圖景中，我們對宗教的理解就會發生顯著的變化。文物不時會證明——原先僅憑文本材料形成的假設，並不符合實際情況。考古材料顯示：儘管佛經禁止出家人有個人財產，古代印度的僧人們實際上仍擁有個人財產。[71] 新英格蘭的墓碑也表明，雖然在當時的文獻中反偶像崇拜的態度十分堅決，[72] 但在墓園中清教徒們仍然持續製作宗教圖像。而不論在布道中如何呼籲摒棄物質享受，十九世紀黃金海岸的新教傳教士在實踐上仍然極力強調通過衣飾、房屋等物質形式來凸顯皈依基督教的信徒。[73] 廣而論之，仔細觀察家庭中宗教物件的擺放便能看出，在日常生活中絕大多數人並不會意識到區分神聖與世俗的需要——一幅宗教畫像，即便掛在牆上一本商業日曆旁邊，其宗教性質絲毫不受影響。[74]

物質文化不僅可以作為證實或者推翻文本紀錄的工具，聚焦於此還能讓我們注意到可能會被忽視的宗教側面。例如：當考察《聖經》如何被使用時，我們便注意到，除了所記載的內容之外，《聖經》本身就是一個重要的文化象徵。維多利亞時期的一幅油畫描繪了一位嚴厲的父親給家人閱讀《聖經》，大家庭中的每個人都在聚精會神地傾聽，這表現了一幅正派、和諧的理想家庭圖景。毋須知道這位父親誦讀的是哪一章，該章又是如何被理解的，朗讀《聖經》這一行為本身就是一種象徵。《聖經》作為一件物品，本身即能召喚起強烈的情感，並塑造人們的言行舉止。同樣的，研究中世紀宗教的歷史學家在面對聖像時不僅注意內容，觀察其中所描繪的東西，也要觀察它們是如何被使用的，以及它們如何適應當時的祈禱文化——在這種文化裡，能隨時隨地、即使是在旅行時也能接觸到供奉的聖像就至關重要。[75]聚焦於物質文化，還能揭示出宗教運動在多大的程度上影響了文化。新大陸的物質遺跡反映了西班牙傳教士對原住民宗教的影響；十字軍東征曾如此深刻而廣泛地改變了歐洲的物質文化；現代西班牙的食物與建築仍然帶有中古時期伊斯蘭統治的痕跡。

中國擁有大量可供研究佛教物質文化的材料。文化大革命以後，很少有哪個專業領域像中國的考古學獲得如此迅速而巨大的成就。中國考古方面的期刊不斷地刊載來自全國各地的新發現，其中有很多都與佛教相關。[76]文物之外，在詩歌、小說、筆記等文體中，以及各個時期、各種類型的佛教文獻裡都有佛教物品方面的資訊。佛教傳入中國前的大量文物和記述文物的文獻，讓我們能夠釐清不少例證，弄明白哪些物品是隨佛教傳入中國的，而哪些又源於中國本土。與之類似，時期較晚的非佛教物品通常能幫助我們確定在具體物品的發展史上，佛教相對於其他傳統而言所起的作用。

在評估佛教對中國物質文化的影響時，最大的困難並不在於材料的匱乏，而是我們如何去闡釋這些材料。最大的危險則可能是接受物質和精神的二分法，在這種視角下佛教中的物品是墮落的標誌。中國在世人心中留下一個刻板印象，認為中國文化在本質上是一種入世、注重物質的文化，無法接受印度這種更為重視精神的文化中蘊含的更純粹、更超凡脫俗的價值觀。這種看法為中國佛教徒所強化，他們把中國佛教當作是佛陀在世期間佛教黃金時代的一個蒼白倒影；中國僧人們無時無刻不在慨嘆中國僧團秩序的倒退。

上述對中國佛教歷史的看法經不起仔細推敲，其實中國人並不比古代印度的僧人更加「物質主義」。本書中論及的許多物品及對待物品的態度都是隨佛教從印度傳入中國的。更為根本的是，我們需要認識到，物品或甚至是財富在宗教實踐中的存在，本身並無任何不妥。佛教史上有為數不多的博學之僧堅執如下觀點：最高層次的精神目標只能在遠離這個物質世界的條件下於孤立中尋求。我們不必認同這種立場，當然絕大多數佛教徒也並未選擇如此激進地棄絕物質世界。跟在其他許多地方一樣，對多數中國人而言，物品令神聖變得具體可及。物品讓一個人得以與神靈溝通並感知他們的存在。物品通常是傳播宗教理念與情感最富表現力的工具。簡而言之，物質文化和語言、思想以及儀式一樣都是宗教的一部分。因此，除非我們能詳加探討物質文化在中國佛教史上的地位，否則我們對中國佛教史的理解就仍然是片面、不完整的。

第一章 靈力

中國人認為某一些佛教器物之所以帶有神聖的力量，取決於其賦形的器物，這種力量會通過各種不同的方式呈現出來。一部寫經可能會忽然之間在昏暗的藏經樓中熠熠生輝，於冥冥之中召喚一個虔誠的居士，吸引其注意。而一位高僧的舍利能夠感應信徒的虔誠禱告，從而分生增長並發光。在中國佛教史上，一直流傳著佛像於佛法罹難之時淚流不止，或在夢中寄語信徒之類的神異故事。相信這類神蹟的人，他的世界觀與我們其實並無根本上的差異。一般來說，他們承認製造這些物品的材料，諸如紙、骨、陶土等是無生命之物；但與此同時，他們相信在一些非同尋常的情況下，物品可以被灌注超自然的力量。事實上，正是這種有生命與無生命物體之間的判然兩別使得神聖之物彰顯出其特殊性，從而吸引了各色人等。

聖物在佛教歷史的諸多方面都扮演了關鍵角色。弘法比丘在修佛教史時，援引了這些神祕的舍利及佛像故事，以展現佛教的靈力。許多寺院依靠藏有遐邇聞名的聖物來吸引供養人，並以此建立自己的聲望。由聖物引發神蹟的記載常會吸引到一些原本不對佛教義理及儀式感興趣的人。

更為常見的情況是，佛教聖物成為僧眾及在家眾舉行崇奉活動的中心。造像與舍利能讓一個普通人以一種強烈且親密的方式立即感受佛教，而完全不需要依靠學者作為中介來告訴他應該如何感覺及理解。與之後要討論到的其他佛教器物相比，對於任何有志向佛的人——從學識淵博的僧人到目不識丁的信徒——聖物是最能夠將宗教變得實在且觸手可及的。自古以來，造訪寺廟主要是為了向造像和舍利供奉花、水果、高香。若沒有聖物來收受這些供品，佛教供養的歷史在中國就會變得大不一樣，也可能根本就不會成功。收受供物正是聖物的本質。佛教聖物幾乎從來不只是神聖的象徵物，而是其本身就具有靈力。也就是說，佛教徒在器物當中親歷了顯靈與神力。

宗教學者一度把原始宗教（而非佛教）中這種力量的性質，當作一個中心問題來研究，並把這種神力視為宗教體驗的核心。[1]「泛靈論」（animism）認為一切事物中都寓居著一個幽靈般的靈魂，這個觀點因泰勒（E. B. Tylor）出版於十九世紀末的著作而廣為人知。泰勒認為，當原始人試圖去解釋自己如何能夠在夢境中穿行到遙遠的地方遇到其他人時，這種觀念便出現了。他的根據是，所有原始人——不論是生活在歐亞大陸原始時代的人，還是與他同時代、但處於原始階段社會中的人——都認為人們擁有一個可以脫離身體的魂或靈，並以此來釋夢。將這種解釋推及動物，動物就變得有了活的靈魂。最後，對我們而言也是最重要的一點，泰勒提出「處於原始發展階段的人們也賦予了無生命物體靈魂」，並以此解釋它們在其夢境中的存在。根據這種觀點，對原始人來說，這個世界上有無數的靈魂，寄居在他們生活周遭的人類以及飛禽走獸之中，甚至也包括他們腳下無知無覺的石頭之上。泰勒接著推論，這是宗教發展史上一個普遍的階段：一切最初階段的文化都是從泛靈論開始的。[2]

泰勒的觀點對以後的宗教學者產生了很大的影響。R．R．馬雷特（R. R. Marett）沿襲泰勒的思想，提出了一個前泛靈論的宗教發展階段，他稱之為「超靈論」（animatism）。該階段中，所有事物擁有的能量並非個體的靈魂，而是一種客觀的力量，用美拉尼西亞語（Melanesian）的術語來說，就是「末那」（mana）。末那，根據馬雷特的解釋，即是現存於一切事物中的「生命力」（life-force），包括人、動植物與無生命物。馬雷特認為原始人類居住在一個充滿精神能量的世界之中，這與泰勒說法一致，但是他認為世上萬物源於一股渾然一體的生命力，而不是由無數個靈魂相加組成了世界。直到後來，也就是進化過程的下一階段，這種非人格化的（impersonal）「生命力」才轉化成「泛靈論」裡所說的個體靈魂。對泰勒與馬雷特而言，相信無生命物蘊含著神聖力量，已經難以讓人相信；而認為石頭或裝飾物都具備這種力量，則屬於一種最怪異、最原始的信仰。[3]

儘管後世學者——其中最知名的為米爾恰．伊利亞德（Mircea Eliade）——繼續在更廣泛的意義上探討神聖力量，但「泛靈論」、「超靈論」和「末那」這些概念及在此基礎上所發展的對無生命物能量的關注，仍逐漸失去了吸引力。人們開始意識到泛靈論這一在二十世紀之交才建構起來的概念中包含了不少錯誤，因此對其興趣也逐漸轉淡。泰勒所提出的「泛靈論源自夢境」只能算是一種揣測，現今大多數學者就都明智地迴避了有關宗教起源這樣大膽的提問。更重要的是，以泛靈論為所有宗教進化的起源，是一種可在一定程度內給予驗證的歷史性論斷，但卻得不到任何歷史材料的支持。而且，仔細考察當代文化可發現，原始宗教並不假定在一切事物中都存在著一種活力（animating force）。大多數人相信，神力只存在於一些特殊的器物之中，並只有在特殊條件下才會顯現——伊利亞德稱之為「神力顯現」（krato-phany）。在試圖區分宗教人（homo religiosus）的生命世界（一石必有一靈、一樹必有一魔）與現代理性主義者乏味的機械化世界時，擁護泛靈論作為一種解釋理論的人們可能有些誇大其辭，因為宗教信仰也從不曾那樣平等地包納一切。

對「靈」（the numinous）的本質，其相關研究所涉及的範圍遠遠超過物品的範圍。就物質文化的研究而言，我們可以將這個大問題——即那些存在於時間、空間、儀式以及神靈之中神聖之物的性質（假設它們的確具有一種共同性）——暫時擱置，轉而關注有限的一些據說持有神聖力量的器物。就佛教史而言，我們應該考察佛教徒如何對待和思考他們認為擁有神聖力量的那些特殊器物，而不是去試圖重建一個佛教聖物的一般性歷史。通過關注普遍被認為具備靈力的一系列物品、其靈力顯現的方式以及人們對這些顯靈的反應，我們方能評估佛教對中國物質文化造成的影響。要進行這項工作，我們首先需要了解中國宗教在佛教影響中國文化之前對聖物所持的基本態度。

古代中國的研究中「泛靈論」一直流傳頗廣，雖然這一理論在世界其他區域的宗教研究中已經不再通行。[4]跟其他文化的情況相似，古代中國並不能提供我們泛靈論的證據，而且似乎沒有理由認為古代中國人相信一切事物之中都普遍存在著一種非人格的神聖力量，或萬事萬物各有自己獨立的靈魂。然而，我們可以在「前佛教時期」的中國發現一些相信神聖力量占據器物的例子。公元前二世紀由司馬遷首次記錄的陳倉石崇拜便是一則著名的例子。司馬遷寫道，秦文公於公元前七四七年發現了這塊與眾不同的石頭，並為之建立祠堂，酬獻供物：「其神或歲不至，或歲數來，來也常以夜，光輝若流星，從東南來集於祠城，則若雄雞，其聲殷雲，野雞夜雊。以一牢祠，命曰陳寶。」[5]晚兩百年成書的《漢書》提及「陳寶」參拜仍然長盛不衰，並在講述石神多次顯靈的事跡後，認定其為「陽氣舊祠」。[6]這條材料說明人們相信石頭中存在非人格的「氣」。但是這種說法又與司馬遷所描繪的那種人格化的「神」——來去自由，外觀與聲音都酷似一隻雄雞——互相牴觸，「神」並非自石頭中來，而是從外面進入到石頭中，以至於讓我們懷疑，這種崇拜原本是指向公雞神。[7]

上古時期「九鼎」的故事讓我們能夠更加接近非人格的神聖力量。據說九鼎由夏禹所鑄（約公元前二二〇〇－前一七〇〇年），並作為傳世之寶在夏、商、周三代間代代相傳。[8]在公元前五至二世紀成書的《墨子》裡，曾如此描述九鼎的非凡之處：「鼎成三足而方，不炊而自烹，不舉而自臧，不遷而自行。」[9]一世紀時，王充撰文質疑九鼎的神力。在引舉了九鼎可以自動煮沸所盛物並自由移動的信仰之後，王充將這些說法叱為都是一派胡言：

此則世俗增其言也，儒書增其文也，是使九鼎以無怪空為神也。且夫謂周之鼎神者，何用審之？周鼎之金，遠方所貢，禹得鑄以為鼎也。其為鼎也，有百物之象。如為遠方貢之為神乎，遠方之物安能神？如以為禹鑄之為神乎，禹聖不能神，聖人身不能神，鑄器安能神？如以金之物為神乎，則夫金者石之類也，石不能神，金安能神？以有百物之象為神乎，夫百物之象猶雷樽[10]也，雷樽刻畫雲雷之形，雲雷在天，神於百物，雲雷之象不能神，百物之象安能神也？[11]

這段話出現在佛教傳入中國之前，與聖物這一話題有關且一直延續至今的基本要素都有涉及。之後，隨著大量的佛教器物湧入中國，後代批評佛教的人士在談到與王充所說相似的情形時，多會提出如下問題：佛教器物之所以被認為神聖，是否僅僅因為它們如同九鼎一樣來自遙遠的異域？還是這些器物中包括的某種物質成分令它們變得神聖？或是造型給予了它們這種力量？

抑或所謂靈物（animate things）只是一種騙局，只有輕信者才會上當？

供奉神聖人物之造像及舍利的做法隨著佛教傳入中國，而這些活動的一個核心要素是「相信在造像和舍利中存在著一種力量，且往往會隨著靈異的事件而顯現。」按中文的說法，即器物內部之「靈」（the numinous）得到了「感應」。對這類事件的描述總是帶著一種難以置信的神奇之感，且能讓我們窺見中國人如何看待一些特殊佛教器物中所含的神聖力量。

如上所述，器物能夠獲取神聖力量這種觀念對中國人來說並不新穎，它不是在佛教傳入中國以後才興起的；新穎的是被認定擁有這種力量的器物類型，以及將其進行宣傳的龐雜機制。專業的僧眾、深厚的禮拜與教義傳統，以及佛教東來後的在家居士，組成了這樣的一套機制，它和器物本身一樣都是佛教聖物史的重要部分。話雖如此，當我們檢視聖物的歷史，不僅要考察能使上述信念通行無阻的社會背景，也要看那些器物本身的性質，找到它們得以成為聖物的線索。何種特質賦予中國佛教造像力量？又是什麼能令舍利（通常為骨頭、牙齒和灰燼的碎屑）超出傳統而成為人們尊崇、迷戀及供養的對象？

第一節　舍利

早期印度流傳的佛陀生平故事中曾說道：按照佛陀生前的指示，他的身體在其寂滅七天之後被放置在棺木中，架於柴堆之上進行荼毗。「燒過後，沒有留下肌膚、血肉、筋腱和關節中的液體，更沒有灰燼和煙塵」。然而，他的身體並沒有消失淨盡；火焰熄滅後，留下了一些骨頭和牙齒。各個地區的代表們都希望從這些舍利中分得若干，經過一番爭論，最終平均分成八份，送往八個地區，並各自於當地起塔供養。另一份材料說，多年後，佛弟子阿難的舍利也以類似的方式被互相競爭的各部派瓜分，他們都想為自己的佛塔爭取舍利。[12] 儘管很難斷定這些記載的真實性，我們仍然可以說舍利崇奉始於佛教相當早期的階段，說不定和佛教本身一樣古老。

同樣的，根據傳統記載，在佛陀涅槃幾個世紀之後，阿育王又將所能找到的全部佛陀舍利聚集起來，重新在八萬四千座佛塔之間分發。[13] 這個傳說顯然誇大其辭，但考古證據證明，歷史上的阿育王的確參與了佛陀舍利的供奉。一八九八年，尼泊爾邊境地區發現了一個舍利盒，上刻銘文「此乃釋迦族世尊佛陀之舍利珍寶」[14]，古文字學家們識讀出其字形與阿育王時期的銘文多有相似之處。除了阿育王為舍利所做的事之外，考古證據還確認了最晚早在公元前三世紀，印度各地已興建佛塔來珍藏佛教人物的舍利，其中包括但不僅限於佛陀的舍利。[15]

之後，在公元最初的幾個世紀所出現的印度大乘文獻中，舍利被用以襯托佛經的力量。例如《般若經》向人們保證說，念誦經文比供養舍利更有效。這並非有意貶低舍利的價值，而是想藉此強調《般若經》的力量比舍利有過之而無不及。[16]換言之，舍利被當成一種標準，可被用來衡量其他物品中內含的神力強弱。這些材料說明，在佛教剛剛開始影響中國文化的幾個世紀中，舍利仍然是佛教供養中的關鍵要素。最早去印度朝聖的中國人曾在遊記中提到在南亞次大陸各地展示的各種舍利，也再次確證了這一點。

古代印度的佛教舍利參拜之所以引人矚目，部分是因為印度社會至今仍把人類遺體視為不潔，並附有嚴格禁忌。也許在一定程度上，正是因為人們認為遺骸汙濁，佛教舍利的力量才倍顯強大。在任何情形下，舍利供奉都是佛教一個與眾不同的特點，也是其取得成功的眾多重要因素之一。舍利簡便易攜，是一種將佛教信仰的實踐及相應的教義帶到新土地上的有形方式，符合佛教傳教的傾向。

佛教為何崇奉舍利？關於佛陀涅槃的歷史記載，佛陀在入滅前親自宣布，供養他的舍利將為信徒帶來功德。這樣的功德可以保證他們有一個更好的來生，並可以回向給他所愛的人（不論在世還是亡故之人均可），幫助他們轉世善道。另外，佛塔是佛教最重要的崇奉建築，而舍利與佛塔的建造及供養關係密切。舍利被放置在佛塔之中，佛塔因而變得神聖。向佛的舍利五體投地，也就是向一位受人尊敬的人物致敬；但舍利絕不僅僅只是無聲的代言人。舍利本身就是神聖力量的淵源，其吸引力來自人們相信它法力無邊。舍利中有神力存在意味著它能夠回應祈福並祛病送子。一般來說，由於神蹟對普通人的吸引力是佛教教義或哲學理論無法望其項背的，因此舍利的靈異力量大量吸引了那些原本對佛教不感興趣的人。

印度舍利傳入中國

舍利崇拜在印度隨著佛教的出現與傳播逐漸發展，不過中國在佛教傳入之前並沒有任何類似的習俗。新石器時代，中國人便極其重視喪禮，悉心對待亡者的遺體。其中一種信念與舍利崇拜在理論基礎上有相通之處：一些古人認為，人的魂魄在死後會留存於屍骨之中——因此，擺脫敵人死後陰魂糾纏的唯一辦法，就是將其「挫骨揚灰」。[17]然而，中國人似乎並不認為偉人的屍骨會比普通人的屍骨更為寶貴，也沒有任何有關諸如孔子或老子的門徒珍藏老師零星遺骨的記載。事實上，如果陰靈一直不能脫離屍骨，會被當作是橫死或其他不體面的死亡所造成，而不是一種靈修成就的標誌。與之形成對比的是，在中國開始接觸到佛教之後的幾百年間，佛塔就遍布國內，其中存放著被認為來自印度的遺骸以及在本土出現的舍利。正是傳教者、朝聖者、統治者以及普通信眾紛紛持續不斷地致力於尋覓、散布、讚頌佛教舍利，才會形成這樣一個巨大的轉變。

我們從康僧會的傳記中找到了佛教舍利抵達中國的最早紀錄。康是交趾（今越南）生長的粟特人後代，後來行至中國，並成為最知名的早期佛教弘法僧之一。[18] 根據他的傳記，康僧會於二四八年抵達都城建業（今南京）。作為該地出現的第一位僧人，他「營立茅茨設像行道」。心懷警戒的官府將這位異域人士召來問話。當吳王孫權質疑他有何「靈驗」之據時，康僧會答曰：「如來遷跡忽逾千載，遺骨舍利神曜無方。」孫權不信，給了康僧會七天時間去證明自己，並告之：「若能得舍利，當為造塔；如其虛妄，國有常刑。」經過兩次失敗的嘗試，康僧會的祈請終於得到回應，只見舍利奇蹟般地出現在瓶中：「五色光炎照耀瓶上，權自手執瓶，瀉於銅盤，舍利所衝，盤即破碎。」經多次試驗，舍利被證明堅不可摧，比任何已知的物質都堅硬；孫權便履行為舍利起塔的諾言，興建了當地第一座佛教寺院。[19]

上述故事撰寫於四、五世紀時，讀來就像一則充滿想像色彩的傳說，而不是對於三世紀的事件實錄。不過，傳記作者對舍利在早期宣教階段發揮重要作用這一點的強調卻是相當正確的。漢末一方墓葬壁畫上繪有一組堆放在一個盤子上的球形物，下書「舍利」字樣，這說明佛教從傳入中國之初便與舍利有關聯。[20]事實上，孫權要求證據以證明佛教擁有神力，也正反映出佛教在一開始弘法時，人們對於佛教價值的物質性表徵有著普遍的興趣。引入佛教的觀念、儀式、信仰仍不足夠，不管是聖像還是聖物，信徒與懷疑論者一樣需要「看得見、摸得著」的證據來證明新宗教的靈驗性。

這種對舍利的渴求，讓中國的朝聖者千里迢迢去到印度，盡可能地在各處參拜舍利，並把一些樣本帶回中國。法顯於五世紀抵達印度，他在遊記裡詳細描述了那竭國（Nagarahāra）界醯羅城存放佛陀頂骨的神龕：「骨黃白色，方圓四寸，其上隆起。」[21]法顯還細心觀察了舍利擺放及日常供養的方式等。此後，不論行遊何處，法顯總會鉅細靡遺地記錄佛塔以及與佛、佛弟子舍利相關的當地傳說。後來的朝聖者追隨著法顯的足跡，也在求法傳中一絲不苟地記錄舍利及相關的傳奇事跡。

朝聖者們帶回的不僅僅是故事，他們在西行之旅中還獲得了真正的舍利。玄奘除了攜回百餘部經書、七尊佛像，還有「舍利百有餘粒」。[22]七世紀的高僧義淨回到漢地時，也一樣帶著

「舍利三百粒」。[23]晚至九七九年，尚有一位中國僧人奉詔前往印度，由他取回的舍利被安放在中國一處佛塔內供養。[24]除經由高僧齎回的舍利外，必定還有可靠程度不一的舍利，經商人之手由絲綢之路源源不絕地流入中國。[25]

本土舍利

當傳教者、朝聖者和商人的努力無法滿足人們對印度舍利的需求之時，中國的信徒就開始在本國尋找舍利。前文中曾談到一則廣為人知的佛教傳說，即阿育王大肆蒐集佛祖舍利，分送至其帝國內的八萬四千座佛塔中。傳說在中國，大約於周代（公元前一〇〇〇－公元前二五六年）時建造的一些佛塔本是其中的一部分，但後來因數百年乏人管理，年久失修，終致佛祖舍利埋沒於地下而湮沒無聞。這個傳說在中國一旦散布開來，信眾便不時宣稱自己發現了埋藏於中國大地之下，年代久遠的佛陀遺骨。[26]

另有一些佛塔和聖物盒上的銘文則聲稱其中存放的是辟支佛（即成就涅槃卻不像釋迦牟尼一樣會向眾生說法的覺者）或燃燈佛（出現在釋迦牟尼佛之前的過去佛）的舍利。[27]但這兩者都非常古老，超出了歷史記載所能涵蓋的人群和政治疆域，所以此處就不為之追溯記載，重建其在印度的歷史了。

雖然佛祖舍利一直有其特殊的地位，但中國高僧的舍利也可以補其不足。高僧傳記的結尾常常會有經過火化，尚有舍利遺存，故而立塔安放的描述。正如康僧會故事中的佛舍利一樣，高僧舍利也常常放射異光向關心的人證明它無上的力量。比如，《宋高僧傳》中就記錄了一則僧人木叉的遺骨之事：

中和四年，刺史劉讓厥父中丞，忽夜夢一紫衣僧云：「吾有弟子木叉，葬寺之西，為日久矣，君能出之。」仍示其葬所。初夢都不介意，再夢如初。中丞得夢中所示之處，欲施斷之，見有二姓占居，於是饒錢市焉。開穴可三尺許，乃獲坐函，遂啟之，於骨上有舍利放光，命焚之。收舍利八百餘顆，表進上僖宗皇帝，勅以其焚之灰塑像。[28]

在這則以及其他類似的記述中，因為佛或大德的遺骨與普通人不一樣，諸如高僧大德的舍利會在特定的時間發出異光，經火化後會留下堅硬的舍利子等。所以舍利就成了高僧所達成就的證明。這些遺骨被認為是其主人勤勉修行的結果，如一篇經文中如是曰：「此舍利者，是戒定慧之所薰修。」同時在中國還有流傳甚廣的種種說法，比如高僧因虔心念經，以致遺體焚化時舌頭經火不爛。[29]甚至還有一則紀錄說一隻鸜鵒留下了舍利，因為它曾被教會誦念佛號。[30]所有這些例子都建立在一種觀念上——佛教修行可以改變身體，而這種變化通常要到逝世後才會顯現出來。

法力無邊的舍利，因為在一定程度上蘊含著得道聖人的精華，故而能夠引發神異事件。比如，當僧人慧海（五五〇－六〇六）護持舍利至熊州的寺院之時，一位多年「攣躄及痼疾者」被抬至舍利跟前，向舍利懺悔己過之後，他立即發現自己又能走路了。[31]不過有關舍利的神異事件很少停留在舍利的療疾功能上，可能這種信仰並不普遍，也可能因為舍利故事的關鍵主要在於舍利本身，而不是其對別人的效用。人們更常注意到的是舍利放出的光芒或其能夠在僧人火化後留存下來的這一事實，並將其當作敬畏和神異的依據而流傳。

截至目前，我們已經討論了牙齒、碎骨，以及火化後留下的堅硬晶體舍利；然而，中國的佛教徒有時還供奉完整的高僧遺體，亦即肉身舍利，這一做法似乎是中國人對傳統佛教喪儀的一種創新。[32]最早一則肉身舍利的例子出自一位三世紀的僧人，雖然經過火化但是他的身體仍完好無損。[33]這種類似的例子在後世記載中也出現過。到了七世紀末八世紀初，開始出現弟子們使用膠漆，有意地將師父的遺體製作成肉身舍利的記載。像道信、慧能等禪宗大師和一些著名神僧的身體都如此被保存了下來。[34]

跟神像或舍利子一樣，肉身舍利也享有香火和鮮花的供養。[35]直至十七世紀末，相傳為十世紀僧人文偃的金身因所求靈驗仍受到僧侶與平民的供奉，「其間遐邇士庶，或禱雨祈晴，默佑多驗。」[36]與閃閃發光、神力外溢的舍利顆粒相較之下，肉身和神像被賦予了更多人格特質，比如他們偶爾會流汗，或托夢給弟子抱怨說自己沒有被適當地漆身。[37]事實上，不論是陶土所造還是肉身遺存的塑像，它們之所以被賦予了人的特性並非因為材質，而是由於它們的外貌。

舍利崇拜在中國傳播與發展的歷史，可以被理解成是一個聖物民主化的歷程。舍利崇拜原本僅限於能夠去印度探訪佛陀舍利存放處的少數人，後來則逐漸演變成幾乎所有人都能在當地的塔前供養，而塔中存放了朝聖者從印度帶回來的佛舍利，或某位中國高僧的舍利。最終，當一個僧人的舍利也同樣可以隨時放光、製造神蹟，與佛牙或佛弟子的指甲舍利毫無二致時，兩者之間也就幾乎沒有區別。然而與其他地方一樣，在中國舍利崇拜所涉及的並不只是對神性虔誠的追求，甚至也不僅是出於期望能治癒病腿這樣的凡事；競奪、偷盜、假造及操控舍利的目的多樣而微妙，正如黏合任何複雜社會的交互網路一樣。

舍利的運用

為了積累宗教功德乃至引出奇蹟，舍利被信徒們當作供養的對象頂禮膜拜。信徒間對舍利的爭奪，正反映出舍利被賦予的價值。在佛陀圓寂後不久，據說各個部派之間便競相爭取他的舍利。同樣的，在中國不論是團體還是個人，都為了得到舍利而不惜代價。比如，根據一份七世紀的材料，兩個對立的村莊曾爭奪一位剛剛去世的高僧遺體，最後雙方瓜分了這具聖體，才解決了爭端。[38]和中世紀的歐洲一樣，在當時的中國竊取舍利也並不罕見。[39]事實上，諸如舍利被外來人盜走的記載說明了和歐洲有神聖遺物的交易一樣，東亞也存在有關聖體的國際貿易，儘管漢文文獻一般不提及偷盜舍利背後可能存在的經濟動機。這些偷竊和爭端的記載顯示出，佛教倫理和供奉活動之間的聯繫是很鬆散的。如果偷竊的目的是為了尊崇舍利，連暴力和欺騙似乎也能成為正當的行為。

撕扯遺體、趁夜盜取舍利的紀錄意味著舍利的用處不限於功德與崇奉。畢竟，如果上述故事中的村民們只是想供奉高僧遺體的話，他們完全可以到相距不遠的對方村子裡進行供奉，或者也可以把安放遺體的佛塔建築在兩村之間。竊取舍利的盜賊意圖帶走舍利，而不是於原地膜拜，也是同理。信徒們不只是想獲得供奉舍利的機會，還想擁有它們，既為了它們所持之神力，也為了它們帶來的聲望。

根據法顯在《高僧傳》中的描述，那竭國界醯羅城的佛頂骨每天受到當地國王以及「居士長者」絡繹不絕的供養。他還說：「精舍門前朝朝恆有賣華香人，凡欲供養者種種買焉，諸國王亦恆遣使供養。」[40]當然，這一類的記述不會多費筆墨告訴我們香火及鮮花價值幾何，但是這樣的細節已經足以說明，舍利對朝聖者的強大吸引力所能帶來的經濟利益。中國亦如此。九世紀的日本留學僧圓仁在中國行遊時，有幸遇上一些崇拜舍利的活動，例如：

山門有小寺，名為石門寺。寺中有一僧，長念《法華經》已多年。近日感得舍利見，傾城人盡來供養。僧俗滿寺，不知其數。太原城及諸村貴賤男女及府官上下盡來頂〔禮〕供養。[41]

舍利便於攜帶且不可描述的性質，讓它們極易被用作供養以外的目的；儘管舍利外觀看來樸實無華，但正是這種原始、不假修飾的特性令它們非常容易被人操控。一般來說，根據所使用的材質、尺寸，以及雕刻工藝，一尊佛教造像的價值比較顯而易見，但是舍利的價值卻很難確定。現代考古學家對從中國古塔下發掘出的舍利進行檢驗後，常常發現它們不過是馬齒、燒焦的骨頭、炭屑、卵石之類的物品。[42]為了讓這些東西能激起人們的敬畏與虔誠之心，置放的環境就非常重要了。除了精緻的舍利盛器、奢華的典禮外，存放舍利的佛塔是其現身的一個核心要素。

佛塔的存在與舍利崇拜一樣歷史悠久。事實上，作為一種紀念性的標誌物，「塔」的歷史可以追溯到佛教產生之前。[43]現在巴爾胡特（Bhārhut）和桑奇（Sañcī）的塔大約建於公元前二世紀，是一些有巨大穹頂的建築，最上端放置著傘狀物。之後，塔的造形開始愈發向細長發展，在中國流行開來的塔便是此種造形。關於佛塔的象徵意義，學者們已經多有論及，有的將之闡釋為「宇宙軸」（axis mundi），有的說它是象徵性的微觀宇宙。[44]但和造像一樣，塔主要並不是作為象徵物而存在，其基本功能是存放、供奉舍利。[45]在印度，舍利有時被置於塔頂，有些中國佛塔也如法炮製。不過大體上，中國人還是傾向於把舍利置於塔基之下的地宮，有時候稱之為「龍窟」。[46]

中國早期佛塔的歷史我們只有粗略的資料，部分原因在於唐以前大多數佛塔為木結構，故而不易留存。如前文所提及，孫權曾起塔以存放康僧會的舍利，這是佛塔最早的文字紀錄。到了六世紀，許多高僧傳以及《洛陽伽藍記》的記載中，我們開始覓得豐富、可靠的文字材料，由此也充分說明了佛塔在當時的中國已成為常景。[47]我們也可以比較有把握地斷定，即使不是全部，大多數的佛塔之中都有存放舍利。比如據《梁史》記載，在五三一年，修繕都城一處佛塔的工人發現塔基底下有一個舍利盒（於「龍窟」中），裝有「四舍利及髮爪」。[48] 現代針對梁代以後佛塔的考古挖掘工作也證實，在中國佛塔塔基的隔層中，往往放有舍利。

既然佛塔的中心功用似乎是圍繞著舍利展開，那麼中國文獻裡有關佛塔的記載就應該重點強調其所存舍利的來源及神通。但事實上卻非如此，比如《洛陽伽藍記》中提到著名的永寧寺，五一六年由靈太后所造，塔高九層，從都城遙望可見：

> 浮圖有九級，角角皆懸金鐸，合上下有一百三十鐸。浮圖有四面，面有三戶六窗，並皆朱漆。扉上有五行金鈴，合有五千四百枚。復有金環鋪首，殫土木之功，窮造形之巧，佛事精妙，不可思議。繡柱金鋪，駭人心目。至於高風永夜，寶鐸和鳴，鏗鏘之聲，聞及十餘里。[49]

這段文字詳細地描述了塔的裝飾和式樣，卻隻字未提舍利本身；亦即細緻入微地描述了塔的「造形之巧」，神蹟和功德則都被略過。書中對洛陽城中其他佛塔的描述也大致如此，著力點往往在於佛塔的奢華巧飾，或是建造的情形。這樣的描述顯示出佛塔不只是一個聖物的儲藏庫，甚至也不只是一處供養之地。一座精美的佛塔，常常是令一座寺院聞名遐邇的標誌；起碼從六世紀起，佛塔就開始具備了作為旅遊景點的功能。《洛陽伽藍記》中描繪靈太后興建的永寧寺塔，提醒了我們如下事實：佛塔作為都城及其他主要城市中為數不多的公共地標性建築之一，可以為出資的皇室成員或高官顯要獲取穩固的威望及名聲。

史料中常常可以見到這樣的記載，不同時代的統治者，包括從古印度的阿育王到二十世紀的毛澤東，都曾利用佛塔和舍利來達成其世俗目的。隋文帝楊堅（約五八一－六〇四年在位）是中國歷史上首位大規模地把舍利納入其治略的皇帝。相傳楊堅出生在一座佛教寺院裡，入仕北周朝廷並一路通達；五八一年，他廢掉了當朝的統治者而登上帝位。在此之前，北周統治著中國北方，而南方由敵對的陳朝轄治。五八九年，志在一統中國的楊堅領軍攻克了南方政權，終於在晉室南遷將近三百年後再次將中國置於一位統治者麾下。[50]

為了整合這個政治、軍事、文化等各方面均已分崩離析近三百年的帝國，文帝實施了一系列改革措施，包括在整個帝國內實施同一套全新的行政結構，並以運河貫通南方與北方。而由這位新君主向各地分發官方認可的佛教舍利的活動，便是另一項文化統一活動。隋文帝曾三次遣派使節將佛教舍利送至帝國的不同地區，並於當地起佛塔存放之。他於六〇一年頒發的詔書中記載了首次分發舍利之令，當時文帝邀請了三十位「諳解法相兼堪宣導者」的僧人將舍利送往各州府。其中，每一位僧人都由兩位侍從、一位官員陪同，並賞賜一百二十斤薰陸香及五匹馬。每位僧人還要在其被派往的地區監督佛塔的建造，並鼓勵當地人捐資供養佛塔；每份私人供養中，不超過一定數額的小額款項會被撥去作為舍利慶典齋宴的費用。在十月的第十五天正午之前，一切都得準備就緒，三十處的舍利必須於同一時刻被放到各自的石函中，再封存塔內。地方官員也要因此停止政務七日，以示尊敬。[51]

這份詔書中有兩方面尤其點出了分發舍利所蘊含的政治意味：舍利及護送的使節皆從都城出發；最後全國境內必須同一時刻把舍利放入佛塔。時間和行動上的統一強調了國家剛剛以文帝為中心完成的統一，並遙相呼應阿育王分發舍利時也是將舍利同一時刻放入佛塔中的事蹟。[52]分發舍利的同時還標示了新帝對其治下人民福祉的關心，強調他不僅跟造就帝國日常事務的世俗力量關係密切，也與神聖力量緊密聯繫。

奇怪的是，詔書裡絲毫未曾提及舍利的來源。可想而知它們應是被當作佛陀舍利，但詔書中沒有說明文帝從何處求得它們。另有記載則說，舍利乃不期而至出現在文帝面前，也出現在妃嬪的寢宮裡。[53]即使有人曾質疑過舍利的真實性，也沒能留下任何相關紀錄。這並不出人意料。僧人們在這場活動中必定收穫頗豐，因而沒有理由對其中細節吹毛求疵；對於任何敢質疑舍利真實性的官員而言，這樣的做法近乎煽動叛亂，因為舍利處於一場彌漫著政治統一象徵意義的活動之中。

文帝首次向三十處州府分發舍利的活動必定被認為大獲成功，故而他緊接著又於六〇二年第二次分發舍利，這次分發地點增至五十三處；第三次則在六〇四年，涉及另外三十處。如同第一次，六〇二年和六〇四年這兩次分發，也是舉國上下於同一時刻將舍利送入佛塔。舍利剛剛分發完畢，就有激動描述舍利入塔時所生異象的奏報送達御前。比如：六〇四年，僧人道密護送舍利抵達鄭州並裝入佛塔，據說其時野鳥盤旋塔周，直至儀式結束。此外，還有三朵金花飄揚在空中，放射光芒，逐漸擴大，並繞塔三匝。[54]

伴隨著分發舍利而出現的祥瑞故事，被視為文帝具有感應天地能力的徵兆，由朝廷史官王劭輯錄成書，而此人也被後世史家詬病為阿諛奉承、招搖撞騙之士。據七世紀歷史學家魏徵之言，王劭「多錄口敕，又採迂怪不經之語及委巷之言，以類相從為其題目，辭義繁雜，無足稱者，遂使隋代文武名臣列將善惡之跡，湮沒無聞。」[55]儘管王氏所輯舍利分發時出現異象的傳說備受後人批評，但在當時這些傳說卻顯然普遍為人接受。雖然此書未能完整存世，但其內容被大量引用，對佛教歷史著作產生了很大影響。[56]儘管隋文帝之前也曾有皇室成員及其他影響力較小的統治者，利用舍利和佛塔帶來威望乃至合法性，但文帝主導的這場精心策劃、規模宏大的舍利分發活動，才真正反映了在七世紀之初，舍利崇拜不僅存在於信仰領域，也被納入到中國的政治領域。

舍利、信仰及政治宣傳的組合，以及包括朝廷寵臣、僧人在內的各色人等試圖從帝王對舍利崇拜的沉迷中牟利，並不僅限於隋文帝朝一例。有唐一代，皇帝都會去覲拜京內寺院收藏的佛陀舍利，其中最著名的是那顆佛牙舍利以及相傳為佛指的舍利。[57]後世的皇帝也對佛教舍利表現出極大的興趣，他們為發現舍利大肆慶賀，並不斷積極搜尋舍利。[58]

既然人們對舍利靈驗的信念普遍接受，我們就不難理解以下幾點：皇帝作為聖物仲裁者的角色、皇家宗教信仰的靈活性以及帝國對舍利的利用。讓人訝異的是原本對佛教持敵意的中國執政者在一九五五年對於佛牙舍利的政治性利用。當時，這顆被公認為於五世紀時來到中國的佛牙舍利和一個代表團一起到達緬甸。緬甸政府要角接見了他們，其中包括當時的緬甸總統巴吳（BA U.）。[59]然後佛牙由盛大隊伍陪護到仰光街道上遊行，接受大批群眾的頂禮膜拜。此次出訪給緬甸人留下了良好的印象，總統巴吳十分感激毛澤東、周恩來以及中國人民的好意。三年後，中國政府又將佛牙舍利送往斯里蘭卡，希望收到同樣的效果。但這一次行動卻不如第一次那麼成功；一部分原因在於斯里蘭卡的康提本來就存有重要的佛牙舍利，另一部分原因是因為他們對中國佛牙的真實性存疑。[60]

上述兩則案例尤其有助於我們理解利用舍利的領導人對待舍利的各種因素。因為毛澤東和周恩來對待佛教及一般宗教的態度非常明確，我們完全有理由假設他們並不相信佛牙舍利含有超自然力。他們出借舍利，純粹出於增強國際關係的政治目的，而與傳統佛教舍利崇拜及其功德毫無瓜葛。當緬甸大使提出借舍利的想法時，據說周恩來頗為不屑地說：「拿去好了，我們要了也沒有用。」[61]不久，當周恩來和其他執政者意識到舍利的外交價值，而將「拿」又改成了「借」。大約恰在此時，中緬兩國正合力剷除蔣介石政府支持下盤踞在緬甸靠近中國邊境的國民黨軍隊。執政者為了改善國際關係而對舍利的政治性運用，已經偏離了傳統佛教對虔敬和積德的關注。而在較早的歷史案例中，統治者對待舍利的態度更加複雜。比如，隋文帝本身是一位虔誠的佛教徒，他曾在公開場合多次表明自己信佛。而中國人對待「宗教正統性」的概念非常寬鬆，以至於未明確聲稱自己信佛之人也仍然可以相信舍利的力量。統治者為舍利所吸引，一方面出於對其神力的普遍信仰，另一方面則是因為它們便於攜帶：將牙齒或骨頭的細小碎片放進精美的匣子後，它可以由一支小小的隊伍護送，帶著鮮明的「政治－宗教」訊息，啟程前往遙遠的省分乃至域外。

帝王與高層官員利用周密策劃的舍利相關活動來確認自身權威，這類材料被大量記載下來；我們可以比較有把握地認為，像重要寺院的比丘或地方大族這些地位稍低的人，也同樣會把自己、自身所在的寺院或家族，與佛陀及其著名弟子的神聖遺物聯繫在一起。唐代法門寺之所以出名，主因在於它存有那枚佛陀指骨，而不是因為它擁有一位聲名遠播的高僧，或一座收藏宏富的藏經閣。後代諸朝莫不如是，甚至時至今日也不例外，許多寺院的名聲仍建立在其所持舍利之上。舍利和與之相關的佛塔一樣，不僅有助於寺院聚斂來自朝聖者和顯赫功德主的供養收入，還能夠因為它們的存在而賦予該寺、駐寺僧人和在家供養人一種自尊和自豪感。[62]

懷疑與批評

對佛教舍利靈力的信仰已經滲透到中國各地區及社會各階層之中，但仍然有一些特立獨行的人持懷疑態度，正如王充對待古代祭器一般。其中，韓愈對舍利的批評在中國歷史上最為著名。他曾於八一九年上書抨擊皇帝支持將佛指骨以盛大隊伍從遠郊寺院迎入皇城。韓愈的意見主要集中在佛陀出身夷狄，本是一個對中土習俗毫無所知、舉止怪異的苦行僧；他認為，倘若佛陀親臨京都，也必不能獲得如此的尊崇。「況其身死已久」，韓愈接著說，「枯朽之骨，凶穢之餘，豈宜令入宮禁？」[63]皇帝聞言大怒，馬上把韓愈逐出了京城。值得注意的是，即便在此時，韓愈仍然認為提到的指骨舍利確實來自佛陀本尊。一九八七年由考古學家發現的舍利匣裡，裝有四枚骨頭模樣的舍利，其中三顆是「影骨」，用以混淆人們對「靈骨」的注意，即很可能正是韓愈所怒斥的那枚舍利。[64]

據筆者所知，不曾有人對這些物品進行過檢驗以測定它們是否確為人類的指骨或斷定其年代及出處。它們不太可能真的是歷史上釋迦牟尼佛的遺骨，但這種說法恐怕無法被證實或證偽。在普通人眼中這些舍利至少看上去很像指骨。而其他幾處的舍利，如上文所述包括馬齒，甚至還有珊瑚屑。不過這些舍利不同尋常的外觀並不影響信眾；相反地，他們預期佛陀（或其他聖人）的遺骨本應有異於常人。[65]

圖 1-1　影骨。（圖片為法門寺博物館所提供，大多數照片上的舍利為影骨而非真正的靈骨。）

十二世紀的程大昌是另一位批判舍利供奉的文士，在一篇散文中他曾同意佛牙的說法，寫道：「世之尊佛而主其異者，其說曰：華夷之人，生理一也。此之牙骨，若指其長大，皆能倍常；且其色紅潤，與枯骨異，非佛不能有此也。」[66]然而程氏接著指出，《左傳》中記載有一位巨人，因此古時確實出現過身形巨大卻談不上神聖的人物，他還補充道（不帶絲毫諷刺意味），死去的動物遺骨有時候也會略帶紅暈；可見在他看來，佛陀舍利儘管不同尋常，但這不能成為其神聖性的證明。但跟前人韓愈一樣，程大昌也沒有質疑過傳為佛陀舍利的是否的確係佛陀所遺。

在宋代作家王闢之筆下，十一世紀的俞青是另一位對舍利有所質疑的人。一〇四〇年代，一座佛塔遇火焚毀，在塔底發現有舍利。之後，舍利被獻至宮廷且據說還能放光，所以又有人計畫為其建造新塔供養。這時，俞青反對說，這些舍利連自己藏身的塔都無法守護，不可能有任何異能：「腐草皆有光，水精及珠之圓者夜亦有光，烏足異也。」因為他的話，造塔計畫便被擱置了。[67]此處俞青的質疑仍然針對的是舍利本身是否有異能（舍利被駁斥與普通屍骨無異），而不是舍利是否真的與聖人之間有聯繫。

筆者所能找到最早的、直接針對舍利的歷史真實性而非神聖性提出質疑的材料，來自十六世紀李時珍的《本草綱目》。在「貘」一條下，李時珍寫道：「狀似熊，蒼白色……其齒骨極堅，以刀斧椎鍛，鐵皆碎，落火亦不能燒。人得之，詐充佛牙、佛骨，以誑俚俗。」[68]

到了近代的一九九八年，臺灣曾從泰國恭迎一顆據稱是釋迦牟尼的佛牙舍利，為之舉行了規模宏大的供奉典禮。[69]針對此次事件，有學者們在報章雜誌上公開發文質疑佛牙的真實性。令人震驚的是，這類言論對佛教教團的影響微乎其微，成千上百的人照舊禮拜不輟。一位撰文質疑的學者透露，礙於負責臺灣迎佛牙組織者的壓力，一家著名報社在最後關頭撤下了他的稿件。[70]佛牙不能被質疑，部分原因在於經濟方面，巡展的進帳豐厚；更為重要的是，倘若舍利可被證實為假，組織者不僅要面對公眾的羞辱，還會喪失巨額的文化資本。

所有的質疑都來自佛教外部，這些抨擊者從根本上對佛教抱有強烈敵意，或者至少是持教外人士的立場；而在佛教僧團內部，不論是針對舍利供奉，還是對舍利具有神通這樣的信念，都從未形成過強大的質疑傳統。即使到了現代社會，也從未開展過任何旨在根除舍利崇拜的嚴肅運動。僧傳裡偶爾會提及，一位僧人臨死前吩咐弟子拋散其遺骸，而不要為之興師動眾。[71]與其說這是對舍利參拜的批評，不如說是一種謙遜的表現，而且對實際操作也並沒有什麼影響——在有些情況下，弟子們仍然會罔顧其師遺言，依然為之建塔供養舍利。[72]禪僧將舍利列為無常之物，即使是最為神聖的舍利也不例外，但是這樣的批評再度沉沒隱匿，對實際事務沒有什麼影響。[73]直到本世紀，反對舍利崇拜或質疑其神聖性的言論依舊虛弱無力，也一直處於佛教傳統的邊緣。

舍利的吸引力

不論是鞏固外交關係，還是展示一個機構具有動用最高等級佛教文物的實力，抑或吸引遊客等等，舍利都是一種非常有用的工具。然而，舍利在現實運作層面的吸引力可能仍次於一種更基本的吸引力——因為如果信眾從一開始就對舍利並不感興趣，那麼舍利也不可能被移作他用。那麼，其魅力究竟何在？

在很大程度上，舍利的魅力來自於它能夠拉近人們與聖人之間原本遙遠的距離——這有點類似於今人對名人簽名的熱衷。閱讀佛說過的話是一回事，站在其真身或者最起碼是其部分真身的面前則又是另一回事。不少與舍利相關的文獻裡充滿了這種與往昔相連的意味；從前面對舍利供奉方面的研究資料所作的簡短考察中可以看出，哪怕是在懷疑論者的筆下，舍利的真實性（即舍利是否是高僧或佛陀本人的遺骨）都極少受到質疑。如下一節所提及，對於為何造像具有神力的這個問題，有一種闡釋是將其解釋為造像通過沒有生命的金、石、木材捕捉到了人的形象。造像特別地吸引人，其中部分原因正是這種存在於生命體（the living）與無生命體

（the lifeless）之間曖昧不明的關係。羅伯特・沙夫（Robert Sharf）在他的一篇極具啟發性的文章〈佛教舍利的吸引力〉（On the Allure of Buddhist Relics）中提出了類似的論點。他強調舍利是被發現或獲得的，這一點讓它們與其他那些如造像與佛塔等製造出來的聖物之間有了本質區別。因此他認為舍利的力量「就在於自身——它們作為肉身的本質——而不在於其表徵或象徵性的性質。」[74]也就是說，不論是中古時期的佛教徒還是現代學者，他們對舍利的迷戀，在一定意義上都源自一種不確定性：肉身呈現（corporeal embodiment）與生命力（animating life force）之間究竟有什麼關係？沙夫在現代社會中發現了相同的動力在運作，比如飛機失事後會大費周章地去尋找乘客的遺體，儘管其背後動機從未獲得澄清。對身體殘骸的這種病態癡迷，至少有一部分是源自「意識」邊際的不確定性——一位聖人或任何一個凡俗之人的力量在身死之後究竟去向何方？

對舍利提出一概而言的理論，其危險性在於錯誤地假設所有人在所有情況下會以同樣的方式或者出於同樣的理由對某一聖物作出反應。如果說，推動迷戀舍利的背後是一種對生命力來去無影的神祕感，那麼我們也就可以預期有關舍利的材料會特別關注產生舍利的那個人，並將舍利描繪為身體的一部分。但實際情況並非如此。即使是對佛陀的舍利，人們關注的是東西（舍利）本身。因此，當玄奘記錄他在印度見到的佛陀舍利時，也只是著重描寫眼前所見之物：「又有佛牙，其長寸餘，廣八九分，色黃白，質光淨。」他還寫道，只有那些對佛牙供養最虔誠的人，才能看到它「放光明」。[75]他對其他舍利的描寫也都大同小異。頂多也就是把一枚舍利追溯至佛陀入滅之後，初次分發舍利的時期。即使舍利通常被視為佛陀力量的結晶，他卻從未把觀摩舍利當作一個思考佛陀生平及教誨的良機。

在許多記述舍利的材料中，舍利的來源——它們出自何人之身——並沒有被記錄下來。這裡我們來回顧一下康僧會為了證明佛教靈驗，祈請舍利而感得異相的故事。我們看到，中國佛教徒訴諸種種手段來確立舍利的真實性。但是，舍利在康僧會瓶子裡的神祕現身則告訴我們，對舍利的癡迷與需求是如此之大，以至於很少有人對其真實性及出處提出質疑。它們是來自誰身上的舍利？它們如何會出現在瓶中？它們到底又有何用？關於舍利的中國文獻中鮮有涉及此類問題。隋文帝分發舍利的歷史紀錄，雖然細節畢現，卻完全沒有提到舍利的來源或其之前的收藏者。重點總是落在這些神奇之物的神祕顯現，而非它們的來源或用途。

就在玄奘見到佛牙之地的北面，他還看到一座大型佛塔。「中有舍利，時燭靈光。」[76]這裡的「舍利」是來自佛陀？還是來自佛弟子阿難？或是來自某位聖僧？即便玄奘當時費心去問，也未必能夠獲得確切答案。對於舍利來源的漠不關心在僧傳中也十分常見。比如在康僧會之後的罽賓僧人曇摩密多曾誠懇祈請舍利，於是一顆與特定人物無關的舍利出現在皿中，且

「放光滿室」。[77]其他地方亦有舍利感應僧人的虔心求告，突然出現在匣中或從天而降等類似的記述。[78]七世紀著名論師窺基的傳記中提到，當他拿起筆剛要動手做一部經文的注疏時，「筆鋒有舍利二七粒而隕」。[79]這裡的舍利究竟是指什麼東西並不清楚。這些神聖的顆粒似乎更像是祥瑞之物，而未必來自某一位聖人的身體。

與之類似，現存的中古史料中還有兩條有關人類服食舍利的記載，一人是在夢中，另一人則在現實中。舍利在這兩則事件中都被描述為神奇的藥丸。[80]與上述出現在瓶中或從筆尖流溢的舍利一樣，這裡的舍利並沒有指向某位聖人，也不是來自任何活生生的人；事實上，不論源自何處，舍利依靠自身就成為一種強大且靈驗的物品。換言之，人們對舍利表相的重視至少不亞於其出處。僧人以「堅明、通鍛、無耗」描述這些微小的顆粒。[81]舍利的顏色也是關注的焦點：「明白」、「紅翠」或「五色」，[82]其表面則光滑細緻。[83]還有，也是最為重要的一點，舍利能夠閃爍發光。[84]概觀之，以上描述表達的是一種舍利美學，它如美玉一般，因其「可愛」的特質而令人欣賞。[85]

這種對舍利的仔細觀察，反映了人們對奇異事物的普遍興趣，這也常常是提及舍利者首要的關注點。例如，十一世紀沈括記錄了他觀察一枚佛牙舍利的細節：

> 熙寧中，予察訪過咸平。是時劉定子先知縣事，同過一佛寺。予先謂予曰：「此有一佛牙，甚異。」予乃齋潔取視之，其牙忽生舍利，如人身之汗，颯然湧出，莫知其數，或飛空中，或墜地；人以手承之，即透過；著床榻，摘然有聲，〔復〕透下；光明瑩徹，爛然滿目。
>
> 予到京師，盛傳於公卿間。後有人迎至京師，執政官取入東府，以次流布士大夫之家，神異之跡，不可悉數。
>
> 有詔留大相國寺，創造木浮圖以藏之，今相國寺西塔是也。[86]

沈括在此並未提及功德，也並沒有於舍利之前祈福，儘管他的「齋潔」表明了至少要裝作恭敬。我們也沒有發現他的拜訪帶有政治或經濟方面的目的。他看到的舍利並不是國家財產，他沒有向其他來參拜舍利的人收取任何費用，也沒有因之去思考佛陀或生死輪迴的本質。與其他曾記錄過舍利的人一樣，他的拜訪是因為受到作為奇異之物的聖物吸引。據他自己描述，他會去拜訪首先是因為一位同僚告訴他那顆舍利「甚異」。因為同樣的原因其他人會將其「盛傳於公卿間」，不必因此而認為摩挲賞玩舍利必定發生在佛教環境之中。明清作者的著作中也常見類似的敘述。簡言之，不論其源出何處或者用處為何，舍利本身就是「甚異」之物，構成了令人嘆為觀止的奇談而流傳於親友之間——因為奇異之物可以打破單調的日常生活。

要勾勒一幅舍利在中國的歷史概況並不難。對偉人遺骸的尊崇隨著佛教一起在公元初的幾百年內被引介到了中國。在接下來的幾個世紀中，除了僧人和商人源源不斷地從域外帶來舍利外，在中國圓寂的胡僧或高僧也在「生產」著舍利。至六世紀或更早，舍利信仰已經廣為流傳，而且佛塔——保存舍利最重要的形式——在中國已隨處可見。佛教舍利到現代仍然是中國宗教的重要組成部分。參與佛教舍利供養的人來自各個階層——從農民到帝王，從目不識丁的鄉人到博學多聞的高僧——及華夏各個地區。這種實踐引起小部分懷疑主義者的批評，他們質疑傳說中舍利的神力；但直到二十世紀下半葉以前，這種批評從未真正影響到舍利崇拜。

然而，如果我們從描述舍利的重要性轉向分析這種信仰背後的社會、心理因素，這整幅畫面就變得相當複雜了。除在極為個別的例子中，比如毛澤東與周恩來利用舍利以改善與緬甸、錫蘭的關係時其政治意圖明確外，大多數利用佛教舍利的人都往往出於多重理由：積累宗教功德、祈求奇蹟、吸引朝聖者和供養人，抑或鞏固皇權的合法性。對舍利的描述更多反映了一種對奇異事物的癡迷，而非宗教信念或政治企圖。有時候，舍利的魅力可能源於對生命的有限性及其本質的困惑，以及它來自聖人的事實。然而，除能了解到舍利崇拜無疑包含了在文獻述及之外的因素，我們卻很難檢測出細微的心理因素，或者掂量它們在多重複雜的動機中究竟占多大比重。不過我們還是可以說，佛教文獻持之以恆地宣傳佛教舍利崇拜，部分原因在於舍利供奉作為一種佛教信仰特徵是獨特的，任何其他宗教傳統均不能比肩。佛教造像亦如是，這正是下節之題。

第二節　造像

造像在中國佛教中的地位

在佛教東漸後兩千年的漫長歷程中，雕塑家、畫家、鐵匠、繡匠和陶工製造了數之不盡的佛陀、菩薩以及種類繁雜的佛教人物造像。我們現在知道，直到公元初年，也就是正當佛教開始對中華文明產生影響不久之前，供養造像才剛剛成為佛教的重要成分；而在我們所能找到的最早的印度佛教藝術的例子幾乎沒有佛陀被人物化（anthropomorphic）呈現的造像。中國佛教徒直到近代才意識到這個事實，之前他們一直相信第一尊佛像是在佛陀在世時被造出的，且得到其本人的許可。[87]中世紀的一些基督徒相信，他們崇拜的瑪麗聖像脫胎於她尚在世時路加所繪之肖像；與之相似，中國的佛教徒認為他們看到的是佛陀真容，甚至未來佛彌勒也是一樣，其畫像於很早以前繪製於西天。[88]換言之，中國的佛教徒認為他們眼中所見的佛像藝術出自一個源遠流長的傳統，至少可以遠溯至佛陀時期。

在中國，佛教始終與佛像密切相關。根據一則早期的傳說（近代以前一直被當作是確鑿無疑的），正是一批帶著經書和佛像從印度歸來的使節標誌著中國佛教的開端。[89]事實上，中文文獻中常以「像教」指代佛教。造像從來都是中國佛教禮拜的核心，其他地區的佛教亦是如此。造像自從一、二世紀在印度的佛教修行活動中贏得一席之地後，不論傳入何方，它都一直保持著自己的地位。納入佛教修行實踐之中的造像供養，對整個亞洲的物質文化都產生了巨大的影響。從斯里蘭卡到日本，每一座佛寺都有自己的佛像；廟牆之外，各種材質、風格、尺寸，無法盡數的佛教造像隨處可見。佛教造像的製作基本上不是個人行為，而是一項社會活動，離不開施主和工匠之間的協作，以及僧尼的參與。[90]若不是為了製造佛教造像，一些社會關係網以及不同社會群體間的互動模式，也許永遠不可能出現。用一位當代敦煌佛教藝術史家的話來說，佛教藝術的創作「把官吏與百姓、貴族與平民拴在一條繩上」[91]，一尊佛教造像在完成之後，會持續地刺激並促進物質文化。對於絕大多數信徒而言，造像從過去到現在一直是他們接觸佛教的主要方式；在佛像之前，信徒恍若來到佛、菩薩本尊的面前供奉並祈求幫助。再者，由長途朝聖或前往地方寺院的短途旅行所結成的團體也都是以造像為中心的物質文化的一部分。

由於資料過於零散，我們無法精確地追溯佛教造像是如何引進並擴散到中國各地；但無疑到六世紀時，造像已是各地的常見之物，直到現在依然如此。佛教造像也不只局限在寺院之內。在中國佛教史中，隨著佛教修行悄然進入各行各業信徒的日常生活，大到宮殿，小至一般手工作坊，佛像隨處可見。[92]

而且，造像對於在家眾的重要性，並沒有影響其在僧尼修行生活中的中心地位。也就是說，造像並不是僧眾對在家居士的遷就。事實上，在把造像供養引入古代印度佛教的過程中，僧尼扮演了主導角色。[93]中國僧尼在生活中也同樣對造像投入相當多的注意力。一部可能源自中亞或中國但頗有影響力的經文中所列出的僧人十八件基本資具，就包含了「佛菩薩形像」。[94]對中國僧人而言，在許多日常儀式中造像都是必要物品，例如僧人經常要在佛像前懺悔。另外造像還成為觀想的工具，精於此道的僧人長時間凝思一尊佛像，直到他們能夠拋開任何諸如造像之類的輔助手段，而在腦海中觀想出一個栩栩如生、法相莊嚴的佛。[95]簡而言之，佛教造像在傳入中國後不久，便成為所有佛教徒宗教生活不可或缺的一部分，其中包括比丘、比丘尼、在家眾，以及貧富不一的功德主們。

各種材質（例如陶土、石、木、金、銅）佛像的流行，對中國雕塑、繪畫和一般美術的發展產生了深遠的影響，遺澤被及今天的中國藝術家。在中國，紀念碑性質的雕塑、石窟浮雕、壁畫和金屬造像，基本上都由製作佛教造像逐步演化而成。但與此同時，佛教藝術與世俗藝術卻被區別對待。大體而言，佛教藝術獨立發展，與文人書畫並無交集；因此，當對佛教義理並不熟悉的文人藝評家，在極個別情況下對佛教藝術有所評論時，他們主要的關注點多在筆觸、構圖等美學問題。[96]佛教文獻則極少把美學標準施之於佛教造像，就算有所涉及，所用的也是些模糊的字眼，例如導言中提到的「華麗」、「莊嚴」、「精美」等。

佛教造像是為了追求神聖，而非為追求美感而有的產物。佛教藝術有時用於弘法（如圖1-2），有時則用作裝飾。[97]但佛教造像很少是純粹裝飾性的，它們也是供養的對象，是能夠

圖 1-2　地獄十王，十世紀一幅地獄審判亡靈的圖卷。下方兩個人因其罪孽被帶去受罰，而左上方的女性手持佛像則將受到往生善道的嘉獎。我們或許可以將之理解為她生前供奉佛像的善報。斯坦因藏卷 80 號。（圖片由大英博物館所提供）

對虔信者賞、對不敬者罰的神力所在。即使在現代中國，藝術史家和考古學家也仍要與農民、市民，以及其他的地方信徒爭奪對佛教藝術品的管理權。信徒們為古代或現代的佛像、菩薩像或其他神像進行裝飾，為其裹上衣裝或漆上油彩，並奉上水果、香火。他們在遺址上立起新的造像，也會把剛發掘的古老造像搬入新建的廟宇。他們所做的這一切無非是希望自己的種種祈願，例如求子、療疾、考試上榜、財運發達、安樂如意，都能如願以償。所有這一切並非前所未有之事；從始至終佛像都被視作神力之源泉。[98]

不論現代還是古代的造像，均可被解讀為佛教人物的標誌或象徵。一尊釋迦牟尼佛的造像會提醒我們佛陀的事跡，並激勵人們去效仿祂。觀音菩薩無所不在，一個人也可以輕易地坐在家中向祂求福，並不需要任何的塑像；但是，在寺院的一尊觀音大士像前跪拜，那種格外虔誠的氣氛會使人更專心供奉。然而這種對佛教造像象徵性的客觀解讀，可能會讓中國歷史上各個時代的大多數信徒感覺古怪且不合常情。信徒供奉佛像，部分出於敬意，更重要的是藉此獲得福祉。進一步來說，人們禮拜觀音像並非因為它象徵觀音，而是觀音就在像中。也就是說，人們相信佛教造像本身包含其所刻畫之神靈的威力。造像不是無生命的象徵物，而是展現了一種更高層次的真實。話雖如此，不論是在高僧們的理論著作還是普通信眾的儀式活動中，這種力量的性質並不像人們想像得那麼顯而易見，也很難明確表達。這正是筆者在這裡要討論的重點：這種神聖力量的本質究竟是什麼？其作用為何？造像又如何獲得這種力量？

在印度佛教影響的刺激之下，神聖造像的觀念似乎在中國宗教之中穩穩占據了一席之地。造像在當代印度宗教中極其重要，在中世紀時也同樣非常普遍，儘管尚不清楚造像的神力及神靈可以藉由儀式進入造像的觀念究竟源自何處。《吠陀》中不曾提及宗教造像，這意味著在古印度的吠陀宗教中，造像不如在早期佛教中來得重要。有人說，因受到希臘的影響，聖像在印度才變得重要起來，但現在仍沒有足夠的證據證明。[99]無論如何，文獻材料顯示至少到了五世紀，印度人已經深信造像蘊含神力了，我們可以據此推測這種觀念出現在更早幾個世紀之前；只是，充靈的聖像是如何占據核心地位，正如其在當今印度教中一樣，還仍是一個謎。[100]但可確定的是，當佛教開始對華夏文明產生顯著作用的時候，聖像已經是佛教的一個重要組成部分。

後期的文獻以及現存的塑像告訴我們，在公元紀年開始之後的幾百年中，製作佛教造像在印度蓬勃發展。僧尼與在家眾很快便接受了這種宗教實踐。各部派的戒律以一種客觀平淡的語氣提及造像，比如建議僧人不要將佛像帶進茅房。[101]這些材料表明，造像已然是佛教徒日常宗教生活中的一部分。一些佛經熱烈鼓吹信徒以供養或製作佛像積累功德，這也進一步激勵了造像的生產。

然而，即使在生產、供奉造像已經成為佛教修行的常見形式後，印度的佛教思想家仍舊不能毫無罣礙地接受這種觀念。比如在一切有部的律典中有這樣一段話：大功德主給孤獨長者（Anāthapiṇḍada）曾經請求佛陀給他一些可資憶念之物，以供他在佛陀外出布道時使用。他最初索求的是幾縷頭髮和指甲，佛陀都答應了。在同一段文字的稍後部分，給孤獨長者又說：「如佛身像不應作，願佛聽我作菩薩侍像者。」佛陀也首懇了。在同一段文字的另一處，當被問及功德主是否能夠繪製壁畫時，佛陀回答說，除了男女交歡的場面之外，信徒可以繪製任何壁畫。[102]第一段話談到禁止製作佛像，可能是佛像禁忌這種普遍為人接受的古老傳統的餘存。另一方面，第二段話中需要就繪製壁畫徵求同意，則暗示了對任何形式的描繪，人們都有些遲疑不決。在這兩則例子中，僧人們都覺得有必要徵引佛陀特許造像之辭。

跟印度前佛教時期是否有聖像一樣，能表明在佛教傳入之前中國就有聖像的證據相當粗略。當然，中國很早就有人形雕塑。自商朝晚期，人們便使用陶人陪葬——這種習俗一直持續到明代。[103]雖然秦始皇兵馬俑是其中最蔚為壯觀的例子，但是其他時代也有一些規模較小的造像活動。在中國的前佛教時代，人們認為這些造像會在陰間活過來，並在那裡侍奉亡者，或者有時他們可能替代亡者履行徭役等義務。[104]在深深封存的墓穴裡，這些替代品對於活人的日常生活極少有影響，似乎也不曾成為人們供奉的對象。在人間，祖先祭祀的中心是牌位，而非死者的擬人造像。

要挖掘古代中國神像的相關記載，我們必須仔細梳理早期的歷史文獻。《史記》中記載了一則故事：一位沒落的商代國君製作塑像，呼之為「天神」並加以嘲戲。[105]但是，即使是在這個例子中，所揭示的也不是對聖像的參拜，而是正好相反的舉動。更重要的是，佛教進入中國以前，本土宗祠中並不擺放神像。[106]我們回想一下，在「陳寶」的故事中，雄雞模樣的神居住在一塊毫不起眼的石頭之中，而不是一尊雞形造像。換言之，儘管造像在古代中國早已出現，但極少被賦予神力；認為強大的神靈可附至一尊人造之像上的觀念，恐怕還不存在。接下來我們將看到，在佛教傳入後不過幾個世紀，這一點就發生了劇烈的變化。田野鄉間到處都出現了造像，它們不只代表神靈，同時也就是神靈本身，且能深刻影響周遭人們的生活。

開光

舉行儀式為新的造像加持（consecrate）或者說舉行「建立」（pratiṣṭhā）儀式，是一套源於印度佛教、最系統化的操控造像靈力的方法。特別具啟示意義的是一種為造像「開眼」的儀式。在一尊佛教造像即將完成之際，工匠通常要把這件尚無生氣，以陶土、木頭或金屬製成的塑像轉化為容納神靈之處。在所有流行佛教的地區，人們都通過為塑像點睛的儀式來完成這一轉變，否則它便不算完成。其後，造像才算誕生，一個有生命的實體（a living entity）從此寓居於一個無生命的外形之下。進行該儀式的人必須聚精會神，他們通常會小心避免在開眼儀式時直視造像，借助一面鏡子，間接地為它點上眼珠。[107] 經過這樣處理的造像不再僅僅只是佛（或菩薩）的象徵物，在某種意義上它已經擁有佛（或菩薩）的威力。至於我們該如何理解此處所說的佛力（理論上佛陀已善逝而進入涅槃），則有待各種不同的解釋，後面

圖 1-3　東魏造像碑上的「光明主」。（藏於紐約大都會博物館，編號 29.72，www.metmuseum.org）

我們還會回到此話題。

一段寫於五二四年，為杜文慶所造佛像撰寫的銘文，讓人首度一瞥在中國開眼如何賦予造像靈力。銘文曰：「妙像開光，誰云不善？孰云不靈？」[108]我們無法據此簡短的銘文重建一種關於造像的義理詮釋；但它告訴我們，這種儀式至少在當時已經傳到中國；通過這種儀式，普通的石塊、金屬材料能夠獲得神力。

一些早期銘文說明，點睛的做法至六世紀時已經在中國相當普遍。一般而言，這些銘文能夠為我們提供的信息只是一個銜名，如「開光主」或「光明主」，接著是人名，通常是一位居士的名諱。[109]初看上去，這似乎暗示著是由居士，而非手工藝者或僧人主導這一重要的儀式。但事實上，具名的一些居士已被指為「亡故」，也就是說他們不可能親自執行點睛儀式。[110]七五二年日本舉行的一場類似的儀式支持了此觀點，該儀式想必細緻地仿照了當時中國的做法。[111]這一精心安排的儀式在東大寺舉行，由一群德高望重的施主所襄贊，係由一名印度僧人進行點睛。所以，六世紀中國的造像很可能也是由僧人開光，而那些列為「開光主」或「光明主」的要不就是贊助該活動的人，要不就是由供養佛教造像的功德所回向的人。[112]換言之，儘管在家居士很重視為他們的造像開光，也願意出錢資助典禮，但是實際操作還是留給專職僧人執行。

暫且把這些銘文放置一邊，隨著時間推移，十世紀末由烏填國僧人施護翻譯成漢文的一部儀軌手冊中，非常強調儀軌專家（通常是一位僧人，經文中通稱「阿闍梨」）在開眼儀式的首要地位。經文中，佛陀開示道：「一切須依阿闍梨言教，不得怠慢，令彼施主得大果報。」[113]經文對此點十分堅決，一尊造像想要靈驗就必須施行此儀式。另一處經文中，佛曰：「若造像畢已經久時，而不行安像慶讚，於其後時反獲不吉。設復有人供養禮拜，終無福利。」[114]對開光儀式的強調，不僅對手冊本身的保存很重要（因為實際上人們需要利用這本儀軌為造像開光），對於通曉其奧祕的僧人也很重要。如果沒有儀式及舉行儀式的專家，新造的佛像不過是一個黏土堆。換言之，且不懷疑參與者的誠意，這種對神聖力量的操控還觸及更為世俗的問題——憑藉點睛儀式，僧人可依靠提供宗教服務獲得收入，並作為一個必要儀式的專家而獲得聲望。

研究此儀式在其他時期、其他文化中之表現形式的學者，會爭論注入造像的神力究竟是饒益的還是危險的。同樣，他們對是由僧人抑或匠人在儀式中扮演關鍵角色也持不同意見。[115]這兩個問題的答案當然取決於時間和地理空間，因為我們沒有理由假設所有佛教徒必須以同樣的方式理解和舉行儀式。正如我們看到的，那些來自中國的證據表明，這一儀式主要由僧人掌控，而非匠人。而且，在中國通過儀式注入造像的力量也往往是善的。不管是銘文還是儀軌中所涉及的內容，沒有任何一條中文材料明確指出哪個新開光的造像獲得了危險的神力，儘管這些力量都非比尋常。

除了點睛，在造像中放置舍利是另一種為它灌注靈力的方法。骨頭與灰燼通常被用以製作僧人之像，而非佛陀或菩薩之像。比如，九世紀的著作《寺塔記》記錄了一位自焚供養的僧人，信眾們在其死後將其骨灰收集起來為此僧人造像，然後置於佛殿上供奉。[116]現代的考古學家發現了許多中古時期的灰塑造像，說明這種做法在唐代很普遍。[117]同樣的，根據一部十世紀的新羅高僧無相的傳記，他在中國去世後，其骨灰也被用於為之塑像。有一次，當人們試圖把一口大鐘搬進無相所在的寺院時，卻發現那口鐘異乎尋常地輕。完工後，有人發現無相的造像正在流汗。這時人們才意識到，其實是無相使用神通幫忙搬動了這口鐘。[118]在這兩則案例中，僧人的造像不僅用以紀念其本人或者作為覲拜之處的標誌，而且已故僧人之靈就居於像中。出於同樣的邏輯，不少古代佛像中也發現了藏有咒語一類的經卷，一般都認為這些經卷本身就具有神力。[119]與為新造塑像點睛相比，這種做法遵循一套更為直接的邏輯——無須通過儀式去請求或召喚神性進入造像，而是在造像中直接置入其他本身具有神力的物品，不論是經卷還是舍利。但二者的結論是一樣的——一尊造像是不完備的，除非對其灌注神力使其獲得生命。

活像

儘管僧人作為儀軌專家在製造聖像的過程位居關鍵，部分佛教文本也一直強調僧人在如法舉行的造像開光儀式中的重要性，但在實際操作中，不管是否有僧團之助，造像都可以變得神聖。絕大多數佛教造像並不內含經書或高僧骨灰，大多數造像銘文也未提及開眼的儀式。[120] 雖然如此，中國佛教文獻裡仍有不少故事證實了這樣的信念——即便是未曾經過開光或其他任何加持儀式的造像，依然被認為是鮮活的、強大的。

下面這則故事講述的就是一尊未完成的佛像，收錄於一部唐代小說中：

北齊末，晉州靈石寺沙門僧護守道直心，不求慧業，願造丈八石像。眾僧咸怪其大言。後於寺北谷中見有臥石可長丈八，乃雇匠就而造佛。向經一周，面腹粗了而背猶著地，以六具拗舉之不動。經夜自翻，旦視欣然，即就營作，移在佛堂。[121]

之後，造像持續表現出屬於人的特質：士兵搶劫寺院時，他因為緊張而大汗淋漓；他還給信徒托夢，抱怨自己的指頭需要修復。尤其值得注意的是這尊造像在刻畫完工之前就已經有靈了。

文中沒有提到開光，在雕刻完成前也不可能進行這些儀式。而且，這是一尊石像，所以裡面不可能裝有舍利。對於這個故事的作者以及讀者來說，在造像獲得生命的過程中儀式並不是必需的；人們渴望造像變得鮮活，這並不受正式儀式的限制。

在佛教文獻中，造像往往只對虔誠信徒的祈求作出回應；它們會為褒獎高僧的成就而放射光芒，也會療治在它們面前長跪禱告或出資修繕它們的人。[122]儘管無法將這些故事歸入某一特定加持儀式的傳播與發展，但如果反過來認為這種佛教儀式的出現主要是屈從於大眾信仰，那也不對。不論是加持儀式還是造像顯靈的傳說，都源於一種更為根本的對人形造像的反應。也就是說，藝術性的呈現本身鼓勵了無生命物可被賦予神力的觀念。[123]

要弄清楚造像是如何輕易地被賦予神性的，我們必須考慮到造像在古代出現的社會背景，以及間隔我們與它們的遙遠距離。筆者之前曾強調，造像不僅在僧院之內常見，在僧院以外的地方也能看到。話雖如此，歷史各時期中圖像流行的程度，還是無法與現在相提並論。現代社會與古代中國最顯著的差別之一，就在於我們接觸到圖像的頻率。圖像如今隨處可見，不論是在照片、廣告招牌還是在電視節目中，以至於我們不覺得它們與周圍的其他日常物品有什麼本質上的區別。[124]但是，在中古時期的中國，當一個農民乃至一位文人來到寺院的一尊佛教造像前，他所經歷的卻會是新奇的體驗。他們很可能自上一次到訪某宗教場所以來，都未曾有機會看到任何栩栩如生的塑像；儘管明知造像不過是用石、金、泥料製成，但正是造像的逼真性質，如「揚眉」、「鬥目」、「恰似真」等，令他們驚嘆不已。[125]這種令人不安的矛盾組合——既逼真，又明白它們不過是由無生命的材料製作而成——在一定程度上賦予了造像非同尋常的力量。佛教的義理和實踐也為這種信仰的發展提供了動力與框架。除了上文提到的儀軌專家的努力外，中國的朝聖者，如法顯和玄奘都提過印度佛像顯靈的傳說，在中國的出家與在家兩眾間，也流傳著在漢地發生的各種靈驗之事。

另外，人們瞻仰造像的環境也增強了造像的神聖氣息。儘管中國最終形成相當強大的人物畫傳統，但直到近代以前，只有極少部分的人能夠接觸到宗教以外的人物圖像。即便現代社會圖像的數量激增，其中有些比寺院所能勉力製作的造像都更逼真、更宏偉，但寺院裡的圖像仍然是不同的；人們在寺院這個神聖空間內與圖像相接觸，圖像被安置在專供祈福、布施的佛殿內，四處彌漫焚香的氣味及僧人的吟誦。

如果說普通的信徒是通過在造像前禮拜、供養而與後者締結一種特殊的關係，僧人與造像間的關係則更加緊密。如我們所見，自大乘佛教早期就有這種修行方式：僧人坐在一尊造像前，努力地有系統地觀照，通過造像在腦海中再現佛陀面貌，並通過觀想達到三昧狀態。除此，在懺法當中，僧人也要在佛像前悔過。通過諸如此類的儀式，包括長時間凝思一尊聖像，僧人們（乃至一些在家信徒）便與造像產生了更加個人化的關係。九世紀的僧人惟則因製作佛像而聞名，他曾如此描述自己接觸造像的過程：

> 像是生善之強緣，不得不多立。初之觀也如對嚴君，次則其心不亂，中則觀門自成，末則如如焉、蕩蕩焉。三昧安得不現前乎？是以我曹勸化迷俗，得不以此是為先容歟！[126]

惟則在這裡首先指出造像能夠勸人向善，在實用層面證明其存在的合法性；繼而他談到造像在儀式中的重要性：它最初像父親一般，最終則變成了一種更為抽象、超驗之物。不論造像是通過觀想和三昧被轉化為某一莊嚴的神靈，還是變得如「嚴君」般裁定人們的過失，在造像和它所代表的神之間還是存在著一道難以彌合的縫隙。我們不難想像，在這樣一種畢恭畢敬、衷心念禱的氛圍中，當跪拜的人起身並看向造像，造像也會正望著他們。這種反應是由佛像的製作方式所決定。中國的手工藝人創造出種種形制的佛、菩薩像。有時候，兩邊的脇侍菩薩恭敬地望著站在他們中間的佛。居中的佛像或凝神目光下垂或目於一側。不過一般來說，中間的神像通常會直視前來膜拜的人。這裡我們又回到了在開光儀式中論及眼睛之重要性這一問題。[127]在

圖 1-4　初唐，敦煌莫高窟第 322 號窟。（圖片為敦煌研究院所提供）

其最基本的造型中，造像與人直面相對，眼光直視，它的神情會使得信眾在目光交錯時不由地緊張起來。

然而，究竟是誰在那尊靈驗的造像中注視眾生？在前面講到的那個未完成的塑像靠自己就站起來的故事中，造像被稱作是「佛」。更確切的說，該造像很可能指的是釋迦牟尼佛像，或者彌勒像，也可能是其他一些不那麼知名的佛之一。但在何種意義下佛是通過造像而行動？從理論上說，上一位佛陀釋迦牟尼已經脫離生死輪迴，不再常住世間，而下一位佛陀彌勒則尚未出現。現代學者曾用以上觀點解釋早期佛教藝術中佛像缺失的原因。[128]有一些佛教思想家則用「法身」來解決這一代理人的問題。法身是「佛」超越性的一面，能夠作為個體的佛垂臨人世並在人形中呈現出來。因此，正如法身能夠作為釋迦牟尼而出現，它也同樣可以出現在依其面貌塑造的造像之中。銘文中偶爾會出現這種解釋。例如，於五三五年完工的一座刻有許多佛教人物的佛教造像的碑中有如下譬解：

夫至理空淨，非大智無以寄其言。法身凝寂，非妙信無以感其像。……明明大聖，皎皎無著。至寂至妙，湛然常樂。無像無言，形名應世。[129]

換言之，正是「法身佛」的神力讓造像靈驗。然而在佛像顯靈的諸多故事中，未必需要引用這些深奧的教義，而佛陀的確切身分通常也無關宏旨。前文那則北齊末的故事中，佛像的個性可以讓我們更清楚地看到這種趨向。在故事的後半，造像因士兵臨近而大汗不止。可是沒有人能在釋迦牟尼佛傳中找到他緊張得出汗，或者因手指損壞而抱怨的故事——這樣的行為對於釋迦牟尼或任何其他佛陀來說都太過庸俗瑣碎了。流汗、嘮叨同樣也配不上崇高的法身佛。

換言之，進入涅槃的佛陀是否繼續在此世現身並活動，這是相當棘手的佛學問題，我們可暫置於一邊。神蹟故事中描繪佛像的所作所為，往往與我們普遍接受的佛陀形象並不相符。造像經常會放射金光——這是我們想像中佛陀會做的事——但上面提到的故事中佛居然流汗、為了手指抱怨不休。在不可勝數的靈驗故事中，佛教造像更可大叫、流血、抱怨、呻吟。更令人震驚的是，造像常常懲罰那些虐待造像乃至未盡責之功德主。比如前文中提到的石林寺造像，被一個土匪偷走了它一塊裝飾用的橫幅。這尊造像於是托夢給他，警告他若不馬上歸還便將受到嚴懲。讀者也許會同情這則故事中作為主角的造像，但在其他故事中，造像也會變得有如凶神惡煞。例如，在六世紀的一則記載中，一位名叫侯慶的功德主曾命人製作一尊銅佛像。他原本打算以金葉覆之，但由於經濟原因而最終把錢用於他處。結果，佛像來到侯氏夫人的夢中，說祂將會帶走他們唯一的兒子以抵消他們所犯之過。次日一早，其子便一病嗚呼，成了佛之妒心的祭品。[130]

綜觀這些故事，我們只能得出這樣的結論，即人們一般將佛教造像視作獨立的、具有鮮明個性的生命實體，而非佛教典籍中所描繪的超凡脫俗的佛教人物，更非抽象「法身」力量的流溢。有時候造像會以暴力形式回應迫害者的威脅，詛咒那些誹謗或摧毀佛教造像的人；在一個例子裡，甚至處死了受命熔化造像的工匠。[131]這些故事至少有一部分可以被理解為一種宣教手段，旨在警告那些想要破壞或竊取僧眾財產的人。有人可能會認為，這些造像報復的故事是少數僧界上層人士為了維護自身利益而製造出來的，並沒有在社會上引起多大的回響。然而由於造像顯靈的故事如此司空見慣，我們可以比較有把握地說，這些故事源自一種有群眾基礎的、對宗教造像之神力的信仰，而非僅僅來自某一特殊群體的向壁虛造。

毀像

前面的討論主要涉及兩方面——將神靈引入造像的儀式，以及屢見不鮮的佛教造像顯靈的故事——意在指出當時人將宗教圖像理解為一種活的、有行動力的存在。在中國，認為造像靈驗的信念隨著佛教進入中國，最終散播到中國各地及社會各個階層。但這只是故事的一部分，與虔誠參拜造像同時興起的是反對它們的運動，這些運動表現出對佛教造像懷疑乃至敵對的態度。[132]

六世紀的《高僧傳》裡有一個發生在孫皓治下三世紀東吳的傳說。有一天，從某宮殿的地基下挖出一尊佛像。孫皓把它放到茅房，以小便澆之並戲稱為「浴佛」，還與群臣以之取樂。不久，他便全身腫脹出膿且陰處尤痛。直到孫皓懺悔己過並表示欽服佛法真諦，他才得以痊癒。[133]這則軼事讀起來很像是警示那些有可能褻瀆佛像者的宣傳材料，且我們無從得知歷史上的孫皓是否真的曾以尿浴佛。[134]但這個故事，以及其他類似的故事，反映了人們對佛教造像的抵制是存在的。當這個國家的每個角落都充斥著佛教造像，有這樣感受的人必然不在少數。也就是說，雖然前面所講述的故事本身是鼓勵虔敬的，但它的出現是為了對抗在現實中否認佛像神聖性的攻擊者。

這些攻擊裡最嚴重的要數政府發起的運動。在所有國家參與迫害的著名法難中，都包括了摧毀造像。作為中國歷史上首次法難的一部分，周武帝於五七四年下詔「焚破佛像」。[135]我們難以預估這道詔令在多大程度上被付諸實施，但從現存數量可觀的北朝造像可知，這次毀佛運動業績平平。相比之下，唐武宗八四〇年下達的搗毀佛像的命令倒是卓有成效。根據諸多材料來看，在短短幾年中有無數造像遭焚毀熔化。

近現代的反佛人士對摧毀佛像也情有獨鍾。一九四九年，新中國一建立，即以破除迷信為名，使佛教造像遭到零星破壞。[136]而文化大革命（一九六七－一九七七）則是一場規模更大的浩劫，紅衛兵以佛像為打擊目標，視其為「四舊」（舊思想、舊文化、舊風俗、舊習慣）和迷信的代表。文化大革命期間對佛教造像最集中的一次打擊發生在一九六六年。「紅小兵」把碧雲寺、臥佛寺、頤和園及其他幾座北京外圍的祠堂、寺院、公園內的造像徹底砸爛，並以毛主席像取而代之。大約同一時間，洛陽城外一座重要的佛教聖地龍門石窟也遭到破壞。當時中國幾個主要城市內部及其周邊都發生了類似的破壞。[137]

不論古今，摧毀佛教造像運動一般或是針對其中蘊含的象徵意義，或是出於經濟因素。官員們怒斥佛教作為一種外來的邪道，除了造成浪費和腐敗外一無是處；由於造像是佛教最顯而易見的表徵，因此他們往往都會要求以摧毀佛像來表示不屑。有時候，砸毀佛像的象徵意義極其明顯；比如，八四四年唐武宗宣布拆除內道場中的佛教造像，而代之以道教造像，這一行為即暗示了不久以後即將爆發的大規模毀佛運動。[138]他不僅破壞佛教經書和寺院，還逼迫僧人還俗；而搗毀內道場的佛像從開始即表明了武宗對「像教」厭惡的程度之深，及其意欲把所有曾經分配給佛教的資源轉予道教的企圖。同樣，以毛澤東像代替佛像，從一個象徵物到另一個象徵物，則標示崇拜對象發生了明顯變化。

在更實際的層面上，佛教造像通常用貴重金屬打造，這一點引起激烈反佛人士的興趣。國家摧毀聖像不僅能夠象徵性地重創佛教，還能用熔化造像碎片所得的黃銅、金、銀補充國庫。武宗滅佛的最高潮在九世紀，當時宣布了一則法令：所有銅質佛像都必須交給國家，重鑄為幣；鐵像熔化後，用於打造農具；而金銀乃至其他貴金屬的造像，則轉交給戶部。[139] 考古證據證明武宗摧毀造像的首選目標就是金屬鑄像，木像則乏人問津。[140] 一九五八年大躍進時期也發生過類似事件，僧人們被迫交出佛教造像用於大煉鋼鐵。[141] 文化大革命期間，從舊的工藝品（包括許多佛教造像）中提煉出超過一一七噸金屬，送往北京的鍛造廠熔解以供他用。[142]

這些事件都以否定佛教造像的神力為前提。上呈皇帝的反佛奏疏以及因之頒布的詔令，都以就事論事的客觀態度談及摧毀造像，並無一處暗示造像內可能寓居神通廣大的神靈。儘管佛教徒一直堅信毀壞造像的人必受神靈的報復，但毀像者卻從不擔心。諸如周武帝、唐武宗這樣的人物，似乎也不是認為佛教造像中的靈力不夠強大，而是根本不覺得造像之中會有神靈駐存。對於詆毀佛教的人而言，佛像只是無用的佛教及其機構的象徵和貴重金屬而已，所以這些金屬最好被用在別處。

反佛的統治者對造像的關注，正好證明了造像的重要性，一是作為佛教信仰及實踐的代表，二是因為造像具有的經濟價值；儘管如此，就筆者已經討論過的事件而言，沒有一例說明這些統治者展示了偶像恐懼症（iconophobia）。持反佛態度的統治者一邊摧毀佛像、一邊破壞經書與寺院，這些都是其改造或取締佛教的一部分。他們為了證明打擊佛教造像的正當性，會以夷狄之教、僧團腐化，或是佛教機構對經濟的損耗等作為藉口。在這些毀壞佛像的例子中，「反偶像主義」作為其理論基礎其實只停留於表面，因為破壞者並不真的反對樹立佛像本身。一位不贊同武帝摧毀佛像計畫的官員曾抗議說造像本身並沒有錯，「非圖像之罪」，他其實比他自己意識到的還接近真相。[143]事實上，批評總是集中在造像所代表的社會或經濟意義，而不在於他們內含的神性；佛教徒認為造像神通廣大值得敬拜，而國家似乎從來不曾為此感到不安。這種觀念只會被國家蔑視或忽略，而不會被挑戰或根除。

相較之下，真正的「偶像恐懼症（iconophobia）」則包含了一種執念，即認為具像（physical representation）永遠不能夠表達完全的神性。[144]猶太教義、伊斯蘭教義以及基督教義，都包含有反造像的思潮，認為任何表現神的模樣的企圖都註定徒勞。不僅這些偶像是不完全的，而且具有危險性，因為它可能會誤導虔信的信眾走向錯誤的崇拜道路，不管這意味著崇拜異教神祇，或是把本應留給更崇高對象的感情浪費於泥塊之前。這種觀念對其他文化中的物質文化產生了極大的影響，例如，它推動伊斯蘭藝術家追求裝飾性而非擬人性的藝術，也將表現性藝術徹底清出新教教堂。即使在二十世紀末的美國，人們對寫實呈現宗教人物危險性的擔憂仍然縈繞在他們對現代美國教堂宗教藝術性質的辯論之中。[145]

佛教思想家在著作中也表達過類似的想法，他們對用造像表達更高真理的做法常常持保留意見。最早期的印度佛教藝術並沒有描繪過佛陀；在佛陀應該出現的地方，我們看到的是一座空置的王座或菩提樹。這並不是因為繪畫技法達不到，因為在同一地點出現了許多刻畫精美的人物形象；這是一種選擇，反映出不願以人的外形來表現佛陀的思想。[146]這個時期的材料太少且很難確定日期，因此我們無法重建早期佛教的聖像神學。一般的看法是，古代印度佛教出於義理上的反對而沒有描繪佛陀形象，但我們不能確定這些反對意見具體所指為何，以及這些意見的普遍性如何。

大乘經典對中國佛教更加重要的影響在於：一方面稱揚那些製作並供奉佛教造像的人所獲得的無上功德；另一方面又強調造像的虛幻本質。「如來像者非覺非知，一切諸法亦復如是，非覺非知。如是像者但有名字，一切諸法亦復如是，但有名字。如是名字自性空寂無所有。」[147]抑或，如《道行般若經》中曇無竭菩薩對薩陀波倫菩薩作的一番譬解：

> 譬如佛般泥洹後，有人作佛形像，人見佛形像，無不跪拜供養者。其像端正姝好，如佛無有異，人見莫不稱歎，莫不持華香繒綵供養者。賢者呼佛，神在像中耶？薩

陀波倫菩薩報言：「不在中。所以作佛像者，但欲使人得其福耳。」[148]

造像的神聖性在此被直接否定。不論普通信眾如何想，根據這部文獻，佛像只是作為佛的象徵被供養，而供養佛的象徵物能帶來功德；但是佛的靈魂並不在造像之內。所有這些都不構成「偶像恐懼症」（薩陀波倫菩薩並沒有要求摧毀佛像），但此類說法著實給佛教徒自身對造像的態度帶來了深遠的影響。如同中世紀的基督徒，中國佛教徒的關懷之一是恰切地描畫佛的形象。我們在前文看到，一部佛教經典如何強調儀軌專家在使造像有靈的過程中扮演不可或缺的角色。其他一些聲稱來自印度，但實際可能撰於中國的經典，則強調了準確製作造像、刻畫所有「相」與「好」的重要性。一部經典堅稱，每尊佛像必須具備佛陀的三十二種相和八十種好，雖然在現實中這基本上無法實現。[149]就連忘記給佛像開鼻孔，或者造像完工後很久才開，都不被允許。[150]這些段落似乎在反問，人怎麼可能正確無誤地再現威嚴超俗的佛陀？哪怕最細微的圖像謬誤，都會導致一尊佛像因瑕疵而不合規範。

中國佛教造像的銘文之首經常有一兩句為造像正當性進行辯護的語句，其中也透露出同樣的焦慮。於四九四年完成的一尊佛像，其背後的銘文解釋道：「夫至道虛寂，理不自興。然眾像不建，則真容無以明；群言不敘，則宗極無以朗。」[151]還有一尊五四三年的造像銘文寫道：

「夫真覺無言，非演說無以詮其旨。應雖隨感，非真容無以標其見。故捨苦罔若歸心於真應；修善莫若精崇於經像。」[152]像這樣的例子不勝枚舉。一次又一次，終極真理被拿來和語言、造像相提並論，而後二者只是被視作某種極為微妙、深邃之物差強人意的象徵或蒼白無力的模擬。

唐宋之際，禪僧們重拾這些話頭，在著作中強調語言、圖像以及其他連接世俗世界與終極真理間仲介形式的局限性。[153]比如《菩提達磨語錄》中，一位禪師在回答關於「妄念」的問題時說：

> 譬如家內有大一石，在庭前，從汝坐臥眠上，不驚懼。忽然發心造作石像，雇人畫作佛像，心作佛解，即畏罪，不敢坐上。不知此是本時石，有你心作佛解。[154]

這種闡釋與主流社會對佛教造像的理解相左。對大多數人來說，不論是在經書中、還是在日常的供養儀式中，帶有佛像之石與不具佛像之石兩者當然是有根本差別的。正如前所示，前者是神聖的，在某種意義上即有佛存身其中，因此當受人敬重，甚至有時是畏懼。信眾的「心」在這種情況下是無關緊要。特立獨行的禪師所挑戰的，正是這種對造像的傳統認識。

在《壇經》中，我們發現禪宗對造像相同的質疑。故事說：五祖弘忍原本命畫匠畫《楞伽變》，但當他發現弟子神秀書於牆壁之上的詩偈，讚美一塵不染的清淨心：「身是菩提樹，心如明鏡檯，時時勤拂拭，莫使惹塵埃。」弘忍便改變了主意，並告知畫匠：「弘忍與供奉錢三十千，深勞遠來，不畫變相也。《金剛經》云：『凡所有相皆是虛妄。』不如流此偈令迷人誦。」[155]這則軼事揭示出，大乘佛教經典在義理上所持的保留意見以及禪宗話頭中對此類焦慮更為具體的呈現，兩者是有關聯的。鑑於物質表象本質上都空虛易逝，該段文字遂建議，不如根本不去染指佛教藝術。

佛教反對造像最著名的還是要數禪僧丹霞天然（七三九－八二四年）焚燒佛像的故事。該故事聞名遐邇而為人津津樂道，以下是其出現的最早版本：

後於惠林寺，遇天寒，焚木佛以禦之，主人或譏，師曰：「吾荼毗，覓舍利。」主人曰：「木頭有何也？」師曰：「若然者，何責我乎？」主人亦向前，眉毛一時墜落。有人問真覺大師：「丹霞燒木佛，上座有何過？」大師云：「上座只見佛。」進曰：「丹霞又如何？」大師云：「丹霞燒木頭。」[156]

如果這是對一個歷史事件的忠實記錄，那麼其中倒不乏真正的反偶像論（iconoclasm）元素：一位僧人意識到表象（representation）的局限性（佛實際上並不在木頭中），因而摧毀瀆神的造像。他這樣做的目的並不在於攻擊佛教，也不在於從造像中回收貴金屬，而是因為他相信，從教義來說，造像是「虛妄」的。不過，上述文字更接近於寓言而非史實；其重點並不在於鼓勵人們去焚毀佛像，而在於強調人不應通過外部仲介（包括造像）求索終極真理。

同樣，禪僧臨濟（八六六年卒）號召信徒焚毀造像後，也解釋道：「見因緣空，心空法空，一念決定斷，迥然無事，便是焚燒經像。」[157]又一次，要求燒掉造像只是一種策略性的說辭。臨濟對可敬的禮拜對象如此不加遮掩地攻擊，會讓人嚇了一跳，待最初的驚訝稍減，便可見他其實是要藉此解釋四大皆空的悟境。摧毀「造像」，是摧毀妄想的隱喻。禪僧從不曾認真地鼓動佛教徒去真的破壞造像。實際上，禪僧一如既往在寺院中陳列造像，而朝聖者也不斷蜂擁來到造像前跪拜上供。功德主一直託人在禪寺中立像製圖，僧人也一直在寺院舉行的法事中動用這些物品。更有說服力的是，甚至禪僧的肖像也時常被認為具有神力，可供人祝禱、祈福。[158]禪宗的反造像主義從未跨越口頭上的說辭，而致力於將造像排除在佛教修行之外。

真正跨越從義理思辨的範圍而砸掉現實中造像的人，不是佛教徒，而是儒家學者和政治家。自朱熹（一一三〇－一二〇〇）以來的儒家學者就質疑在孔廟擺放孔子及其弟子像的做法。十五世紀的文人邱濬重拾這一話題，寫了一篇反對造像的文章，並建議以牌位代替孔廟裡的塑像。他認為，造像先天不足，永遠不能完美呈現它所模擬的人物，且會傳遞觀眾一些聖人身上本來沒有的缺陷。耐人尋味的是，朱熹和邱濬都準確地意識到在孔廟立一尊孔子人像其實是受佛教影響的結果；佛教傳入前，中國古代文獻中從未提到類似習俗。不同於佛教，儒家學者對造像在義理、歷史層面的反對最終轉化為行動；十六世紀，孔廟中的塑像或被毀壞或被搬走，而佛教造像則逃過了一劫。[159]

前述對禪宗的反聖像主義是有局限性的，對此的討論反而證明了造像在中國佛教中的首要地位。也就是說，儘管「堅定的偶像恐懼症」（hard iconophobia）——尤其是認為造像偏離更深層救贖目的的觀念——曾出現在大乘佛教經典裡並於禪學著作中復興，但此類聲明始終在抽象層面且只是淺嘗輒止。在歐洲宗教改革時代，人們認為禮拜造像構成了偶像崇拜而掀起毀像運動，但在中國我們卻找不到類似的事件。[160]當敵視佛教的帝王或二十世紀的理性主義者要求摧毀造像時，都更多地是一場要求根除外來「惡」教或迷信的運動，而非為了從褻瀆神聖的行為中把更高的佛教真理拯救出來。中國佛教與歐洲基督教在反偶像主義方面的差別，很可能源於二者產生時不同的宗教環境。從一開始，基督教就亟於將自己的偶像崇拜，與羅馬異教徒以偶像為核心的膜拜區別開來。[161]猶太教和伊斯蘭教在宗教藝術的問題上，也可以說面臨同樣的問題，兩者都被勢力強大卻截然相悖的崇拜造像的派別所包圍。唐代以後，當儒家學者試圖以蓬勃發展的佛教作為對立面來定義自己的理論和實踐，類似的情況就在中國也發生了。與上述不同的是，當佛教在公元初進入中國時，古代中國宗教中本來就很少用造像。因此，使用造像而非反對造像，正是佛教之所以為佛教的部分根基所在。回想一下，中國數世紀來都以「像教」這一譬喻來描繪佛教，因此對佛教徒來說，在普遍意義上攻擊宗教造像，將弱化佛教遠遠領先於其對手的領域。

一旦把少數禪僧擺出的那些微妙的義理姿態以及博學的論師們偶爾秉持的懷疑意見放在一邊，我們會發現，中國佛教徒大體上一直是接受造像神聖性的。從最早的漢譯佛教典籍到現當代，佛教徒總是鼓勵信眾供養造像。而不論詆毀者的論調如何，中國佛教徒都深信損壞造像的人將受到懲罰、或遭到被激怒的神像報復、或死後墮入地獄。[162]佛教信眾膜拜造像，因為它們不僅是偉大神靈的象徵，也是神力存在的場所。通過與其他宗教比較，我們可以發現，這基本上是一種常規。[163]

以上並未涉及關於佛教造像的美學問題，不僅因為本章重點是造像的神聖性，還因為就佛教造像的創作與使用而言，美感的考量往往在儀式之下。[164]我們可以找到一些人們把造像作為參拜對象的功能擱置在旁，而專門欣賞其美學價值的零星材料，但這都是罕見的特例。認為佛教造像即使沒有神力也仍然有其價值的傾向，要到現代才漸漸占了上風。在文化大革命期間，紅衛兵迫不及待地想敲掉幾個佛頭，守護造像的民間人士卻宣說，古代的造像並不是「四舊」的代表，而是「文物」，它們作為精美的工藝品價值不菲，能幫助人們理解歷史。這樣新穎的辯護，前現代的佛教徒們可能聞所未聞。

將造像斥為「迷信」，多多少少預設造像至少具有一種準宗教的功能。時至今日，甚至這種指控也在逐漸被淡化，佛教造像現在面臨的主要威脅是偽造、商業盜竊和惡意破壞，這些活動完全捨棄了對造像之靈力的尊崇，也不相信造像在任何意義上是有生命的。我們有理由把這些現代趨勢當作這個祛魅世界另一段令人哀傷的篇章，但實際上卻完全不必。姑且不論損壞和偷竊，佛教造像的審美化傾向，甚至能讓那些既不接受其神聖性又不參與儀式的人從中獲得樂趣，並以新鮮有趣的方式使用它們。

與本書主旨更為切合的是，雖然一些佛教造像被送進美術館收藏，並出現了一系列的反迷信運動，但這些都沒有淹沒自兩千年前佛教傳入以來佛教造像在傳統中具有的禮拜供養功能：信眾始終孜孜不倦地為佛教造像的製作與膜拜貢獻力量，並相信在造像內寓居的神靈能夠聽到自己的祈求。

本章小結

以上簡要敘述了中國人對待舍利以及佛教造像的態度，通過深入考察在中國佛教史中人們是如何看待聖物的神力，我們可以回到緒言中提及的問題：聖物的本質與功能究竟為何。舍利的神通是曖昧且非人格化的（impersonal），它隨時可以放光，有時候還能夠自我複製。在某些情況下，信徒們還可以從經書、念珠以及其他為聖人所有的物品上感受到這種力量，但這些東西都不曾像舍利那樣始終被賦予神力。對舍利神力的感受並不源於一種萬物有靈的普遍信念；事實上僅有非常有限的幾種物品會被如此對待。

在肉身舍利與造像的例子中，被啟動的生命力以人類的特徵顯現，會哭泣、流血、出汗、威脅，乃至抱怨。這些特徵並不一定屬於造像所描繪的形象：一些人無疑相信某位菩薩就住在特定的菩薩像中，但靈異故事顯示造像往往被賦予自己的個性。因此，即便一個人對釋迦牟尼的生平事蹟十分了解，但對他理解一尊具體的佛像也不會有多大幫助。他不大可能因此知道某尊造像在治病方面靈驗，或者另一尊會報復對其不敬者。換言之，每一尊造像都有自己的歷史，有別於它所代表的那個形象。

在人形物品之中人格化的存在，以及在更為抽象的物品之中非人格化的存在，其區分顯示出馬瑞特所謂「超靈論」與「泛靈論」之間的區別並非線性的進化與發展，而是一些物品的外形逐漸塑造了認知。正是舍利難以定義的外表（牙齒和碎骨本來就不會像任何東西）部分導致了它在視覺上更具吸引力。造像顯靈的記載比舍利的故事更流行，而且造像在這些靈異故事中展現出更多吸引人的性格。但對造像細緻入微的描述卻不如舍利多，一代又一代的信徒和懷疑者都會檢視舍利，並從而判斷它們究竟為何。

不論是造像還是舍利，這些物體中內在的力量通常被認為是和善的，儘管在少數遭遇威脅或褻瀆的時候它們也可以變得具有報復性或危險性。事實上，造像和舍利的神通與其說是令人敬畏臣服的源泉，不如說是一種滿足閒人好奇心的主題——或在閒暇時被觀賞嘆服或當做聊天內容。

佛教物件具有神聖力量的觀念，不斷受到反佛人士和某些偶爾出現的懷疑論者挑戰。他們從各種不同的方面挑起爭論，質疑佛教作為一種因為外來而顯得低等的宗教，是否真的擁有超自然的力量。韓愈在〈諫迎佛骨表〉中的論述即是一例。不斷由國家發起的毀像運動，或把造像當做佛教的象徵而鄙夷之，或是為了回收貴金屬等實際目的，其實是在暗中否定佛教造像具有神力這種信仰。如此鄙夷的態度，當然對佛教聖物史造成了數量上的影響──古代以及現代的法難導致無數佛教造像遭到破壞；儘管如此，僧人與信徒對聖物的信仰並未因此磨滅，他們一直堅信一些物品的神聖性，並鼓勵供養它們。對舍利歷史真實性的懷疑亦是如此，不論某些舍利是否真的是佛陀遺骨而不是出自炭、玻璃，甚至是其他人類或動物的骨頭。到了今天，雖然佛教歷史的可靠知識比以前更容易獲得，但不論顯得多可疑，佛教團體內部仍然很少有人公然挑戰佛教聖物的真實性。

雖然外部人士對造像及舍利的批評可謂很普遍，但極少有佛教人士會公開質疑一些物品是否具有神力。不同流派的佛教思想可以被用來根除佛教造像及舍利供養，雖然這些思想被某些僧人轉化為一種修辭策略，但它們從未被系統地實踐及運用，也沒有人用它們煽動起反對這些習俗的社會運動。可能是出於這個原因，所以由國家發起的反造像運動最多也只是短暫抑制了佛教造像及舍利供奉；一旦外部壓力減退，舍利與神像製作總是很快便恢復原狀。

在某些地方，對此類事物蘊含神力的信仰影響到了人的行為。人們相信造像和舍利能夠感生奇蹟，特別是治癒疾病。與佛教聖物有關的感應故事也是宣教之據；因為它們提供了具體的證據，證明佛教非凡的力量，足以令人敬畏、驚嘆、恐懼。話雖如此，如果我們討論聖物時，僅局限於討論私人環境中的信仰和心理，即我們想像當中的那種虔誠信徒與聖像或舍利進行一對一的禮拜，那我們將遺漏佛教物品對中國文化產生影響這個精彩故事中一部分的情節。中國的統治者一直在利用佛教物品具有神力的普遍信念，以及被這種信念激發出的崇敬之情；通過委託製作具有紀念意義的佛教藝術作品或分發神聖的舍利，統治者們不僅表現他們自己與神聖力量間親密的關係，同時也在更加世俗的層面上，展示了他們收斂物質資源的能力所達到的無人能及的程度。

統治者之下的社會階層中，也有同樣的驅動力在起作用。一個富裕家庭的家長出資建造佛塔以存放舍利，或委人製作佛像，不僅可讓他因與聖物建立關係而獲取功德，同時也能確認他在社區裡的領袖地位。寺院也因擁有作為佛教朝聖及供奉中心的聖物而受益：陳列這些物品直接的好處是獲得經濟收入，或者間接地使寺院因為擁有著名舍利或特別靈驗的塑像而聲望遠揚。反對佛教的人會抨擊花費巨資製造金碧輝煌的造像以及為偽舍利舉行奢侈的法事，但是在佛教社群內部，一般沒有人會認為群體或者個人從對聖物的參拜中得到世俗利益有任何不妥，只要這些利益可以饒益居士群體或者僧團，而非令個別的僧人發家致富。

總而言之，除了信徒個人情感的世界之外，由佛教造像與舍利構成的物質文化世界還含括眾多元素與關係：包括功德主、僧尼、匠人之間的協商合作，聖物的公開展示，以及這些器物在更大範圍內扮演的角色——從朝聖經濟學到操縱聖物以達成政治目的。在這樣的背景下，聖物的吸引力便不像第一代宗教學者希望我們認為的那般神祕。然而，令人迷惑及推測的空間依然存在。對社會名望和個體的渴望是較為容易理解的，除此之外，人們描繪神靈的欲望當中似乎有更加複雜的心理學動力在運作；即便跨出文化與地理的藩籬，我們也會發現造像對我們始終有一種作用力，以其冷峻、具有穿透性的注視擾亂我們的心緒。舍利也一直拒絕被簡單地闡釋，這些亡者的骨骸繼續困擾並吸引著我們，誘發我們身心的反應並立即揭示出我們的渴望與焦慮。

第二章

象徵

從東漢時期（二五—二二〇）石刻浮雕上的圖像、墓室壁畫以及各種隨葬品中，我們可以初窺佛教對中國物質文化帶來的早期影響。這些圖像與器物大多與漢代的宗教文化淵源極深。漢代墓室壁畫上常常出現西王母和東王公的形象，出土的隨葬品裡有「搖錢樹」以及飾有龍紋的銅鏡等文物。[1]以上文物都帶著典型的中國風格，看不出外來影響的痕跡。但是，混雜在墓葬世界中的少數圖像透露出佛教已經開始進入中國。位在四川的兩座東漢墓中出現了繪有右手上舉、掌心向外的人像。該人像頭頂有一個隆起物，而此隆起物被一個圓狀物所環繞。熟悉佛教圖像學的人一眼即可辨識出這是一尊佛像：其右手所施為「無畏印」（abhaya mudrā），頭頂上鼓起的肉髻是佛陀「三十二相」之一，而環繞其間的是標示佛陀靈氣的光環。

與之相仿，在內蒙古和林格爾的漢墓壁畫中出現了一頭白象和一個堆積盛放著球狀物的盤子。白象本身與佛教並不一定有必然關聯，但在佛陀的本生故事裡，佛陀之母夜夢白象而受孕是一個耳熟能詳的情節。漢代張衡的〈西京賦〉裡有一句相關的賦文——白象行孕，說明該故事在東漢時已經傳入了中國。我們可以據此推測，白象對於墓主而言可能帶有佛教的寓意。放置在盤子裡的珠狀物上面題寫著「猞猁」，即「舍利」二字，顯然為佛教用品。[2]所有這些圖像都可以運用「象徵」來解讀，即它們還代表著別的某一事物。白象代表了佛陀，更具體地說，它象徵著佛陀的降生。盤子裡的舍利可指代佛陀涅槃，同時也在暗示佛陀仍住於世間。以上種種顯示，佛教至晚於東漢末期就已經開始影響中國的象徵物。然而，當我們綜覽漢末宗教圖像的全景，並試圖去確定哪些圖像是屬於佛教，以及在什麼意義上屬於佛教，情況開始變得模糊。

巫鴻在討論漢代藝術裡的佛教元素時指出，中國佛教圖像及母題如此完美地融入了非佛教的圖像系統之中，以至於不應該稱呼這些圖像為「佛教」圖像；換言之，繪製這些壁畫的匠人，或許也包括墓主在內，也許只是把這些象徵物籠統視為祥瑞，而非從屬於某一特定的信仰系統。[3]白象、舍利和帶有光環的人像可能只不過是一般的瑞相，並非指向佛本生故事中的情節及其所指涉的佛教義理。我們現代人是否應該把這些圖像及物品視為「佛教的」是一個相當棘手的問題，在此暫且存而不論。由於漢代佛教的相關材料相當有限，漢末人對這些圖像到底抱持著什麼樣的態度，是個既難回答又耐人尋味的問題。

在距離漢代幾百年之後的六朝時期，我們有了更為堅實的依據指出墓葬中出現的一些圖像帶著有意為之的佛教象徵。鑑於這一時期已有相當豐富的佛教文獻流通，以及大量可以明確辨識的佛教造像，我們可以頗為自信地確定墓葬畫像中帶有光環的人像就是佛陀，並可假設當時的人們也認為如此。同樣可以斷定的是畫像中手持蓮花的人物就是佛教信徒。[4]要確認這樣的圖像必然涉及圖像學中兩個關鍵問題：符號起源以及更為棘手的對符號的闡釋。辨識出中國墓葬畫中的光環來源於佛教形象是一回事，而中國工匠或佛教信徒如何去解讀這一符號的含義又是另外一回事。對於某一個符號而言，同等重要的是這樣一種過程：對該符號的某種闡釋方式占據壓倒一切的主流地位，與此同時，其他闡釋方式則由於忽略，或出於意外，或因受到壓制而逐漸消失。

在唐代，「幻覺凹凸法」（illusionistic shading）[5]等新美術工藝與佛教一同傳入中國。佛教中的象徵系統日益普及，卐字紋和法輪等符號為人所熟知。此時中國佛教的象徵體系其複雜性和精密都達到了高峰，出現了諸如精緻的曼陀羅繪畫以及千手千眼觀音（每一隻手中都握有不同的法器）。儀軌手冊中對這類符號都有詳細的描述，並提供了權威性的解釋。

在討論中國不斷湧現的佛教象徵符號時，我們不應把視線局限在佛教繪畫和塑像的象徵意味上。普遍用於日常儀軌中的法器，在進入中國後都被賦予了象徵的涵義。雖然只有熟習儀軌的高僧才在這方面知之較詳，但普通的善男信女也有幾分了解。更為顯著的則是僧尼們日常使用的物品，如缽、法衣等，它們在一定程度上象徵了比丘修行的理想。

象徵滲透於佛教儀式與藝術中。有象徵意涵的器物成為僧尼與在家信眾供養的對象，同時它們也引發了義理層面上的討論與爭辯。此外，具有佛教象徵意義的器物也可用來判定身分。就像通過所穿戴的冠、朝服，以及朝服上的紋飾來識別官員一樣，我們很容易通過僧衣識別一位出家人。就好比腰上掛著長劍的人會被認為是軍人一樣，我們也可以通過手腕上的念珠辨認佛教徒。

一些佛教母題，例如聖人的長耳（源於釋迦摩尼），已被吸納進中國的象徵語彙中；其他諸如「手印」（象徵性的手勢）之類的符號則仍局限於佛教。為數不少的器物和母題則介於以上兩者之間，在不同環境下由不同的社會群體決定其蘊含的意義。接下來筆者主要探討一些被賦予了象徵意義的便攜物品。與大多數人造物相同，這些器物的意義並不在於它們固有的物理屬性，因此它們所包含的象徵意義並不是完全固定的；也就是說，它們在不同時期有不同的涵義，所以要放在其相應的歷史環境下才能好好地理解。[6]本章要談的第一組器物「僧伽衣具」主要是針對僧人，不過這些物品在全體普通人對僧人的印象中的確占有一席之地。後文陸續會談到的器物，除了對僧人具有意義之外，對在家眾甚至非佛教徒來說也很重要。

在追尋佛教符號是如何傳入漢地並在漢地發展的時候，若僅關注佛教的「漢化」——外來觀念被採納到中國的禮俗之中——對我們的討論將不是非常有益。因為我們發現許多器物的意義不只是從印度傳入中國時會發生變化；在僧尼與一般信徒之間，以及不同時代之間，乃至於在非佛教徒團體之間，它們的意義也都會改變。佛教象徵符號提供我們一個契機來理解這奇妙的闡釋和影響機制，而這正是佛教象徵物的歷史中最引人入勝之處。但是讓我們暫且從討論中國佛教象徵符號的長期發展趨勢中退後一步，把目光轉向僧伽衣具這類的具體實物。沒有一種佛教用品是純粹象徵性的，它們有實實在在的功能而不僅是抽象概念的具象表達。然而，所有這些物件又都可以作為範例來探究中國佛教史中的象徵性，並說明象徵性在理解佛教物件上的重要性。

第一節　僧伽衣具

與其他地方相同，中國的僧尼其身分取決於他的信仰、著述以及所從事的講經說法等活動。但同時他的外觀也是另一個重要的身分特徵。即使隔著相當的距離，也能輕易從人群中識別中國的僧尼。剃髮是僧尼與其他各色人等最為明顯的區別。在傳統中國，無論男女俱蓄留長髮；除了僧尼之外，只有罪犯才會被剃光頭髮。中國上古與中古時期的醫療文獻認為，一頭烏黑光亮的長髮是身體健康的重要標誌，且不管年齡或健康狀況如何，掉髮都是年老體衰的徵象。[7]因此，剃度很明顯的是棄世之舉。

同樣的，僧伽衣具的其他面向也具有棄世的象徵意義。[8]現存的律典體現了「少欲知足」的物質觀。僧伽衣具，即一位僧人隨身攜帶之物，反映了他所能擁有的財物，而理想情況下僧人只擁有一些不可或缺且能隨身攜帶遊方的基本資具，即所謂「比丘六物」，包括僧人袈裟的三衣、鉢盂、濾水囊（用來保護僧人不會在飲水時誤食蟲子）和一個小小的尼師壇（敷布坐臥之具）。[9] 律典在這方面的規定並不一致。「比丘八物」則沒有坐具，而添加了裁縫用具針、線和剪刀。另有一個顯然是後出的解釋，添加了錫杖、戒本、菩薩像等其他的東西，擴增為十八物。[10] 但依據考古資料的詳細研究指出，即使是這張擴增的清單所代表的也只是一種理想狀況，印度僧人實際上擁有各式各樣的私人財產。[11] 在中國，大量的文獻及考古資料也顯示僧人們蓄有從書籍到畫像，再到金子、奴婢，甚至地產之類的私產。[12] 但不管是寺院的共同財產還是僧人們的個人財物，僧伽衣具中的幾個基本器物在僧人生活和外人對僧人生活的觀感中都扮演著重要的「象徵」角色。以下筆者將集中討論僧衣和缽盂這兩個象徵意味最為突出的僧人物品。

僧衣

不論是在古印度還是中國，僧人的衣著一直都是其身分象徵。僧傳常使用「剃染」（剃去頭髮，穿上緇衣）一詞來陳述傳主決定出家為僧。如果不是因為古代印度存在各種顯著不同的宗教職業人士，或者因為中國人對衣著及拒絕裸體的執著態度，僧衣可能不會獲得如此重要的意義。

從精美的袍服到不著寸縷，僧院制度的奠定者在決定僧人的合適衣著時其實有眾多選項供其挑選。在古印度，許多耆那教徒保持全裸——至今耆那教的苦行者依然堅持裸身修行，然而另外一些儀軌專家則被期望穿戴質地考究的袍服。[13]《大智度論》反映印度的佛教徒自認自身的穿著介於此兩者之間：「白衣求樂故，多蓄種種衣；或有外道苦行故，裸形無恥；是故佛弟子捨二邊，處中道行。」[14]這類經句表達了區別身分的需求，以便在古代印度的社會階層制度中為僧人找到存在空間。事實上，寺院規章制度中禁止僧人赤身洗浴的一個原因，就是怕他們被誤認為是外道的苦行者而非佛教僧人。[15]換而言之，僧衣在印度是「審慎的禁欲主義」的符號，巧妙地把佛教僧人置於衣著考究的婆羅門和一絲不掛的耆那教徒之間。[16]

然而在中國，佛教僧人與激進的苦行者之間其衣著上的區別從來都不重要。中國人很早就迴避裸體，且中國也沒有產生與印度相若、足以挑戰這一禁忌的苦行運動。七世紀時，高僧道宣在其頗具影響力的《四分律刪繁補闕行事鈔》中，直接為僧人衣裝辯解：「夫形居世累，必假威儀。障蔽塵染，勿過衣服。」[17]此外，道宣按主題從各種不同版本的戒律中引用相關的文句，回到衣服用以禦寒的本質功能。對於像道宣這樣的漢僧而言，穿著僧衣是理所當然之事，根本不會考慮讓比丘赤身露體的可能性。然而，雖然中國的僧人不必像他們的印度同行那樣，在塵世的豪華生活與過分的苦行極端之間尋找微妙的平衡，但他們仍須在中國社會裡把自己與其他宗教或世俗人士區分開來。[18]

在天台九祖湛然大師的傳記中，以變換衣裝來說明湛然決定放棄高官的仕途生涯出家：「解逢掖而登僧籍。」[19]相似的情形也出現在唐代僧人甄公身上，他在通過了科舉考試還未開始擔任官職的時候，「三上中第未釋褐，與沙門議論玄理，乃願披緇。」[20]這兩段引文都顯示出中國不同的社會階層間對於衣著有不同的規矩；而僧人也只是諸如官員、士兵、農民等眾多社會群體中的一個群體，每個群體都可以通過衣著來識別。當然，除衣著外，也可以從別的方面辨識僧人與士大夫；但是當要用最簡潔明瞭的標識來區分時，僧衣成了傳記作者的首選。一套僧衣——漢語的「袈裟」出自梵文 kāṣāya——能區分僧人與官員，而不同類型的僧衣也代表著不同類型的僧人。在印度，分屬不同部派的僧人所穿的僧衣顏色不同，從赤色、木蘭色到青色、皂色；而在中古時期的中國，通過僧衣的顏色可以判斷僧人來自何方——江南地區的僧人「多服黑色赤色衣」，開封一帶則「尚褐色衣」。[21]

簡言之，中國跟印度一樣，僧衣也是一個重要的識別標誌。因此，堅定地認同出家人身分的僧人，絕不會輕易地棄穿僧衣。中國佛教史上，僧人們寧願承受迫害也不肯脫下僧衣的例子很多。不過，反對佛教的人士則將僧衣作為批判和嘲弄的標靶。唐武宗滅佛時期（八四一—八四六）所發生的一件事說明身穿僧衣所要承擔的風險。當時中國僧人一般穿黑色的僧衣；實際上至少從唐代開始，「緇衣」就常常被用作僧人的代稱。[22]唐武宗時期流行的一條讖語聲稱

「黑衣天子」即將要君臨天下，僧衣的顏色因而成為滅佛的充分理由。[23] 隨後的法難中，官員們一直特別關注標誌著出家身分的僧衣。一道敕令稱：

> 天下還俗僧尼緇服各仰本州縣盡收焚燒，恐衣冠親情恃勢隱在私家，竊披緇服，事須切加收檢，盡皆焚燒訖，聞奏。如焚燒以後，有僧尼將緇服不通出，巡檢之時有此色者，准敕處死者。[24]

既然教外人士也把僧衣看得非常重要，這就無怪乎中國的高僧們會投入相當大的精力來規範僧衣的正確形制。理論上，僧衣的形制不必創新，而是要從佛陀訓誡的諸多譯本中找出正確的闡釋，因為經文中相關記載已相當豐富。在印度的佛典中，理想的僧衣由三件法衣組成，每一件都是一塊長方形的布（見下頁，圖2-1）：一件繫在腰間蓋住下半身；一件從左肩披覆而下掖於右腰；還有一件外披，遮住另兩件。[25] 中衣（梵語 *antarvāsa*，安陀會）任何時候都要穿著，炎熱天氣下在寺院內勞動時可以只穿這一件。上衣（梵語 uttarāsaṅga，鬱多羅僧）在大多數其他場合穿著。大衣（梵語 *saṃghāṭi*，僧伽梨）則是在托缽外出或者有高官顯達在場時穿著。[26]

雖然此設計看起來很簡樸——三大塊長方形的布——但是有關僧衣組成的規定卻頗為複

雜。例如，「大衣」可分別由五條、七條、九條、十三條、十五條甚至更多的布條組成，其中每一條又被分為好幾隔（圖2-2）。不同的文本對這種布條的數目及尺寸都各有不同規定。比如《四分律》中允許五條十隔，甚至還允許多至十九條的僧衣。[27]《薩婆多毗尼毗婆沙》中對僧伽梨分為三類，下僧伽梨有九條、十一條和十三條三種，中僧伽梨有十五條、十七條和十九條三種，上僧伽梨則有二十一條、二十三條和二十五條三種；但《四分律》明確反對此說，強調超過十九條的話就違背了佛法。[28]對每件僧衣的褶邊縫製也有詳細的要求，包括褶邊大小和針腳樣式。縫製這些隔與條時不能以直針鑲邊，而要用「馬齒縫」或「鳥足縫」的縫法。[29]用來製作僧衣的是厚實的粗布，一

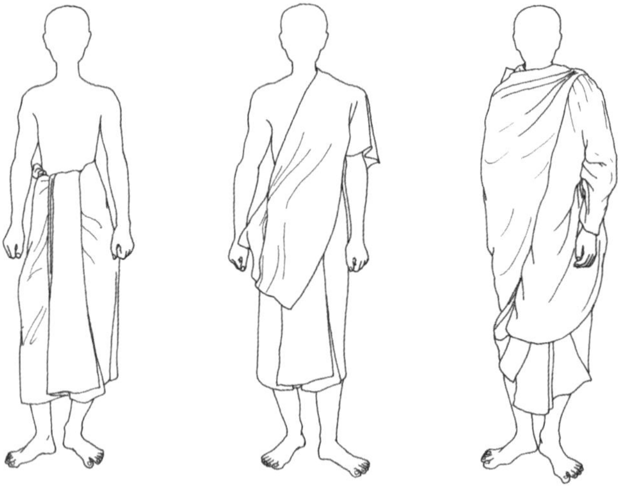

圖2-1　三衣。

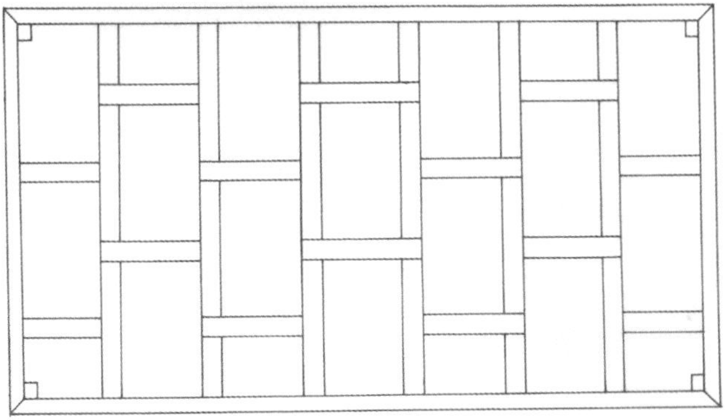

圖 2-2　上衣（鬱多羅僧），七條二十一隔。

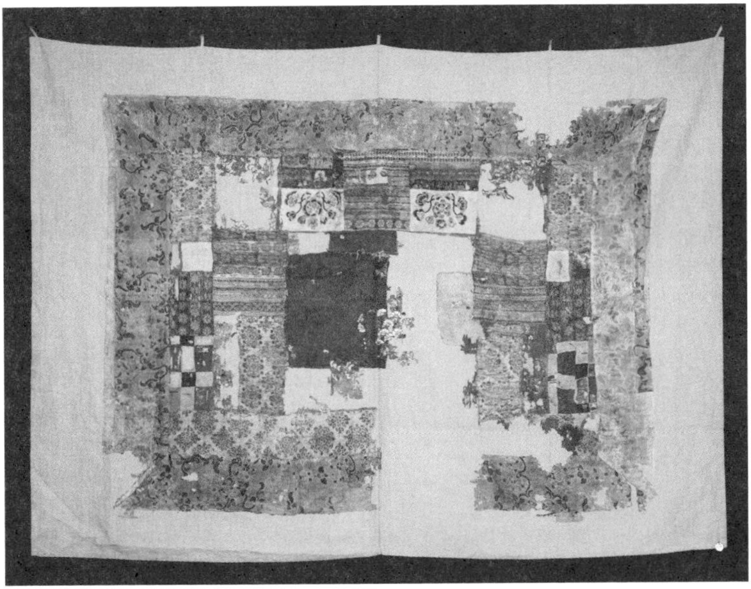

圖 2-3　敦煌袈裟，晚唐。（© Trustees of the British Museum）

般由施主在固定時日舉辦的特殊儀典上布施給僧人。[30]到了唐代中期，所有可規範中國僧人的戒律都已譯成漢文並相當普及，給學問僧提供了充足的資料來探討僧衣的正確形制。

對於找尋僧衣正確形制的漢僧來說，道宣的《行事鈔》十分方便。該書從眾多的戒律中輯錄有關製作僧衣的內容，但不可否認的是，連道宣也沒能徹底解決僧衣組成結構中最棘手的問題。關於色彩、鑲邊和材料方面的爭論一直十分激烈，比如宋僧元照就捍衛道宣使用絲織品的論點，當時針對這一觀點出現了新近的攻訐；而贊寧則不滿中國的僧人將僧服染成全黑，而非更純正的「灰黑」（緇色）。[31]總的來說，僧人耗費不少筆墨爭論我們今天乍看之下似不重要的枝節問題，但僧人以如此嚴謹的態度考察僧衣的構成，當然表明這些細節對他們並非沒有價值。為何如此？這不僅僅出於身分識別的需要，也不能簡單地解釋為「傳統的力量」，若要理解僧衣重要性的全貌，我們必須了解其中蘊含的象徵。

僧衣：苦行的象徵

三衣的穿著方式大概脫胎於印度本土的服飾風格，但僧人們很快就發現了數字「三」所蘊含的特殊佛教象徵意義。一名僧人堅持認為，三衣代表斷「三毒」（即貪、嗔、癡）：「五條下衣斷貪身也，七條中衣斷瞋口也，大衣上衣斷癡心也。」[32]在另一些地方，三衣被認為是「三世佛」（過去佛，現在佛，未來佛）的象徵。[33]還有一種觀點將僧人的坐具比作佛塔，而僧衣則象徵著法身——即佛陀之最終極的特徵。[34]但這些解釋都帶有一定的主觀任意性。鑑於佛經中大量使用帶有數字的詞語，在嘗試解釋僧人為什麼要穿僧衣時，論師能輕易地為三衣匹配對應的象徵意義。僧衣與「三毒」、「三世」之間並沒有任何既有的關聯；一般只是對佛教文獻中常見的教義習慣編組。經論師們也可以用「三有」、「三慧」、「三戒」，或者是其他幾十個常見的「三」字詞去進行替換。[35]甚至也可以輕易地為四、五、六，甚或十衣找出經論上的依據，這大概是因為佛教教義最初是口頭傳承的，所以佛教文獻中充滿了帶有編號的概念，因此我們不必過度詮釋或糾結在數字「三」。與這些隨意分派的象徵相比，僧衣象徵托缽苦行的生活方式這一點，從衣服本身、剪裁和穿著方式上都顯然可見。而且不同於前面提到的那些象徵性闡釋，僧衣作為摒棄財富與舒適生活的象徵，不斷地出現在佛教史上各種類型的文本中。

僧衣的表徵功能不僅限於它是一個區別身分的符號，除此之外，它還有更具體的意味。僧衣的材料十分平常，僅是把一些粗布塊縫在一起，再染成古板的「壞色」。在樸素的苦行生活中，它被認為是能穿在身上最簡化的衣物。[36]要想遮蔽身體，沒有什麼比用這三塊單調的長方形布裹在身上顯得更為樸素簡陋了。

文字材料和早期的中國僧人畫像都揭示了「三法衣」是由外國傳入中國。雖然這種理想化的僧服長期以來一直在中國高僧的心中占據著重要的地位，但僧衣在中國的歷史卻充滿了改造與妥協。雖然南傳佛教地區的僧人依然保持穿三衣的習俗，但是現代中國的僧尼一般都不再穿著三衣，而是身著有袖僧袍，並且也常常會穿褲子。雖然這種有袖的偏衫和褲子仍不過是一種簡單衣著，但需要某種程度的設計——衣料需要剪裁，並且度身縫製，因此增大了貧困的遊方苦行理想與更為舒適現實間的距離。

從印度中世紀時的「中衣（安陀會）」到現代中國僧人身上穿的有袖僧袍，其間的緩慢變革始於中古時期。七世紀的高僧義淨就曾對中國僧人身著有袖的服裝表示不滿，[37]他詳細介紹了印度及南亞地區佛教徒的僧衣剪裁與穿著樣式，極力呼籲中國僧人遵循這種修行傳統。但義淨的訴求並未實現，從唐末的僧人畫像能輕易地看到袈裟裡面露出的袖子（見圖2-4）。這反映出有袖子的僧衣已經逐漸取代過去用三塊長方形布製成的、不便使用的三衣，後者在穿戴時需要仔細地將其纏繞於身並塞掖嚴緊。

對於尼衣，創新可能更易於被接受。根據義淨基於經典中的先例制訂的規則，比丘尼本來也該和比丘一樣穿著三衣。但三衣的形制對於比丘尼而言不夠緊實，有可能會暴露右胸，讓比丘尼感到「羞人」，因此一種更密實的服飾就被開發出來。義淨在《南海寄歸內法傳》中指出：「東夏諸尼，衣皆涉俗，所有著用，多並乖儀。」[38]但他的呼籲再一次被忽視，中古以來，佛教塑像和繪畫中的比丘尼們無一不是穿著能蓋住胸部的偏衫或者直裰（見圖2-5）。

苦行的理念一直得以延續——即便在唐以後，僧尼們在偏衫、乃至內衣與褲子之外，仍會套一層袈裟。即使三衣被取代了，袈裟也依

圖2-4　比丘，晚唐，敦煌。
Stein no. Ch.00145
（© Trustees of the British Museum）

圖2-5　比丘尼，五代，敦煌。
Stein no. Ch.liv.006
（© Trustees of the British Museum）

然受到關注。如果說三法衣作為苦行簡單裝束的象徵性已經失傳，那麼至少袈裟還保留了這一象徵性。正如我們所見，不論是在印度還是中國，袈裟基本上都是由許多小布條縫織綴編成一整塊的長方形僧衣。這樣做有何涵義呢？現代學者維賈亞拉特納（Mohan Wijayaratna）指出，印度僧人在製作袈裟時將一整塊布撕裂，目的就是要使其商業價值變得最小化，也就是使布料變得一文不值。[39]也許更重要的是，從這種衲衣上可以追溯到更嚴格的苦行理念：理想的僧衣是用撿來的破衣碎布拼湊而成，清楚表明了對世俗所推崇之華衣美服的摒棄態度。事實上，至少在中國，這種情況並不常見，大多情況下都是將一塊新布裁割成許多條，然後再縫綴起來製成袈裟。儘管這樣的袈裟並不是真的用廢棄的破布縫製，但它仍然傳達出嚴格苦行的形象。比如唐代詩人張籍就曾寫詩讚揚信仰堅定的僧人：「修行《四分律》，護淨七條衣。」[40]用「淨」字來形容七條僧衣，因為這些條代表這位僧人斷除一切世俗欲望。以不同顏色與質地的布塊拼接而成的「百衲衣」，其象徵意味更加濃厚。比起一般常見的七條僧衣，百衲衣被在家眾與出家眾奉為嚴謹自修及斷絕物欲的標誌。[41]同樣也必須指出，袈裟象徵著貧窮，但並非貧窮的產物，許多袈裟是用上好的料子製成的。[42]

類似這樣無奈的妥協也體現在僧衣的繫扣方式上。最簡單的繫扣方法是將裹在身上的三衣打襉掖起來；有時，也會用一條腰帶將「中衣（安陀會）」紮緊。而固定「大衣（僧伽梨）」

的方法最引人注目：從背後披下來的一端上縫有一根帶子，將它與繞在身前另一端上所綴的掛扣或衣環繫在一起。（見圖2-6）這是僧衣上最顯著的部分，因此它引起了僧人以及關注僧人形象者的注意。他們最為關注的是這種衣環在經藏之中是否有先例。儘管到了某個時間點，即便是著名的中國僧人也不得不承認三法衣已被偏衫外加傳統的長方形衣料所替代，但他們很肯定衣環是有先例的；他們堅持主張衣環完全符合正統，並非另一個已偏離苦行理想而朝向更為華麗衣著的演化。

大多數僧人從各種佛經文獻中找出相關的故事，來合理化對衣帶和衣環的運用。最初只是掖住僧衣並沒有用任何東西進行固定，也正因此，僧衣很容易滑落，有礙觀瞻，外道們也藉此嘲諷佛僧的穿著「如淫女」。正因為上述原因，據說佛陀出面干預並同意使用衣環和衣帶，稱之為「鉤紐」。[43] 從以上論述，我們可體會到僧衣所代表的理想背後存在著焦慮。如果僧人們在僧衣作為苦行象徵的爭論中不能

圖 2-6　無準師範像，宋代，東福寺所藏。

全勝，那他們至少得在其中最顯著的問題上取得勝利。道宣和其他人也曾對使用銀或別的貴重金屬來製作衣環提出了警告，但是宋代及以後，具有財力的僧人仍繼續使用銀製乃至金製的衣環，苦行理想一而再地變得不受僧人的控制。[44]

除了繫扣方式之外，袈裟的材質是另一熱門話題。道宣對此也極為關注，在其所編的僧院戒律手冊中有大量討論。他甚至在《行事鈔》中專闢一章探討僧人的服飾，而其中又有很大一部分內容與絲織品的使用有關。在道宣的時代，僧人穿著絲織品已經是常見的現象，但中國的造絲方法需殺死蠶蟲以從繭中取絲。正如道宣所說：「是以震旦承教全具不倫。斷肉之制久行，禁絲之儀莫用。」[45]這就是說，禁止為了個人享受而殺生的戒律，並沒有被始終如一地堅持。道宣在晚年有過一系列與佛教諸天交談的經歷，他把這些談話都及時地記錄下來，撰成《律相感通傳》一書，其中大多數主題都與佛教戒律有關。這本奇書中還提及，諸天向他表示十分欣賞道宣關於僧衣的論述。道宣對絲織品的責備也讓「靈神感喜」，留下很深的印象，並且還問他「何獨拔此意」。道宣回答他們「余讀《大智度論》，見佛著粗布僧伽梨，因懷在心」，而西來的梵僧也曾告訴道宣「五天竺國，無著蠶衣」。[46]

不管這是精心編造的故事還是親眼所見，這段話都反映出，不論西方諸天如何認可其立場，道宣在同道中都遭遇重重阻力，而道宣不過是在自覺或不自覺地用這種方式來證明自己的正確罷了。義淨在道宣去世時剛三十出頭，他當時是反對道宣摒棄絲織品的人之一。印度僧人並未探討穿著絲織品所帶來的道德壓力，一定程度上是因為在印度人們等到蠶蛹自己咬破蠶繭後才收集絲線，而中國產的高品質絲綢則要求在蠶蛹破繭之前就必須殺死它們。[47]我們並不清楚義淨是否知道印度這種不一樣的取絲方法；無論如何，他都贊成穿著絲織品，即使是在中國。他認為，在很多情況下絲綢都要比其他織物更易獲得，並且僧人在接受供養人施捨袈裟時也不應太過挑剔。「詎可棄易求之絹絁。覓難得之細布？」[48]再者，使用包括棉布在內的一切織物也會有一定程度的殺生，例如在耕種土地時無法避免會殺死蟲子等生物。義淨追問道，這種對僧院戒律過分嚴苛的解讀要到什麼地步為止：「若其總護者，遂使存身靡托投命何因。以理推徵此不然也。而有不啖酥酪，不履皮鞋，不著絲綿，同斯類矣。」[49]義淨的觀點似乎得到了廣泛支持。不可否認的，後來還是有一些僧人努力做到不穿絲製的袈裟[50]，但中國佛教對絲綢的禁止從未達到像食素一樣的流行程度，雖然兩者出於同一種倫理考量，僧人們依然接受絲織袈裟的饋贈。

關於絲綢的論爭不僅僅與象徵有關；像道宣那樣的僧人，是因為事關殺生才反對穿著絲製品。絲綢的難題牽涉到複雜、有關道德責任的問題，而不只是僧人們呈現給外部世界的形象問題。這反映出，追求苦行的衝動似乎也在這場辯論中起了一定的作用：道宣暗示，就像僧人須放棄肉食的享樂一樣，也須放棄穿著絲綢的享樂；而義淨則針鋒相對地說，不穿絲織品根本談不上是苦行，因為絲綢事實上比其他材質的衣料更容易取得，且更便宜。[51]

隱藏在這些爭論、解釋、訓誡背後的是一種難以捉摸的苦行理念，只有意志最為堅定的僧人才能達及。像道宣這樣學富五車的高僧都無法踐行堅持貧困隱居生活的苦行理念，因此只好藉由自己豐富的著述及加倍留意所穿衣物的象徵意義而在某種程度上實現佛門的理想。但是袈裟在中國並非一直都是苦行的象徵符號；相反地，有時它會成為威望與影響力的標誌，這在我們接下來要談到的紫衣史體現得最為顯著。

紫衣

在早期的一個佛教故事中，阿難的弟子商那和修尊者出生時就穿著僧衣。[52]十世紀成書的《宋高僧傳》這樣描繪商那和修尊者：「以其生帶衣而誕以繒肉，而非幼為綳褓長且稱身。出家成法服，至入滅闍維方為煨燼焉。」[53]這裡的「胎衣」明顯帶有象徵性的關聯——商那和修生來就註定是僧人。此書中還有兩例中國比丘生下來就身著僧衣的記載，據編撰者贊寧看來，這種不尋常的胎衣是這兩名嬰兒註定要出家為僧的預兆。這樣的故事強調的是僧衣作為僧人身分標誌的重要性。慧稜的傳記是這類記述中的一例，其中有一個小細節與商那和修不同，慧稜的「胎衣」是紫色的。[54]在慧稜的時代（十世紀前期），身穿紫衣意味著這名僧人與眾不同——紫衣成為秀異的象徵。

紫衣成為顯赫身分的標誌源自唐代帝王將紫衣授予具有殊德的僧人。紫色與崇高、高貴這類詞的聯繫由來已久；戰國時代的國君就服紫，六朝以後，紫衣更是普遍成為高官顯貴的代名詞。[55]在十世紀的史學僧贊寧筆下，第一次御賜紫衣的紀錄出現在六九〇年，那時當政的武則天將紫衣賜給參與編撰《大雲經疏》的僧人，因為這部經疏協助她樹立登上大寶的合法性。[56]後來的皇帝沿用了這種做法，在各種不同情況下對僧人賜紫，諸如當僧人在御前論辯中表現優秀，或任命高僧就任重要的僧院職位，又或一般性地表彰僧人的功德。偶爾某位地方官員或者公主也會上奏皇帝，報告他們新近發現了應當獲得賜紫殊榮的高僧。[57]

僧人們很早就意識到，在中國的官僚體系中紫色是高級官員的重要標誌。[58]一些唐代僧人對於將自身與這種世俗的象徵聯繫起來頗感不滿，因為這似乎與壞色袈裟作為一種神聖棄世的傳統象徵不諧。[59]宋代文人則嘲諷虛偽的比丘汲汲於爭奪華貴的紫衣，根本沒有時間去托缽化緣，紫衣在此成了被嘲諷的對象。[60]但概而言之，僧人以及在家眾似乎都把紫衣當作是名聲以及皇恩的標誌。例如七世紀的僧人慧警死後，其所在寺院將他的紫衣與遺像擺在一起，以為榮耀。香客進寺後看到紫衣，馬上就會知道這名僧人曾因德行高尚受到皇帝的嘉獎（慧警三歲為武皇后誦《大雲經》，故能得此殊榮）。[61]

在御賜紫衣出現之前，僧人有時會被授予其他類型的袈裟。玄奘的傳記記載他多次獲得皇帝賞賜的袈裟，其中有一件還出於內廷宮人之手，「觀其作製，都不知鍼線出入所從」。[62] 紫衣異於其他作為禮物的僧服之處不在於材質，而在於就賜紫而形成的一套官方體系，因此紫衣浸潤了一種歷史悠久的、得到官方正式認可且深受皇家恩寵的色彩。武則天之後，中唐直至宋代的帝王繼續賜予僧人紫衣，並且規模逐漸擴大。授予紫衣也已經形成了一套流程，即先經過地方官的推薦，再由中央審核。而隨著這種需求不斷增加——僅九三九年一年就賞賜了一百零五件紫衣——也制定了何種僧人才有資格獲得紫衣的標準。除了在功德、道行方面有造詣的僧人之外，一些做實際工作的，如幫助收瘞骸骨、主持病坊的僧人也可以獲得紫衣。紫衣在地方上有很高的價值，這從送達御前有關僧人賄賂以及紫衣所授非人的大量案例即能看出。這些令人憂慮的報告反過來又引發了階段性制度改革的嘗試。從政府的角度來看，賄賂與腐敗的出現威脅到了這一政策的有效性，而在某種程度上，此一政策的用意在於加強國家對僧伽的控制。

至十一世紀時，風氣改變。朝廷為尋求變革須提高國家稅收，於是宣布紫衣可以購買獲得。與先前的政策相比，新政策改變了動機，賜紫不再是為了加強僧眾的道德修養及社會功能；紫衣亦不再是對品德高尚或積極服務社會的僧人的象徵性獎勵——它已成為一種交易商品，與其他形式的貨幣沒有什麼兩樣。

至此，紫衣跟苦行、質樸以及佛教的道德理想已經徹底分割；出售紫衣的收入常用來滿足各種非宗教性的需求，甚至包括軍費。[63]售賣紫衣的政策面臨類似售賣度牒遇到的問題，也是發行貨幣時會碰到的問題——偽造的情形十分普遍。這迫使朝廷不得不推行繡著皇家標識的新型紫衣，使之更難仿造。而長期以來實行的要求僧人死後須返還紫衣的規定，也有助於確保朝廷對授予紫衣的長期壟斷。[64]

總之，袈裟原本是解脫塵世的象徵，但起碼就紫衣而言，當印度佛教的象徵被中國的皇權象徵覆蓋後，它也被融入了世俗價值的等級結構之中。此後，憑藉帶有皇權象徵的意義，紫衣成為貴重商品。隨著人們競相追逐這種脫離了傳統佛教關懷、與皇權的象徵網絡有關聯的象徵物，紫衣不但不受佛教傳統與經典的規定約束，甚至也超出了中國政權的控制範圍。

即使在紫衣變成有財力者皆可獲得之物後，僧人仍然繼續從有權勢的施主那裡得到這種袍服。但是買來的或靠賄賂得來的紫衣和皇帝親賜的意味不同。紫衣仍然是聲望的標誌，但它已經變成了財富和權力的間接符號，而不再是皇權認可僧人功德的象徵。用一個現代的例子來類比，這就相當於贏得一個著名獎項與戴一只昂貴手表的差別。沒有任何一方能控制這種游移的象徵性關聯的過程——學問僧們鮮少致力以經論為基礎來衡量紫衣的價值，甚至皇帝也無法控制地方上紫衣私相濫受的狀況。結果，袈裟的意義就由許多僧人及其供養人以一種隨意的態度來決定。讓我們從這個鬆散、世俗的象徵性問題回到更加明確的佛教話題上，以下將會考察「法衣」中蘊藏的象徵性，亦即袈裟作為終極而不可言說的佛教真理的象徵，是如何興起與傳播的。

法衣

初唐時期，大約與紫衣被視為皇家恩寵象徵的同一時間，袈裟又被賦予另一重可能的寓意：它成了傳法——法即佛陀發現的永恆真理的本質——的象徵。[65]這一時期流傳的幾個傳說都體現了袈裟作為傳法信物的觀念。釋迦牟尼法衣傳宗是其中最重要的一個故事。釋迦牟尼在進入涅槃前，囑咐弟子迦葉將一件受之於姨母大愛道（梵名：摩訶波闍波提）的「金縷袈裟」傳授給未來佛彌勒。據玄奘《大唐西域記》記載，迦葉最終攜袈裟至雞足山（「三峰斂覆」）以待未來佛的出世。[66]

道世在六六八年編纂的《法苑珠林》中記錄了一個相似的故事。釋迦牟尼最初從樹精那裡獲得了過去佛留下的僧伽梨大衣；跟其他傳說中一樣，袈裟是諸佛譜系的傳承信物。釋迦牟尼在涅槃前又囑咐阿難將袈裟帶到文殊師利菩薩道場所在的清涼山（即五台山）洞窟。[67]

中國中古時期的讀者從這些故事中可以知道兩件事：其一，從遠古時代起袈裟就在佛與佛之間傳承；其二，這件袈裟通過某種途逕進入了中國。這些認知在改頭換面後，進入了幾部關鍵性的早期禪宗文獻，最終形成了中國佛教敘事中最常見的主題之一——師徒間的密付傳法。《壇經》中記載禪宗「五祖」傳法的故事是最著名的一個事例。「五祖」弘忍跳過自己以好學著稱的首座弟子神秀，而傳法於雖目不識丁但悟性極強的慧能。弘忍讓慧能在半夜祕密來到方丈室，然後以衣相傳並告之：「汝為六代祖，衣將為信稟，代代相傳。」[68]

上述這一版本的故事流傳最廣，但敦煌寫本讓我們能夠更深入地了解一些問題，如唐代的禪僧們是如何理解傳衣中的象徵意義。在《歷代法寶記》中[69]，此傳說被進一步擴充了，傳法的袈裟被認為出自將禪法傳入中國的禪宗——「初祖」菩提達磨。根據這個唐代形成的版本，菩提達磨將法衣傳給弟子慧可時說：「遂傳袈裟以為法信，譬如轉輪王子灌其頂者，得七真寶，紹隆王位，得其衣者，表法正相承。」[70]由此，這件作為法信的袈裟從「二祖」慧可開始，一代一代地由師父傳授給弟子，直到「六祖」慧能。接下來，《歷代法寶記》中的記載就與《壇經》出現了分歧。在《壇經》中，慧能停止了傳衣；而在《歷代法寶記》中，慧能繼續將袈裟傳給另一名僧人，再被後者獻給了武后，接著武后又賜給了智詵，最終流傳到了負責編撰《歷代法寶記》這一系禪師的所在地四川。

因為難以釐清材料的來源和傳抄的情況，不同禪宗文本之間的關係相當複雜；在這方面仍然存在著許多與版本相關的棘手問題，相關專家仍一直在努力試圖解決。把袈裟傳說準確的歷史發展過程先拋到一邊，我們仍然可以提出一個更具普遍意義的問題：那些較早撰述這一袈裟傳說的人怎樣看待作為象徵的袈裟？袈裟在這些記載中被視為佛法正統傳承的標誌。它代表著一種與過去已經開悟的大師們之間的聯繫，是一種「接觸性遺物」（contact relic）；亦即，它因為曾經接觸到聖者而成為聖物。[71]它也是合法化的一個標誌，與早在佛教傳入前就已存在、通過神聖寶物來確定皇權正統性的中國傳統遙相呼應。[72]如上所述，有僧人對僧衣與皇家聲望之間的聯繫表示不滿，而禪僧在面對法衣時的矛盾心理尤為顯著。讓他們感到不安的並不僅是袈裟與聲望之間的象徵性聯繫，而是佛法這一終極真理與任何實物之間的聯繫。在這些強調不經過中介而直接覺悟的僧人們看來，借助任何形式的象徵性中介無疑都是一種令人尷尬的妥協。[73]

慧能最傑出的弟子神會在談到袈裟的意義時寫道：「法雖不在衣上，表代代相承，以傳衣為信，令弘法者得有稟承，學道者得知宗旨，不錯謬故。」[74]從他的話中可以看出，對某些禪僧來說，法衣不僅只是佛法的象徵，而事實上也是佛法的具體呈現；因此，一個人可以因通過傳衣而直接神奇地獲得佛法。[75]

正是這種認為袈裟是佛法之所在的信念，使神會這樣的禪僧心生不安，並做出有力抨擊。我們在《壇經》中也能看到對同樣觀念的挑戰：慧能在接受所傳的法衣、辭別師父後，被一群爭奪衣缽、意圖謀害他的兇僧追殺。出乎意料，當其中一個僧人追上慧能後，他開口索要的不是袈裟而是佛法：「我故遠來法，不要其衣。」[76]後來，慧能在進入涅槃前，親自就佛法與袈裟之間的區別進行了清楚的辨析。他宣布不再傳授從菩提達磨開始，代代相傳的法衣，而代之以同是先祖菩提達磨所開創的偈子作為傳法的方式。[77]這樣，偈子就取代了袈裟這種更物質性的象徵。

禪僧希望法衣——在他們自己的傳說中占據了核心位置的物品——退居第二位，神會在其著作中把這一聲明表達得更為直接。他認為，袈裟在印度並沒有被當作信物，是因為那裡的僧人造詣深厚，人民純粹簡樸；而只有像中國這樣「多是凡夫，苟求名利，是非相雜」的地方，才需要法衣相傳。[78]神會此說為我們清楚地展現了禪僧在面對法衣時模棱兩可的心理。這裡有一種不穩定的張力：一方面，禪僧們迷戀作為合法性標誌的袈裟；而另一方面，他們希望降低太過露骨的象徵性，因為它被一些禪學思想家認為令人尷尬且鄙俗。也就是說，禪僧們認為，有必要在以衣傳法這類狂熱的故事中插入一些視袈裟為無關緊要之物的佛學理論。

激進的去象徵主義也許常註定會失敗；因為若沒有任何形式的象徵，表達本身也就無法完成。當放在一起看的時候，禪宗關於法衣傳承引起爭端的諸故事，似乎並不比官方文獻中關於紫衣受賄和買賣有任何更為崇高之處。但是，禪宗文獻與眾不同之處，在於禪僧們對這一問題的清醒意識，他們不但知曉袈裟的象徵意義，也明白使用任何象徵會帶來的問題。無論如何，這種抽象真理與日常世界之間的斡旋是不可避免的，因此必須時刻保持警醒。正如禪宗著名的指月之喻：當你伸出手指指向月亮的時候，旁人總會錯把目光盯在你的手指而非遙遠的月亮上。

缽盂

缽盂與僧衣有很多相似之處。從早期的文獻中可知，缽與僧衣都被視作是僧伽衣具的必備物品，相當受到重視。對於缽盂而言，「恒沙諸佛幖幟，何以輕賤此缽？」[79]僧人應該保護自己的缽盂並「敬之如目」。[80]和僧衣一樣，缽盂常常與佛教遊方苦行生活有象徵性的聯繫。在這方面，缽盂的象徵性比之僧衣甚至更為直接，因為缽盂是僧人四處化緣不可或缺的工具，而一個理想的僧人需要依靠眾生的施捨過活。就像道宣所言：「三衣者賢聖沙門標幟。缽是出家人器，非俗人所為。應執持三衣瓦缽，即是少欲少事等。」[81]

苦行之缽

與他們對僧衣的做法如出一轍，佛教的著述者也利用缽盂的象徵性來界定僧人與俗世和其他激進的苦行信仰團體之間的差異。比如《四分律》就援引佛陀的話，禁止僧人使用以金、銀、琉璃一類的材質製成的寶缽，因為這樣的缽盂是「白衣」們用的；同時他還禁止僧人蓄木缽，因為「此是外道法」。[82]

除了材質以外，缽盂的數量也有嚴格的規定：就如所蓄不得超過三衣一樣，一名僧人也只能擁有一個缽盂。按照《四分律》中的記載，這條戒律的緣由是外人在僧房裡看到僧人收受來自供養人的大量缽盂後，嘲笑他們「如陶師賣瓦肆處」。[83]在類似這樣的說法之中，我們應重新審視這些基本的僧人所有物的重要象徵意義。僧人在寫到有關僧衣時覺得有必要不厭其煩地描述針腳、帶鉤這樣的細節，而在描述缽盂時，他們也會詳細討論缽盂的大小、如何修補，以及怎麼洗滌等問題。同樣是在《四分律》裡，就包含了一條關於修補缽盂的戒律，因為曾有一名劣僧故意「破一鉢」，以便向各方供養者索求新的鉢盂。[84]正因為此，各種戒律條文都規定僧人必須至少將自己的舊鉢修補五次以上方可要求更換新鉢。這些問題的核心都涉及遊方的苦行思想：一個理想的僧人不應當擁有超出最基本資具以外的財物。

律師的著作中就反映了鉢盂的理想性與重要性，例如道宣從不同經文中充分引述並討論如何獲取和保養鉢盂。[85]不僅如此，僧傳中也體現出僧人對鉢盂的重視。我們經常會讀到一些僧人在三衣一鉢之外別無他物，[86]比如九世紀時的苦行僧神湊，「一盂而食，一榻而居，衣縫枲麻，坐薦稿秸。」[87]而華嚴四祖澄觀的一生都在堅持自己所發的十願，其中之一就是：「長止方丈，但三衣鉢，不畜長。」[88]

作為禮物之鉢

在信徒們捐贈僧人的禮物之中，鉢盂十分常見。因為即使遵照最嚴格的佛教戒律，鉢盂仍是僧人可以擁有的少數器物之一。比如圓仁就曾指出，皇帝每年都會派敕使給五台山上的大寺施捨大量的衣鉢香花。[89]而出於對僧人可周的敬重，吳越國主錢鏐「賚周中金如意並鉢、紫衣一副，加號『精志通明』焉」。[90]僧傳中有許多皇帝賜鉢給僧人的例子。[91]但與紫衣不同，大多數御賜缽盂並未使用特別珍貴的材料，而獲頒缽盂也並未產生如賜授紫衣那樣的重要性。此外，還有一些俗世的名流也會贈送高僧缽盂。[92]如此看來，與一般布施出去的缽盂相比，這種被特別記錄下來的禮物顯得更為特殊。即使這些缽盂本身十分平常，但名流所贈這一事實使其重要性倍增。

法門寺的地宮中出土了現存最早的一個缽盂。這個作為禮物的缽盂非常特別，不僅因為其製作工藝，也因為它的捐贈人。從缽盂上的銘文我們得知，它是遵照唐懿宗在八七三年發出的一道敕令而專為法門寺所做的。[93]這是一隻純金缽盂，很明顯違背了戒律規定。法門寺中還出土了一個紋金的銀製缽盂，這也違反了戒律。因為佛教戒律中明確規定不能使用金銀製成的缽盂。

純金缽盂上的銘文說明製造目的是為「迎真身」。換句話說，這只缽似乎是特意為迎接佛骨舍利而造，而非提供僧人使用。如果宮廷匠人想要進入佛教戒律中的象徵世界的話，他們會製作陶缽或者鐵缽（製作缽盂最常見也最正統的材料），或者用石頭來作缽盂，因為相傳佛陀使用的就是石缽。[94]然而，就像皇室織造的袈裟一樣，宮廷匠人遵循的是皇家傳統而非寺院的象徵傳統，故而會做出如此精美的金缽、銀缽。[95]

由於缽盂之於僧人有重要的象徵意義，高僧們除了接受作為禮物的缽盂之外，也會反過來送缽盂給施主，其中甚至包括皇帝。[96] 雖然正如我們將要討論的，有一些缽盂被視為有特殊力量的聖物，但在其他情形中，一位高僧當作禮物送出的缽盂似乎僅是一種純粹象徵性的姿態，其珍貴性在於它是高僧所擁有的少數物品之一。

佛法之缽

禪宗文獻中，缽盂具有較具體的象徵意義：它代表著佛法，同時也是大師將最高深的教法傳給繼任者的標誌。就此而言，缽盂所起作用不如袈裟那樣突出，但有時它會和袈裟一起出現作為傳法的信物。據《歷代法寶記》記載，在無相禪師死後，一位信徒就詢問寺僧有沒有承後弟子得其衣缽。[97] 慧能死後，藏用禪師被譽為得「傳曹谿缽」，但此處只是比喻慧能的教法，並不是說藏用禪師真的擁有慧能用過的缽盂。[98] 跟袈裟一樣，我們不能肯定在中古時期，作為傳法的象徵，師父是否真的會把缽盂傳給弟子；傳缽的概念也許完全就是一個文學性的比喻。[99] 但是，我們確實發掘了慧能最著名的弟子神會的一只缽盂。[100] 這個陶缽是一九八三年在神會塔中出土的，它的象徵意義比較模糊。也許它是神會的所有物之一，作為代表其本人的「接觸性遺物」（contact relic）。但鑑於在禪宗傳統中缽盂所具備的重要性，這個陶缽被當作是六祖慧能傳給神會的一個可觸摸的象徵，也並非不可能。

佛陀之缽

佛缽、佛髮、佛牙和袈裟，為佛祖釋迦牟尼留下的四大遺物。許多早期印度文獻中載有這樣一個傳說：在釋迦牟尼悟道成佛之後，兩名商人為他提供食物，而「四大天王」從天而降獻上四隻缽。[101]傳說中天王們首先奉上的是金缽及其他珍貴材質做成的缽盂，但是它們與缽盂具備的苦行象徵意義不諧，所以佛陀堅決地謝絕了。接著，天王們又奉上了四個石缽，為了體現一視同仁，佛陀收下了全部四個石缽，並以神通將其合而為一。[102]中國西行求法的僧人法顯，於五世紀成書的《高僧法顯傳》中曾提到，這個佛缽仍然保存並供養於弗樓沙國（大致相當於今天巴基斯坦白沙瓦一帶）。[103]後來，法顯在錫蘭聽到一個天竺僧人念誦一段關於佛缽的經文，經云：

> 佛缽本在毘舍離，今在揵陀衛。竟若干百年……當復至西月氏國。若干百年，當至于闐國。住若干百年，當至屈茨國。若干百年，當復至師子國。若干百年，當復來

到漢地。若干百年，當還中天竺已，當上兜術天上。彌勒菩薩見而嘆曰：「釋迦文佛鉢至……至彌勒將成道時，鉢還分為四，復本頞那山上。彌勒成道已，四天王當復應念佛如先佛法。賢劫千佛共用一鉢。鉢去已，佛法漸滅。」[104]

在上述經文中，佛鉢已不僅是釋迦牟尼的「接觸性遺物」之一，也成為佛性本身的象徵，是佛與佛之間傳法的符號，也是賦予未來佛合法性的信證。同時，由於「鉢去已，佛法漸滅」，佛鉢成了佛教發展普遍情況的象徵抑或是反映。

法國學者王微（Françoise Wang-Toutain）從多種中國文獻中搜尋出佛鉢到達中國之預言的蹤跡。其中最著名的一部經書是隋朝（五八三年）北天竺僧人那連提黎耶舍「翻譯」的《德護長者經》。[105]那連提黎耶舍也許是因為自己親眼目睹了兩次法難，遂造佛經一部，佛陀在其中預言說，在他涅槃後佛法衰微之時，「大隋國」大國王將出世以護持佛法。並且佛陀還聲稱，在此之前自己的佛鉢將會先期來到大隋國；一旦國王登位，就會「於佛鉢所大設供養」。[106]隋文帝適恰地應驗了這則預言，為佛教的發展提供了大量的支援。同時，這則預言與隋文帝運用佛教文獻、舍利以及僧人來支持他一統天下的整體策略也配合得天衣無縫。除此之外，王微還在之後的文獻中發現了這則預言的回響；其中，「中國」一詞取代了那連提黎耶舍經文中更為露骨的

「隋」。她還注意到，唐代以後的文獻裡，佛缽的象徵意義很少再被觸及，值得注意的一次例外是忽必烈在一二七七年派人從錫蘭迎回了一個他相信是屬於佛陀的缽盂。[107]

小結

袈裟與缽盂以外，坐具也是僧伽衣具的重要組成部分。佛教戒律對坐具（梵語*niṣīdana*，尼師壇）有連篇累牘的討論，包括它的尺寸、材質及使用方法都有十分詳細的規定。道宣熟知這些討論，並區分了坐具與袈裟各自不同的象徵性。與道宣交談過的一位天神告訴他，過去僧人們將坐具披在肩膀上，一定程度上是為了固定住袈裟。但是，當一位僧人被人嘲笑把原本坐於臀下的東西披在袈裟上之後，佛陀宣布僧人不能再將坐具披在作為正法象徵物的袈裟上。如果一位僧人可以比喻成一座佛塔，那麼他的身體就好比是佛塔中的舍利，而坐具就如佛塔的基座。[108]

比坐具更有意思的是僧人在遊方時所持的形狀奇特的鑲環錫杖。錫杖（梵文：khakkhara）中間為杖身，頂部鑲有二到四只的金屬環，每個環上又都掛有金屬輪。多種佛教戒律都談到，佛陀讓僧人使用錫杖，目的是讓他們驅趕在遊方時可能遇到的蜘蛛、蛇和其他危險的野獸。[109]而搖動錫杖也能在化緣時用來提醒施主僧人的到來。[110]

不同的錫杖，輪與圓環的數量各不相同。法門寺出土了三根錫杖，一根為雙環十二輪，一根為雙環六輪，還有一根為四環十二輪。佛教學者總是隨時準備給數字附上象徵意義，又能從教義及律法中找到一長串數字，所以他們很快就能給一個錫杖上的環數提供解釋。大約是東晉時翻譯的《得道梯橙錫杖經》中，就已經充分利用了佛教有價值的數字，推薦了四環之杖，分別象徵著：「復有四鈷者。用斷四生，

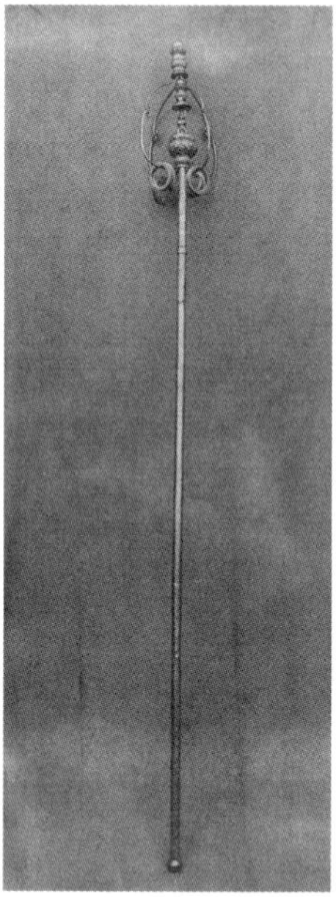

圖 2-8　錫杖，唐。
（圖片為法門寺博物館提供）

圖 2-7　尼師壇，晚唐，敦煌。
Stein no. 00376
（© Trustees of the British Museum）

念四諦，修四等，入四禪，淨四空，明四念處，堅四正勤，得四神足，故立四楞。」[111]經文中接著又提到十二輪，認為象徵著十二因緣、十二門禪等等。我們很難確定中古時期的佛教徒是否會對如此雜亂的列舉產生共鳴，但法門寺出土的一根恰好為四輪十二環的錫杖表明，僧人們在製作錫杖的時候確實留意數字。其他一些資料中也有提到六輪、八輪，然而我們只能去猜測這些數字背後的象徵意義了。[112]

就像袈裟和鉢盂一樣，錫杖更普遍地被當作僧人的象徵物。「雪徑泠泠金錫聲」，抑或「錫杖登高寺」是詩人筆下的僧人形象。[113]而僧傳中用「飛錫」、「駐錫」這樣的詞語來表示僧人外出雲遊或是定居某地。

從中古時期到現在，我們不難在繪畫中發現中國僧人身穿袈裟，托鉢持杖，跪坐於坐具上的形象。在中國佛教史上，這些器物從很早以前就成了僧人的象徵物，標誌著他們是特殊人群。對僧人與居士而言，袈裟與托鉢所蘊含的苦行象徵意義是顯而易見的。可要對僧人所穿僧衣的數量、鉢盂的材質或者錫杖上輪的數量等問題進行更為準確的闡釋，就得依賴老練而博學的僧人在流通的佛經中找出能解釋其重要性的答案。但是，我們也看到，一旦離開學識淵博的高僧世界而進入在家施主，尤其是皇家檀樾的世界之中，僧院戒律中那些條分縷析的規則與條例就屈服於皇家的象徵主義之下。結果就是，紫色成了袈裟的重要顏色，而金也可被用來製造缽盂。甚至就在僧眾之中，對於闡釋袈裟與缽盂這樣基本資具的象徵意義，也能人為操縱而引發爭議。比如禪僧們假借衣缽這類傳統的象徵符號來表達自己的新想法；另一些僧人避而不談他們不再穿著的兩層僧衣，而聚焦於有關他們仍然穿用的袈裟的種種細枝末節。即便如此，也許因為僧伽衣具對僧人形象的重要性，以及僧院戒律對之非常重視，僧伽衣具的象徵意義相當穩定，並且多半只有僧人會關心於此。下節的主題——念珠，是一個很好的例子，為我們展示出象徵性的符號在不同文化以及信仰與世俗世界之間如何轉化。

第二節　念珠

在《紅樓夢》中，當賈寶玉在秦可卿的葬禮上遇到北靜王時，北靜王跟寶玉簡短交談了幾句，臨別時說：

「今日初會，倉促竟無敬賀之物，此是前日聖上親賜鶺鴒香念珠一串，權為賀敬之禮。」寶玉連忙接了，回身奉與賈政。賈政與寶玉一齊謝過。[114]

在下文中，寶玉的姐姐貴妃元春在上元日省親時送給家人許多禮物。其中送給賈母的有兩柄如意，一根拐杖，四匹宮緞，四匹宮綢，飾有吉祥文字的金、銀錁各十錠，還有就是一串伽楠念珠。[115]

今天我們在皇家藏品中發現了數量眾多的念珠（見下頁，圖2-9），說明曹雪芹在這一場景中描摹的清代宮廷生活是準確的——念珠確實是清代宮廷的一種日用之物。但除了相當流行外，念珠對於這些人物的意義，亦即念珠的用途及象徵，卻非顯而易見。第一個例子裡，北靜王是在出席葬禮，也許我們可以假設他帶著念珠是為了在葬禮期間稱念阿彌陀佛或其他佛的佛號。不過，對照元妃的故事，北靜王也可能不過是把念珠當作裝飾品或者備用禮物。元春送給祖母的那串念珠是夾雜在其他不帶宗教色彩的物品中一起送的（如綢緞，金、銀錁），並沒有它將被用作供佛之物的暗示。這一切都說明在清朝，至少在某些圈子中，念珠的作用離它最初在佛教儀式中的來源愈來愈遙遠。

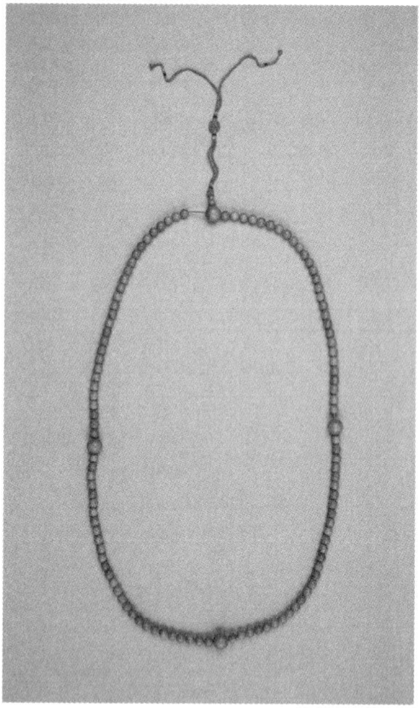

圖 2-9 臺北故宮博物院所藏宮廷象牙佛珠，母珠、記子和 108 顆子珠。（圖片為臺北故宮博物院所提供）

但這並不是說，念珠在清代就不再用於修行的目的，也不表示那些將念珠當作禮物進行交換的人未曾意識到它的這種儀式功能。念珠，又稱「數珠」，顧名思義是在誦經時用來計數的。清代學者俞樾從《太平廣記》中摘錄了一段關於念珠的材料時說：「今人所用念佛珠，亦有典故。」[116]不論是十九世紀的學者還是當今的佛教學者，都認為念珠的首要功能通常（也理當）是在誦念時計數之用。這並不奇怪，因為念珠仍然廣泛地被中國佛教徒在稱念阿彌陀佛佛號時用以計數。

但是，當我們更仔細地考察念珠在中國的歷史時，前文中北靜王將皇帝賜予的念珠作為禮物送給寶玉、元妃將念珠作為一種裝飾用物品、俞樾評論念珠在信仰活動中的角色，以及清代念珠所承載的其他諸多功能，都可以追溯到念珠在被中國文化吸收的漫長過程中所產生的各種聯想與功能。在本節末尾筆者將再回到念珠在清朝的使用情況，但現在我們要先談一談念珠在古印度的起源。[117]

印度佛教中的念珠

無庸置疑，中國的念珠起源於印度，因為我們找不到中國在佛教來華之前使用念珠的證據。[118]但念珠最早於何時出現在印度的什麼地方，卻很難確定。寺院戒律和《阿含經》（一般認為是最早的佛經）中都沒有念珠的記載，這說明念珠應該是在佛教叢林制度建立幾百年後才進入僧人的修行生活。[119]除此之外，一份早期婆羅門藝術品中出現了念珠，這不禁讓人轉而猜測念珠是否是從婆羅門教傳入佛教；但支撐這一觀點的證據少之又少，且十分含糊，所以印度念珠的最早起源很可能無從判斷。[120]

《佛說木槵子經》篇幅簡短，是所有語種的佛教文獻中最早記錄念珠、且能確認時代的一部佛經。據稱該經是在東晉時依印度原本翻譯成漢文。[121] 經文中談及波流離王由於自己國家盜匪橫行，疾病肆虐，饑荒蔓延，混亂不堪，故而來向佛陀求救。他說自己每天被這些問題所困擾，無法靜下心來修行。於是佛陀告訴他：

> 若欲滅煩惱障、報障者，當貫木槵子[122]一百八，以常自隨。若行、若坐、若臥，恒當至心，無分散意，稱佛陀、達磨、僧伽名，乃過一木槵子，如是漸次度木槵子，若十、若二十、若百、若千，乃至百千萬。若能滿二十萬遍，身心不亂，無諸諂曲者，捨命得生第三焰天，衣食自然，常安樂行。若復能滿一百萬遍者，當得斷除百八結業，始名背生死流，趣向泥洹，永斷煩惱根，獲無上果。[123]

從這條材料的描述可知，念珠最早是給在家眾使用的，與前文提及把念珠視為寺院生活的象徵和標誌不同。在上述例子中，其目的在於念誦佛、法、僧「三寶」之名來獲得功德。經文中也提到了唱唄的諸多益處。佛陀要求誦經時應該和其他形式的禪修一樣，不能分心。下面的經文還談到，通過這種修行方式，波流離王的專注力必大幅提高，思慮更加深邃縝密，足以識破身邊人的媚言惑語。在更高的層次上，唱念三寶之名能為其在西天極樂世界中獲得一席之地，甚至能實現涅槃這一最崇高的理想。對不同等級好處的衡量乃基於念誦的數量，而念珠就是用來記錄這些重要的數字。因為有了念珠，可以知道自己還要再念誦多少遍才可實現清淨心，或是修成正果。在其他的佛教文獻中，念珠被廣泛應用於念咒及稱念菩薩名、佛名等活動中。[124]然而正如我們下文將要看到的，除了用以計數，念珠還常常被認為具有一定的法力。亦即，念珠不但可用來統計稱誦的次數，且持珠稱誦，某種程度上會比不使用念珠能獲得更多功德。

念珠的象徵意義，是它充滿特殊法力的部分原因。《佛說木槵子經》中已經展示了念珠最持久象徵性的一面，即經文中所言：念珠由一〇八顆珠子組成，而每一顆珠子就代表「百八結業」中的一種。後出的幾十種有關念珠的經文中都重複提及這一數字，其中大部分將珠子的數量等同於業障的數量。還有一些佛經則有更具彈性的說法，比如義淨所譯的《曼殊室利咒藏中校量數珠功德經》[125]就指出，若是難以得到一〇八顆珠子，可以減半為五十四顆，或者再減半為二十七顆，甚至最少可以是十四顆。

對數字的關注揭示了象徵主義與神聖力量之間存在的密切關係：組成念珠珠子的數量不僅

是標出修行人應該面對的業障數量，珠子的具體數量對念珠是否有效力至關重要——不是隨便一串珠子就可以發揮同等作用。在有關念珠製作材料與工序的討論中，強調念珠的「功效」不只在於計數，更重要的是法力。儀軌冊子也特別重視供奉或加持念珠的行為。念珠在第一次使用之前通常都要持誦特殊的咒語。[126]宋代時從印度翻譯過來的一部佛經非常詳細地記錄了製作念珠的過程。其中規定，人們一旦選定了用來製作珠子的樹，應當先在樹下睡一覺，於夢中「以求前相善惡之應」。珠子打磨好後，必須由「童女」以線串起，然後在佛像前「一心專注誦真言」，以使其聖化。[127]

除了木槵子（ariṣṭaka）外，佛經中也允許用其他的材料製作念珠。義淨所譯的《曼殊室利咒藏中校量數珠功德經》中就列出了九種「珠」，包括鐵、珍珠、珊瑚、水晶和菩提子等等。這些材質按效力高下排列，鐵製的效力最低，菩提子串成的效力最高。[128]由於佛陀在菩提樹下得道成佛，故而不難理解為什麼菩提子念珠最具神效。劃分珊瑚、水晶、珍珠等材質等級的標準則不太清楚，或許與在中古時代的印度得到這些材質的難易程度有關，抑或人們認為這些材質的純度有別。

密教文獻有時會規定修不同祕法儀軌時要用不同的念珠（信愛法用水晶念珠，忿怒法用木槵子念珠），或者依五部之別而用不同念珠（佛部用菩提子，蓮花部用蓮花子等）。[129]一些印度佛經詳細地描寫挑選和製作念珠時應當注意的地方。比如《佛說陀羅尼集經卷》中就提到：

> 佛言若人欲作法相數珠，先喚珠匠，莫論價直，務取精好。其寶物等皆須未曾經餘用者，一一皆須內外明徹無有破缺，圓淨皎潔，大小任意。

這裡再次提到了對珠子品質以及使用意圖的規範，禁止使用之前曾被用作其他目的（不潔的目的）的珠子。這都體現出念珠的獨特性，它是修持儀軌中一個強有效的用具，必須將其與一般的珠寶和計數工具區分開來。經中還寫到製珠的匠人必須在製作前先行齋戒。而在珠子製成以後，要用一顆金珠作為「母珠」，亦即用以標示念珠中心點的大珠。這是念珠的重要組成部分，因為當摸到它時，意味著已經將這串念珠數完一遍了。經文中還規定要製作「記子」——十顆一串的銀珠，和母珠繫在一起——也是為了提醒使用者已將佛珠掐撚完畢（見圖2-9）。[130]另有經文把母珠當作阿彌陀佛的象徵，貫串珠子的繩子被當作觀音菩薩，剩下的子珠則被視為「菩薩勝果」。在撚珠念誦時，不允許越過母珠——這是大罪過——而要在撚到母珠時折返，逆向重數。[131]此處提及母珠「代表」阿彌陀佛，並禁止念誦者在撚撥時越過此珠；這更清楚地說明，念珠充滿了神聖法力，人們必須恭謹以待，越過母珠是對彌陀的大不敬。

簡而言之，就像第一章中討論過的佛塔、舍利以及造像一樣，珠子本身就被認為有法力。這種觀念也為念珠最終被用作護身符（talisman）奠定了基礎。雖然筆者沒有發現任何證據能夠直接說明這種用途起源於古印度，不過，若有古印度人曾經將念珠用作護身符以防範惡意或危險也不難想像。我們從前面提過的《校量數珠功德經》得知，即使持珠的人「不能依法念誦佛名及陀羅尼」，只要他能將念珠「手持隨身」，也會獲功德「如念諸佛誦咒無異」。

自然而然地，使用念珠也帶來持誦的功德。三部最富盛名、專門討論念珠的佛經，都高度讚揚了持珠念誦的價值，因為它能使人清靜、除罪，獲得功德。[132]《曼殊室利咒藏中校量數珠功德經》中稍微提及念珠能令自己與他人受益，並且持珠念誦還能往生「諸佛淨土」。而《佛說木槵子經》中也列舉持珠修行能使人在來生居處「普香世界」。其他的經文還表明，持珠念誦能讓不孕婦女「生好男女」或是加持淨水，消除重病。[133]

上述最後兩個事例中，持誦的是主持祈願儀式的僧人，而不是求子的婦女或求醫的病人。經文中不曾提及在家眾是否使用念珠，更不用說他們對念珠的看法。但無論如何，既然在我們所能確定的最早關於念珠的描述中已經出現了在家眾，這也說明古印度的佛教居士可能已經廣泛使用念珠。[134]

總之，在中古早期譯成漢文的印度佛經反映出一種信念，即反覆記誦某些神祕的詞語或短句會帶來巨大的益處，能增強往生樂土的三昧能力，甚至修證涅槃。出家眾與在家眾在念誦時都使用念珠來計算念誦的次數，但更關鍵的是，念珠所被賦予的意義可以提升念誦的法力。這種象徵性與神力之間的聯繫尤為重要。念珠的一〇八顆珠子象徵著一〇八種業障，這不僅僅是以具體數字提醒信徒尚須克服的業障，也是要求必須精確地達到象徵性尺度，念誦才能起作用。

念珠傳入中國：四至十世紀

中國最早提及念珠的文獻同樣是東晉時翻譯的《佛說木槵子經》。大約在同一時期，北魏開鑿的甘肅麥積山石窟中出現一尊手持念珠的菩薩造像。[135] 接下來一直到唐朝之前的幾個世紀中，大量被翻譯成漢文的佛經中雖然提到了念珠，但中國人使用念珠或對於使用的規定卻很少見。[136] 圖像中也有類似問題：菩薩們經常以戴著許多項珠的形象出現，可要想確定其中是否有念珠卻很難。再者，由於大多數造像都是背朝窟壁，所以也常常無法統計項珠的珠子數目，而這是區分念珠與其他掛飾最有效的辨法。但在北周開鑿的炳靈寺石窟、隋代開始興建的敦煌莫高窟以及山東駝山石窟中，已可確認造像手中所拿的串珠的確是念珠。

到了唐代，佛經以及佛教藝術中都出現了更多關於使用念珠的例證。可能正是在此時期念珠才突然普及開來。當然還有另一種可能，即過去有關念珠的記載之所以稀少，是因為那時記錄寺院日常生活，特別是個人修行生活的材料本來就很少。居士們在家靜靜地誦經禮佛或者謙遜的僧人在寺院講經布道，這樣的場景都尚未成為巨大雕像的表現內容。因此，當我們看到六二九年一件題為「鎮海寺比丘僧修善」的浮雕（圖2-10）上有一名左手明顯拿著一串念珠的羅漢時，我們首先應聯想到的也許是連續性而

圖2-10　公元629年的羅漢像，火奴魯魯藝術館藏，Mrs. Charles M.Cooke於1928年捐贈。（圖片蒙火奴魯魯藝術館慨允複製）

不是創新。[137]有可能幾個世紀前的僧人也像這樣持珠誦佛，這種做法到了七世紀時已經十分常見。在河南寶山靈泉寺塔林的小佛塔中，我們看到了許多七世紀的僧尼手持念珠的造像。[138]張籍（七七六－八二九）在〈贈箕山僧〉中有一句詩：「時聞衣袖裡，暗掐念珠聲。」[139]這也反映出念珠對僧人世俗形象的重要性。從更具體的層面來看，道宣在《四分律刪繁補闕行事鈔》中討論寺院常住財產時，認為有必要對念珠進行正確的分類，這表明念珠已經成為僧人法物中常見的組成部分。[140]念珠也出現在僧傳中，比如八世紀的僧人無著將自己的念珠給了一位他在五台山的雲霧之中遇到的神祕老叟。[141]

正是在唐朝，念珠作為僧人的象徵物牢牢扎根於中國人的想像之中（見圖2-4，本書第一三一頁）。兩個相當粗鄙的例子可以很好地說明這一點。首先來看白居易的弟弟白行簡所撰的〈天地陰陽交歡大樂賦〉，結尾他諷刺了僧尼的性生活：「思心不觸於佛法，手持豈忌乎念珠？」[142]

另一個例子來自宋人筆記，但很可能發生在晚唐。故事說的是高僧貫修有一次與著名道士杜光庭一起騎行，突然貫修的馬於路墮糞，杜光庭指著大呼「大師大師，數珠落地！」貫修回答「非教珠，蓋大還丹耳。」[143]幽默地以罕見的精準揭示出廣為接受的事物之間的聯繫；正因為這些故事的作者能夠確定其讀者可以將某些特定物品跟其主人之間聯繫在一起（念珠之於僧人，還丹之於道士），並且這種聯繫通常觸發的是嚴肅虔誠的形象，笑話才會產生效果。

在唐代，我們也開始見到中國高僧提及念珠的文獻材料。七世紀早期成書的《續高僧傳》中提到一名生活在隋末的僧人以念珠傳信。[144]慧沼在七一〇年撰成的《十一面神咒心經義疏》中作註曰：「數珠者，謂福、慧二種莊嚴之寶珠也。」[145]窺基（六三二－六八二）作《金剛般若經贊述》，談到「五邪命」之一就是誇耀稀奇，「如坐行人念數珠等」。[146]窺基認為如果誠心向佛，必須嚴謹穩重，念珠應該放在一個人的房間裡或是放在袖子中，而非當眾持珠稱誦。飛錫法師則更激進地抵制所有的念珠。他在七四二年寫就的《念佛三昧寶王論》中提到：「世上之人，多以寶玉、水精、金剛、菩提木槵為數珠矣；吾則以出、入息為念珠焉。稱佛名號，隨之於息，有大恃怙。」[147]以上這些材料表明，這一時期念珠在中國僧人中的應用如此普遍，以致於有些人發現這種對念珠的使用粗俗且流於表面。但是，上述提到的僧人也可能是例外，他們對佛教儀式非常熟悉以致於在引入創新時並不會不自在。

最先在中國大力倡導念珠的應該是道綽（五六二－六五四）。作為中國淨土宗修行的重要代表人物，道綽以鼓勵稱念阿彌陀佛佛名而聞名於世。道綽在《續高僧傳》中的傳記描繪了他是如何孜孜不倦地提倡持珠誦佛：

（道綽）並勸人念彌陀佛名。或用麻豆等物而為數量，每一稱名便度一粒，如是率之，乃積數百萬斛者，並以事邀結。……又年常自業穿諸木欒子[148]以為數法，遺諸四眾教其稱念。[149]

這裡提到的「四眾」十分重要，因為這再次表明使用念珠的人並不限於比丘與比丘尼「二眾」，還擴展到了另外「二眾」優婆塞和優婆夷。在持珠修行時稱念阿彌陀佛之名最終取代了《佛說木槵子經》中稱念的三寶之名，成了常規。

佛教藏經主要收錄對原始印度經文的翻譯及高僧注疏，絕少有提及中國佛教在家眾宗教生活的材料。此外，歷朝歷代的官修正史，因負責修史的官員多缺乏對佛教的興趣，在這方面也無補充。就念珠來說，情況更為複雜：正如前所述，念珠與私人修行緊密聯繫在一起，適用於僧人的批評（比如張籍詩中那位「暗掐珠」的僧人，窺基所批評的那位當眾持珠念誦的僧人）也同樣適用於一般信徒。然而，即使這些零散的事例也能揭示出佛教信仰是唐代在家眾生活的一部分，而念珠在這種信仰中起了作用。肅宗朝的大太監李輔國（卒於七六二年）以擅權和信佛著稱，其傳稱「輔國不茹葷血，常為僧行，視事之隙，手持念珠，人皆信以為善。」[150]「常為僧行」一句似乎表明念珠當時主要被當成是僧人的象徵，不一定與更普遍意義的佛教信仰有聯繫。

然而其他一些逸聞則顯示出唐代一般信眾使用念珠相當普遍。比如唐代筆記小說《闕史》中就提到了一位王姓居士，「嘗持珠誦佛」。[151]《宋高僧傳》裡也提到了一名大臣韋皋（七四六－八〇六）有類似的情況，說他「未塗甚崇釋氏，恒持數珠誦佛名，所養鸚鵡教令念經」。[152]

宋代之前有關一般佛教信徒使用念珠的圖像和文字記載同樣很少見，這也可能是由於念珠與私人修行有關。我們現在看到的中古時期佛教居士的畫像，大多是與他人（通常是那些出資襄助藝術品的施主）一起出現在公開的佛教活動中。但寶山塔林是一個例外，其中有一尊七世紀的男、女居士手持念珠的造像。[153]一幅十世紀的敦煌絹畫也讓我們難得地見到了一個使用念珠的居士形象（圖2-11）。在真實生活中，居士使用念珠一定會比繪畫及造像中反映出來的更多。

圖 2-11　持珠居士，晚唐，敦煌。
Stein no. 00158
（© Trustees of the British Museum）

到目前為止，念珠的歷史一直沿著一條預料中的路線發展。僧人們在他們個人的修行中使用念珠來誦佛或是持咒。而在傳入中國之後，中國僧人擴大念珠的使用，使它成為僧人隨身的基本法具，並成為寺院生活的象徵。此外，從很早開始，無論是在佛經中、論中還是在更公開的宣教形式中，僧人們都勸導一般信徒使用念珠來念誦，不論是誦佛、法、僧三寶之名，還是像道綽提倡的那樣在稱念阿彌陀佛之名時。於此同時，僧人也賦予了念珠珠數、製造的材質、母珠、串繩等之象徵意義。但隨著時間的推移，除了作為修行工具的原本功能外，念珠還產生了一些其他的附加用途。

念珠的非宗教性用途：十至十七世紀

僧人有時會把念珠作為禮物。比如玄奘大師就曾為了一位小皇子（即未來的唐中宗）滿月上表慶賀並進獻禮物，其中包括「袈裟法服一具，香爐、寶字香案、藻餅、經架、數珠、錫杖、藻豆合各一，以充道具，以表私歡」。[154]末尾的那句「以充道具」是我們理解這份禮物象徵意義的關鍵所在。更為常見的是僧人將念珠送給一般信眾，不是作為共同的僧人身分甚或信仰的象徵，而是友誼的體現。八三八年，入唐求法的日僧圓仁見到了一位來寺禮佛的高官。八天後，圓仁在日記裡寫到：「作啟，謝相公到寺慰問。兼贈少物：水精念珠兩串，銀裝刀子六柄，班筆廿管，螺子三口。」[155]這些禮物的佛教內涵並非顯而易見：海螺與刀子在一些佛教儀式中會用到，「班筆廿管」則沒有特別的佛教色彩，而人們不禁疑惑，對一個朝廷高官來說，密教儀軌用具又能派上多大用場呢？夾雜在其他世俗物品之中，「水精念珠」似乎不再是出於信仰的目的，甚至也不是因為與佛教教義之間那似有若無的聯繫而被當作禮物送出。相反，正如精緻的刀、筆以及外來的海螺一樣，贈送這些禮物的主要原因在於滿足一種審美趣味。

比起圓仁，八世紀僧人不空的交遊者多為顯貴，他在圓寂之前向皇帝進獻了一串「菩提子水精數珠」。[156]同樣地，這裡也沒有提到他這樣做是希望皇帝能用念珠來誦經，雖然我們無法排除這種可能性。因為僧人應隔絕物欲——哪怕只是象徵性的，所以他們在給顯貴人物送禮時只有為數不多的幾種選擇。念珠以具有異國特色的印度木材與水晶精心打磨而成，但仍然帶著虔誠向佛的意味，是非常恰當的禮品。[157]沒有跡象顯示僧人認為這樣做有何不妥。對於這類出於個人虔信、充滿特殊佛教象徵意義的聖物變成了禮品，我們沒有發現任何人將之視作「汙穢」或是「褻瀆」。

在這些例子中，念珠的象徵意義已經從消除業障轉變為代表友誼或敬意，即使它已從信仰與修行的背景中抽離，但因為念珠是由僧人贈送的，所以依舊保持著與僧人和佛教之間的聯繫，不管這種聯繫如何單薄。然而，另外有資料顯示，念珠有時甚至超脫了這些模糊不清的界限。唐代文人馮贄編的古小說集《雲仙雜記》中就有唐代官員房琯弟子的軼事。

房次律弟子金圖，十二歲時，次律徵問葛洪仙籙中事，以水玉數珠（一曰玄珠），手節之，凡兩遍，近二百事，瑯瑯誦之不止。次律賞以轉枝梨。[158]

在此，念珠不是用來記錄稱誦佛名的次數，而是為了幫助記憶葛洪的道教著作。值得注意的是，故事裡這名弟子轉了兩遍念珠，背誦出了「近二百事」，說明這串念珠很可能就是由一〇八顆珠子組成的傳統念珠。但這則軼事中沒有一丁點佛教的影子。此外，馮贄另有一部題為《記事珠》的著作，關於書名的來源他在書中作了解釋。他說自己小時候讀書時，會數家門上珠簾的珠子來記憶所學內容。換句話說，對馮贄和他故事中的人物而言，即便他們可能很清楚念珠與佛教的淵源，但仍可以將念珠視為一種用來幫助記憶的工具，而可以不必一定具備佛教內涵，甚至也可以不帶有為宗教虔信而製作的神聖中介物這一意義。

北宋理學家程頤（一〇三三－一一〇七）對念珠的功用有著相似的態度。程頤提倡通過反省來抑制慾望，同時也就如何克服入睡前思考過度提出了建議。他給受失眠困擾的文人邵伯溫一串念珠，並說：「只是令他數數而已，如道家數息是也。」[159]很顯然，程頤利用念珠來幫助自己入睡——這可以理解為宋代的數羊入睡法。這裡的關鍵句是「只是令他數數而已」，換言之，程頤已經抹去了念珠具備的佛教象徵以及與之共生的神聖性力量，而使念珠符合徹底的世俗功用。也許程頤這種克制過度思考的努力與通過計數來集中注意力（見《佛說木槵子經》中佛陀鼓勵波流離王持珠念誦之例）之間存在著相似處；但後者的目的是要達到涅槃，前者則僅僅是為了促進睡眠。兩者的用途差距如天懸地隔。

南宋時期的陸游（一一二五－一二一〇）如此描繪南方土著少數民族的風俗：「男未娶者，以金雞羽插髻；女未嫁者，以海螺為數珠掛頸上。」[160]其中提到的「海螺數珠」——佛經中並沒有有關念珠的這個詞，說明這些項鏈與佛教念珠沒有任何的關聯；對陸游而言，「數珠」只不過是項鏈的另一種說法。南宋首都杭州的居民們似乎也是在相當寬泛的範圍內使用這個詞。在《夢粱錄》中，文人吳自牧列舉了集市中售賣的各種貨物，其中提到一個商人「沿街叫賣小兒諸般食件」，包括炊餅、甘蔗、苦槌、蓮肉和數珠。[161]我們只能猜測這裡說的「數珠」究竟指的是什麼，也許是一種串成環狀的糖果？不管它到底為何，我們的語境早已脫離了佛經儀軌手冊所營造的充滿象徵、敬畏的氛圍，也與提倡修淨土行的僧人的講經布道無關。

隨著明代社會鑑賞風尚的興起，念珠成了一種用來把玩的消遣之物。文震亨（一五八五－一六四五）的《長物志》是一本講述如何選擇有品味的家庭生活用具的書，他在其中介紹了室廬、花木、水石、書畫、幾榻等器物的藝術鑑賞價值。[162]在包含燈、鏡、袖鑪、琴、枕等內容的「器具」一卷中，文氏對念珠有自己的評判標準：

以金剛子小而花細者為貴，宋做玉降魔杵、玉五供養[163]為記總[164]。他如人頂、龍充、珠玉、瑪瑙、琥珀、金珀、水晶、珊瑚、車琹者，俱俗；沉香、伽南香者則可；尤忌杭州小菩提子，及灌香於內者。[165]

如果想要找出文氏關於念珠的這套觀念的來源，要參考的不是佛經，而是當代其他收藏家們所寫的同類作品。[166]文震亨偏好「金剛子」念珠，這固然可以從佛經中找到對應之處，但為他所貶的水晶與珊瑚念珠都見於佛經記載，他提到的沉香與伽南香念珠卻不見於佛經。與之前我們討論的那些儀軌經文不同，文氏在鑑賞時評價優劣的關鍵不在於宗教神聖性與世俗性之別，更談不上是由於信奉的神祇或者進行的法事不同，其區分的關鍵在於雅俗之別。明代收藏家鑑賞器物的標準並不參考其宗教價值。[167]在此風氣下，文震亨不是出於義理或儀軌上的原因，而是從審美的角度出發，指出某些東西當「忌」。

總之，雖然明代的僧人與一般信眾繼續把念珠當作修行工具來使用，但當時至少有一些士大夫已經從一個完全不同的視角來看待念珠。說他們賦予了念珠另外一種象徵性或許有些誇大，但他們確實把一套不同的價值標準附加在念珠上。清廷中使用的朝珠是個很好的例子，接下來我們將探討念珠是如何被整個社群賦予了全新的象徵意義或寓意。

清廷中的朝珠

明代與清代宮廷的區別之一在於，清皇室和特定品階的官員會佩戴項珠。細究之下，我們就會發現這種項珠其實就是由一〇八顆珠子組成的念珠。康熙帝青年時代的朝服畫像似乎是目前所見最早的清廷人員佩戴念珠的例子。但是清朝皇室和念珠之間的關係甚至更為久遠。《建州聞見錄》記錄了後金時期的許多事蹟，其中提到清太祖努爾哈赤「手持念珠而數」。皇室家族因私人修行而使用念珠的情形很可能就是後來宮廷中佩戴念珠的起源。[168]另有學者指出，念珠進入清廷是受到西藏與蒙古僧人的影響。[169]我們也能看到一幅身著喇嘛服飾、手持念珠的雍正帝畫像。[170]儘管如此，在清廷成員持續使用的各種念珠之中，最引人注目的是一種用來表示社會地位而非計數的念珠，它很快就有了全新的象徵意義。清代的官服制度龐雜而嚴密，作為其中的組成部分，念珠——在此稱作「朝珠」——也受到嚴格的規定。比如，朝廷上僅有皇帝一人可以佩戴由「東珠」製成的朝珠——東珠是中國東北松花江一帶特產的名貴珍珠。皇帝的朝珠與其他人一樣由一〇八顆珠子組成，顯示其與佛教的淵源（如圖2-12）。宮廷的禮書還規定了朝珠條線、「佛頭」（用來分隔小珠子的大珠）、三串「紀念」（用來計數的小珠）以及一串「背雲」的顏色。「背雲」是朝珠的新創，它掛在頸後下垂至背部，用以平衡胸前朝珠的重量。

在穿朝服時，皇后要掛三盤朝珠，中間為「東珠」製成的朝珠，另外兩盤交叉掛著的是珊瑚朝珠；而皇貴妃掛的三盤朝珠中一為蜜珀，餘二者為珊瑚；一般的妃嬪則是珊瑚一，蜜珀二。其他地位較低的人不允許佩戴東珠或任何由別種珍珠製成的朝珠，但他們可以佩戴以珊瑚、瑪瑙、象牙、琥珀或是其他寶石製成的朝珠。除了規定製作朝珠用的玉石外，串接珠子的繩線顏色也有具體的規定。只有一定等級的上層官員才能享有佩戴朝珠的特權——五品及五品以上的文官和四品及四品以上的武官才有資格佩戴。[171]佩戴朝珠的方式更是男女有別。男性所戴的朝珠中兩串「紀念」在右，一串在左；女性的朝珠則相反，一串在右，兩串在左。[172]這種男左女右的戴法呼應前漢時期以來形成的禮俗。朝珠中最

圖 2-12　乾隆朝服像。（北京故宮博物院所藏）

顯著的象徵性在於四顆「佛頭」代表著四季，三串「紀念」意指「三台」。[173]

除了這種由一〇八顆珠子組成的大型「朝珠」以外，清廷許多形體較小、精美的手持念珠也被保留了下來。[174]製作這些比較小型的念珠通常會用到寶石，而精細的設計、雕琢工藝都說明這些念珠是用來把玩的。即便如此，它們也可能經常在念誦佛號時被用來計數。但另一方面，那些大型朝珠有時是非常華麗繁複的，由大小不一的寶石綴成幾串小珠子掛在大的主串珠子上，如果用以誦佛的話又實在有些不便了。清代的朝珠中，記子不再和母珠繫在一起，而是附在左右兩邊並且朝向上方。這樣的設計很顯然使得記子再也無法被用來幫助使用者在撥弄念珠的圈數時計數了。[175]雖然清人明白念珠的佛教起源及功能，但是他們顯然將念珠配作他用。在宮廷裡，念珠不再是佛教信徒、僧人的象徵，它轉而成為政治地位的標誌。宮廷中負責禮制的官員以朝珠嚴格區分皇帝、后妃、文武官員及其餘人等，竭力地鞏固朝珠作為政治象徵的地位。同時，這些官員還進一步規定不同類型的朝珠所具有的象徵意義，將朝珠和佩戴者納入一種更為廣闊，但與佛教無關的宇宙秩序中，增強了朝珠的象徵力量。

在佛教念珠漫長的發展歷程中，僧人試圖努力將念珠定義為法事用具，但實際上衍生出矛盾的結果。一方面，念珠時至今日仍是僧尼和信眾禮佛所用的重要法器。特別值得一提的是，無論是最早的經文中提到的念珠還是清代宮廷禮制規定的朝珠，始終對一〇八顆珠子這一數目堅守不移。從另一方面來看，念珠的宗教象徵意義並沒有強到足以使其固定下來。當明代的收藏家們討論如何鑑賞那些富有品味、高雅的念珠時，他們並不覺得忽略了念珠的佛教意義有何不妥。同樣地，那些清朝的禮部官員在將朝珠定為品級的象徵時，也毫不猶豫地依據自己的需求重新定義了念珠而隻字未提它的佛教用途。這並不意味著我們可以說念珠有了自己的生命。念珠缺乏一種能持續不斷地確認自身存在並對抗外來種種挑戰的原始意義。珠子本身沒有任何涵義，只有當特定社會人群（如僧人、收藏家、皇帝）賦予其某種意義時，它才會變得重要。結果，當念珠在不同的人群中流動時，它就從充滿了特定象徵內涵的神聖供奉用物變成精美的珍品古玩，乃至在一套井然有序的官僚體系中成了等級的具體化象徵。

圖 2-13　朝珠。（臺北故宮博物院所藏）

第三節　如意

世界知名的宗教學者——米爾恰・伊利亞德（Mircea Eliade），其就宗教象徵所做的比較研究涵蓋範圍極廣，吸引他的是歷史上那些為廣袤時空所分隔，毫無聯繫的不同文化間反映出一致性的例子。柏拉圖的著作和冰島的民間傳說中樹木的象徵性有何共同點？水在巴西的卡拉加印第安人和羅馬帝國晚期的古代日爾曼人眼中又有怎樣相似的象徵性？從古印度到廿世紀的法國對巨石的大眾詮釋裡有何一致性？這些都引起了他的注意。[176] 這些表面上看起來是自發形成的象徵屬性使伊利亞德相信，所有人群的感知力都有著深層次的聯繫。因此，他的研究不可避免地集中於巨石、水、樹木、石頭之類幾乎在任何地方都可以找到的、最基本的物品。

相較之下，我在上一個段落的結論中強調象徵符號的短暫性：當像念珠這樣的物品在不同的群體之間流傳時，除非其被賦予的意義受一個強而有力的社會群體極力監控，否則它的象徵意義會朝著任意方向發散。誠然，對月亮的詮釋具有跨越時間界限與文化隔閡的持久連續性，證明人類感知與體驗的統一性；而對念珠的多重解讀——從神聖之物到政治地位的象徵，或是供人賞玩的古董——則說明人類因自身所處環境及所屬社群的差異而對事物存在不同的需求。177

可能會有人反對筆者所言念珠本身並沒有任何涵義。即使我們無法為念珠找出一種貫穿全部中國歷史的功能，用珠子來計數——無論是用念珠來誦經計數、數珠簾來讀書抑或是算盤這樣的計算工具——也可以說是它自然而然的用途。就像新石器時期即已在中國流行的裝飾功能也是一樣。因此歷史上毫無關聯的人群都用珠子計數或者把珠子當首飾用，並沒有任何讓人覺得訝異之處。相比之下，本節要討論的如意杖將進一步深化我們的討論，從內在的象徵意義過渡到主觀決定的象徵意義。如意是一種金屬或玉製的細長弧形板子，往往會鑲嵌各種寶石（如圖2-14）。現今，古老的如意在古玩店裡很常見，在西方的東方文物

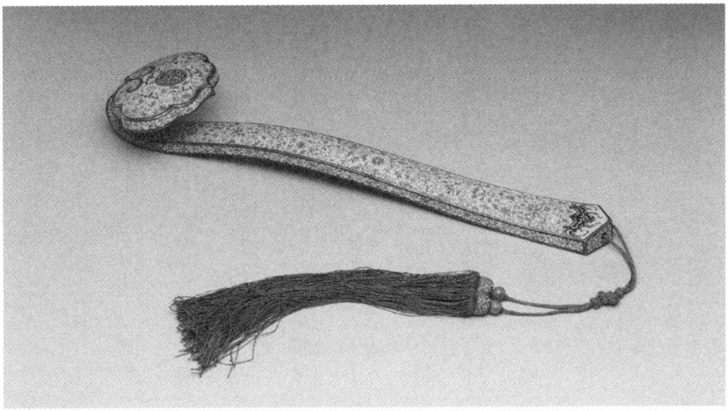

圖2-14　清・如意。（臺北故宮博物院所藏）

展覽中更是必備展品。作為一種引人矚目的象徵吉祥之物或是優雅禮品，如意和念珠一樣出現在《紅樓夢》中，且在清代宮廷也很普遍。[178]

率領英國使團訪華的馬戛爾尼勳爵（Lord Macartney）於十八世紀末到中國時第一次見到了如意。在覲見乾隆皇帝時，馬戛爾尼呈上裝有英王親筆信的金盒子，乾隆皇帝則回贈英王一柄如意。「這是一塊白色的看起來像瑪瑙一樣的石頭，」馬戛爾尼在日記中寫道，「大概有一英尺半長，雕刻得很奇怪，中國人視為珍寶，但對我來說，我看不出它有什麼價值。」[179]馬戛爾尼自己也被賜贈了一柄如意，同時也注意到宮殿裡到處擺放這樣奇特的物品。馬戛爾尼似乎從沒學會理解如意的價值，可他對互贈禮物的行為卻有著非常敏銳的評價：「雙方對於這些禮物價值的看法，受者可能小於贈者，不過重點不在禮物價值而在表達情意。」[180]念珠的外形至少在一定程度上直接傳達了其象徵性和功能；相比之下，如意的涵義則完全取決於人們對它的解釋。以此為出發點，讓我們回過頭去看看如意這個在馬戛爾尼眼中「沒有什麼價值」的東西為什麼卻被「中國人視為珍寶」，而佛教在此又發揮了什麼樣的作用。

起源

研究者針對如意起源提出了兩種觀點。第一種是佛教辭典中常見的定義，認為如意起源於印度，當地僧人使用如意並由他們傳入中國。如意一詞，顧名思義即「如人意」，在中古時期翻譯成漢文的佛教經典中頻繁出現。[181]然而，大多數提及如意的文獻中，若不是意指一種神通（梵文 rddhi）——具有像上天入地這樣的超異能力；[182]不然就是具有重要的佛教象徵意義。如意寶石能滿足持有者的任何願望，這也是佛教典籍與佛教譬喻中常常出現的一個意象。[183]

五世紀初翻譯成漢文的《四分律》中可看到馬戛爾尼在乾隆朝所見如意的先祖。文獻中說的是佛陀尚在人間時發生的一件事，當時一位匠人為供養僧眾而發願製作大量精美的骨牙角針筒。這位匠人的誠心大於財力，最後落得一貧如洗。佛陀得知後，遂禁止僧人使用骨牙角針筒，但認為可以使用骨牙角來製作其他一些器物，比如匙、杓、曲鉤、摘齒物、刮舌刀、挑耳篦以及如意等。[184]結合上下文來看，以上所列舉的大多數都是用來抓撓和清潔身體部位的工具，因此宋代的學問僧元照就指出，如意可能是用來搔背止癢的。[185]這就是說，如意是僧院中用來撓背的器具，源自印度，後來被入華弘法的僧人帶進了中國，在這個過程中帶上了下文將會陸續談及的各種象徵意義。

但是，我們欠缺證據來證實以上這一假設。我們沒有《四分律》印度語言的版本，因此也就無法還原譯者定名為如意的梵文詞語為何。[186]此外，《四分律》的漢文本是在五世紀初翻譯的，這一時期如意已經在中國境內十分流行。所以，很有可能是譯經者以漢語中意指撓背工具的術語（如意）來指代對應的印度詞語。用來撓背的物件並不是特別精巧的工具，沒有理由認為中國無法獨立開發出這種東西。事實上，現代學者陳夏生已提出從戰國晚期到東漢早期的墓葬中出土了類似的器物——即從大約公元前三世紀時就出現了，這遠比佛教傳入中國的時間要早。這些底部被雕刻成把手狀的杖形物，如《四分律》描述的那樣，用象牙製成，可能也是用來撓背的，儘管我們並不能確切知道它們的名稱及功用。這些早期的杖形物顯示了與現代佛教辭書中相反的看法，如意或許根本並非來自印度，又或許它碰巧只是中國和印度都有的某種類似工具的聚合。證據不足以證明這些理論哪一個為真，簡而言之，如意的起源之謎似是無解的。

然而，我們有興趣追問的並不是何時何地開始使用這種撓背工具，而是這種東西在何時何地開始具備了何種象徵意義。不幸的是，依然沒有足夠的證據能讓我們確定這種轉變首先發生在印度還是中國。[187]印度早期的傳統圖像裡沒有出現這個器物，而佛教傳入之前的中國藝術中也看不到可以明確識別的如意。如果沒有進一步的發現能讓我們追溯如意的早期發展歷程，那麼對如意的研究就只能從目前所見最早的紀錄著手，即從四世紀時的中國開始談起。

宮廷中的如意

最早有關如意的可靠紀錄見於王嘉於三七〇年寫成的《拾遺記》。[188]其中記載，孫權看到進呈的一幅畫像，畫中人是他未來的妻子潘夫人，面帶憂色。正是在描述孫權對她的第一印象時出現了如意：「見而喜悅，以虎魄如意撫案即折，嗟曰：『此神女也，愁貌尚能惑人，況在歡樂！』」[189]

從這則故事開始，有關如意的紀錄變得相當常見，並且其中大多數都與宮廷生活有關。比如：《魏書》中記載，孝文帝（四七一－四九九在位）曾賞賜了一柄如意「以表心」。[190]而《晉書．王敦傳》記載，王敦（二六六－三二四）曾身在權位，晚年因政治失意，在家縱酒放歌，抒發心中不平之氣，同時用如意擊打唾壺的壺沿作為伴奏。[191]以上這些例子不僅說明如意在帝王與大臣之間非常常見，也告訴我們如意的諸多用途。其他資料中還可看到除了充當禮物和用來伴奏外，如意還被高級官僚用作號令手下將領的指揮棒，且至少有一名皇帝曾經用它來管教刁蠻任性的公主。[192]

由此可見，政要顯貴把如意帶在身邊，把它們拿起來揮動，發表觀點，或者隨手當作禮物贈送。綜合以上提到有關如意的記載，我們可以看出，它是決策者們的一件工具，在某種意義上也是他們服飾的組成部分。而《魏書》中的記載清楚地反映出如意與政務管理間的密切聯繫。宣武帝（五〇〇－五一五年在位）尚為幼兒時，他的父親高祖孝文帝為了觀察諸皇子的志向，特地在他們面前擺出各式各樣的物品，其他的皇子都要花花綠綠的玩具，唯獨宣武帝選了一柄骨質的如意。孝文帝為此十分高興，從那以後就開始悉心培養宣武帝的治國才能。[193]不管這個故事是真的記錄了發生於六世紀初宮廷中的事件，或只是六世紀末魏收在編撰《魏書》時當作事實來記載的傳說，它都顯示在六世紀末，如意不僅是宮廷中常見的器物，甚至也開始具有代表統治者的象徵意義。

唐代文獻顯示，如意在當時的宮廷生活中依然扮演著不可或缺的角色。《通典》中有幾處談到如意在宮廷禮儀中的使用方法。比如在皇太子檢視太學的典禮中，就有專門的官員執如意。[194]永泰公主（六八五－七〇一）墓的一幅壁畫中繪有一位手捧如意的宮娥，也進一步證實如意在唐代宮廷生活中的流行。[195]

接下來我們將繼續討論從唐代至清代，皇室使用如意的情況。就目前所討論的材料而言，如意從三國到唐代這一時段內已經是中國宮廷中的慣見之物。它在某些情況下是政治權力的象徵，但其內涵卻遠比歐洲的權杖更為多樣化。權杖會讓人立刻想到王權，但在中國，除了宮廷中使用如意之外，許多宮廷以外的文人也以與宮廷中人相似的方式使用如意。[196]此外，如意在中國的寺院裡更是一種常見的器物，以下我們將探討此一論題。

佛教徒與如意

唐代筆記小說《杜陽雜編》中，一位叫李訓（卒於八三五年）的學士曾得唐文宗賞賜如意一柄。「李訓講《周易》，頗諧上意。時方盛夏，遂取犀如意賜訓，上曰：『與卿為談柄。』」[197]這裡提到的「談柄」，無論是以如意還是麈尾的形式出現，都是清談者在論辯時以助談興的道具。一名學者在說到麈尾——六朝時期備受清談之士喜愛的用具——時，認為麈尾與清談者之間的關係就如同寶劍之於英雄。[198]我們在佛教文獻中也能看到談論佛法與如意之間有著類似的關聯，如意是佛教僧人辯論經義與講經時常常使用的一種器物。唐代僧人智晞的傳記記錄他在臨終前「跏趺端坐，仍執如意說法」。[199]另一位僧人慧布的傳記中記載了傳主與慧思的一次辯論。慧思被慧布的論旨深深觸動，「以鐵如意打案曰：『萬裡空矣，無此智者。』」[200]慧思的如意並非只出現過一次，在點評自己門下最傑出的一名弟子——天台祖師智顗——時，慧思的手中也拿著如意。[201]最後再來看河南靈泉寺內一幅刻於五八七年的圖像，該圖像刻在石上，描繪了兩名面對面坐著的僧人：一名雙手合十（顯然是在聽法），另一名則手執如意在講經。[202]以上所談的事例和圖像都表明，就如現代法庭上法官手裡的法槌一般，如意已經成為講經的工具以及權威的象徵。至少到了十七世紀，僧人們還在使用如意——晚明的張岱曾寫到自己由一名拿著如意的僧人帶領去見寺院的主持。[203]

如意總是伴隨著這類高深的談話和辯論出現，因此和念珠一樣，它也被認為是一種適合僧人接受或送出的禮物。例如在《高僧傳．釋慧遠傳》中就提到，他的一名崇拜者想送一柄如意給他：

> 遠神韻嚴肅容止方稜，凡預瞻睹莫不心形戰慄。曾有沙門持竹如意欲以奉獻，入山信宿竟不敢陳，竊留席隅，默然而去。[204]

前文提到的慧思似乎特別喜歡如意，他也曾送給自己的得意弟子一柄象牙如意（儘管寺院戒律禁止使用動物毛皮，但是僧人對使用由動物長牙製成的東西好像並無疑義）。[205]另外，在有關智顗的一則記載中有提到：在這位高僧圓寂之時，留下了一柄如意及臨終偈語。[206]

從日僧圓仁留下的紀錄中我們亦可知，至少在九世紀時，僧人之間仍然還會互贈如意。八三九年，入唐巡禮的圓仁在日記裡寫道：「留學僧為送叡山，在楚州分付音信書四通、黑角如意一柄，轉付紀傳留學生長岑宿禰歸國既了。」[207]而從正倉院收藏的幾件精美華貴且具代表性的如意藏品來看，的確有一些中國如意被傳到了日本。[208]

若說文獻中對於僧人使用如意，以及如意的功能記載還算詳盡，那麼相較之下，一般的在家眾與如意的資料就少得多了。山東地區一件五二五年的《曹望憘造像記》拓本中，出現了一柄與正倉院所藏如意外形相似的如意。[209]據碑文可知，石碑的另一面刻著一幅彌勒像，但是從現存的拓本中只能看到一隊正在遊行的信徒。隊列的中心人物想來應該就是曹望憘，他身旁站著的人手裡拿著各種不同的物品，包括長扇、華蓋和一個彎曲的長如意。扇子可以搧風，華蓋可以遮陽，但是如意看起來完全就是象徵意義的體現——它太長，不方便用來撓背，同時又不夠寬，既不能當扇子也不能當遮陽之物。在中國佛教藝術中，通常以手中所持之物作為信徒的標識，最常見的是荷花或者香爐，這引導我們將石碑上的如意視為佛教信仰的象徵。製作造像記的工匠或多或少懂得一些佛教常識，因為碑頂刻著的獅子無疑是佛教的象徵。[210]然而，和華蓋一樣，這個造像裡的如意是提供給這位曹氏信徒所用而非佛陀。換句話說，就像我們之前在很多例子裡看到的，如意在這裡也許是世俗權力而非虔信的象徵。

一九八七年在法門寺地宮發掘到一柄九世紀銀製如意，這是迄今為止發現最早的如意實物。與上例相似，它與信徒崇拜之間也有一種細微的聯繫。這件短柄如意的頂端飾有「雲頭紋」或「蝙蝠紋」，背後鐫刻的文字顯示它於八七二年在宮廷作坊中製成，並有造作工匠及監作官員的名字。[211]從其頂端扁平的造型來看，這件如意用來撓背並不稱手。雖可從此判斷它有某種象徵作用，但說到它具體象徵的是什麼，卻很難確證。這柄如意是皇帝賜給法門寺並安置在舍利塔中，因此它是一件供佛的法器。但這柄如意自身就含有非常明確的佛教意義或象徵性嗎？還是因它與皇室聯繫成為權力象徵而重要？法門寺出土的唐代器物中除了這柄如意之外，還有兩柄如意，各由不同的比丘尼捐獻。[212]法門寺中來自皇室、一般信眾和僧尼的供養物隨意雜陳的情形十分獨特。當宮廷中人涉足佛教信仰的程度愈來愈深，這兩套象徵系統——皇權與佛教——就變得幾近不可能區別。

手持如意的文殊師利

《維摩詰經》主要記載了發生在大居士維摩詰與文殊師利菩薩之間關於佛法的辯論。這部經自鳩摩羅什於四〇六年譯出後，在中國的流行程度遠遠超過其在印度本土的流行程度。這也許是因為經中的主人公維摩詰是名居士，所以他在一般的中國佛教信眾中享有特殊的地位；因此，由富有信徒捐助的佛教藝術中頻頻出現維摩詰的形象，就完全不會令人驚訝。龍門石窟中六世紀初期建成的洞窟中，和維摩詰經變相關的圖像至少有十處。[213]通常的情形是維摩詰位於一邊，手拿扇子或麈尾，坐在華蓋下；文殊師利則手拿如意，與他相對而坐。從別的地方六世紀中期的石刻中也能看到相同的景象（見圖2-15）。[214]《維摩詰經》中對這次著名的論法有詳細的描述，但是在經文中卻從未提到過如意。這再次證明最先使用如意的是中國而非印度。正如我們所知，六朝時期的僧俗世界在清談辯論時普遍會使用如意，所以不難理解為何如意會被吸收進維摩詰和文殊師利論法故事的圖像之中。再者，一旦維摩詰的扇子和文殊師利的如意之間建立起結構性的對稱，如意就成了必要的圖像特

圖 2-15　東魏造像碑。（藏於紐約大都會博物館）
www.metmuseum.org

徵，用來連結文殊師利。事實上，在文殊師利菩薩後來的畫像中，即使他單獨現身，並沒有與人論法，其形象也一直都保持著手執如意的樣子。[215]

中古時期對如意的詮釋

到目前為止，我們已經看到了四種對如意的理解，把它當作撓背的工具、世俗權力的象徵、清談家的標誌，以及文殊師利菩薩的象徵。這幾種解釋都有文本和圖像的依據。偶而會有論者刻意去解釋如意杖的功用，比如道宣在《量處輕重儀》（其中談到如何處理僧人的遺產）中就提到了如意。他在列舉「服翫」時包含了以下器物：「曲機夾膝憑案、憶囊、如意語柄、諸雜尾拂、唾壺之屬。」道宣認為這些器物太輕浮，均屬「非經道之具」。[216]事實上，如意在印度佛教的戒律中並不常見，在全部的印度佛教經卷中僅有一處提到如意。所以道宣在《量處輕重儀》中特別提到如意，並不是因為印度經文中廣泛提及，而是因為中國僧人大量擁有此物。[217]

道宣之語說明如意在唐代很常見，同時也揭示出，儘管如意在畫像中是文師殊利菩薩最易辨識的用具，道宣卻把它與几案、唾壺並提，並沒有在它身上附加太多的象徵意義。從他的評論中可以看出，道宣對如意在論辯時發揮的作用相當清楚。同時，道宣作為《四分律》的研究專家，也應知道那段提到如意可當作撓背工具的文字。可能正是因為熟知這段話，才讓道宣把如意視為無足輕重之物。

如意既代表著智慧，具有崇高的象徵性，同時也是一件用來撓背的工具。荷蘭的漢學家許理和（Erik Zürcher）對兩者之間的巨大差異感到十分訝異，說道：「除非我們相信如意與在印度佛教與非佛教神話中都有重要意義的『如意寶珠』（cintāmaṇi）建立了某種形式的聯繫，否則我們很難理解這樣不起眼的小物件是如何成為僧人最受人崇敬的標誌及其原因。」[218]

如意在道宣眼中是一件卑微的撓背工具，而同時又是文殊師利菩薩口才的一種象徵——至少有一位宋代的僧人道誠為如意的象徵意義與實際用途之間的差距大為困惑。他在《釋氏要覽》（一〇一九年成書）「如意」條目下寫道：

如意：梵云「阿那律」[219]，秦言「如意」。《指歸》[220]云：「古之爪杖也，或骨角竹木，刻作人手指爪，柄可長三尺許。或脊有癢，手所不到，用以搔抓，如人之意，故曰如意」。

誠嘗問譯經三藏通梵大師清沼、字學通慧大師雲勝，[221]皆云：「如意之制，蓋心之表也，故菩薩皆執之。狀如雲葉，又如此方篆書心字故。若局爪杖者，只如文殊亦執之，豈欲搔癢也？」又云：「今講僧尚執之，多私記節文祝辭於柄，備於忽忘。要時手執目對。如人之意，故名如意。」[222]

道誠接著援引了幾條非佛教徒間贈送如意的歷史資料，最後得出結論：「因斯而論則有二如意，蓋名同而用異焉。」

這段文字的作者不畏艱難，盡力想把如意複雜、令人迷惑的發展脈絡梳理清楚。首先，道誠試圖說明如意起源於印度，並給出了該詞相應的梵文寫法。但是，正如我們所知，如意起源於中國說的證據與起源於印度說的證據不分上下。接著，道誠指出了如意用來撓背的功能，並提供了該詞的民間詞源，同時，他也試圖找出如意的象徵意義。道誠未提及（也許是不知道）如意在宮廷中被當作權力的象徵，借助兩位博學僧人之口，他提到如意在文殊師利菩薩形象中的象徵意義，即是「心」的象徵。他還更進一步，清楚地將某些如意頂端的獨特造型與漢字「心」的篆體聯繫起來。[223]道誠避而不談如意在清談活動中的象徵意義，接著提到如意可以當作記事本，幫助講經僧人記憶經文這一實用功能。最後，他毫無困難地將如意分作兩類：一種是崇高的象徵，另一種則是卑微的撓背工具。

這段話完全呈現了中古時期學術研究不講究可靠的證據及嚴謹論證的散漫風格；它試圖對過去及現在都相當雜亂的歷史紀錄作一番整理，但又失之敷衍。道誠在此並無詳盡考查與如意內涵相關的史料，當時的僧人也並不清楚如意的涵義為何。他查找了如意杖的名字由來，考察其形狀，並提出了一些常識性的解釋。在較為刻板的圖像學傳統中，對那些依此傳統而訓練的工匠與專家們來說，特定的形象與物品具有特定的象徵意義。與之不同，儘管道誠認識到如意是一種象徵，但無論是從佛教還是從別的角度，僧俗社會中沒有任何人能為如意切切實實地確立具體的意義。比念珠的例子更甚，如意這種模糊性允許人們以各式各樣的方式解釋及使用它。

如意的鑑賞者與愛好者

文震亨在《長物志》中除了有念珠的條目之外，對如意也有自己的一套審美鑑賞標準。他如此評判：

> 如意，古人用以指揮嚮往，或防不測，故煉鐵為之，非直美觀而已。得舊鐵如意，

上有金銀錯，或隱或見，古色蒙然者，最佳。至如天生樹枝竹鞭等制，皆廢物也。224

文氏照舊非常在意高雅的品味以及如何與庸俗傾向拉開距離，他可能知道六朝時期世俗文獻中提到如意的材料，但是他對如意在辯論佛法時的象徵性作用不太了解或不感興趣，而對更為專門的如意作為文殊師利菩薩的標誌與智慧的象徵這層涵義就知之更少了。文氏書中接下來的條目是討論麈尾，他指出雖然古人將麈尾「用以清談」，但若是他的某個同代人也「對客揮麈，便見之欲嘔矣」。換言之，文震亨明白，倘若自己生於千年之前，他也會在交談中使用麈尾，但作為一個明代的文人，他把麈尾當成一件可以引人遐思的古玩而不是談話時用的工具。如意可能也同樣如此。到了文震亨生活的十七世紀，對於普通人來說，如意已經不再是辯論時用於揮舞的器具了，而是一件彰顯逍遙與勢力的收藏品。

繪畫與文字資料都表明，像文震亨這樣將如意視為審美鑑賞對象的人不少。明清時期的收藏家們對罕見而優雅的如意趨之若鶩。對如意的迷戀風氣還傳入了清代的宮廷之中，因此如意在宮廷中相當普遍。現存清宮所珍藏的如意中，有一些雕刻著佛教圖案，比如卍字，有一柄如意上甚至刻了《金剛經》中的一段經文。但是，出自同一批收藏的另一些如意上則雕刻著非佛教符號，像桃子、魚、八仙等。這讓人懷疑，那些有關佛教的主題，也許僅僅只是籠統地被認為是吉祥符號，而非帶有強烈的佛教意味。

除了作為一種吉祥的飾物，還有部分清宮珍藏的如意上刻著「囍」字符號，這是婚姻的象徵。像現代人交換訂婚戒指一樣，清代人交換如意，而這些如意乃是為此目的而作。當如意成為婚姻的象徵時，它與作為文殊師利菩薩象徵的這層涵義就相隔甚遠，更不必提寺院中講經論法的象徵意義。如意的起源模糊難辨，而中國僧人使用如意又似乎是受到世俗宮廷使用如意的影響。至晚從四世紀開始一直到一九一一年清朝結束，在如意與佛教的關聯逐漸淡化之後，宮廷中仍然一直保持著使用如意的傳統。也就是說，與其說如意的例子體現出佛教怎樣影響中國物質文化，不如說它反映出中國物質文化對佛教的影響。話雖如此，如果我們過度關注如意的起源以及究竟是誰受誰的影響，我們可能就會錯過同樣有趣但顯然更易著手的問題，也就是中國的佛教象徵符號與非佛教象徵符號之間的互動。僧人、一般信徒以及朝廷官員都把如意視作權威與辯才的象徵。當如意在中國社會中被明確肯定具有重要的象徵意義，那麼無論這種象徵的具體內容有多模糊，僧人、信眾、明代的收藏家、帝王、佛教工匠乃至新婚夫婦全都為如意所吸引，不管是出於個人、物質，還是宗教目的。但其中似乎沒有一個群體曾試圖將自己對如意象徵性的詮釋變成所有人的共識；在如意這件特定器物的象徵史中，它的發展很大程度上是毫無計畫的，一直在接受創新。

本章小結

跟著佛教傳入中國或受佛教影響發生變化的器物還有很多，若欲擴大相關象徵器物的討論並非難事。就像僧衣一樣，其他從印度傳入中國的法器主要是由僧人使用。比如，在某些儀軌中就需要使用小鈴鐺或者金剛杵，這些法器不論在經文中還是在儀軌實踐中都充滿了象徵意義。「木魚」是另一個引人入勝的例子。木魚是一塊懸掛著或是固定在几案上的木板，可擊打以召集僧眾。跟如意或麈尾一樣，木魚的起源也十分模糊。[225]雖然有些記載提到，古印度的寺院會敲擊木梆子來召喚僧人就餐，但它們都沒有明確指出這種木梆子的形狀像魚。而至晚在唐代，中國的寺院裡就已經在使用魚形木梆子了。關於木魚形狀的涵義，也沒有比其起源更清楚。按照一種傳統說法，因為魚從不閉眼，所以木魚象徵著警覺。但木魚能流傳至今，似乎是借助於傳統的力量，而非因其具有可辨識的象徵涵義。[226]

長明燈也是一件類似的佛教象徵物。它是寺院裡用的一種油燈，理論上要保持永遠不熄。

就像木魚一樣，長明燈的來源也模糊難辨。從詩歌、辭賦，到敦煌佛寺關於燈油消耗量的簿記，我們找到的大量資料可證明，在唐代的寺院裡長明燈相當流行。[227]但我們很難找到有關長明燈象徵意義的詳實記載。七世紀的禪宗高僧弘忍就曾把長明燈視為「正覺心」；長明燈在更普遍意義上似乎已經成為佛前的永恆供物。[228]正如我們之前考察過的其他佛教象徵，出家眾對於長明燈的理解並不會局限在這種佛教闡釋之中。比起把長明燈看作是供物或者覺醒的象徵，他們同樣可能看作時間的象徵，或者思考這永不熄滅火焰的性質。[229]在唐代飾品與清代瓷器的主題圖案中，我們可以發現其他佛教象徵意義發生轉變的例子。[230]

象徵漂移的傾向提醒我們，某一個特定物品與其象徵意義之間的聯繫十分脆弱。當然，一切的象徵都是人類投射的結果，從來都不會完全內在地存在於器物本身。然而在對器物作出象徵性解釋時，有一些是比較順理成章的，比如百衲衣意味著苦行；有一些則比較牽強附會，比如把如意杖視為心的象徵。再以如意為例，如意的製造與使用多半是依著傳統的推力，人們固定在出席某些場合時會隨手持握，但並不是為了表達任何抽象的真理。即便如此，注疏者還是按捺不住衝動，開始搜尋並最終把象徵意義附加到如意之上。換言之，人們是特意找出象徵意義並以此來解釋器物，而不是器物本身即帶著象徵意義。不管象徵意義加諸器物之上的效果如何，象徵性的引力是物質文化的組成部分，這在中國佛教史上相當突出。

如果要用一個普遍適用的模式來囊括中國佛教象徵的歷史，「漢化」這個概念就瞬間湧入我們的腦海：中國人如何調整及改變外來的象徵符號以適應自己的文化？任何有關漢化的討論必然會涉及追根溯源，這也是筆者在前面的主要討論重點之一。但是，針對中國佛教象徵的來源，我得承認所得到的研究結果差強人意。我們知道中國佛教中的念珠源出印度，但究竟是來自印度佛教還是來自婆羅門教仍然是一個難解之謎。如意、塵尾、木魚和長明燈的起源就更令人困惑，我們甚至連其源自印度、中國還是別的地區都無法確定。即使是那些我們能肯定源自印度的物品，如袈裟、缽盂，但因為它們在中國又發生了新的改變，這讓我們面對著一個更加頭疼的問題——即這些變化中顯示出了哪些中國專有的特色。本書的考察覆蓋的時段相當漫長，這無疑也增添了額外的困難。例如，筆者提到宮廷作坊的工匠為法門寺製作了金缽，但是他們忽略了缽盂的佛教象徵意義。不過，古代中國打造黃金器皿並不多見，並且對黃金器皿的興趣似乎是公元五世紀以後在外來文化影響下才日漸高漲。[231] 清代宮廷中把念珠改造為朝珠這一例子，使我們更加清楚地認識到運用「漢化」這個概念來解釋佛教符號象徵在中國發展的歷史其困難之處——無論再怎麼泛化，在佛教象徵符號傳入中國的過程中，這個概念也不夠靈活，無法把各種發揮作用的力量全數容納其中，畢竟清代的統治者是滿人而不是漢人。

伊利亞德使用了另一個概念模型——「退化」（degeneration）來解釋各種象徵符號的發展

史，這是他看到一再重複的範式。根據這個模型，隨著相比之下較為平庸的思想者依其日常生活經驗重新闡釋宗教象徵符號，那些在開始時企圖藉由象徵符號理解妙不可言之神聖真理的複雜努力，就會不可避免地經歷退化。例如鑽石由一種絕對實體的象徵蛻變成了防蛇的護身符；曾象徵純粹的神聖河流的名字變成了治療便祕處方的一部分。[232]如果我們想要在中國一些具體器物的歷史上檢驗這一模式，起源問題又一次變得至關重要。不幸的是，與符號的地理起源相比，佛教象徵意義的產生顯得更是無跡可尋。推測諸如僧人的錫杖之類物品的原初意義，可能與推測佛陀最初的教誨一樣讓人感到無望，這類歷史常常憑空而來，沒有起點。令人高興的是，佛教象徵符號這種從中段開始、經常與其起源相距甚遠的歷史被完好記錄，也一樣引人入勝。我們可以根據這些紀錄判斷象徵符號的闡釋是否遵循某個特定的方向。評論象徵符號被重新闡釋的過程時，伊利亞德指出自己研究象徵符號的中心問題之一，在於如何既可以展示象徵的多元分支，又可以呈現象徵在愈來愈低的層次上被解釋時都會經歷的理性化、退化和幼化的過程。[233]與之類似，伊利亞德還在別處提到形而上學的意義從「宇宙論角度的」下降為「美學角度的」。

從一些我們已討論過的器物闡釋中，我們當然可以看到合理化的說辭。例如道誠認為，如意是按漢字「心」的字形來塑造其形狀。我們還看到一些物品在許多情況下被視為審美鑑賞的對象，與佛教象徵系統脫離了關係。伊利亞德選擇使用「退化」、「幼化」和「較低層次」等字眼，為批評者提供了很好的箭靶。但即使我們接受「退化」意謂「更粗略且較少理論性」，不過禪宗僧人對袈裟的新解與之前者相比，卻只更顯得深奧與空靈。同樣地，清代宮廷中對念珠的重新闡釋，是建立在充分了解之前文獻中有關珠子蘊含的佛教象徵意義的基礎上，這很難被描述成「幼化」或是形成於「較低的層級」。我們也不必為發現這樣的闡釋學上的偏離（hermeneutic drift）而感到特別沮喪，把念珠當作一種感官物品的美學闡釋無損於它的象徵意義，反而對後者會有增強的效果。袈裟可以被用來作為苦行的象徵，也可以是得到皇帝寵遇的標誌。這也許應該歸功於中國豐富的文學傳統——特定器物的象徵意義，在數百年之中出現層層疊加的情況。因此，中國佛教象徵符號的歷史不是一部退化史——即其中深奧、質樸的觀念漸漸被更為粗糙的世俗觀念所取代；恰恰相反，它是一部器物作為表達手段之潛能不斷增長和擴張的歷史。

第三章 功德

在第一章中我們看到，佛教中某些物品可擁有靈力的觀念對中國物質文化發展產生了深遠影響。本章所談之中國佛教的「功德觀念」，則更能展現抽象概念對物質世界進行塑造的潛力。佛教自漢代傳入中國至今，小到靈巧的圖像和護身符，大到宏偉的建築和造像，無數器物的製造和傳布在一定程度上都受佛教功德觀念所驅使。宇宙中有一種看不見的道德秩序，在此系統之下一個人行善就會在今生或者來世得到善報；所謂善行亦包括了製作特定的器物。

早期佛典中，佛陀介紹了諸多道德標準。違之受罰，守之獲福。不可殺生、盜竊或妄語，因為「不善行有不善報」，而「行善法必有善報」。[1]這便是業力說的基礎：生死輪迴無始無終，任何時候善行都有善報，每一次惡行都受懲罰。對這個自然、自發的過程，佛典常以農業生產為喻——每行一善，便如同在福田裡播下一粒種子，將來收穫的是「善果」。不論是今生的苦樂，還是來世的天界或地獄，個人的造化很大程度上決定於今生或前世行為的道德性；也就是說，「命運」取決於個人所累積的功德。

我們這裡要探討的是反映基本佛教倫理觀念和器物之間關係的事例。早期佛典說，除了不殺生、不妄語等等，還可以通過施捨物品積累功德。佛經中到處都提到「布施」，闡述這種行為定有豐厚的回報，其多寡則取決於施主、受施者、所施物和施捨的動機等因素。樂善好施之人不僅可得現報（如受人敬愛），死後還能轉生天界。[2]

施主究竟應施捨何物？向誰施捨？佛陀在勸化在家眾布施時，曾經開示積累功德的七善舉：(1)為僧伽建寺院；(2)為寺院置辦器具；(3)以食物供養僧尼；(4)以遮雨衣施予僧尼；(5)以藥物施予僧尼；(6)鑿井；(7)為行人建旅舍。[3]此處提及的主要是給僧眾的供品並不足為奇，因為這些佛經本來就是由僧人編撰和傳播的，他們的生活在一定程度上仰賴在家眾的布施。此外，佛教還勸導在家眾種樹、造橋和造渡船，這些善舉的受益者就不限於僧尼。[4]根據文獻記載和考古發現，印度的佛教徒也施造佛塔、書籍、圖像和捐獻寶石來莊嚴塔像，這一切都源自一個信念：這些布施可以產生功德。[5]

印度學問僧也非常重視探討功德回饋的相關問題，並因這些問題產生爭論；諸如供品的性質、供養動機，以及供養僧眾與供養佛或佛塔的功德孰大孰小等問題。[6]例如在討論供養目的時，《俱舍論》開頭就問：「聖所」（Skt. caitya；制多）是獻給已逝的聖人，那麼供養聖所怎麼會能獲取功德呢？[7]換言之，哲人已逝，已經沒有人可以接受供養了。下文巧妙地回應說：功德並非來自所施，而是來自施者慈善的心理狀態，而達到這種心理狀態正是通過施捨之舉。[8]早期佛典對布施的大量探討證實了僧眾非常重視有關功德和供養的理論。然而，就算是最專精於此的論師，也未必清楚功德具體如何運作。一次捐出足以養活好幾代僧人的大片土地所獲得的功德，要比供養一位行僧一餐來得多，但窮人的施捨不是要比富人的施捨更有價值嗎？一份給得道聖僧的供養難道不比一份給普通僧人或劣僧的供養更具功德嗎？這些問題視情況而定都可以有不同的解釋，但功德和布施理論無疑是由僧人勸化在家眾布施的語境中形成，因為製造功德一直都是一件迫切而實際的事。[9]

現在我們再來看碑銘所提及早期功德觀念的實例。出自公元前二一〇至二〇〇之間的錫蘭銘文，記載了一位錫蘭公主曾捐贈一座巖窟給當地僧眾。銘文說：「伽摩尼．伍帝亞（Gāmaṇī-Uttiya）大王之女阿比．提薩（Abi Tissā）公主的洞窟獻給十方僧伽，為其父母之利益故。」[10]這段銘文與經典裡「為僧伽建寺院」的開示吻合。此處還運用了「回施功德」的道理，即供養僧尼不僅可以為自己積功累德，還可以將此功德回向他人。如同阿比．提薩公主的例子，現存印度佛教碑銘中最常見的，就是將功德回向給父母。[11]在有些銘文裡，功德也會被回向給特定的僧人或者自己。此外，從很早開始（前一二〇至前八〇年），比丘、比丘尼也會慷慨出資以莊嚴聖物或聖所。[12]最後這一點說明，製造功德已被徹底地融入了佛教修行之中。因為即使是僧尼，也需要布施以產生功德，所以功德理論並不單純是僧眾謀生的一套說辭，而是所有佛教信仰和修行的常規組成部分。與前文所引經文類似的佛經中此點也被凸顯出來，即勸導在家眾救助病人和植樹造林，雖然這種行為不會直接饒益僧眾。

總而言之，在印度，大量的佛塔、圖像、廟宇建築以及大小器物的生產和布施，一定程度上是因為人們相信這樣的布施可以為自己累積功德或者將此功德回向親友。所以，雖然阿比．提薩公主施出的地產只有一份，但她完成了兩重供養：一份是給出家眾，另一份則是以功德的形式給了她的父母。下文我們將會看到，這種兼顧世俗和宗教的功德行不僅在印度十分流行，而且同樣流行於中國。

在佛教傳入之前，中國的宗教文化中不存在類似功德的觀念。近幾十年來，中國古墓出土了大量的文物，包括陶器、廚具等日常用品和各種陪葬的樓舍、牲畜、奴僕等明器。[13]從戰國時代起，就有以器物隨葬的做法，因為人們相信死者在陰間可以使用這些物品或其代表之物。[14]陪葬品不單單是為了亡靈，也為生者。如營葬亡父以禮，子嗣的聲望也會增長。此外，若依風水理論，死者入土能安，則可福蔭子孫。[15]

但是這些與佛教的功德觀念相距甚遠，因為佛教徒施造器物的目的在於積累功德，無論是利益眾生之物（如水井、橋梁等），還是供養僧眾之物（寺院、地產），抑或是為表達虔心向佛（塔像等）。早期的中國典籍的確能找到類似「善有善報，惡有惡報」的模糊說法；例如《易經》云：「積善之家必有餘慶，積不善之家必有餘殃。」[16]不過，這遠非嚴密甚至機械的因果業力說，也不像佛典裡那樣將「積善」與生產特定物品聯繫起來。

作功德的教義大約在一世紀時就隨佛典和虔敬修行進入中國，不過有關那個時代的佛教資料還很少。到了五世紀，這一教義已經廣為流傳。《高僧傳》花了整整一章來記敘「興福」（即作功德）的僧人。傳記中提到作功德的方法一般是建造佛塔、寺廟和佛像。比如某僧慧力立塔「修福」，又如釋法意「好營福業，起五十三寺。」[17]

僧慧敬通曉經論，但因他「常以福業為務，故義學不得全功。凡所之造皆興立塔像助成眾業。」[18]有意思的是，傳記結尾說慧敬將建造塔像所積的功德回向給了他所往生的淨土：「凡興造福業，皆回向西方。臨終之日室有奇香，經久乃歇。」換言之，當初興立塔像時慧敬就已發願，用此行的功德助他往生阿彌陀佛的淨土世界，而臨終時的奇香就是他如願以償的明證。這段記載跟其他故事一樣，並沒有解釋功德的明確回饋方式：慧敬的功德應該如何計度？又是如何對他的往生造成影響的？這些都不得而知。在他們看來，此乃天地秩序隱祕的一部分，就像寒來暑往和辰宿循行一樣，若想完完全全地解釋其奧祕，恐是徒勞。

慧敬傳記的開篇就述及他為了作功德不惜放棄究竟經論，這一點也很引人注意。其實在佛經中，通曉教義常常被用來與虔行對舉，並以後者來取代前者，或常以後者高於前者。在《高僧傳》興福一章的結尾，編者試圖平衡功德之舉和通曉佛教教義，說善行是「智慧之基」，兩者便如鳥之雙翼缺一不可。[19]但接下來，我們可以看到許多僧人實際上只顧營福業，以造物立像替代鑽研經典。這種傾向既反證了通曉佛典的重要性（否則就需要以其他方面來彌補），又說明學問平平的僧人也可通過虔誠和善舉來度日。

考古發現讓我們可以對僧人們遊方行化、募集善款、監修廟宇和佛具的場景有更具體的認識。事實上，從現存造像記來看，施造佛教器物的大多是在家眾而非僧尼。[20]在能確定年分的中國佛教造像中，有座小石塔，其銘文作於三三七年。供養者程段兒寫道：

> 惟太緣二年，歲在丙子。六月中旬，程段兒自惟薄福，生值末世，不覩佛典。自竭為父母闔家，立此石塔形象。願以此福，成無上道並及命過秋官。女妻，陵男，亦同上願。[21]

這段銘文包含了標準佛教供養的兩個基本要素：施主的姓名和回向對象。程段兒「不覩佛典」，這又一次印證了實物供養可以替代誦讀佛經。

跟程段兒的銘文一樣，中國大部分的造像記中會記載「回向功德於某某」。許多願主更大書特書，先將功德回向給親眷，最後還要慷慨地加上十方眾生。例如南朝最早的彌勒造像之一，一尊四二三年的彌勒坐像附有以下銘文：

景平元年，正月十四日，佛弟子王世成敬造彌勒像一軀，為亡過父母、現存夫妻，為四恩六道、[22]法界眾生，但升妙果。[23]

中國歷史上留下了數以百計這樣的造像。最常見的回向對象是施主的父母，但也有其他對象，比如妻給亡夫，母給亡子，姊妹給亡兄，甚至有軍人為犧牲的戰友回向功德之例。[24]銘文偶爾也會說，此功德為亡親求生淨土，或是求家人免遭病苦。[25]然而，更普遍的情況是為施主、家人以及一切有情（指眾生）求保佑和福運。有的施主還是比丘尼或中層官員，[26]一般而言，除了名字，我們其實對他們的情況一無所知——這也說明了現存的歷史記載非常有限和隨機。

我們不禁要問：這個為父母亡靈施造佛像的「佛弟子」王世成是誰？令人失望的是，既簡潔又往往模式化的銘文在這些具體問題上隻字不提——就像一份法律合同，只陳述甲方乙方（施主和回向對象）和相關物品（包括所造的功德）來源等基本信息，餘皆不贅述。雖然歷史學家們對王世成以及無數金石資料中造像的具體情形不得而知，但還是有一些帶有細節的作功德的事例流傳下來，可以看出自進入中國至今，佛教功德觀念是如何持續有力地影響中國的物質文化。

我們見到很多器物一定程度上都是為積功德而造，尤其是塔和像，因為兩者在經文中時常受稱頌為可以產生功德的物品，它們也留下了大量銘文，證實了這一觀念在中國佛教徒中的流行。接下來我們要把焦點轉到發展歷史受到佛教功德觀念引導的三種器物——書籍、寺院和橋梁。這三種物品不僅在佛教史，在整個中國物質文化史上也扮演了重要角色。

第一節　書籍

印度和中國的早期製書史

書籍在中國佛教中有其重要地位，原因之一是人們相信書寫或印製佛經能夠獲得功德，這種信念可以追溯到印度。印度僧人很早就投身於編纂一部據傳為佛陀親授的卷帙浩繁的說法總集。不過這部經藏以及弘法的教令僅存於依賴記憶的口頭傳承（oral tradition），而非書寫材料。實體書籍在早期佛教恐怕並不重要，甚至根本未被使用。所以，一世紀前後才出現閱讀和抄寫實體佛典之記載，標誌了物質文化史上的一個重大發展。[27]特別的是，這一時期出現的不少經典都表述了抄經可以帶來功德的思想。我們知道，功德觀念最晚可追溯至公元前二世紀，但抄經積累功德的觀念，作為所謂「書籍崇拜」的一部分，似乎要到一世紀時才出現在一批被我們統稱為「大乘經典」的書籍中。

《八千頌般若》就是此類經典的典型。此經為一部般若經典，也是最早的大乘經典之一。

經中寫道：「般若波羅蜜者，若書寫若供養……除惡報現前，餘人鬼不能傷。」[28] 同樣，其他重要的大乘經典如《金剛經》、《法華經》和《華嚴經》都極力稱頌抄經之功德。例如，《法華經》說：

> 若復有人受持、讀誦、解說、書寫《妙法華經》，乃至一偈，於此經卷敬視如佛，種種供養——華、香、瓔珞、末香、塗香、燒香，繒蓋、幢幡、衣服、伎樂，乃至合掌恭敬，藥王，當知是諸人等，已曾供養十萬億佛，於諸佛所成就大願，愍眾生故，生此人間。[29]

這類說法給「書籍崇拜」提供了合理性。書籍不僅是信息的來源，它作為一種物品也是禮拜供養的對象，應「敬視如佛」。最重要的是，這類經文都堅稱佛經是功德之源，而功德是獲得更美好的生活和轉生善趣的信用積分。

大乘經典興起的準確年代難以稽考，只能大概地定為公元後的最初幾百年。而印度佛教的專家們也未能詳細解釋書籍是何時、何地、如何開始在印度佛教中變得重要。不過格里高利・叔本提出了一個尚稱合理的假設。[30] 仔細審視幾部早期大乘經典中勸示書寫供養佛經的模式之後，他指出最先供養佛經的人（如《法華經》所示，通常是以香、花供養），是那些在口誦某部經典的場所裡供拜的信徒。為了使供拜固定化，並擺脫對某位口誦經師的依賴，供拜者逐漸將所供拜的經典寫出，並轉改供拜這部有形的經典。叔本總結說：「因為每部經都將自己置於供拜修行的核心，所以大乘佛教（從社會學的角度來看）起初並不是一個可識別的單一團體，而是由許多彼此獨立又相互關聯之崇拜團體組成的鬆散聯盟。它們有類似的模式（pattern），但各有各的經典。」[31]如果這個猜想成立，那麼從一世紀開始，印度佛經不僅是特定教派教義的根源，還是他們供拜的實體。

即使我們撇開具體問題，先不管書籍何時開始成為功德之源，對於「書籍何時開始在印度普及」這樣的基本問題，相關資料也語焉不詳。除了偶爾在金屬、陶土或石材上銘刻之外，古印度人主要在樺樹皮或棕櫚葉上書寫，然後編訂成冊。這種從上古和中古印度保存下來的手稿很罕見，與其說是因為印度人漠視傳承的載體，不如說是因為棕櫚葉和樺樹皮易於湮滅。[32]大乘佛典對書寫經典的描述顯示出，儘管印度詩人和宗教領袖們以口頭文學的大量積累聞名，但到公元後的最初幾百年，書籍對有文化的印度人來說已經不陌生。[33]

相較於早期印度書籍史料少得可憐的情況，中國士人對書冊的尊崇和喜愛自古就見於史載。在佛教傳入時，中國已有久以為傲的有關書籍製作和書籍學問的傳統。在甲骨文與金文開創了書寫時代之後，許多材料都被用來產生更長的作品（即「書籍」）。從上古到三、四世紀，中國人就剖竹成簡，析木為牘，編以為冊。現在出土的大量秦、漢簡已成為研究上古史的重要資料。此外，絲帛也很早就被用來書寫。[34]

伴隨著簡帛書籍的興起，學問和藏書聯繫在一起，藏書之風也隨之興起。古代中國的飽學之士都以藏書聞名，而國家則試圖全面控制書籍的製造和傳播——秦始皇的焚書坑儒是這方面最有名的例子。人們不僅崇尚書籍內的學問，也評賞其中的書法藝術。這一切合在一起就形成了讀書和抄書的傳統。書籍的抄錄尤其一舉多得，既能藉此閱覽、研讀、記誦，又可習字。[35]

在佛教傳入之前這些都已習以為常，而佛教傳入後的幾百年內，中國的書籍製造又經歷幾番技術革新。紙張在一世紀時開始被用於書寫，至三世紀時，紙張已經替代簡牘成為製書的一般材料。[36]唐以前，無論是簡牘還是絲帛、紙張，製成書籍後均被捲成卷軸；到了唐代，則出現了由一張張紙裝訂起來的書冊，並且逐漸替代卷軸而成為中國書籍的一般形態。也是在唐代，坊肆開始以雕版印書取代之前的手工抄寫。因此，十世紀的中國已經具備現代書籍的基本要素——印刷、裝訂、紙張。

如何來解讀這些歷史性的發展呢？在推動中國書籍演進的諸多因素中，歷史學家們很早就注意到佛教的貢獻卓越。事實上，佛教影響了上文提到的所有技術革新。但學者們還沒有太關注佛教徒所造成的對於書籍態度的變化，即書籍既是知識也是神力的來源。下文將同時探討佛教在意識形態和技術兩方面的影響。首先先看佛教裡關於佛典的一個重要觀念：複製佛經可以產生功德。[37]這一觀念可能是推動佛典在漢地流通和發展最重要的一個因素，並由此深刻影響了整個中國的書籍文化。

作為製造功德之法的書籍製作

中國歷史上大量複製書籍的背後，隱約可見的是對佛教「功德說」的信奉。如前文所述，許多佛教經典都勸勉信徒勤抄經書，且肯定此舉可以積累無量不可思議功德。我們先以《金剛經》為例來考察中國如何接受此觀念。此經可能是歷史上被抄寫次數最多的經典之一，單在敦煌遺留下來的中古寫卷就近兩千份。[38]

《金剛經》簡要論及了龐大的般若部經典中大多數重要詞彙與概念，它在四〇二至七〇三年間至少被六次譯出，其中鳩摩羅什於四〇二年的譯本流傳最廣。[39]該經被廣泛閱讀、研究和記誦，注疏也數以百計。[40]除了分析現實的虛妄本質和其他一些問題，此經有相當一部分是在頌揚此經本身的傳播。「當來之世，若有善男子、善女人，能於此經受持讀誦，則為如來以佛智慧，悉知是人，悉見是人，皆得成就無量無邊功德。」也就是說，在讀誦《金剛經》之時，諸佛都在一旁聆聽。又如，「以要言之，是經有不可思議、不可稱量、無邊功德。」這幾處經文只是勸勉信徒讀誦此經，沒有提及抄寫。但《金剛經》中另一段話特別值得我們關注。經曰，即便有善男人善女人因篤信佛教無量百千萬億劫每日三時以無量身布施，也無法與《金剛經》帶來的功德相比：「若復有人，聞此經典，信心不逆，其福勝彼，何況書寫、受持、讀誦、為人解說。」[41]

《金剛經》的一些主要注疏對這一點都只是一筆帶過；雖然注家肯定對功德回饋機制感興趣，但他們並未重視抄經可以造功德這一點。[42]在充滿艱深玄妙義理的經文中，如此直白的經句自然無法引起注家的興趣。其他一些位卑學淺者則會留心到此段並將其付諸實踐。這些都收錄在許多中古時期被講述、記載和流傳的神異故事裡。幾部有關《金剛經》的靈驗記從中古保存至今，主要講述男女、僧尼和在家眾們因誦讀、講解或以其他方式弘揚《金剛經》而消災致福的經歷。在很多故事中，弘揚此經的方式是書寫。

例如，八世紀的《金剛般若經集驗記》講一個叫陳德的人「常以寫經為業。忽然因病疹，為冥司所追。見地下築臺，德問：『是何臺也？』冥司報云：『是般若臺。為陳文建欲至，築此臺以待之。』其德卻蘇，具說此事，遠近知聞，競持般若。」[43]

另一則故事則敘述一位亡婦在棺材裡向妹妹哭訴。因她曾在寺廟食肉，又曾殺死一隻蛤蚌（以其汁液塗抹瘡口），因此身陷「刀林地獄」，受七劍穿身之苦。於是，她指示妹妹向當地寺廟布施，並請僧人代書《金剛經》。婦人言稱，每書寫一卷經書，她身上的刀劍就會被抽去一把；七卷經書抄畢，所有的刀劍皆被抽去，她也就不再受苦。[44] 諸如此類的故事很容易被輾轉相傳。即使我們不將此類傳奇故事當作真人實事，它們至少也反映出抄寫經書可以帶來功德的觀念已深入人心。

正如本章前言中的例子，在這些故事中，製造物件取代了通曉經書。這一點在此表現得更為顯著，因為所造之物即是經卷本身。如上所示，《妙法蓮華經》和《金剛經》提到的一系列可以帶來功德的行為中，就包括了抄經以及向他人解說經典。換言之，雖然佛典會假設了解經義的重要性是無需贅言的，但在漢地流傳的故事中，佛經卻與阿比·提薩公主的洞窟一樣成為功德之源，其本質與寺院、造像或其他修福之物沒什麼不同。

此外，在刀林地獄的故事中，亡婦的妹妹甚至不是親手書寫經典，而只是僱用僧人代勞。由此可見，首先，抄經作功德並非僧尼的專利，而是可以惠及社會各階層，就像故事中那樣，目不識丁者也可僱請他人抄經以帶來功德。其次，該故事反映出一種心態，即抄經積功德如同經濟交易，而不是發心弘揚佛法或研習經典。在此背景下，就能解釋為什麼敦煌會藏有海量的

《金剛經》抄本，內容絕無出入，卻只是出自少數幾家寺廟藏經閣。這些抄本與其說是被閱讀過的佛經，不如說是功德授受交易後留下的「收據」。[45]

就《金剛經》而言，我們無需停留在間接的推測，其實現存的中古抄本就能直接反映施主寫經的動機。敦煌所保存之《金剛經》抄本的題記常帶有願文，說明寫經或者僱人抄經的目的。通常題記的結尾是一段公式化的願文，將所造功德回向給委託人、親眷和一切有情。敦煌寫本中有一部《持誦金剛經靈驗功德記》，書末有一段翟奉達於九〇八年所寫的願文：「此經讚驗功德記，添之流布。後為信士，兼往亡靈，及見在父母、合邑等。」[46]這段願文結構非常典型。值得注意的是，翟奉達相信不僅可以通過抄錄《金剛經》來造功德，就連抄錄《金剛經》相關的故事也同樣會帶來功德。

翟奉達將抄寫功德回向現世及前世的父母及一切有情的祈願是很典型的，與《金剛經》等經典寫本所附願文的表述一致。這些發願都是從具體且私人的對象（通常為父母）出發，最後推及至包含性的、普遍的對象如「一切有情」。功德的分配在這裡表達得很委婉，應該說主要是回向給父母，至於對更為普通的受眾（一切眾生），只是作為虔誠的套話附贅。有些寫本的題記會透露信眾的具體需求，和他們相信佛教的功德有何種助益。例如，七世紀的一個《金剛經》寫本尾記如下：

> 大隋大業十二年（六一六）七月二十三日，清信優婆夷劉圓淨敬寫此經，以茲微善，願為一切眾生轉讀，聞者敬信，皆悟苦空；見者受持，俱勝常樂。又願劉身早離邊荒，速還京輦。罪障消除，福慶臻集。[47]

這位善女人劉圓淨不知何故流落敦煌邊地，於是祈求早日返回京畿。在另一則題記中，一名不得志的官員則坦言祈求升遷。[48]最有趣的一則題記說的是一男子抄經將功德回向給自己的愛牛（圖3-1），文辭如下：

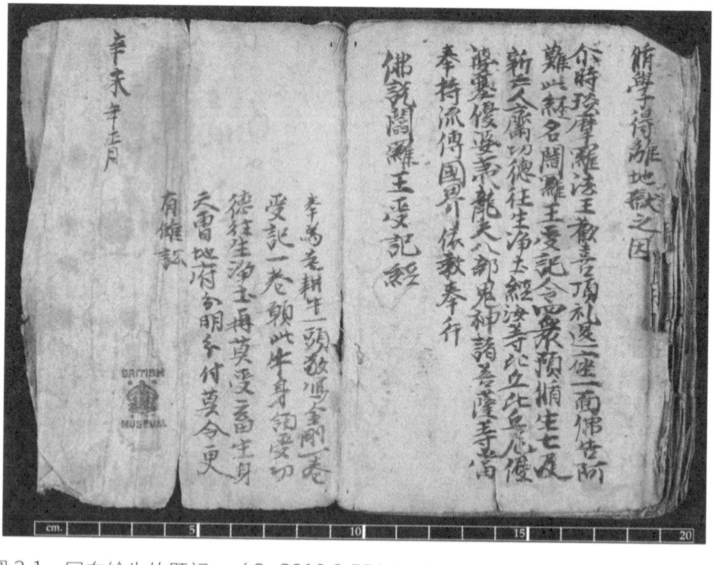

圖 3-1　回向給牛的題記。（Or 8210 S 5544，© Trustees of the British Library）

奉為老耕牛一頭，敬寫《金剛》一卷，受記一卷。願此牛身領受功德，往生淨土，再莫受畜生身。天曹地府，分明分付，莫令更有讎訟。辛未年正月。[49]

這一段以及前文所述題記分別表達了農民和中層官員的願望。假如我們看一下世俗文獻，就會發現各色人等，無論是高逸之士、皇室妃嬪、還是帝王，都企望通過抄寫佛經來作功德。[50]

總而言之，在各類佛教和世俗文獻以及中古寫本中，有大量證據表明，抄寫佛經作功德的觀念自中古時期起風靡全國，千百年來促使無數善男信女伏案寫經，上至王公貴族，下至平民百姓。但是，人們抄寫、誦讀、收藏佛典的目的各不相同，對待佛經的態度也各有差異。

佛經的文本崇拜

前文對佛教與書籍的討論圍繞在人們相信閱覽、誦讀、抄寫和刻印經書都能帶來功德。在更宏觀的層面上，這種對經典的態度反映了第一章所談的佛教「靈力觀」，即作為佛教物品的經書也具有神力。中古以來，佛教文獻中有大量關於佛經的神異故事，比如經卷幫人禳災、避邪、刀下脫身、放奇光異彩等等。

某些經典不僅蘊藏著無上的智慧，還擁有超自然的力量，這種觀念在上古時期並沒有如此顯著。雖然在當時經典也是神聖之物，但這種對典籍的推崇，比如孔子對《詩經》或先聖所作經典的推崇，並不包含書籍乃有靈之物的概念。[51]公元後的前數百年，當僧尼和在家眾不遺餘力地宣揚有關佛經的靈異故事時，道教徒也竭力稱讚道教經典的神力。有時，道教徒也跟佛教徒一樣勸化信眾接觸經典之前要先焚香和齋戒清淨。[52]不過，道教的這種觀念是受了佛教影響還是自身獨立發展的結果尚無定論。

對書籍神力的信仰並不全然是因為裡面寫有聖言。[53]六世紀時的著名學者顏之推既博通經籍又虔信佛教，似因深受佛教影響，出於對聖賢的敬重，「故紙有《五經》詞義及賢達姓名，不敢穢用也。」[54]但這似乎也只是一種對書籍內容和著書者相對柔和的敬重姿態，不是怕受到冥罰才不敢褻瀆寫有聖人之言的片紙。一些佛教故事則宣稱：輕瀆佛經會遭到惡報——某婦人用寫有經文的繒帛製衣，穿上則皮膚焦灼；某男子因焚毀佛經而慘遭橫死。[55]

正因具有靈力並能引發神異，因此不管在印度還是中國，佛經都被當作聖物供奉。寫於六世紀的《洛陽伽藍記》在描述號稱天下第一寺的白馬寺藏經時，就著眼於佛經本身：

寺上經函，至今猶存。常燒香供養之，經函時放光明，耀於堂宇。是以道俗禮敬之，如仰真容。[56]

此種佛經崇拜心理也表現於佛經抄寫過程中。許多資料都記載了古人如何在抄經前焚香、沐浴更衣，甚至持齋之後才開始這項莊重之舉。[57]這已超出對抄寫本身準確性的關心，或者說超出了對經文的抽象性「尊重」，實際上已經成為對經典的崇拜，而將儀式的重要性賦在抄經之舉之上。正如太史文所言，「中古時，製書本身就是一種宗教儀式」。[58]總而言之，僧人下筆抄經，如《法華經》，他需要以如同對待法事一般的審慎態度去進行抄寫；而信徒從寺院經閣請出經典時，也知道這些經典具有直接的、具體的、不可思議的法力。

最能反映抄經神聖性的就是以自己血液來抄寫佛經的實踐。明朝高僧憨山德清即留下了相關的紀錄。他在自傳中記述了自己血書煌煌鉅著《華嚴經》的經歷：

予三十二歲。春，自雁門歸。因思父母罔極之恩，且念於法多障，因見南岳思大師發願文，遂發心刺血泥金，寫《大方廣佛華嚴經》一部。上結般若勝緣，下酬罔極之恩。[59]

德清此舉獲得當朝皇后的大力贊助，所需金葉均為賞賜。以刺血泥金的方式來抄經，德清此舉融合了兩大悠久的抄經傳統。自傳中提及早在六世紀，就有慧思大師發願以墨合金書寫《般若經》，雖所費不貲，但後世信徒不吝仿效。[60]同樣，刺血寫經的傳統也源遠流長，為其理由可見於《梵網經》與《大方廣佛華嚴經》，而《梵網經》則是五世紀撰於中土的經典。[61]

刺血寫經之舉不絕於中國的佛教史傳。僧尼大多刺指舌出血，融入墨與水。[62]此風也行於在家眾，目的常常是為亡親薦福。現存九〇六年的血書《金剛經》，乃八十三歲老翁刺血和墨書寫成。[63]與其他形式的抄經一樣，血書也部分是為了製造功德。值得注意的是題記中的功德回向，曰：「國土安寧，法輪常轉，以死寫之，乞早過世，餘無所願。」此人在另一篇又曰「一無所願，本性實空，無有願樂。」[64]顯然，此人奉行的是《金剛經》中四大皆空的教導以至於否定功德本身的終極性存在，不過他表面上的否定，背後也許還藏有對功德的一絲餘冀。

諸如上述，出現供奉血書經典並不足為奇：假如用普通的墨書寫《金剛經》都有法力，那以血代墨當更殊勝。[65]此外，還有一種類似的誦經法——特別是《華嚴經》的念誦——每讀一字，就頂禮膜拜一次。此類修行方式將功德觀念與崇奉合為一體。佛經之所以值得供奉，原因之一是佛經被認為是功德之源泉，因此，獲得功德的方法是供奉，而非解說經文。

佛教對典籍的貶抑

也有部分僧俗對包括佛經在內的書籍肆加毀謗，這與敬奉佛經以至毀身供養的做法大相徑庭。在尊崇書籍的中國文化中產生強烈質疑書籍的逆流並不足為奇，最能代表這種質疑的可能是《老子》。據傳統的說法，老子除非不得已不會允許他人記錄自己的言辭。《道德經》反復強調言辭不足以明道的道理，例如其經文劈頭便說：「道可道，非常道。」

時至晚唐，禪宗更是發揚了對文字的質疑。據史傳記載，出於對文字的厭惡，禪宗僧人焚毀佛經，即使連最受尊崇的佛經也不放過。比如，九世紀的釋智閑為回應其師問難，遍索典籍無果，憤而將自己所有藏書付之一炬。有人乞書，智閒法師拒絕道：「我一生來被他帶累，汝更要之，奚為？」於是「並不與之，一時爇矣。」[66]焚毀經書的行為在佛教信徒中並不常見，對佛典的流通量也沒有明顯的影響。然而，這種對經典的態度卻也深深影響了佛教作家，至少他們在表面上都表示同意佛經無法完全表達佛法的精髓。

技術

佛經迅速且大規模的傳播有多方面的原因，除了人們對佛經中的教義、圖像和語言的關注外，還因為人們相信佛經能夠帶來功德且具有靈力。自五世紀伊始，人們對佛教作品的興趣激增，加上持續從印度湧入新的佛經，使得佛經書籍大量地產生。雖然這種熱情對虔誠的佛教徒來說是極大的好事，但也有人對佛經的流行感到不滿。面對當時不斷膨脹的佛經產業，七世紀的《隋書．經籍志》便強烈指責佛經的大肆蔓延，並將這種結果歸咎於前朝的大力推動。[67]

> 開皇元年（五八一），高祖（即隋文帝）普詔天下：任聽出家，仍令計口出錢，營造經像。而京師及并州、相州、洛州等諸大都邑之處，並官寫一切經，置於寺內；而又別寫，藏於祕閣。天下之人，從風而靡，競相景慕，民間佛經，多於六經數十百倍。[68]

關於佛經多於六經「數十百倍」的記述，乍看似乎純屬誇大，但考慮到隋文帝只不過是下令抄寫佛典的許多皇帝之一，這數目還是很有可能。更何況，由朝廷出資襄贊抄寫的佛經之數遠遠不及民間私人的抄經之數。[69]因此，官方與民間的佛經寫本加起來的數目足以使其他任何漢文典籍相形見絀。而面對如此龐大的佛經需求，所有的媒介和新型技術都被用來達成此任。

在過去的幾個世紀裡，用於製造佛典的紙張不計其數。早在漢朝，官方的藏書閣就已收入佛典。[70]從形形色色的引文中我們也可獲悉，中古時期私人藏書家收藏的佛經寫本數量也同樣可觀。[71]大型寺院更是積累大量寫經，至唐朝年間，有幾家寺院的藏書量堪比朝廷最大的藏書閣。偶然發現於敦煌的寺院藏經錄，讓我們對當時寺院巨大的藏書量有了一定的了解。這些目錄羅列了不計其數的經名，而這些經書原本都藏於敦煌幾家寺院的藏經閣內。由此推斷，當時京城和其他城市的寺院以及中古時期遍布於九州大地的富裕寺院，它們藏經閣中的藏經量即使不比敦煌多，也至少是旗鼓相當。[72]

可估計的書籍數目令人愕然，這在某種程度上透露出那幾個世紀中龐大的佛經產業使得原材料的需求量也水漲船高。《高僧傳》中講述一位僧人因其所著關於清規戒律的書十分走俏，一時間無數僧尼「披習競相傳寫」，「都人繕寫紙貴如玉」。[73]類似記述又見於六朝時一段批評佛教的諫言中，建議朝廷禁止抄經，說這樣方能使「筆紙不為之貴」。[74]雖然這些記載皆反映時人抄寫佛經的用紙量之大，使得「紙貴如玉」，但這種需求反過來也促使時人對造紙技術進行改良和合理化，使得紙的價格下降並更容易獲得。事實上，紙在中國得以廣泛應用的原因不僅在於它比其他材料更易於書寫，也由於它更便宜的價格。[75]

儘管提倡節儉的大臣不斷諫言，皇帝依然大肆購置紙張抄寫或譯介新經。[76]此外，也有百姓為抄經書不斷買紙的軼事。[77]現今發現於敦煌的佛教文獻，幾乎都為紙稿（這些紙通常由桑麻製成）。世界上現存最早的完整紙質書稿（寫於二五六年）是一部名為《譬喻經》的佛典。[78]總之，因複製佛經而產生的對紙張的需求促使紙張逐漸取代了木牘、竹簡和絲帛，最終成為中國書籍的標準材質。[79]究其根由，這種需求一定程度上仍歸因於抄經能獲得功德這一觀念。

值得玩味的是，佛典本源於印度這個無紙張的國家，在中國卻促進紙張的傳播。同樣有趣的是，印度人雖然是從中國引入了造紙技術（跟世界上其他地區一樣），但將紙張裝訂成冊的原型卻始自印度，因為它源於將單張棕櫚葉集結成冊的做法。[80]唐代時，離印度僧眾將棕櫚葉書冊帶入中國已有數百年，因此中國僧眾們將這種裝訂方式應用於紙張也就不足為奇。

在中國，相比於傳統的卷軸，這種新型的書籍樣式有多重優點。不僅幾部單獨的著作可以裝訂一起，更重要的是，當開始使用頁碼標注時，在由紙張裝訂成的書籍中查找隱沒的參考段落時更容易定位。在宋代裝訂成冊的書籍和卷軸都很常見，但不需像卷軸那樣展開並重新捲起的成冊書籍獲得當時文人（如歐陽修等）的好評。[81]

在探討為何佛教僧眾會對中國的書籍裝訂有這一貢獻時，得出了一些頗有意思的答案。在討論西方一世紀曾有過的類似發展時（如書籍從卷軸到小冊子或典冊的變化），哈利・甘布爾（Harry Gamble）曾指出，無論是類似易於檢索這樣的實際便利還是略低的成本（因為紙張正反面皆可書寫），裝訂成冊的書籍這些優點對一世紀時的讀者而言感受並不深。事實上，紙張裝訂成冊的成本一開始是比較高的，而且在頁碼編寫普及之前，跟卷軸相比，書本在文獻考據方面也無多少優勢可言。除了這些實際上的考量，裝訂成冊也與長期建立起來的傳統相悖。故而，西方書籍史的變革來自於基督教這項嶄新社會運動的刺激——這一結論就顯得合情合理。早期的基督徒為顯示與當時羅馬和猶太傳統的區別，有意將保羅的書信裝訂成冊，這樣裝訂起來的書本就成了基督教著述的標準樣式。[82]回到有關中國書籍的問題上來，不只是因為較之非佛教徒而言，中國的文學傳統對僧眾的束縛相對較小，還因為這些僧眾可以利用和吸收他們所尊崇的印度傳統。最初，他們將譯介而來的漢文佛典按照印度棕櫚葉原本的樣式進行裝訂，並使這種裝訂模式成為佛典的獨特樣式。換言之，早期的佛經持有者除了通過佛經特殊的文本用詞、文學體裁和內容等方面外，甚至還憑藉佛經的外表、手感和翻頁的方式來感受它們與普通書籍的不同之處。

回顧前面的論述，隨著製書技術的提高，製書成本變得相對低廉，再加上書本使用上的便利性，書寫媒介從絹本簡牘過渡到紙本似乎顯得自然且合乎情理。但實際上，這些優勢並未大到能夠促使這種變革必然發生。若沒有大量抄寫佛經這一源源不斷的需求刺激，也不足以產生催動此次全新變革的驅動力。

類似的驅動力也推動了中國印刷術的產生。上古時期的中國曾運用諸多方法以達到複製的目的，包括林林總總的印章和石碑刻印。這些技術都為印刷術的出現奠定基礎。然而，即使印刷術的基本形式都已具備，若寫卷還能基本滿足讀者的需求，那麼用以大量刊印的新技術依然是可有可無的，除非確實有大量印刷的需求促成這種應用。[83] 佛教的功德觀念正好起了這種刺激作用。值得注意的是，大多數中國佛教供養者並不認為印刷大量經書的行為減損了功德；恰恰相反，印得愈多，所造的功德也就愈大。因此，如果短時間內就能印出成百上千的《金剛經》，而且成本還比手抄的要低，人們當然會傾向使用印刷術。[84]

正如紙的發展一樣，印刷術的崛起並不是偶然的結果。它的出現是一個漫長的過程，一方面是因為技術的進步，另一方面也歸功於文化對印刷理念的適應和熟悉，因而最早的印刷術並不能追溯到個別發明家。一旦我們認識到印刷術是在長期發展中產生的，那麼它的誕生與佛教之間的關係也就變得清晰起來。現存世界上最早的印刷文本是一幅八世紀發現於韓國的中國木雕版印的佛教護身符。而現存最早並保存完整的印刷書籍是一本八六八年的《金剛經》，此書內還保留有最早的木版畫插圖。此外，現存最早的手工上色印刷品則是九四七年的一幅觀音菩薩像。[85]諸如此類，在漫長的中國印刷術史上，幾乎所有的「最早」或「第一」都與佛教有關。那些重要且容易被複製的早期印刷本佛經，正印證了佛教在印刷術發展之初起了重要作用。

有意思的是，歷史上記載的大規模印刷工程都是為了刊印佛經，其中最為人熟知的當屬錢弘俶出資籌辦的計畫。錢弘俶是中國東部一個短命王朝吳越國的太子，曾於十世紀中葉斥資印了八萬四千卷《寶篋印陀羅尼經》。[86]大約同時，高僧延壽禪師也負責監印了逾四十萬份的佛經、護身符和畫像。[87]這兩項工程不僅需要大量勞力，還需培訓大量精於雕刻和印刷的能工巧匠，耗資巨大。

這些項目都為宋朝大規模的刊印工程奠定基礎。宋朝最具規模的刊印工程依舊是佛經的刊印，最為人熟知的當屬五次《大藏經》的刊印。據十一世紀的記載，僅第一次雕印就耗掉了十三萬塊木料，由此可見其工程之浩大。[88]若是某節特定經文的雕版壞了，一些個人和團體就會主動勸募重刻。不難預料，現存記述有關重雕刻版的題記中，功德又是一大主題。[89]當然，皇帝願斥資大量刊印佛經的動機複雜多樣，不可一概而論（有時是為了樹立朝廷的威信並確立正統），但通過支持刊印佛經能為來世積德積福的信仰也起了很大的作用。秦始皇將成千上萬的兵馬俑作為陪葬或是希望藉此成為來世的征服者。和他類似，後來的帝王們為確保自己在來世也能獲得顯貴地位，紛紛投身到規模空前的製造功德活動中。

不過，沒有人能草下結論說：如果沒有佛教影響中國的製書業，就不能完成從手書的竹簡到印刷本的飛躍。但至少我們可以得出一個較穩妥的結論，那就是就算最終能達成這樣的飛躍，假若沒有佛教功德觀念對芸芸眾生產生的深刻影響力，這個飛躍的過程也不會那麼快捷順利。雖然虔誠的佛教供養人對印刷本熱烈歡迎，但是一些備受尊崇的宋代大學者，如蘇軾和朱熹，就對印刷術的廣泛使用頗有微詞。因為隨著印刷本的普及，書籍失去了原有的崇高地位。書籍對年輕學者來說唾手可得，其內容也就不再受到重視，這種態度與他們的前輩迥然不同。[90]但是佛教徒對製書傳統改變的態度就開明多了，因為他們深信佛經印刷愈多、傳播愈廣，參與者能獲得的功德也就愈多。

但印刷術的發達並不表示所有的僧眾和在家眾就徹底摒棄原有的寫經傳統，而一致贊同刊印經書就是營福的捷徑。前文提過明代高僧德清曾刺血抄經，而他所生活的年代正是印刷術純熟的時代。事實上，他也曾為一部付梓刊印的佛典做過對校。[91]對他們而言，功德的運作並非那樣的機械化，不然他們早已選擇刊印而非手抄的方式了，而血寫本也就會變得非常罕見了。在業力說中，誠心與虔敬和純粹的數量一樣重要。也許正因為功德說有一定的靈活性，使得這些實踐並沒有因為技術的發展而徹底消失，何況這一技術的產生本身還得益於功德之說。

警示與思辨

跟將書本與崇高、功德、神奇聯繫在一起的言論相反，禪宗記載中禪僧對書籍多持否定態度，這與筆者到目前為止著重探討的普遍心態大相徑庭。那麼，禪宗對書籍的批判態度在總體上有何影響呢？那些有關得道高僧在問道過程中將書籍付之一炬的故事，看似無稽之談，卻也反映出他們持有嚴格的認知層面上的懷疑主義，且明確認識到語言本身的諸多不足。禪宗故事裡所述的焚經行為，其背後隱含的哲學思想在佛經和《老子》、《莊子》等古典著作中盛行已久。很多時候我們無法確定故事中記述的焚經行為是否真實，或者它們只是為了傳遞一種寓意性的警示，以提醒人們不要掉入語言的陷阱。若問一個較為實際庸俗的問題：芸芸眾生對佛經的一般態度如何？那麼我們只能說，禪宗所倡導的反教條主義思想對書籍製造的影響，就如同類似禪宗思想對佛像、文物和袈裟的影響一樣，是微不足道的。僧眾們依舊潛心著述、抄印經書，佛教徒也從未發起過任何大規模的焚經運動，而總是穩健地擴大佛經的影響力。綜上所述，當我們仔細查考那些有關人們抄印佛經的紀錄時，上文描繪的對法器和無量功德之源的虔敬景象就開始讓位於更為複雜的動機和心態。

並非所有寫經行為都旨在為過世的親眷或忠實勞作一生的耕牛祈求功德。也有為衣食而寫經。如唐代一位名叫王紹宗的人，勤學工書，因家境貧寒，「常傭力寫佛經以自給」。[92]另據一則唐代文獻記載，八世紀時，東都有一位雙手殘缺的乞丐，用腳寫經求人施捨。[93]敦煌一部《達磨論》寫本的結尾，附有寫經人所作詩一首：「寫書今日了，因何不送錢？誰家無賴漢，迴面不相看。」[94]敦煌文獻中載有一個毫無虔敬之心、純為利益寫經而受到懲罰的典型例子：一個叫安和子的人，受僱代人寫經，但他「手寫大乘，口常穢言不斷，皆是牽□翁婆祖父，羞恥耆年」。[95]這些例子都表明，巨大的寫經市場吸引了形形色色的人，甚至有時讓一些原本對經義毫無興趣的人成為專業「抄手」。僧人經常性地受僱為人寫經（功德歸雇主所有），這不可避免地讓寫經淪為形式，喪失其作為一種修行的神聖意涵。[96]

相比之下，並非所有人都帶著同樣的虔敬之心來看待佛教著作。佛教對書籍的態度帶來的影響也相對有限，這點可能有些出人意料。例如，道教在與佛教歷經數百年的融會交流之後，仍然堅持對一些「天啟」經文（revealed texts）的祕密傳播，而不是大規模、公開的宣傳。正如著名道士陶弘景（四五六－五三六）所言：「此當是道法應宣，而真妙不可廣布。」[97]直到如今，道觀仍然不像寺廟那樣公開派送經書。同樣的，即使在佛教對中國社會的影響已昭然可見之後，也沒有人會出於宗教性功德的原因而去抄寫儒家經典。大型官修叢書，如明代手抄本《永樂大典》或清代《四庫全書》出現，背後存在一連串動機，但佛教的功德觀念並不在其中。[98]

但是，通過生產與流通書籍能積累功德的觀念，確實被推廣到了民間宗教的著作之中，尤其是那些被稱作「善書」的作品中。自宋朝始，這類有關社會倫理道德的書籍被大量撰寫、抄錄、刊印、傳布，其中往往都帶有「善有善報，惡有惡報」的故事。儘管此類「善書」中普遍包含佛教因素，但是並不屬於佛教著作，當然也不可能達到能被納入佛典的程度。這類書到今天仍然常見，一般是在公共場合免費送給讀者。對藉此獲得功德的信仰是生產製作「善書」的動機之一。例如，宋代人物真德秀曾刊印過最早出現的善書之一《太上感應篇》，他希望由此積累的功德可以在科舉考試中為自己帶來好運。[99]從帝制晚期直到現在，一直都存在由個人出面為自己、父母或者他人求福德而刊印「善書」的情形。[100]

佛教對待書籍的傳統可能帶來另一衍生物；在帝制晚期的中國，很多人都對一種流行的觀念深信不疑，即凡是帶著字的紙，都擁有超自然的力量。直到今天，仍有為數不少的中國人記得父母的警告——不要踩在字紙上，以免招致噩運。還有人相信，在街道上撿拾任何帶字的紙片就可以積累福報。佛教對待經典的態度多少對這一觀念的形成與發展起了一定的作用。[101]

總之，除了警世勸善以外，佛教不但在中世紀的中國書史上發揮顯著作用，也持續影響著中國書籍的發展——無論是「善書」的大規模印製，還是在更為切近的當今紙質及數位佛教書籍的生產和製作。[102]

第二節　寺院

中國物質文化中的佛寺

常見於鄉間且醒目於城市地圖之上，佛教寺院在中國的景觀中是一種固定性的存在。在當代中國，佛寺也如遍布歐洲的大小教堂一樣，隨處可見。很難界定到底什麼構成了寺院，是一棟單獨的建築，還是一處集合型的大宅院？是具有修繕良好的建築結構才叫寺院，還是即便在舊地基上豎著幾堵破牆也可算在內？正因為如此，很難得到有關中國佛寺數量的統計數字，但是據估測，僅北京就有超過四百座佛寺。這讓我們對全中國寺院數目之龐大，可以有一個大致的概念。[103]中國寺院多為木製而非石製，因此易毀於火災或人為破壞，而且歷代備受迫害並在二十世紀時普遍受到忽視，但它們卻仍然矗立在中國的風景之中。寺院除了作為僧尼的居所（這也是寺院的定義）之外，現代寺院也是旅遊景點，且是修行、經濟以及社會活動的中心。不過，這些功能都不是新出現的。

中國最早的佛寺可能是在一世紀時，隨著最早的異域僧人聚居區的出現及擴大，由民居改建而成。寺院在接下來的世紀裡隨著佛教勢力的增強不斷擴張，其擴張的程度很難被確切計量，但是到了五世紀及六世紀時，佛教寺院已然成為尋常之景，開始在中國建築及城市規劃中發揮舉足輕重的作用。[104]

據一位現代學者估量，六世紀北魏都城的寺院數量很可能遠超過一千所。[105]《洛陽伽藍記》是一本專門記載魏都洛陽大小佛寺的書，也是我們理解佛教寺院在中國社會中之地位的較佳出發點。該書同時還是中國歷史及文學名著，它一方面揭示寺院在中國社會中的多重角色，另一方面也展現至六世紀時（也就是該書的寫作時間），寺院已經成為中國物質文化的重要組成部分。《洛陽伽藍記》成書於盛極一時的都城洛陽毀於兵燹之後。從其書名來看，人們會誤以為這是一位虔誠信徒的向佛之作，但實際上該書記錄了一位官員對過去紛繁浮華城市生活的追慕。

作者楊衒之在書中以洛陽的城區為序，描述曾於熙熙攘攘的洛陽城中巍峨聳立的各大名寺；記錄了各種民俗、歷史以及與各寺院相關的流言傳聞。他描寫了發生在洛陽名剎圍牆之內林林總總的人與事，諸如被囚禁在佛塔裡的皇帝，祭祀亡人的奢華供品，佛寺裡貴婦的佛教教育、強暴和打劫案、流行的遊戲、魔術表演、舞蹈、唱歌以及長時間打坐禪修的僧人。把這些記錄城市歷史的碎屑拼在一起，現代讀者可以看到寺院在中世紀中國社會生活裡的作用——寺院自始就不僅是僧人虔修也是在家眾虔修的場所，不但是佛教儀式也是世俗娛樂所在之地。

楊衒之甚至在上述包羅極廣的話題之外，不時從寺院這一主題上蕩開筆觸，洋洋灑灑地記錄政治背後的陰謀、宮廷雅集上的機敏談吐，也會饒有興味地描寫罕見的魚類、甜潤的水果、明淨的湖泊。這一切讓冀望從該書中搜尋到有關寺院生活及佛教義理趨向的佛教史研究者徒勞無功地鬱悶難言，但《洛陽伽藍記》的確給我們上了佛寺在中國物質文化中所起作用的重要一課。對楊衒之而言，寺院是記憶的寶庫，聯結著過去發生的不尋常之事。比如，一個寺院的名字可以喚起對賊寇縱兵大掠事件的回憶，寺中原本應與世隔絕的女尼被外虜凌辱；而另一座寺院，則把記憶帶回到一名凶殘的叛軍領袖把人馬駐紮於寺內之時。在更為日常的意義上，對作者而言，特定的寺院聯繫著特殊種類的樹木以及洛陽的特定街區。在序言中，楊衒之悲嘆那些他自少年時期起即熟知的寺院已經毀於一旦：「今日寮廓，鐘聲罕聞。」[106] 對他來說，佛寺鐘聲既是對修行的召喚，也是城市生活韻律的一部分。簡言之，寺院聯繫著種種景物、氣味、聲音，無論它們是否能被我們視為佛教事物。在前現代的中國，很少有別的建築能夠在公眾生活中如此高度地融入社會之中。

在本節中，筆者不多言寺院在物質文化中所起的社會功能，而把焦點放在那些讓寺院得以建立，後又資助其維修及翻新的諸項因素之上。這並非易事，它涉及砍伐及運輸木料、召募匠人、監工及付款諸多雜務。儘管一些僧人能夠得到家庭的資助，但絕大部分建造及修繕寺院的資金來自僧眾以外的施主布施。僧尼能夠在中國一直存在，實仰賴他們從慈悲為懷的施主們定期募集大額資金的能力。與佛教類書籍的生產與製作類似，人們因為各式各樣的原因建廟，包括宣傳佛教、支持僧眾，以及求取地方社會的尊敬等等。在決定捐贈修建一座寺院必需的巨額金錢及人力的形形色色原因之中，最重要的是修廟積福這樣一種信念。

佛寺：功德之源

「佛寺乃功德之源」這一信條可以一直追溯至早期佛經。之前提到過佛陀開示七種能帶來功德的善舉，其中前兩種就是建造並莊嚴寺院。[107]從古代印度至中國早期及以後時代裡關於寺院建築的描述中，功德一直是人們進行這些工程的堅實理由。

天主教也有類似的理念，對二者稍加比較有助於我們展開討論。在歐洲，贖罪券是由教皇授予的一種豁免憑證，可替持有者減免煉獄之苦。售賣贖罪券所得款項用以建造大教堂，十五世紀末羅馬聖彼得大教堂即為其中最著名的例子。年輕的馬丁·路德因激憤於這種做法而與教會決裂，並因此意外地引發了宗教改革。[108]聖彼得大教堂的建造和馬丁．路德呼籲宗教改革並不僅只與贖罪券所本的神學理論有關，正如建造佛寺不只涉及功德觀念，還牽涉到經濟、政治，甚至與物質文化也存在一些模糊的關聯。在這樣的情況下，天主教和佛教這兩種傳統都體認到——努力找到複雜但具有說服力的教義來支持興建宗教建築是十分重要的。但是這種「教義支持」也成了抨擊者及支持的信徒們爭論的焦點。在佛教中，我們看到此類教義可以跨越地域（我們從印度追蹤到中國）、時間（我們從中國早期一直追蹤到晚近時期）而普遍適用，且其提供支持的效力尤其顯著。自始至終，佛教物質文化以佛寺為中心，而佛寺又依賴功德觀念而存在。

印度背景

在一些關於早期佛寺建造的傳說中，不經意間就可窺見功德觀念的蹤跡。據說最早的佛寺用地是由頻婆娑羅王（Bimbisāra）在佛陀證悟後不久所捐贈。據《彌沙塞律》記載，當頻婆娑羅王捐獻王舍城附近的竹林精舍（Veṇuvana）時，「佛言：『可以施僧其福益多。』王復白佛：『願垂納受。』佛言：『但以施僧，我在僧中。』王便受教，以施四方僧。」[109]自始至終，捐獻佛寺除了與僧眾的福祉和弘揚佛教有關外，同時也與國君因此得到的抽象意義上的福報有關。

《四分律》的紀錄則稍異。佛陀向國王解釋說，竹園和其中的供物僅歸佛陀，眾僧或他人不得共享，正如舍利塔只供奉佛陀的舍利一樣。[110] 兩種版本的不同也許反映了不同部派間對佛陀在佛教中地位的不同教義：在《彌沙塞律》中，獻給佛陀的供物必須也同時歸整個僧伽團體所有，才能獲得一定的功德；而《四分律》中，獻給佛陀的供物比獻給僧伽的供物更為殊勝。[111]

就理解功德觀念對佛寺建造的重要性而言，這一分歧的關鍵在於兩派都不遺餘力向信眾保證捐建佛寺用地能積聚功德。第一種觀點認為，即使佛陀早已涅槃，人們仍能通過向僧眾布施來獲得功德，因為佛陀也曾經是僧團的一員。第二種觀點的要旨在於，即使在佛陀涅槃之後，在某種意義上他仍與佛寺同在，因此向任何佛教僧團捐建佛寺都等同於奉祀佛陀本尊。[112]

給孤獨長者（Anāthapiṇḍada）從祇陀王子處購得祇園並將其獻給佛陀及其弟子，這也許是最著名的一次捐獻建廟用地事件。據《四分律》的版本，給孤獨長者在行經祇陀王子的園林時，即刻認定那是一處建造廟宇的寶地。他請求祇陀王子出讓該園，王子卻有意作梗，暗示此園乃無價之寶，除非他能以金子鋪滿園地。出乎王子意料，給孤獨長者並未退縮，憑藉雄厚的財力，他真的開始用金子鋪地。快鋪滿的時候，王子終於領悟到「此非是常人，亦非常福田」，於是勸止了給孤獨長者，並用自己的金子鋪完剩下的最後一塊空地。[113]正如上文提到的，「福田」最常用來譬喻功德，正如播種後會有豐收，如果種下善因（比如為僧伽捐建寺院用地），之後也必得善果。這個故事中，祇陀王子敏銳地認識到捐獻園林是一個獲得無量功德的良機，如果錯過這個機會就太過愚蠢了。

試圖從這類傳說中還原事實的真相，並以此解釋佛陀生平事蹟，恐怕相當困難，因為我們可能永遠也得不到與佛教第一座寺院有關的可靠資訊。然而，我們或許可以了解此類傳說得到廣泛傳播的原因。編寫佛經（也包括我們在前面探討的傳說故事）的僧人需要大面積的田地來維持生計，而這些田地只有富有的施主，例如統治者頻婆娑羅王、祇陀王子或商人給孤獨長者，才有能力協助。在現世，僧眾們也許無以為報，但是在因果業力說和功德說的體系下，來世他們必能豐厚地酬謝這些慷慨的施主。為了確保所有潛在的施主都知悉這種回饋機制，僧眾們不遺餘力宣講捐獻給佛陀本尊建廟土地的故事。在這些故事中，佛陀清楚明白地宣示，布施者將獲得無量功德，蔭庇其未來的無數次轉世。

金石資料顯示，這些為獲得在家眾大力援助的努力成效顯著。比如，據印度一處碑銘記載，統治者提婆帕羅提婆（Devapāladeva）頒布文書，令五個村莊共同負擔那瀾陀一座佛寺的日常修繕事宜。他寫道：「我們撥出這些村莊之功德回向父母及本人。」[114]此處我們發現的是歷史上與佛教傳說中的頻婆娑羅王相似的一位真實統治者。而在另一則歷史故事中，我們也遇見了一位給孤獨長者式的人物。大約四世紀時一份源自納加爾朱納康達（Nāgārjunikoṇḍa）的銘文記載，一位女信徒菩提斯利（Bodhisri）願遺贈一座佛寺，將功德回向給自己的家人，同時也「願僧眾及一切法界享受無盡福祉和快樂。」[115]簡言之，佛教宣揚捐建寺院乃功德之舉卓有成效。這些早期佛教宣傳的成果甚至遠屆中土——在中國的碑銘中，人們為佛寺捐獻用地或者出資修葺的事蹟，總是被拿來與給孤獨長者捐獻祇園的故事相提並論。

功德觀念與中國佛寺

很多中國的佛寺是由饒富資財之人捐獻給僧眾的宅邸改造而來，這在某種程度上也解釋了為何中國的佛寺以中式建築風格為主。因為其中的主要建築原為民宅，因此也就不可能徹底改建成風格迥異的印度式佛寺。很顯然，只有富有之人才有能力把整座宅邸捐贈給僧眾，而要維持一座佛寺，常常必須捐贈大片耕地。

再讀《洛陽伽藍記》中的記載，不難發現因觸動心懷而做出類似規模捐贈的人士。據這本六世紀的著作記載，有時候太監、各部署高官、不明身分的「異域人士」、將軍、貴族、皇帝，甚至在一例中是兩名富裕的屠戶，都曾捨宅為寺。雖然很多時候作者並沒有羅列他們捐獻的理由，但凡有記載，十之八九都與功德有關。秦太上君寺為六世紀初宣武靈皇后所建，「為母追福，因以名焉」。[116]還有一些寺院，則是為皇帝和皇子的先考追福而建的。

上文提到有一佛寺為屠戶捐建，這個例子說明修寺院的功德除了能為先人追福，也可減輕自己造孽帶來的報應。據記載，一位叫劉胡的人和他的三個兄弟都是禮部尚書的長隨並從事商業屠宰，一日他們聽到即將被宰殺的豬以人聲乞命，兄弟四人為求「闔家人入道」，捨宅為歸覺寺。[117]另外一則軼事說有婦人梁氏，夫死不治喪而嫁。其夫亡靈現身斥責，婦人惶懼並捨宅為寺。[118]要查考這些軼事的真實性已不可能。劉姓屠戶是否真的為減輕殺生罪孽而建寺，是否真有梁氏婦人為安撫先夫的魂靈而捨宅為寺，還是這些故事是佛寺傳說不斷被炮製的產物？一切均不可考。但是，這樣的軼事至少讓我們看到向寺院饋贈房舍與田地，被視作改變自己命運的有力武器，無論自身或親眷過去造了多大罪孽，皆可以金錢償付。

在後來的朝代裡，皇帝及皇族人員繼續為追福亡人而建造大型寺院。唐太宗為亡母建寺並將功德回向給母親是一個引人矚目的例子。據說太宗自稱弱年失怙，未能事親，如今只有「庶憑景福，上資冥祐。」[119]唐朝另一位極為熱衷捐建佛寺的皇帝是唐德宗。據說他最初是因為三位宰相的諫言而對佛教發生興趣，這三位官員同為虔誠的佛教徒，為修廟事宜殫精竭慮。一次德宗問：「佛言報應，果為有無？」三人奏言：

國家運祚靈長，非宿植福業，何以致之！福業已定，雖時有小災，終不能為害，所以安、史悖逆方熾而皆有子禍；僕固懷恩稱兵內侮，出門病死；回紇、吐蕃大舉深入，不戰而退：此皆非人力所及，豈得言無報應也！[120]

從以上兩位唐代皇帝生平中截取的例子，很好地凸顯出佛教功德觀念中最吸引人的一個層面，即功德觀念不只包含可以把功德回向給特定個人，同時也包含了提供廣泛的庇護；不僅可以福蔭子孫，也可護庇王朝。除了帝王，沒有人能捐建占地面積廣闊的佛寺——特別是有的佛寺規模浩大，院舍鱗次櫛比，可容納成百上千的僧眾。直至宋朝，仍有關於人們「為積冥福」而捨宅建寺的記載。[121]不過，更常見的還是地方精英階層捐建佛寺的情況，而後所有成員都會因其貢獻而獲得功德。

修葺或重建破敗的寺院也可以積累功德。至少有一位宋代的作者認為維修一座舊寺可以獲得非同一般的功德，並在經卷中為自己的觀點找到依據；但是一般而言，供養人似乎並不認為捐建新寺與維修舊寺兩者之間存在任何差別。[122]但是，拋開功德不談，建造一座嶄新的寺院總是比修補一座破廟更振奮人心。與大規模重建寺院的做法互為表裡，這種價值觀形成中國佛寺受忽視——被破壞——又被重建的普遍模式。在中國，真正的古寺極其罕見，因為佛寺常因意外火災，偶爾也會由於政府迫害而破壞殆盡。還有一個同樣重要的原因是，僧人常常寧願任由寺院逐漸敗落至無可收拾的地步，然後發大願心去募集款項再從頭建起，也不願平時盡心盡力加以維護和整修。[123]每當重建佛寺或主要的修繕工作竣工，當地官員或文人就會託人重新撰寫寺志，詳細記述該工程的情況並附上施主之名。其後寺志會被勒於石碑之上，立於寺中供人瞻仰。在地方志、名家文集和碑帖錄中，我們能發現成千上萬條此類紀錄，它們既提供大量與佛寺歷史有關的資料，也呈現出當時施主的捐獻心態。[124]

虔誠的施主為積福德而捐建佛寺的例子，很容易被大量效仿。隨著佛教功德觀念深入人心，寺院遍及龐大帝國的每個角落，佛寺志也不時描繪出一幅佛教大獲全勝之景。一位宋代作家如此寫道：「自佛法入中國，而海內山水之勝率為浮屠氏有之。」他認為向寺院捐獻財物的盛行，部分原因在於僧眾的信譽，「浮屠氏之徒，其用財也，一髮不欺，以為欺則有報也。」[125]而其他人多將佛寺的興盛歸因於功德觀念深入廣泛的傳播，而非僧眾的信譽，因為「大則車金輦玉，總是善緣；小則披草抽氈，無非勝果。」[126]還有人警告，只有慈善才是治癒貪心的良藥。「故當世導師必破人愛欲之萌而起人喜捨之意，使人皆知『情田』、『福田』之說而內自得焉。」[127]憑藉建寺，佛教之福田被深耕密種，僧眾和施主俱可從中獲益。不過，雖然大多數虔誠信徒仍舊繼續宣講功德教義，並不斷頌揚樂善好施的人將會坐收福報，但是也有人對這種與物質聯繫過於密切、並常被教條式運用的教義表示疑慮。

功德觀念的抨擊者

七六七年，唐代一位頗有權勢的太監將自己的一處產業捐為寺院，「以資章敬太后冥福」，章太后即代宗皇帝之母。[128]代宗隨後也同意拆掉幾座宮中的房子以便給新寺提供建材。一位名叫高郢的耿直官員聞訊大怒，立刻上書勸諫：「先太后聖德，不必以一寺增輝；國家永圖，元寧以百姓為本。舍人就寺，何福之為！」在另一道奏摺中，高郢提及「古之明王」，即佛教傳入中國以前的古代明君，講述他們「積善以致福」的德政，[129]並於文末結語批評代宗之支持建寺，稱「以此望福，臣恐不然。」[130]這樣的批評來自佛教傳統之外，似乎是完全否定了佛教功德觀念。另有一些人則轉向佛教義理與實踐之間存在的表面上的矛盾之處。通曉佛經的文人目睹巍峨壯麗、粉飾一新、佛像林立的新寺院，不由得質疑這種做法是否與佛教「簡樸」和「四大皆空」的教義背道而馳。施捨木材、油漆和大片宅地是否真能確保獲得西天極樂？給付建造費用和捐贈地產究竟與覺悟之本質及「空」之真理又有什麼關係？

宋代趙汝談曾受邀為重修的一座寺院撰寫寺志（出資的施主以此項功德追薦亡妻）；在文章中，他對佛教與財富攪擾在一起感到不安。他說，不同於這類現實事務，他被引導相信「瞿曇之學，本以苦空寂嘿，離物觀心，以求所謂圓覺了義。」[131] 對他來說，此類崇高的義理似乎與僧眾、施主之流專注於建造佛堂與布施錢財的世俗事務以換取來世的福佑與好運相去甚遠。

諸如此類的憂慮隨著唐末宋初禪宗思想的興起而湧現出來。也正是在這一時期，菩提達磨傳說基本成型。根據傳說，當他與梁武帝相遇時：

帝問曰：「朕即位已來。造寺寫經度僧不可勝紀，有何功德？」師曰：「並無功德。」帝曰：「何以無功德？」師曰：「此但人天小果有漏之因，如影隨形，雖有非實。」帝曰：「如何是真功德？」答曰：「淨智妙圓，體自空寂。如是功德，不以世求。」[132]

我們對菩提達磨這位歷史人物所知甚少，但是基本上可以肯定，上面這段對話並不是歷史真實，很有可能是在晚唐時期被杜撰出來的。這則故事反映了禪宗倡導直接、不藉由任何行為

——不管是打坐、念經還是修廟積聚功德——來獲得的覺悟。我們已經看到，同樣的理論取向也對佛像造像和象徵性物品的合法性發起挑戰。作為與達磨祖師同時代的人，也作為中國第一位匡扶佛教的帝王施主，梁武帝出現在該傳說中有其理所當然之處。事實上，他建造了幾座佛寺，誓願將所獲功德（至少是其中一座廟的功德）回向先母。[133] 達磨祖師批判梁武帝的故事跟禪宗斫佛像、焚經卷的故事同樣振聾發聵，因為其攻擊的正是佛教最為珍視也最根本的教義。

到南朝時期，這個已被當作真人真事接受的傳說故事聞名遐邇，引發了不少焦慮，這些情況也被寺院相關資料記錄下來。比如，十三世紀的林希逸在《永隆寺重建記》中記述道：

昔達磨語梁，以造寺功德為小果，有漏之因。是蓋有所諷而言也。若皆以為可廢，則誤矣。吾閩僧寺最多，十數年來隳敗者半。有棄而不葺者，輒借達磨之說以相解。余嘗笑而憫之。[134]

對於虔誠的信徒而言，禪宗對捐建寺院這種保留態度，難以匹敵經卷中連篇累牘的頌揚捐建功德的經句，再加上傳統的強大力量——在一般人觀念中，地方望族給寺院捐贈被視作是值得尊敬的作為，不管是為了確認他們在地方上的地位，還是確保一個新近過世親人的福祉。

但對少數公開敵視佛教事業的人來說，佛教以操控功德觀念積累財富的做法不但荒謬，甚至惹人厭惡。作為宋代排佛最為激切者之一，歐陽修曾說過，在為建造事宜籌資時，佛教徒比道教徒更有優勢。

至其好大宮室以矜世人，則其為事同焉。然而佛能箝人情而鼓以禍福，人之趨者常眾而熾，老氏獨好言清淨遠大靈仙飛化之術，其事冥深不可質究，則常以淡泊無為為務。故凡佛氏之動搖興作為力甚易，而道家非遭人主之好尚不能獨興。135

歐陽修的看法自然有其偏頗之處，但同時也很敏銳地察覺到佛教教義在業報（禍福）和修建寺院之間建立緊密聯繫的重要性，而其他為修建書院和道觀等籌款的人並不具備類似的優勢。一位明代批評佛教的人士則更進一步，不僅對比丘們巧舌如簧鼓動信眾的能力感慨萬端，更把關注這種世俗之事看作是徹頭徹尾虛偽的標誌，所以他寫道：「夫佛固不足信。」

然亦必入山林，捐嗜欲，絕念慮，堅忍定靜，然後於所謂性者有見，而其教可明也。今崇以巨刹，贍以沃壤，日接乎嗜欲之途，欲其精修勤奉，以冀福利，則愚也甚矣！136

然而，針對功德這一理念的批評非常罕見，即使是對那些不遺餘力反佛人士亦是如此。在批評佛教的文章中，文人更願意關注與本體論和道德相關的哲學層面，抨擊僧人因自我修行和個人覺悟等自私念頭放棄對家庭和君王的社會責任。矛盾的是，佛教既強調社會責任（通過慈善及施主的無私來體現），同樣也強調一個棄欲絕俗的佛教理想，但也正因為如此佛教才能讓其寺院在中國社會根基牢固。

施主的處境

為興建和修繕寺院大量捐資的施主心理，比本書所談及的要複雜得多。除了對佛教的虔誠之外，這也是一種獲得名聲的方式——讓自己的名字得以被鐫刻在石碑上，並在當地寺院向公眾展示。以葬禮為例，不論其本人是否信奉佛教功德觀念，為紀念亡父或亡母而捐建的寺院是公開展示孝道及樂善好施的一種方式。家族常常通過那些並不需要具有百分百誠意的習俗來建立、維持聲望。中國佛寺正是在這種由聲望、慈善和微妙的社會關係組成的背景之下，在個人虔誠之心與社會義務盤根錯節中經歷自己的沉浮興衰。向寺院布施能滿足施主的諸多需要，從承擔社會責任、表達家人間的情感、減輕對死亡的恐懼等等，不一而足；這也就難怪除了少數特立獨行的人，極少有人質疑功德的觀念。畢竟，如果照此行事，就可能失去提升自己在地方社會中地位的機會，或者可能被說成吝嗇、甚至不肖的兒孫，還可能失去改變自己今生和來世命運的希望。正因這種種原因，禪宗對物質布施終極價值的憂慮以及歐陽修等人對功德觀念的攻擊，於中國佛寺穩健增長的數量沒有什麼顯著影響。每當有人呼籲為興建或修繕一座佛寺籌款，施主們通常都是熱情地出錢出力。因為這類的施捨所得的回報一方面很具體，同時又模糊到足夠回應多種不同的情感，如懺悔自己過去的行為、對最近過世的父母表達眷戀之情等。

第三節 橋梁

中國人在不同時代、不同地區於河流、山川以及隘口之上，修建了受人矚目、造型各異的橋梁。鑑於中國悠久的勞工組織歷史，以及積累實戰經驗所形成之無與倫比的傳統技藝，考慮到這些，中國橋梁建設之優異就不足為奇了。讓人略感意外的，是中國很多橋梁與佛教的義理與實踐之間存在著緊密的聯繫。至少從六世紀開始直到清末，中國僧人在橋梁的建造和修繕中扮演了重要角色。從更廣的層面來說，佛教功德觀念的普及是很多橋梁建設的關鍵因素，橋梁對帝國的交通、貿易和交流來說都至關重要。那麼，僧眾、橋梁和佛法三者間的關係又如何呢？

讓我們從一則篇幅較長、與六世紀河南一座大橋有關的造橋記說起。一方題為「武德于府君等義橋石像之碑」的大石碑立於五四九年，紀念一座僅以「義橋」聞名的大橋落成。[137]碑文對橋梁本身所談甚少，對從事橋梁工程及審美的學者（這也是現代中國橋梁研究的兩個主要關注點）來說此碑的用處不大。[138] 但這塊碑卻為我們了解地方社會從事公共設施建設提供了相當有趣的信息。以一位名叫于子建的將軍為首的一群地方官員，認為沁水上急需建造一座橋梁，並為之募集款項；而沁水河面寬闊，所費不貲。碑文的頭幾句讚美了該項工事，接著介紹武德郡的簡史、沁水以及造橋所費的功夫。結尾則列出長長一串施主的名單。

圖 3-2 〈武德於府君等義橋石像之碑〉拓片。
（中央研究院歷史語言研究所傅斯年圖書館所藏）

對佛教史來說，該碑有數處頗有意涵。首先，碑頂刻著一尊佛像，左右各有一人（很可能是菩薩）。下面就是碑文，起首用這類文章慣常使用的華麗辭藻描述佛教來華：

夫梵燈遐廓，長夜襲其明；慧教洞開，群迷啟其目。是以，神光未滅，感應於西胡；金儀雖謝，夢現於東漢。

最後一行使用了一個典故，即佛教最早出現在中國的傳說——漢明帝在夢中見到了佛陀。下面的文章中也包含一系列佛教術語，頌揚橋梁勝利完工猶如佛祖戰勝魔羅，而且特別說到當資助修橋的呼聲一起，「助福者比肩」。這一切都意味著參與到這項工事的人很可能對佛教教義相當熟悉，或者至少不反對與之有所關聯。

碑底有幾行文字提到建橋所需木料的來源，這更為確切地證明了佛教信徒與橋梁建設間的關係。茲錄文如下：

楊膺寺、金城寺、恒安寺、苟塚寺、朱營寺、管令寺諸師等見風燭以生悲，睹泡沫而興歎。遂乃落髮以湊玄門，抽簪而尋梵轍。嗟往還巨難，愍揭厲多辛。咸施材木構造橋梁。楊膺寺發善之源以為橋主。

此外，在石碑背面的施主名單中（有將近三百個名字），不少僧人的名字赫然列於其間。為何僧人會如此熱情地參與這項工事呢？為何一篇造橋碑志會提到佛陀，又是什麼原因使得這篇文章如此借重佛教語彙？

在佛教歷史上，很早就認為造橋是「福業」。例如，三世紀末翻譯成漢文的《福田經》寫道：

佛告天帝：「復有七法廣施，名曰福田，行者得福，即生梵天。何謂為七？一者，興立佛圖、僧房、堂閣；二者，園果、浴池、樹木清涼；三者，常施醫藥，療救眾病；四者，作牢堅船，濟度人民；五者，安設橋梁，過度羸弱；六者，近道作井，渴乏得飲；七者，造作圊廁，施便利處。是為七事得梵天福。」[139]

四世紀末譯成中文的《增一阿含經》也包含一份相似的單子（其為五事，而非七法），再次把造橋列為功德的重要來源。[140] 其他佛經，如大約五世紀初譯成漢文的《薩婆多毘尼毘婆沙》（*Sarvāstivādavinayavibhāṣā*），約六世紀（就是前面所討論的在沁水上造橋的前幾年）譯出的《正法念處經》，都頌揚造橋的美德，並堅稱造橋可以為參與其事的人帶來功德。[141] 簡言之，跟抄佛經、造佛像和建佛寺一樣，造橋也是功德的一大來源。流傳的幾種主要佛經充分證實了這一點，我們幾乎可以肯定，那些六世紀時在武德參與造橋的僧界翹楚們熟知這些佛經。[142]

不過，造橋在很多方面跟我們目前為止所看到的其他行為都不一樣。不同於佛像，橋梁不能供人膜拜；不同於佛經，橋梁對佛教教義傳播的作用微乎其微。跟捐款為寺院建房舍不同，橋梁未必能為僧眾帶來好處。用佛教術語來說，橋梁不能直接服務於三寶（佛、法、僧）。佛經孜孜不倦地倡導造橋，除了為個人積累功德外，其背後的驅動力純粹出於慈善——橋梁可以造福奔波路途的人，縮短他們的旅途、免除他們身涉險灘之危。[143]這與嚴格意義上的佛教關注點之間存在差距，但某種程度上，造橋積累功德的觀念促成了涵蓋僧人、地方官員和當地民眾在內的奇特「配置」（figuration）——各方參與造橋的理由不同，對佛教也都有各自的態度。這一「配置」為自六世紀開始直至二十世紀無數橋梁的修建提供了源源不斷的動力。

艾倫・特拉登堡（Alan Trachtenberg）在他關於物質文化研究的經典著作中強調，橋梁在美國從很早開始就是進步、現代化及人類征服自然的重要象徵。除了解決更為實際的交通、溝通問題，這些抽象的理念在美國橋梁史上也起了舉足輕重的作用。[144]在中國，橋梁則是慈善、悲憫和善政的象徵。當顯然有建造一座橋梁的需求之時，這些考量就在地方社會的各色人等——包括僧人、官員以及當地顯要——心中占據著重要地位。

宋代之前有關橋梁的資料很有限，但宋代至清代時期地方史之盛使得我們可以找到數以百計、千計的橋梁紀錄，其中都提到佛教僧人或者佛教思想。[145]這些記載揭示地方社會、官員的物質需求和佛教物質文化觀之間的關係，因而具有特別的價值。在探討佛教跟地方士紳、官員和橋梁的關係之前，我們先來看看在至少從六世紀起直至二十世紀的時間跨度內，促使很多僧人投入時間、精力和錢財來建造橋梁的種種因素。

僧人和橋梁

僧人和橋梁之間的關係可能始於六世紀之前，早於前述的那座建於六世紀的橋梁。但是，直到六世紀我們才有僧人參與造橋的文獻記載。六世紀僧人僧淵的傳記是記錄這兩者之間關係的最早文獻。據《續高僧傳》，僧淵用三根長八九尺、直徑約三尺的鐵墩造了一座大橋。[146]中古時期其他僧人的傳記中都沒有跟造橋有關的內容，但九世紀的兩則碑文中有僧人參與此類工事的記載。其中一則碑文是關於浙江一座建於八五〇年的大橋，大雲寺僧人常雅負責為該工事募款。[147]另一則與山西一座建於八六八年的大橋有關，咸通寺僧人普安為造橋募集到所需款項，碑文頌揚了他的事蹟。[148]

從這三個案例，我們已經能夠看出僧眾在造橋工事所發揮的兩個基本作用。首先，常常由懂得修建大型、經久耐用橋梁的僧人擔任技術專家。其次，僧人深諳募捐之道。自宋以降，我們能見到的有關造橋的資料愈來愈多；單就宋代福建地區，現代學者黃敏枝就收集了近百座有僧人參與的橋梁建造紀錄。[149]到了明清，有關橋梁的文獻數量更是迅速增長。在數以百計的明清方志中，隨便攤開一本都能找到有關僧眾造橋的記載。

很多類似記載只是簡略地提及某某僧人於某某年修建某橋，卻很少提供造橋的細節或僧人在其中承擔的具體角色。儘管如此，一些僧人曾參與過數十座，甚至上百座橋梁建造的事實，說明了在建造能夠經得起暴雨侵襲的大型橋梁方面，他們掌握並傳授相關的專業技術知識。[150]例如，宋代僧人普足（卒於一一〇一年）在泉州地區修建數十座橋梁，而十三世紀同樣活躍於泉州的僧人道詢一生修建的橋梁超過兩百座！[151]即使這些僧人在造橋過程中所發揮的具體作用不見於資料記載，但這些數字足以證明他們肯定把畢生經驗——從造橋的具體技術細節到勞力、材料和資金等等——傾注到橋梁建造之中。

事實上，大量文獻都記錄了以造橋專業才能著稱的僧人法號，[152]其中一些內容讓我們能夠了解這些僧人在造橋工程的專業程度。例如《宋史．方技列傳》記錄了一位僧人懷丙的成就，[153]其中，令人印象特別深刻的是他修復浮梁一事：

河中府浮梁用鐵牛[154]八維之，一牛且數萬斤。後水暴漲絕梁，牽牛沒於河，募能出之者。懷丙以二大舟實土，夾牛維之，用大木為權衡狀鉤牛，徐去其土，舟浮牛出。轉運使張燾以聞，賜紫衣。

除了修復舊橋，僧眾也常參與設計和建造新橋。一五七四年，浙江黃巖縣縣令決定要修建一座橋，下面即是有關此事的紀錄：

乃以僧玄蘊，錬實可任，於凡量度圖維悉以委之。僧乃測江之南北若干尺，分為七梁。梁廣如長數而殺其二。鍥趾所立皆以身泅於水而定之。已乃攢木以低衡，懸機以引率。蓋憑虛構實，務俾堅好，以為永利。[155]

同時，僧院領袖們具備卓越的領導才能，精通於人力資源的配置。一二二三年，雷州太守命僧人妙應修復一座橋梁，據說此僧：「緣化人間，攻苦食淡，晝作夜息。率其徒五十餘，揮巧者運謀、壯者竭力。」[156]即使有些誇張，從中也能看出僧眾參與造橋並不稀奇，他們不時還會帶上自己的從眾一起為工程助力。

一位十八世紀的旅行家、官員以及作家王我師，在他的一篇文章中留下了一位正在建造橋梁的僧人身影。一七五六年，在四川中部遊歷橋梁、道路和各式景觀的旅途中，王我師遇到了一班正在修復洪塔橋的工人。「群功負石喧聲四達。一僧科頭跣足策杖指揮其間。」[157]出於好奇，他問當地一位老叟這是怎麼一回事。老叟說，僧名祖印，完全以一己之力擔當此項工程，「一木一石，不假於人」。

比記述像祖印這樣參與造橋具體事務更為常見的是僧眾為橋梁建設募捐的資料。僧眾有時也自掏腰包，比如十二世紀宋紹興年間的僧人智淵為一橋施錢萬緡，又如十三世紀僧人本源以行醫所得施於造橋。[158]

橋梁志中經常會提到，一旦地方官員決定修一座新橋，就會派遣某位僧人募捐。我們偶爾也會讀到先由僧眾自己向一位地方官提出申請，而後為工事聯繫捐款事宜的紀錄。有關僧眾募款的文獻記載之多，以致於我們只能認為高僧大德們都有經營慈善關係網的習慣；如此一來，每當地方官員下達在短時間內募集一大筆款項的指令時，他們知道去哪些施主家勸捐。這些都讓我們不禁想問：為什麼僧眾比起地方官或當地顯貴更適合承擔造橋的任務呢？

一位宋代作家注意到了僧眾在建造橋梁中所起的重要作用，為他們在這方面的專長給出了五個原因：「其學以利物為方便，故不憚勞；以堅固為定力，故不作輟；無妻孥之累，故不榮己私；持報應之說，故不肆欺弊；其用心也一，故大者倡、小者和。」[159]

他提出的原因之中有的較易證實。現代學者中幾乎未曾有人試圖去評估時常打坐對僧人態度、信念和工作習慣的影響，但至少有一位研究基督教的學者曾進入這一難以捉摸的領域。[160]更具體地來說，僧眾一般無妻室子女，通常被認為物欲淡泊，這無疑是他們能為公共事業成功募款的重要原因之一。明代高僧憨山德清在給橋梁建造家妙峰福登所寫的傳記中，列出了一個由後者負責營造的橋梁名單，並將他能成功的原因總結為「從來一衲之外無長物，恆隨侍者無一人。如所建立，皆秉明一心，而金錢施立曾未染指。」[161]當然，這只是對一位僧人的理想化描述，並非所有僧人都如福登這般清廉可靠。比如，十八世紀時一名江西官員就曾抱怨，有一名「遊僧」海雲將一筆原應用於維修重要橋梁的款項捲走而逃之事。[162]此外，與窮乏、雲遊的苦行僧形象相反，積累起可觀財富的僧人和佛寺在中國歷史上比比皆是。雖然如此，僧人被視為公共資金託付人的信念，大致與事實相符。因為從宋至清末，在中國各地，僧人一直都承擔公共工程募捐者的角色。剛剛提到的失德僧人海雲竊款一事，當地一座佛寺在聽說後立即賣掉部分田產以資助修繕。很顯然地，一位游方的僧人可以盜竊公眾善款並溜之大吉，但是一座享有盛名的寺院如果要維持香火鼎盛，就需要仰仗它在當地大族中的誠實名聲——畢竟，下次募款也許就不是為了橋梁，而是為了修葺佛寺本身了。

除了在社會中普遍享有廉潔之譽外，僧人也會因為自身信奉的慈悲和功德信念投身到造橋事務中。造橋被認為是一大善舉。佛經中也常引用橋梁譬喻慈善，例如「戒為橋梁」，能助人渡過艱險。而菩薩發願忍受千踏萬踐，「亦如橋梁」。佛法為法橋，幫助追隨者從輪迴生死之海到達涅槃的彼岸。而且至關重要的是，菩薩須廣度眾生，正猶如橋梁。[163]在學問僧所熟知的基本佛典中，此類譬喻頗為常見；我們也可由此推定，大部分承擔造橋任務的高僧會熟悉相關經文。《大藏經》以外，由中國文士撰寫的著述則往往將原因歸為造橋僧人「憫人之病已甚」的情感或他們對「土人設舟以濟多覆溺」的慈悲之心。[164]

正如我們看到的那樣，佛經通過功德觀念和報應說軟硬兼施地宣講慈悲：造橋的人可以進入西天極樂（如前文所述），而毀壞橋梁的人則被罰至「利刀道」地獄（於絕壁狹道中豎利刀，令罪人行上而過）。[165]一則「橋梁志」把功德、慈善與橋梁間的關係解釋得很清楚。負責建造該橋的僧人如此解釋自己的動機：「吾始以刻木塑泥（即造佛像）為功德府。吾今而後乃知利物利人為功德梯航。」自那以後，這名僧人停止造佛像，開始修橋。[166]從這條材料中，我們看到一位僧人將造橋與其他製造功德的活動（如造佛像）並舉，但因前者能為眾生帶來更切實的利益，他更傾向於前者。

雖然僧人偶爾能夠出資並完成造橋的一應大小事務，但更為常見的是僧人在取得地方官的批准及得到地方士紳的經濟支持後建造橋梁。接下來我們將談及地方官員。

官員

橋梁的建設和維護一直是政府的職責之一。比如，孟子曾把造橋引為善政與仁政的例證。[167]但是直至唐代，我們才開始了解更多關於政府造橋的細節。據《舊唐書》記載，唐代中央政府共建造並維護十一座主要橋梁（四座浮橋、四座石橋、三座木橋），其餘橋梁則皆由所屬地方州縣負責，「量其大小難易」，朝廷仍有義務為其營葺提供補助款項。[168]但前面討論過的有關橋梁建造的碑文顯示，實際上即便在唐代，營葺橋梁的資金經常全部由地方供給，朝廷很少甚至幾乎沒有任何資助。[169]

宋代以後直至清代，朝廷甚至在理論上都不再提供造橋之支援，所需資金全靠地方官員自行籌措。[170]同時，朝廷還指望當地官員負責其轄區內的橋梁建設與維護。事實上，在清代，如果轄區內的重要橋梁坍塌，該地方官員就有可能被罰俸一年；如其不能修復坍塌的橋梁，還可能會遭杖責三十。[171]面對如此困境，進退兩難的官員只能請求當地富裕的家族為地方建設慷慨解囊。[172]為造橋而需向當地顯達募款時，官員常求助於僧人，由後者負責向個人募集及提取款項的細節問題。之所以如此，除了僧人在金錢上的清廉名聲，以及他們在組織勞工、建材、募款方面的經驗外，也不能忽視官員通常是外鄉人的因素——地方官作為流官自外被派駐到當地，任所經常與故土相隔甚遠。因此，官員們需要一位既忠實可靠又熟知當地風土人情的助手來執行任務，雖然此類建設無疑屬於政府職責，但也關涉非官方卻舉足輕重的募款任務。考慮到地方官員的處境，也就難怪他們對所任用的僧人及其所代表的佛教信仰態度常常有所矛盾。

宋代以前的「橋梁志」時不時會引用佛教語彙，這意味著參與此類工程的官員自身信奉佛教信條，或者至少並不強烈反對。比如一座立於五九八年的石碑，全文雖未提及僧人，卻隨處可見佛教術語，要求造橋所獲功德回向給「法界眾生」。[173]另一稍早的造橋記（五八六年）也同樣充滿虔誠的佛教語彙和經句。[174]這類文章與唐代及唐之前的佛教碑帖和佛寺碑文很相似，但到了宋代，因作者們對佛教義理開始採取一種更為超然的視角，文風亦隨之突然變化。[175]

宋代以後，地方官員很少再以懇請的姿態求助僧人，而是「命令」他們募款。官員們偶爾也會因個別僧人所做的特殊貢獻而對其讚賞有加，但在更多時候僧人作為募款者的角色被視作理所當然，他們能獲得的報償不過是地方官在撰寫造橋志時稍帶提到的隻言片語。在先刻於石碑後又收入地方志的銘文中，宋代與宋之後的作者趨向於強調「誠」在善行中的重要性。他們引用四書五經，並將心繫人民福祉的理想官吏與上古治水的大禹相提並論。與此同時，他們不會援引如「梵燈」和佛陀戰勝魔羅等故事，但這並不表示這些作者對佛教思想和術語不熟悉。文章中不時提及造橋的「無量功德」，或將造橋與修路、建寺同列為得到福祐的源泉。[176]然而，在這些記述中，我們可以發現一種在宋代以前的銘文中，未曾有過的對待佛教教義的疏離態度。佛教義理同募款的僧人一樣，顯然已淪為達成行政目的的一種手段，而不再像之前是造橋這種准宗教活動中的核心成分。一位明代官員在其文章中表現出對功德觀念（亦即募款行動的核心）的疏離：

但怪近世功利慈憫之說多為浮屠氏所有，而橋梁又居「八福田」之一，牽合舛訛。每齋感應，有意作善者也。又有時和年豐稍有贏餘，寧薄所厚大設道場以妄求淫福，甚而中人之產為之蕩盡。至於橋梁之作，錙錙銖銖，動作難色，乖於作善者也。[177]

文中提及「八福田」，顯示作者至少對佛教教義略有所知，[178]而他鄙夷「大道場」和輕視「妄求淫福」則是一個警示，說明作者對佛教功德觀念有種矛盾心理。當佛教的行善方案跟行政需求一致的時候，他就熱切接受；而當這些做法轉向與官員關心的事務無關的道場和供養，甚至占用本可用於公共事務的資金時，他則明確反對。

前文曾提到清代官員王我師對僧人造橋也有同樣的傾向。根據王我師在文章裡的說法，造橋僧人祖印原本決志造佛像積功德，後來為了投身造橋才放棄。一般而言，佛典會強調造佛像和造橋之間的一致性——兩者同樣都是修功德的合法手段。然而，王我師卻認為祖印是受一位地方官勉力修繕橋梁感動，而「如影隨形」地效仿他，進而「逃墨歸儒」；換句話說，就是拋棄錯誤教導，投身真理。[179]我們無從得知祖印本人是否同意這樣的說法，但是可以說，旨在為廣大民眾謀福利的公共建設與更具私人色彩的佛教供養兩者間的差異在僧眾熟知的佛典傳統裡大多並無涉及。[180]由局外人王我師和其他地方官員所引入的「實用主義批評」乃是全新的理論。不過，與其說是「實用主義」，倒不如說這些批評建立在對實用不同定義的基礎上來得更為準確。畢竟對大部分虔誠的佛教徒而言，像造像這樣的宗教供物不只是有用，而且在宗教活動中的作用也至關重要。

布施者

當我們把注意力從負責建造和維護橋梁的地方官員轉到為營造工程捐款的施主時，就會發現更多對佛教信仰的同情。文獻中偶而提及參與這類工程的平民，如某地方志裡就有一條關於「里嫗之學佛者」參與所建橋梁的記載。[181] 一般來說，在文獻中占主流的是為這些計畫出資的地方士紳（在很多例子中他們往往也是發起人）。[182] 士紳們參與多種具有紀念意義的公共設施建設，包括寺院、祠堂和學校。研究地方士紳歷史的學者傾向於強調這些工程有助於他們在當地建立名望——正如一個家庭培養兒子參加科舉，主要是希望能光耀門楣，而非為了兒子能在外為國盡忠這種飄渺的可能性，地方望族為公共建設捐款，部分也是因為這樣能為家族帶來聲望。如此而言，慈善行為多由複雜的動機所驅使，在解釋這類行為時，倘若把渴求聲譽看作惟一重要原因，就跟把所有慈善行為歸因於無私的行善願望一樣天真。經驗豐富的僧人對施主們複雜的動機也深有體察。據一橋梁志記載，某位十七世紀的僧人將施主劃分為三類：一心只為幫助他人的無私布施者、「或祈福於將來，或釋愆於既往」的布施者和為現世利益經營人情世故的布施者。[183]

實際上，佛教的功德觀念與業力說恰恰處於兩極之間：一極是絕對無私的慷慨，另一極則是自利性地操縱輿情。一名佛教徒出於菩薩般的無私精神為造橋貢獻力量，但同時也深知這樣的善舉能在今生或來世為自己帶來福祉。在一些罕見的情況下，出資造橋可能獲得神異的善報。如一篇橋梁志中提到一名天生喑啞的十八歲男孩的事例：一位為當地建橋募捐的僧人到訪他家，他的父親捐贈了善款，這個男孩子隨即便能開口說話。[184]無論此類故事是否可信，它們都反映一種普遍的觀念——即善舉必將通過佛教的功德機制獲得回報，而造橋就是此類善舉的一種。一般而言，文獻提到功德不會這麼直接了當。一八四二年，某位官員請求其治下地區的社會顯達們為一座橋梁出資，這些人紛紛表示：「此大功德也」。[185]另一位清人撰文稱頌三位當地名士「種德而食報」，因為他們出資修建了一座急需的橋梁。[186]在這兩個例子中，僧人並沒有起任何作用，也無任何跡象表明這些參與工程的人與佛教有任何密切的關係。更確切地說，佛教的功德觀念——尤其是通過造橋積累功德的觀念——已經成為人們參與公共建設和慈善行為的一個常見因素。正如造佛像與建寺院一樣，滲入造橋之中的功德觀念早已在公眾心中根深蒂固。[187]

橋梁、功德與物質文化

前文最後說到，即使那些無僧人參與、也並非由佛教虔信者建造的橋梁，同樣牽涉到功德概念，佛教對中國物質文化的深刻影響由此可見一斑。到了宋代，也可能更早，佛教功德觀念已經進入慈善語彙。更具體而言，最初由印度佛教聖典稱揚「造橋可獲得功德」的概念已成為日常生活的一部分。

除功德觀念的重要性之外，僧人能在設計和建設橋梁的工事中發揮積極作用，有很大程度是因為寺院獨特的生活方式和僧人在中國社會中所處的地位。僧人沒有家累，也用不著為自家田地耕作，因此有閑暇去精研造橋技術。而佛教寺院之所以支持這些努力，一方面因為造橋被佛經宣揚為一大善舉，一方面也因為此舉有助於提高佛寺在當地的社會地位。

然而，僧眾和佛寺為建造橋梁募款的能力與僧人個人所掌握的造橋技術是同樣重要的。僧人享有誠實和無私的聲譽（雖然有時此類名聲並不符實），佛寺也仰賴一個好名聲以確保能為其他計畫募得善款，所以貪汙有損其長遠利益。與此同時，僧人也善用一些據說包含佛陀真言的著名佛典來加強說服力，佛陀開示：造橋布施積累的功德，可以改善本人及親之人在現世及來生的命運與處境。

地方官員建造並維護橋梁，一是出於傳統，因為一座營葺得當的橋梁被視為善政的標竿；另外也是迫於朝廷的直接要求。然而，地方官員手裡卻沒有營建和維護橋梁所需的財力及人力配置。這些因素結合在一起，使得一種我們可以稱之為文化「配置」的關係得以形成，即建造一座大橋會需要僧人、官員、施主三種相互依賴的社會角色集結。[188]此社會三角中的成員並不一定彼此敬重，甚至不一定彼此喜歡——我們只需回想一下前面提過的那位明朝官員對佛教法事的鄙夷，以及那位十七世紀僧人對施主捐贈動機的疑慮便可知。但是最終，至少在造橋一事上，他們都承認彼此依賴的關係。這種極具韌性的獨特構架從六世紀一直延續到二十世紀，也建造了全中國數不勝數的橋梁。

本章小結

功德的堅實力量推動了許多本書其他章節涉及的器物發展史。佛塔、造像、僧衣與鉢盂等均在篤信能由此獲得功德的施主支持下產生。在其中的每一例中，特定器物與功德觀念之間的聯繫皆可遠溯印度，而且這種聯繫從中國佛教歷史之初綿延至今。石碑、寺鐘和寺鼓上的銘文也同樣表明功德在它們的建造中也發揮一定作用，雖然佛經對這一類例子的支持不那麼明確。

我們所能得到的碑刻資料自五世紀始，包括碑文的拓本，且石碑原件仍存的也為數不少。[189] 通常，石碑四面雕刻，上方雕佛教圖像，下方刻銘文。銘文詞藻華麗，充滿隱喻，用典生僻，讚頌佛陀美德並記述施主決心立碑的緣由。製作石碑涉及佛教圖像的雕刻，因此立碑是一種善行；經文中對這一觀念的支持比比皆是。不可少的，在銘文的某處定會出現參與立碑的人員名單，也常常會包括將此項功德回向給某位特定接受者的誓願。寺院的鐘鼓也是如此——其上鐫刻著包含有施主名諱的銘文，無一例外。[190]

那些手有餘財的善男信女們從來無法抵抗功德觀念的吸引力，因此他們不但製造器物，也用文字來填充佛教的世界，當然最重要的還是用他們自己的名字。中國歷朝歷代無數的碑石與造像之上簇擁著人名，有些相當著名，但大多數並不為人知。漫步在中國的佛寺內，人們經常能碰到一些早已不辨日期的石碑殘片，其上鐫刻著早已被人遺忘的人名。為何一定要如此堅持刻下施主的姓名呢？

答案似乎昭然若揭。正如我們在關於書籍、寺院和橋梁的討論裡所看到的，這些實物代表施主的財富與慈悲。也就是說，通過捐款為佛教器物的營建出一臂之力，不論是建造佛像還是橋梁，都是獲得聲名的一種手段。來自社會各階層，掌握著資源的人們，上至出資刻印成百上千份佛教文獻的皇帝，下至捐出小額善款以將自己名字列入石碑施主名單的地方小戶之家，都用同一種方法確認或提高自身的社會地位。同時，一些機構也在與有權有勢施主的聯合中獲益。若一處寺院門前豎立的石碑上刻有地方望族甚至名將高官的名字，心存惡意的地方官員在騷擾該寺之前恐怕也會考慮再三。如果皇帝的御璽蓋在一部藏經上，就能讓它增添權威與莊嚴。這些都不難理解，不比「詹姆士國王」欽定版《聖經》和美國校園內以富有的捐建者命名建築的做法更讓人覺得不可思議。

讓人好奇的是此類銘文與功德的運作機制之間，存在著明顯聯繫。期待自己的名字出現在佛寺施主名單中是一回事，然而，一個人有何必要公開聲稱自己進行了某項布施，因而期望能得到功德回報呢？也許我們可以基於此類善舉所具有的社會功能來解釋。無論捐助的是書籍、石碑還是佛鐘，在大多數情況下，施主往往闡明願將功德回向給某位過世的親人。如此，他們便期望銘文的讀者讚賞他們的無私、正直以及對親人的關懷。但這種解釋也並非全然適用，因為有時施主會明示所獲功德為自己所有。又有些時候，一些銘文鐫刻在隱蔽之處，以致於我們只能推定其本不期待任何人注意。換言之，載有施主、供物和施主之功德誓願的銘文，也被當作一紙合同，宣揚施主已經履行了他們作為甲方的契約義務並期望得到報償。

只是應當由誰來履行這張有關業力的合同中乙方的義務呢？這一點非常模糊。相信冥界中存在由官僚機構組織而成的秩序，是中國宗教的普遍特徵。人死後會面臨判官的審判，他們根據錄有功過的生死簿裁定人們的命運。[191]然而，載有施主功德的紀錄中卻無半點這種觀念——銘文既不是寫給冥界判官，也不是寫給佛陀或某一菩薩。這符合佛教的宇宙觀。業力的施行並非依賴任何特定的實體；相反，它是自然界的基礎組成部分，就如辰宿循行或四時花開。因此，如果認為有記錄個人功德行狀的需要，就是在暗示人們相信存在著一位會查閱該紀錄的、能夠就業力的公正性進行裁決的人；可在實際操作中，幾乎沒有施主會認為有必要仔細地推敲這一過程。

施主與僧院中的思想家更關心的是如何確定供物的相對價值。他們認為這大致上取決於施主的心態、供物的接受方及供物本身。正如我們所知，在印度，不同部派對獻給佛陀的供物和獻給僧人的供物之價值所持立場各異。《像法決疑經》是一部自稱記錄了佛陀之語的佛經，但實際上更可能是編寫於五、六世紀的中國。在它短短幾頁的篇幅中最為關心的是不同供物所具有的相應功德。[192]經文開頭，一位名為「常施菩薩」的人請求佛陀開示，在佛法衰惡之時，[193]作何福德最為殊勝。佛陀因而說到未來世的布施者缺乏誠意（每位讀者都將認為是在說自己的世代）。檀越設宴請僧，卻遣人防門守護，以防己所不悅之人入會。復有布施者專欲獨善，卻不願參與他人善舉。又有眾生不肯修治破落的舊寺及毀壞的書籍，堅持造立新者。末又復有眾生捐善款做諸福業，只求聞名。佛陀開示道，所有的這些施主，皆被誑騙至深。那些將窮人拒之門外不予入會的施主，無善分可得。那些不願與人共行布施者，獲福甚微。修治舊寺其實比造立新者獲福更多。捐獻財物只為揚名的將不會獲得一分一毫功德。最後，佛陀於文末指出，布施者惟應出於淳心布施困厄之人，不思回報：「一切諸法無我。我所行施之時，不望現報，不望未來人天樂，但為眾生求大菩提，為欲安樂無量眾生故而行布施。」將誠意作為考量功德的標準，在整個中國佛教歷史上很普遍。我們從書籍的例子中可以看出，有些信徒相信他們製作書籍的數量愈多，所獲功德就愈大（這種信念促進印刷術的傳播）。但與此同時，很多人仍舊認為，手抄佛經的功德更大，尤其是當抄經人取血入墨抄寫血經時，這份誠意肯定在複雜的業力價目表中代表著更高的價值。在佛寺和橋梁的案例中，我們同樣看到許多中國人為僧眾和寺院的富庶而不安，對他們而言，這會影響到供物的價值。文人們搖擺於熱情頌揚奢華莊嚴的新寺院和嫌惡其有悖於僧人寡欲簡樸的理想之間。與此相反，另一些文人將僧眾的清正廉潔視為他們能成功為佛事募得善款的首要緣由——施主能夠信任僧眾會將募款用於當下的善事，而不會浪費在自身的奢靡享受上。

《像法決疑經》文末的評語又將我們帶回到存在於慈善與四大皆空教義之間的那種內在的不穩定性。若一切存在之物都緣起無常，那麼那些在短暫愉悅的前景誘惑下由熱心僧眾所倡導、信徒所支持的建造又有何意義呢？高傲的文人們嘲笑所有這些行為之中蘊含的偽善，而善於思考的在家眾和僧眾則苦尋其解：我們回想一下那位「老翁」，他之所以沒有將抄寫《金剛經》的功德回向給任何人，就因為「本性實空，無有願樂」。

然而，當我們試圖評估佛教功德觀念對中國物質文化的總體影響程度時，這種有關物品之本體論層面上的深層疑慮，很快就在一種更引人入勝的敘事中淪落為博學但無關痛癢的腳注。因此，大多數人將製造器物獲得善報的理念視為理所當然，很少會去思考功德的運行機制。那些公然挑戰這一概念的人，也很少能獲得成功。事實上，即使是那些認為功德觀念十分荒謬並對僧眾嗤之以鼻的官員，為了維護轄區內的橋梁和寺院，也仍然需要不時動用功德觀念來達成目的。

在這一章，筆者始終都強調本書所討論物品的歷史不能縮減為受佛教功德觀念驅使這一單純的動機，不論此功德是為己還是為人。除了營福的願望外，信徒抄書有的是為了傳播經書中包含的法義、有的是為了記誦、有的是為了練習書法，甚至在某些情況下是為了營利。敦煌的匠人們相信自己的工作會獲得功德，但是在一天工作結束時，他們也期待自己的勞作能換來食物。[194]富有的施主捐助佛寺，或為提高自己在地方上的地位、或為表達對亡母的孝心。官員為了滿足朝廷的要求並改善當地交通而幫助僧人為橋梁募款。這些「善」舉包含的虔誠之心程度各異，從無私奉獻到玩世不恭的操縱人心皆有。但以上所說無一能擺脫功德觀念對中國物質文化的影響。因為自佛教傳入中國至今，功德觀念作為一種持久且有說服力的力量，為所有接受它的人——即便只在膚淺的層次上接受——提供了一種支撐自我以應對命運反覆無常的途徑，或如前文所提到的一位十七世紀的僧人所言：「或祈福於將來，或釋愆於既往」。

第四章

無心插柳

現代學者在研究佛教在中國或其他地區的傳播時，都需借助一定的模式來排比史料，而關注的重點則側重於重要的思潮、人物、經典以及主流藝術風格等。然而，實際上，佛教傳入中國的過程長達數百年，並非按部就班，也不存在什麼規劃。在印度，並無一個佛教長老組成的理事會來主持傳教大計，傳法僧也不需要向類似「教廷」的中央機構彙報。因此，在傳教過程中，很少有當事者能對自己所參與的這個過程有全局性的把握。絕大多數來華弘法的僧人，似乎都有自己的主動選擇權。來自不同部派的經典，在種種因緣之下被隨機傳譯。早期佛典的漢譯實際上反映了印度佛典的發展過程。例如《阿含經》在印度是最早出現的，但在中國卻是較晚被傳譯的經典；而最先被傳譯過來的，多數是一些後起的大乘佛典。

佛教的義理與實踐在中國的發展跌宕起伏，這其中有多種因素在起著作用，諸如個人興趣、人物的個性、歷史機遇等等。傳播的紛雜無序，一方面導致許多誤解和混淆，另一方面則成為創新的靈感源泉，人們或是為了理解現有材料的需要、或是因自身所需，在整理這些可用的佛教元素時，就會有所創新。

由於一些偶然性因素，佛教在中國社會引發一些與宗教本身，至少是與通常所謂的「宗教本身」關係甚微的變革。佛經的翻譯迫使中國學者不得不面對其母語的特性，進而發展出新的語言分析法。[1] 佛教作品也啟發了新的文學形式，後來的中國作家以此表現他們自己的世俗關懷。現代漢語中許多常用詞彙和固定表達方式，最初都是起源於為了表達佛教概念而形成，如今它們與佛教的關聯也只有語言學家比較了解。[2]外來僧人和留學歸國的僧人，不只帶來佛教經典和寺院生活的指南，還帶給中國統治者有關政權分界、地理和軍事等方面的重要資訊。佛教的宗教儀式對中國的音樂、舞蹈也產生了深刻的影響。[3]這些發展變化雖然和佛教信仰、實踐、人物和著述等相去甚遠，但也是中國佛教史不可分割的部分。因此，如果我們要充分認識中國佛教史的複雜性，就應追尋佛教在社會裡所引發的各種變化，即便這些變化後來失卻了佛教色彩；這反映的就是「無心插柳柳成蔭」的世間常情。

也就是說，在物質文化領域，我們必須偶爾地轉換關注點：從佛教聖物、具有佛教象徵意義的法器或是經典開示可以積功累德之物，轉向沒有那麼莊嚴，雖不帶佛教特徵但卻在中國文化史上舉足輕重的物品。接下來便是對這類物品的專論：第一是椅子的傳入，作為新生事物，椅子在日常生活中引發了從坐禮到房屋構造等一系列複雜的調整；第二是關於作為餐飲、藥材的蔗糖及其生產技術的流傳；第三則是分析佛教對飲茶興起的貢獻，茶葉雖然起源於中國本土，但在一定程度上是由僧人推廣到社會。

這三項課題的共同主軸，就是「僧眾」在普及新物品過程中的角色——僧團是傳播、製造和使用這些物品的重要中介。比丘雲遊中外，其自身的種種觀念、習俗和使用的器物，部分是自幼染濡，亦有途中習得者。即便是浩繁精細的戒律，也無法把僧人生活的方方面面都規定得一清二楚，因而讓許多習慣和習俗有了滋生和轉變的空間，這些做法雖然與佛教的大原則並無抵觸，但也與義理沒有關聯。中國僧眾本身是個多民族的群體，比丘們來自印度、錫蘭、中亞諸國、日本，以及今天的韓國和越南；此外，僧人在華夏大地遊方行腳，促成中國諸方文化在僧團內的碰撞和融合；這在過去，其他社會群體間並無這般的跨域交流。

本章所討論的物品，在後來的學者眼中跟佛教並無密切關聯，而且在佛典中也沒有被特別地提倡，所以相比於前幾章所討論的物品，追溯它們的歷史就顯得更為複雜。不過，學者們已開始關注物品史，並嘗試追溯中國家具和飲食習慣的源流。對於器物的流傳，學者們常常指出，將椅、糖或茶的流行歸因於某個單一因素是有所偏頗的——無論是佛教、運輸體系，還是地理限制。而本章的目的，旨在說明以上三種器物的流傳過程中，僧人都起了關鍵作用。

在中國的物質文化中，椅子、糖和茶三者的地位都很突出。一個現代中國人，很難不在生活中接觸這三樣東西。它們的歷史，除了自身的重要性外，對於我們了解物質文化演變的模式也至關緊要。茶、糖和椅子的發展模式都有助於理解其他物品的演變，以及宗教在其中的作用。

第一節　椅子

坐禮的轉變[4]

南宋大儒朱熹曾為了禮殿中的塑像與錢聞詩發生爭論。朱子「欲據《開元禮》，不為塑像，而臨祭設位。」然而，錢聞詩「不以為然，而必以塑像。」為此，朱子特地考證了禮殿塑像應為何種模樣。他從前人處得知，在鄭州的列子祠內，塑像都跪坐於席上；他也聽說「成都府學有漢時禮殿，諸像皆席地而跪坐。」此外，研讀上古的典籍時，朱熹也注意到古人對坐禮的重視，而古時的坐禮（即跪、坐、拜）都是在席子上舉行的。最後朱子寫成〈跪坐拜說〉一文，討論「坐禮」從上古到南宋的變遷。對南宋人而言，這些變遷的原因已經模糊不清；朱子雖指出古人與宋人在坐禮上的差異，但他並「不知其自何時而變」，更沒有追究轉變的緣由。[5]

在朱熹寫〈跪坐拜說〉之前，蘇東坡曾論及同一個現象：「古者坐於席，故籩豆之長短、簠簋之高下，適與人均。今土木之像，既已巍然於上，而列器皿於地。使鬼神不享，則不可知；若其享之，則是俯伏匍匐而就也。」[6]然而，朱熹與蘇軾的呼籲並沒有起什麼作用。宋代以降，禮殿裡的塑像並未席地而坐，而是「巍然」於座位之上。這種現象並不限於禮殿，陸游在其《老學庵筆記》云：「徐敦立言：『往時士大夫家，婦女坐椅子、兀子，則人皆譏笑其無法度。』」[7]從「往時」二字可知，陸游記載此文時，婦女使用椅子已經沒有人覺得失禮。此外，在宋代婚喪儀式中，椅子為行禮時的器具。[8]宋代的坐禮無疑已發生質變——宋人已經從席子移到椅子上。而朱子等好古的禮儀專家，只能期待尚有機會「革千載之謬」。[9]

後代學者下了不少功夫探討坐禮轉變的時期與原因，並指出在坐禮的轉變過程中，最主要的因素很可能是椅子的出現。清代的學者黃廷鑑在〈考床〉一文中指出，古代的「床」在作用及形制上都與近代的床有所不同。他說：

古之床與今之床異。古之床主於坐而兼臥，今之床主於臥而兼坐。床之名同，而床之用少殊。何以言之？古者坐寢皆於地；用席，貴賤有等。凡經言「席」，皆指坐席。言「衽」，皆指臥席……考床之制，於古未詳。大約如今之榻而小，或與今凳之闊者相類，故可執亦可移。其為物取於安身適體，宜於衰老疾病之人。故可坐、可倚、亦可臥。其設之也於寢室，而不於堂，以供老疾者坐寢之具，及人死襲斂時用之。此皆禮之變，非禮之正也。惟古之寢，以席地為正。故人死屬纊時，必寢地。[10]

清人王鳴盛也注意到古今坐具的不同，他說：「古人所坐，皆席布於地；故不疑據地致敬，知漢無椅式也。」[11]

文獻、圖像以及考古資料，都證明以上學者的看法是正確的：上古時期，人們主要坐於席子上，並未使用椅子。[12]古人坐於席子上的習慣，在現代漢語中仍能看到痕跡。例如，當近代的日本人翻譯英文的chairman時，他們借用了古漢語的「主席」一詞。後來，中國人翻譯英文時又把此詞從日本借回來。[13]「出席」、「入席」等現代漢語常用詞亦是如此。這些詞彙都間接顯示，上古時期正式的交際禮儀通常在席子上舉行。[14]

古人非常重視席上的姿態、舉止以及座席的位置。[15]一般而言，上古時期，跪坐是士大夫的標準坐法。從當時的圖像看來，在非正式的場合中，男性也可盤膝而坐，但「踞」、「箕踞」以及「蹲」卻被認為是不禮貌的坐姿。如《呂氏春秋》云：「魏文侯見段干木，立倦而不敢息。反見翟黃，踞於堂而與之言；翟黃不說。文侯曰：『段干木，官之則不肯，祿之則不受；今女欲官則相位，欲祿則上卿。既受吾實，又責吾禮，無乃難乎！』」[16]這段文字也讓我們聯想到《論語・憲問篇》中，原壤在孔子面前「夷俟」（也就是蹲），[17]孔子指責他不知禮，並「以杖叩其脛」。此類資料都可說明，先秦之時，蹲是一種不禮貌的姿勢。然而，最不禮貌的坐法是「箕踞」。《史記》載：「高祖時，中國初定，尉他平南越，因王之。高祖使陸賈賜尉他印為南越王。陸生至，尉他魋結箕踞見陸生。陸生因進說他曰：『足下中國人，親戚昆弟墳墓在真定。今足下反天性，棄冠帶，欲以區區之越與天子抗衡為敵國，禍且及身矣……』於是尉他乃蹶然起坐，謝陸生曰：『居蠻夷中久，殊失禮義。』」[18]可見，當時只有不知禮或故意想得罪對方才會箕踞。更有趣的是，據睡虎地秦簡，「箕踞」是驅鬼最靈的方法之一。[19]也就是說，連鬼也無法接受如此非禮的姿態。[20]

綜上所述，對上古人而言，坐法是衡量身分、修養以及心態的重要指標之一，而坐時把膝蓋提高，或把腳伸向前去都是不禮貌的姿態。顯然，在這套禮節的規範之下，當時人不可能垂腳而坐於椅子上。這亦可見於漢代畫像石中，其中人物坐時通常兩膝跪於席或床上；幾乎無人伸腳而坐，更遑論坐在椅子上。

到了唐代，室內的陳設開始改變了。凳椅問世，坐禮亦隨之而變。唐天寶五年（七五六年）的高元珪墓壁畫中，有人坐在椅子上。唐代文獻也有一些相關的記載，但當時有關椅子的資料並不多。[21]根據當時的史料顯示，唐代的居室文化仍然以席子為主。[22]然而，要找出漢人到底於何時何地開始廣泛地使用椅子，其實頗為困難。從圖像與文獻的資料來看，我們只能說，從盛唐以來，椅子大概日益流行，最遲在宋初已經相當普遍。因此，近代學者大都認為椅子是在晚唐與五代之際逐漸進入中國人的房室之中。[23]

除了坐禮之外，椅子還引起了日常生活中的其他變化。由於室內的陳設互相關聯，因此席地而坐時，必須用低矮型的家具。換言之，人坐上椅子以後，其他的家具也得跟著增高。清人王鳴盛曾闡明此點。他說：「古人坐於地，下籍席，前據几，坐席固不用椅。而几則如《書》所謂「憑玉几」、《詩》所謂「授几」。有緝御之類，其制甚小。今桌甚大，俗名『八仙桌』，謂可坐八人同食，與几雖相似，實大不同。」[24]此外，椅子的出現也影響了器皿的形狀。正如蘇軾所說：「古者坐於席，故籩豆之長短、簠簋之高下適與人均。」唐宋出土的實物表明，唐代的器皿與宋代的器皿的確有明顯的差異。唐人因席地而坐，使用高型的飲食器具較為方便。到了宋代，飲食器皿置於高桌上，身體的位置及人的視線都不一樣。因此，碗、盤、杯等食器都變得精巧玲瓏。[25]人們改用椅子以後，窗戶的位置及屏風與屋頂的高低也因此改變，飲食習慣與衣著也跟隨著家具變化，甚至人的心理狀態可能也受到影響。[26]這種由低向高發展的趨勢，涉及的層面極廣。因此，有學者甚至認為中國這次的「室內革命」，可與二十世紀家庭的機械化相比。[27]至於中國的椅子究竟來自何處、源於何時、在何地出現，歷來有幾種不同的說法。

椅子淵源說

進入主題之前，我們先要處理一個表面上很簡單，但實際上卻很複雜的問題——什麼是椅子？關於這個問題，現在的詞典無法直接提供答案。例如《漢語大詞典》及《現代漢語詞典》只說椅子是「有靠背的坐具」，而這個定義可以包含很多種家具。[28]對一般人而言，椅子最基本的定義應該是具有靠背的單人坐具。此外，我們心目中標準的椅子常有四條腳，有時也有扶手。[29]這是現代人對椅子的了解，是歷經幾百年才慢慢形成的概念。

「椅子」一詞始見於唐，當時稱之為「倚子」。最早提及「倚子」的記載約在八世紀末。[30]唐人之所以稱有靠背的坐具為「倚子」很容易了解，因為坐這種坐具時可倚靠靠背。如宋人黃朝英說：「今人用倚、卓字多從木旁，殊無義理。字書從木從奇乃椅字。於宜切。《詩》曰：『其桐其椅』是也……倚、卓之字雖不經見，以鄙意測之蓋人所倚者為倚，卓之在前者為卓。」[31]因此可知，當時的倚子是有靠背的坐具。從其他資料，我們也知道唐代的倚子容易搬移，通常是單人坐的。[32]總之，唐代的倚子應與現在的椅子相去無幾。

「倚子」一詞出現後，椅子的歷史便較好處理。在此之前雖然沒有一個專有名詞來稱呼具有靠背的單人坐具，但文獻及圖像的資料顯示，唐代之前確有此物。這個現象不限於家具史。研究古代物質文化的學者，常常遇到這種詞彙問題，因為語言的變化往往比物質性的變化慢一步。例如在本章第二、三節中，我們也會看到，研究茶及蔗糖的學者都得下很多功夫探究在「茶」及「糖」等字出現之前，漢人是否用其他的詞彙涵蓋飲茶及製糖的習慣。由於家具的詞彙問題，再加上資料的零散，從宋代以來，椅子的淵源自然議論紛紛。以下是椅子淵源最常見的四種說法。

本土說

漢代人使用不少低型的家具。至東漢末年，屏風、案（即置物的小桌）、憑几（一種小型的靠具）、床等家具至少在上層社會已廣為流行。[33]由此可見，從技術的角度來說，漢代的木匠已具有製作椅子的能力。因此，有的學者認為唐宋時代的椅子，很可能是中國的木匠從原來已有的家具中發展出來的。

除了席子以外，漢代最主要的坐具是榻。[34]漢代的榻比床小；與床不同的是，榻是坐具而不是寢具。其中，最值得我們注意的是流行於漢、魏、晉時代的獨坐式小榻。[35]這種小榻有兩人坐的，也有一人坐的，有的小榻不用時甚至可以懸掛於牆上。如《後漢書・徐穉傳》云：「陳蕃為太守……在郡不接賓客，唯（徐）穉來，特設一榻，去則懸之。」[36]這種小榻只要加上靠背就可說是椅子了。事實上，清代學者趙翼便認為宋代的椅子來自於中古時期的榻。他說：「其時（即漢唐之間）坐床榻大概皆盤膝，無垂腳者。至唐又改木榻，而穿以繩，名曰繩床……而尚無椅子之名。其名之曰椅子，則自宋初始。」[37]我們雖然無法否定趙翼的說法，亦無資料支持他的猜測。更重要的是，椅子在中國出現時，與當時外國的椅子在造形上很相似。因此，研究中國家具的學者一般不認為中國的椅子是從木榻發展出來，倒有不少人認為椅子是從來自外國的「胡床」逐漸演變而來。[38]

胡床說

中古時期的文獻中，有出現所謂「胡床」的坐具。至今，考古學家還沒有發現中古時期胡床的實物，但多種文獻資料、一塊東魏武定元年（五四三年）的造像碑，西魏大統十一年（五四七年）的女侍俑，以及唐代李壽墓的石槨線刻，都表明當時的胡床是一種小型、可以合攏的凳子，相當於現在的摺疊凳，也稱「馬扎兒」。[39]這種坐具的歷史悠久，可溯源至公元前一千五百年的埃及。在古埃及的上層社會中，這種坐具是尊貴的象徵；近代研究埃及的考古學家發掘過幾件精美的寶物。[40]胡床傳至中國的途徑，今已難查考，但大概是從北非經過中亞而來的。據《後漢書．五行志》載：「靈帝好胡服、胡帳、胡床、胡坐、胡飯、胡空侯、胡笛、胡舞，京都貴戚皆競為之。」[41]倘若這則資料可靠，靈帝在位時（即二世紀末）胡床已經進入中國，並出現在宮廷。[42]此後在中國的文獻中，有關胡床的記載很多。除了帝王以外，尚有將令、官吏、講學者乃至村婦等各種身分的人使用胡床的記載，並有胡床出現於室內、室

圖 4-1　東魏武定元年（543 年）的造像碑。
（中央研究院歷史語言研究所傅斯年圖書館所藏拓片）

外，以及宮廷、戰場等各種場合的文獻。[43]

在坐禮的轉變中，胡床扮演了開路先鋒的角色。與小型榻不同，坐於胡床時，人們通常是垂腳而坐。其次，由於胡床的床腳容易撕破席子，故胡床與席子不能並用。簡言之，胡床的興起對室內的陳設與坐禮的習俗可能引起一些變化。由此看來，胡床似乎可視為椅子的前身——只要加上靠背和扶手，稍微改一下形制，就可說是典型的椅子。[44]雖然如此，歷來大部分的學者卻對「胡床說」持保留態度。

宋代的張端義、程大昌及明代的王圻都認為，宋代的交椅（一種腿交叉、能摺疊的椅子）是從胡床發展而來的。不過，胡床雖然與宋代的交椅應有關聯，但它不一定跟唐代的椅子有直接的關係。[45]《資治通鑑》載唐穆宗曾「見群臣於紫宸殿，御大繩床」。元代胡三省的注則主張椅子的前身是所謂的「繩床」而不是胡床。他說：

> 程大昌《演繁露》曰：「今之交床，制本自虜來，始名胡床。隋以讖有胡，改名交床。唐穆宗於紫宸殿御大繩床見群臣，則又名繩床矣。」余案交床、繩床，今人家有之，然二物也。交床以木交午為足，足前後皆施橫木，平其底，使錯之地而安；足之上端，其前後亦施橫木，而平其上，橫木列竅以穿繩條，使之可坐。足交午處

復為圓穿，貫之以鐵，斂之可挾，放之可坐；以其足交，故曰交床。繩床，以板為之，人坐其上，其廣前可容膝，後有靠背，左右有托手，可以閣臂，其下四足著地。[46]

可見，胡三省認為繩床是具有靠背、扶手以及坐板的單人坐具，也就是標準的椅子。我認為這種說法是正確的。[47]後面談及佛藏的資料時，我會列出這方面的證據，並試圖重建繩床的原貌。不過，即使我們能證明繩床是一種有靠背的單人坐具，並可推測椅子的前身應該是繩床而不是胡床，但最基本的問題仍待解決，也就是：這種坐具又是從哪裡來的？是不是如胡床一樣從外國來？如果繩床來自於中國之外，又是源於哪個國家？以什麼樣的方式傳到中國來？為了解決這個問題，費子智（C. P. Fitzgerald）曾把中國椅子的淵源問題置於世界家具史的脈絡中去考察。

景教說

從現存史料看來，世界上最早使用椅子的地方是古代的埃及。埃及古墓壁畫上常常有椅子的描繪，研究埃及的考古學家也發掘了好幾把相當精緻的椅子。椅子從埃及傳到了希臘，又從希臘傳到羅馬。在流傳的過程中，椅子的造型及使用方法發生了一些變化。例如，在古代羅馬，貴族用餐時不坐椅子，而是躺在沙發上吃——因為用餐時只有婦女和奴隸才坐椅子。[48]隨著羅馬帝國的擴展，椅子傳到了君士坦丁堡，即東羅馬帝國拜占庭的首都。拜占庭帝國時代的藝術作品中常出現椅子。

第五世紀的君士坦丁堡是景教的發源地，而在唐太宗貞觀九年（六三五年）時，一批景教的傳教士到達長安，並開始譯經傳教，三年後建寺。當時有二十一位國外來的景教教士。一百多年以後，立於德宗建中二年（七八一年）的〈大秦景教流行中國碑〉有「法流十道……寺滿百城」之記載，說明當時景教的興盛。但到了會昌五年（八四五年），唐武宗下詔拆毀全國的佛寺，同時打擊景教，驅逐二千多名景教教士，中國的景教基本上從此滅絕了。[49]由此可見，椅子開始在中國流傳的時期，大約也是景教流傳到中國的時期。費子智認為這並不是巧合。簡言之，他認為椅子傳到中國的軌跡是：從埃及到希臘、羅馬及君士坦丁堡，又從君士坦丁堡傳到中國；在此過程中，景教的傳教士是最重要的媒介。[50]

可惜，這種神奇又耐人尋味的說法並不是很有說服力。我們仔細探討此說法的可能性時便會發現，沒有任何直接證據可支持椅子源於景教之說。中國景教的文獻未曾提到椅子，景教的圖像中也沒有椅子。因此景教說顯然太過牽強。[51]除了缺乏證據，關鍵在於費子智把中國椅子的問題當作一個技術或科技的問題，以為一旦有來自國外的人把椅子帶到中國並向當地人展示，漢人就很自然地開始使用椅子了。然而，如上所述，椅子的問題不只是一個技術問題，還牽涉到禮節文化。正如張載曾說：「古人無椅桌，智非不能及也。聖人之才豈不如今人？但席地則體恭，可以拜伏。」[52]

景教雖曾傳入中國，但畢竟影響力有限。因此，景教能不能改變如坐禮這種基本的風俗習慣是很值得懷疑的。為了尋找足以改變這種基本習慣的文化力量，有些學者把注意力轉向佛教。

彌勒說

從第五世紀起，中國的佛教徒開始製造數量龐大的彌勒佛像。從龍門、敦煌、雲崗石窟，以及獨立的造像中都可見到不少彌勒佛像。值得我們注意的是，彌勒的特徵之一是他的坐姿。彌勒通常高坐於座位上，垂一足或雙足：有時雙足交叉下垂，有時雙足下垂直豎，有時右足下垂，有時左足下垂等等。[53]

彌勒的坐姿是否與其來源有關，如今難以查證。關於彌勒的淵源，在二十世紀初葉，學術界曾有過一些爭論。有的學者認為彌勒起源於祆教中的薩奧希亞那特神（Saošyant）；有些學者卻認為他是波斯密特拉神（Mithra）的變形；也有人說彌勒的淵源就在印度的佛教，與其他宗教的神毫無關係。至今彌勒的來源仍然眾說紛紜，莫衷一是。[54]至於彌勒的姿勢，周紹良論及彌勒初入中國時的形象時，曾指出不同的坐姿具有不同的涵義，如雙足下垂是「吉祥坐法」，「意在息災」；雙足下垂直豎是「豎坐」，「是要調伏鬼神，使怨敵皆能回心歡喜」等。[55]

無論如何，遍布於中國各地的彌勒像向各個階層的中國人展示了一種新的坐姿。因此，說椅子與彌勒一起傳到中國，並依賴彌勒信仰的興盛，改變了傳統家具及坐禮似乎很有說服力。但是值得注意的是，當我們仔細觀看彌勒像時，便會發現彌勒佛所坐的並不是椅子。從正面看，很多彌勒像看起來是坐在有靠背的椅子上。這些像位於石窟的時候，我們無法看到靠背的形制，但看獨立造像時，我們卻能看到像的背面。此時，我們發現許多從正面看是有靠背的椅子，但實際上並不是椅子，而是凳子及與凳子不連接的背光（圖4-2）。

雲岡第六窟中，有幾位菩薩似乎坐於椅子上，但我們實在很難確定坐像後是靠背還是屏風。與此相同，龍門石窟也有幾尊佛像似乎坐椅子，但從佛像的外型來看，其後面的紋飾是否為靠背事實上很難判別。[56]此外，一尊刻於天寶四年（七四五年）的石佛像就可以很清楚地看到是有靠背的椅子。[57]另外，完成於長安四年（七〇四年）的七寶台，就包含了幾尊很明顯坐椅子的彌勒像。[58]七寶台寺是武則天於長安城建造，是當時舉世矚目的建築。因此，其中的造像對中國家具史或許有所影響。而且，即使其他垂腳而坐的佛像不是坐椅子，或許中國木匠看到位於高座的彌勒像時，將背光誤認為靠背，因此開始製造椅子。然而，把漢人這麼重要的坐具就這樣認為源自於佛教的美術似乎還是有些牽強。

彌勒說法牽涉到兩個問題：古代印度有沒有椅子？以及佛教文獻中有沒有跟椅子有關的記載？在回答這兩個問題時，我們將會找到一

圖 4-2　北魏半跏思惟菩薩像前後。松原三郎，《中國佛教雕刻史研究》，東京：吉川弘文館，1961，第 68 頁。

個比以上所述的四種推測——即本土說、胡床說、景教說以及彌勒說——更具說服力的說法。

古代印度的椅子

前述兩個問題的答案都是肯定的：古印度人的確曾使用椅子，且印度佛教文獻中有很多關於椅子的資料。有學者認為龍門惠簡洞的坐具應該是椅子，並認為椅背的造型可追溯至印度笈多的佛教美術。[59]與此相同，雲岡第六窟的坐具及七寶台中的椅子亦可溯源到古印度犍陀羅的佛教藝術。其實，印度的椅子可追溯到更早。刻於約公元前第二世紀的桑淇（Sañcī）和巴呼特（Bhārhut）浮雕顯示，當時的印度人已經有坐椅子的習慣（圖4-3及圖4-4）。[60]在桑淇第一號塔的北門，我們可以很清楚看到一把具有靠背及椅腳的椅子。從服裝及姿勢看，椅子上的人應具有較高的社會地位，有人甚至認為他是著名的帝王阿育王。[61]此外，巴呼特南翼的浮雕也有一位坐在椅子上的人。浮雕的題記指明，此處所描繪的是釋迦牟尼的本生故事，而坐於椅子的人是一名叫摩訶提婆（Maghādeva）的國王，是釋迦牟尼佛的前身。

此外，七世紀初葉玄奘去印度時，曾指出當地的高貴人士都使用椅子。他說：

圖 4-3　桑淇。（Huntington Archive 所提供）
http://www.huntingtonarchive.osu.edu/

圖 4-4　巴呼特。沖守弘，《原始佛教美術圖典》，東京：雄山閣出版，1992，圖版 236。

至於坐止，咸用繩床。王族大人，士庶豪右，莊飾有殊，規矩無異。君王朝座，彌復高廣。珠璣間錯，謂師子床。敷以細疊，蹈以寶几。凡百庶僚，隨其所好，刻雕異類，瑩飾奇珍。[62]

桑淇與巴呼特的浮雕及玄奘的記載都顯示，椅子在印度是權威的象徵。確實，椅子在不同的文化中常有此含意。[63]除了帝王與富貴人士用椅子之外，在佛教文獻中亦可看出古代印度的寺廟中，椅子也很普遍。在討論相關資料之前，我們得先釐清「繩床」一詞的實義。

佛教文獻中的「繩床」似乎包含幾種不同的坐具。其中包括有靠背的單人坐具。有學者指出「繩床」是胡床的別名，也就是一種可疊起來的小凳，並認為元代胡三省說胡床與繩床是兩物的說法是錯誤的。[64]但佛教的文獻可證明胡三省的說法無誤：有的繩床完全符合椅子的定義。首先，繩床比胡床大，比胡床穩。據佛教的文獻，當時僧人使用繩床時，常常是跏趺而坐（盤足而坐），如譯於三世紀末的《尊上經》云：「彼時，尊者盧耶強耆，晨起而起，出窟已。在露地敷繩床。著尼師檀已，依結加趺坐。」[65]同樣的，譯於東晉隆安二年（三九八年）的《中阿含經》也說：「於繩床上敷尼師檀，結跏趺坐。」[66]這類例子很多。隋代僧人智顗在論述如何使用繩床坐禪時，曾說坐禪的人應「結跏正坐項脊端直。不動不搖，不萎不倚。以坐自誓，肋不拄床。」[67]所謂「不拄床」應指不要靠椅子的靠背。這些記載與敦煌第二八五窟中的一個圖像吻合（圖4-5）。第二八五窟完成於東魏興和元年（五三九年），其壁畫中的僧人正在一把較寬且具有靠背的椅子上打坐。同樣，刻於東魏興和四年（五四二年）的一幅造像（圖4-6），也繪有類似在這種椅子上打坐的僧人。

圖 4-5　敦煌，第 285 窟。（圖片為敦煌研究院所提供）

圖 4-6　東魏興和四年石刻造像拓片。北京圖書館金石組編，《北京圖書館藏中國歷代石刻拓本彙編》第 6 冊，鄭州：中州古籍出版社，1989，第 89 頁。

至於當時人為什麼把這種坐具稱作「繩床」，大概與其椅板的性質有關。曾於七世紀時到過印度的漢僧義淨，曾描寫繩床的結構：「西方僧眾將食之時，必須人人淨洗手足，各各別踞小床。高可七寸，方纔一尺。藤繩織內，腳圓且輕。」[68]也就是說，有些繩床的椅板是用藤繩所製成。

除了用於坐禪的繩床以外，中古時期漢譯佛經中有時也提到「木床」，而所謂木床有時也是椅子的一種。僧人對外客介紹寺院時，繩床與木床是寺院中不可不介紹的基本設備，如《四分律》載：「舊比丘聞有客比丘來，應出外迎……應語言：『此是房。此是繩床、木床、褥、枕、氈、被、地敷。此是唾器。此是小便器。此是大便器……』」。[69]又，《大藏經》中有一千多條有關繩床的記載，其中論到「旋腳繩床」、「直腳繩床」、「曲腳繩床」、「無腳繩床」等各式坐具。[70]有學者認為「繩床」就是一種椅子，大約類似現在的「禪椅」。[71]然而，上述最後一個例子，應該讓我們有所保留，因為「無腳繩床」似乎不符合椅子的定義。其實，在這些資料中，「繩床」及「木床」還包含臥具及坐具在內的幾種不同家具。唐德宗貞元十三年（七九七年）的〈濟瀆廟北海壇祭器碑〉在列出祭祀的器皿時，其中一行「繩床十，內四倚子」，說明了「倚子」一詞出現時，當時的人認為它是繩床的一種。[72]

總之，配合文獻與圖像的資料，我們可以確定，有時「繩床」及「木床」的確指有靠背的單人坐具。在印度，除了帝王與貴族使用椅子以外，椅子也是當時僧人日常生活中的一部分。另外，從律典中的記載可知，當時的僧眾對繩床制定了很多規矩。如《四分律》說，曾有一位叫作迦留陀夷的人在某一條道路的附近「預知世尊必從此道來，即於道中敷高好床座。迦留陀夷遙見世尊來，白佛言：『釋尊，看我床座！』」接著，佛批評迦陀夷的傲慢，並規定從此以後，僧人「自作繩床、木床，足應高八指截竟。過者波逸提（即輕罪）。」[73]律藏中有關坐具適當高度的記載很多。[74]此外，也有一系列的其他禁忌，如律典宣說僧人不許在繩床上鋪設動物的皮或絲織品。曾有比丘痛斥願意坐上這種坐具的僧人為「不知慚愧，無有慈心，斷眾生命。」[75]當時僧人之所以對椅子抱持保留態度，或許是由於椅子與政權的關係，也就是說，提倡少慾知足的佛僧，連家具的使用也要與世俗的象徵體系劃清界線，指明比丘的椅子與高官貴族所享用的高貴豪華椅子截然不同。

繩床和僧人修行關係最密切的用途，是作為打坐的工具。繩床很寬，可以「結跏趺」而坐，坐上去涼快、乾淨，並可避免地上的蟲子。《十誦律》有一則故事闡明了這點：

> 佛在舍衛國。諸比丘露地敷繩床，結跏趺坐禪。天熱，睡時頭動。有一毒蛇繩床前行，見比丘頭動，蛇作是念：「或欲惱我」，即跳螫比丘額。是比丘故睡不覺，第

二螢額亦復不覺，第三螢額，比丘即死。諸比丘食後，彼處經行，見是比丘死，不知云何，是事白佛。佛以是事集比丘僧，集比丘僧已，語諸比丘：「從今繩床腳下，施支令八指」。[76]

後來，在中國也有僧人說坐椅子「不收風塵、蟲鳥壞汙。」[77]

總之，文獻及圖像資料顯示，古代印度人有坐椅子的習慣，而這個習慣在佛寺中尤其盛行。此外，據敦煌二八五窟的壁畫及東魏興和四年的造像，可知用於坐禪的繩床從印度傳到中亞，又從中亞傳到中國。[78]

中國寺院中的椅子

椅子從印度的寺院傳到中國的寺院，在佛教典籍中有跡可尋。譯於西晉的《尊上經》中已經有繩床一詞，說明當時的僧人即使沒有親眼看到繩床，但至少知道印度有此物。此後，譯成漢文的佛書當中亦常見此名。至於中國的僧人什麼時候開始使用繩床，唐初高僧道宣的著作中有一則頗有價值的記載。他說：

中國（即印度）布薩有說戒堂，至時便赴此；無別所，多在講、食兩堂。理須準承，通皆席地。中國有用繩床。類多以草布地，所以有尼師壇者，皆為舒於草上。此間古者有床，大夫已上時復施安，降斯已下，亦皆席地。東晉之後，床事始盛。今寺所設，率多床座，亦得雙用。然於本事行時，多有不便。[79]

他的意思是說，當僧眾舉行布薩（即說戒懺悔的儀式）時，為了讓眾僧保持共同的法度（理須準承），一般都使用尼師壇（即方形布），坐於地上。因為從晉代以來也有僧人使用椅子（繩床），所以有時僧人同時用尼師壇與繩床，而在「本事行」（即僧人出家之前較複雜的種種儀式），兩種坐法並用對執行儀式帶來了一些不方便。

道宣認為在中國的僧人自東晉以來使用繩床，或許是依據梁《高僧傳》的記載。據《高僧傳．佛圖澄傳》，東晉時期曾有一個水源枯竭，佛圖澄「坐繩床，燒安息香，咒願數百言，如此三日，水泫然微流。」[80]同書〈求那跋摩傳〉記載宋文帝元嘉八年（四三一年）求那跋摩死亡的情形時云：「既終之後，即扶坐繩床，顏貌不異，似若入定。」[81]《高僧傳》是在六世紀初葉編成，與此同時的一塊造像碑上有僧人坐於椅子的圖像（見下頁，圖4-7），[82]這可能是中國圖像中最早的椅子。此後，北周武帝天和元年（五六六年）的造像碑陰面與側面，都有僧人坐椅子的描繪（圖4-8、4-9）。

綜上所述，我們可以確定：在六世紀初中國已經有僧人使用椅子。此外，我們可以推測：在東晉，甚至更早，椅子大概已出現在中國的寺院。即使我們以最保守的年代為準（即六世紀初），漢僧使用椅子的證據還是比非佛教的相關資料，要早幾百年。[83]

如同印度的僧人，中國僧人使用椅子的主要目的之一，是為了禪坐。隋代大師智顗在描述打坐的方法時，曾建議禪者要「居一靜室或空閒地，離諸喧鬧，安一繩床，傍無餘座。九十日為一期。結跏正坐，項脊端直；不動不搖，不萎不倚。以坐自誓，肋不拄床。」[84]又如智顗的弟子灌頂論及「常坐三昧」時說：「居一靜室，安一繩床，結

圖 4-7　西魏 535-540 年間造像碑。（Kansas City, Nelson-Atkins Museum 所藏）

圖 4-8　北周天合元年（566 年）造像。（中央研究院歷史語言研究所傅斯年圖書館所藏）

圖 4-9　北周天合元年（566 年）造像。（中央研究院歷史語言研究所傅斯年圖書館所藏）

跏趺坐。端直不動，誓肋不著床。」[85]與此不同，繩床出現於僧人的傳記中時，坐在其上的僧人通常不是入定，而是「入寂」。如《續高僧傳．僧達傳》云，僧達「一時少覺微疾，端坐繩床，口誦《波若》，形氣調靜，遂終於洪谷山寺。」又如《宋高僧傳．辯才傳》說此僧「十三年冬，現身有疾，至暮冬八日，垂誡門徒已，安坐繩床，默然歸滅。」[86]禪坐也好，靜然過世也好，以下，我們會看到繩床的形象，在僧團以外人士的心目中也含有恬淡無憂的意味。

在唐代的寺院，椅子也有較普通的世俗用途，比如說，僧人吃飯時也用椅子。義淨在其《南海寄歸內法傳．食坐小床》中曾批評當時中國僧人吃飯坐椅子（「小床」）時的姿勢說：

即如連坐跏趺，排膝而食。斯非本法，幸可知之。聞夫佛法初來，僧食悉皆踞坐（即垂腳而坐）。至於晉代此事方訛。自茲已後，跏坐而食。然聖教東流，年垂七百，時經十代，代有其人。梵僧既繼踵來儀，漢德乃排肩受業。亦有親行西國，目擊是非。雖還告言，誰能見用？[87]

也就是說，到了唐初，椅子在中國的寺院中已經有幾百年的歷史。而且那段歲月中，不斷有印度比丘來到中國，也有中國的僧人去印度，但（依義淨看來）中國的僧人仍然沒有掌握使用椅子的正確坐姿。不論唐代僧人的姿勢是否「正確」，對我們來說，最主要是義淨前面的那段話，他指出從很早以來，國外的僧人就把印度坐椅子的習慣介紹到中國寺院。

從寺院到民間

如上所述，椅子是跟隨著佛教從印度傳到中國的寺院。至於椅子從中國的寺院流傳到一般人房屋內的漫長過程中，唐代的朝廷或許扮演了媒介的角色。[88]據《貞元錄》，出生於南印度摩賴耶國的金剛智，準備離開印度到中國時，其國王曰：「『必若去時，差使相送，兼進方物。』遂遣將軍米准那奉《大般若波羅蜜多》梵夾，七寶繩床……諸物香藥等，奉進唐國。」[89]至開元八年（七一九年）金剛智果然到達洛陽拜見玄宗，此後受到玄宗的優渥禮遇。若此文可靠，則是最早記載非僧人擁有椅子的例子。又，前文所提及繪有木椅的天寶年間壁畫，墓主是高元珪，高元珪是高力士之兄。因此可推論當時朝廷中應該也有人使用椅子。到了九世紀中葉，又有皇帝使用椅子的例子。日本僧圓仁著《入唐求法巡禮行記》載，武宗「自登位已後（即八四一年以後），好出駕幸。四時八節之外，隔一二日便出。每行送，仰諸寺營辦床席氈毯，花幕結樓，鋪設碗壘臺槃椅子等。一度行送，每寺破除四五百貫錢不了。」[90]又如前所引《資治通鑑》記唐穆宗（八二一－八二四年在位）曾「見群臣於紫宸殿，御大繩床。」由這些蛛絲馬跡看來，椅子可能是從寺院直接傳到唐帝國的最高層，又從宮廷流傳到民間。

不過，唐代的文獻中，有關帝王資料的比重本來就很大，而明載皇帝使用椅子的記載卻又很少。因此，很難證明椅子的流傳與宮廷的日常生活有直接關係。還有一些資料顯示，除了皇帝以外，也有一些唐代士大夫，由於行政上的需要，或個人的興趣到寺院作客，因而與僧人所用的椅子有接觸。例如，圓仁曾記載，開成三年（八三八年）十一月「十八日相公入來寺裡，禮閣上瑞像，及檢校新作之像。少時，隨軍大夫沈牟是來云：『相公屈和尚。』乍聞供使往登閣上，相公及監軍並州郎中、郎官、判官等皆椅子上吃茶，見僧等來，皆起立，作手立禮，唱：『且坐』。即俱坐椅子，啜茶。」[91]又如孟郊詩〈教坊歌兒〉「去年西京寺，眾伶集講筵。能嘶〈竹枝詞〉，供養繩床禪。」[92]都反映世人如何接觸到僧人的生活習慣。

如前所述，在三朝的《高僧傳》中，繩床往往與高僧恬淡自在的生活連在一起。這種意象對唐代的文人很有吸引力。如孟浩然〈陪李侍御訪聰上人禪居〉詩，「欣逢柏臺友，共謁聰公禪。石室無人到，繩床見虎眠。」[93]又如白居易〈愛詠詩〉：「辭章諷詠成千首，心行歸依向一乘。坐倚繩床閑自念，前生應是一詩僧。」[94]大概就是為了追求這種悠然的理想，有些文人也在家中設置原為寺院所有的椅子。如《舊唐書．王維傳》說王維「齋中無所有，唯茶鐺、藥臼、經案，繩床而已。退朝之後，焚香獨坐，以禪誦為事。妻亡不再娶，三十年孤居一室，屏絕塵累。」[95]

到了五代，椅子與佛教的關係似乎已被遺忘了。在相傳五代作品的〈韓熙載夜宴圖〉一畫中，有椅子，也有僧人，但坐於椅子上的人不是僧人，而是貴族韓熙載（圖4-10）。據《五代史補》，韓熙載為了過舒適的日子，拒絕為相，南唐後主李煜命令顧閎中畫韓家夜宴，以揭露他放蕩奢侈的生活。[96]顯然，畫中的椅子顯示當時韓家的富貴，與佛教中恬淡寡欲的形象毫無關連。

南宋人莊季裕甚至認為只有僧人保留了古人的坐法。他說「古人坐席，故以伸足為箕倨。今世坐榻，乃以垂足為禮。蓋相反矣。蓋在唐朝猶

圖 4-10　韓熙載夜宴圖。（北京故宮博物院所藏）

末若此……唐世尚有坐席之遺風。今僧徒猶為古耳。」[97]總之，到了宋代，椅子已經是一種日常家具。雖然寺院中的僧人在他們的日常生活中仍使用椅子，但寺院以外的人已不再把椅子與佛教連在一起。

總結以上的討論，可知約在三到四世紀，跟隨著印度寺院中的習慣，中國的僧人開始使用椅子；在盛唐到晚唐時期，有一部分居士以及與佛教有接觸的人也開始使用椅子；至五代、宋初，椅子開始普遍流行於中國家庭。椅子的歷程可視為佛教影響中國社會的範例，說明傳到中國的佛教不僅僅是一種單純的信仰系統，而且同時包含了許多我們平時想不到的因素。換言之，正如本書其他案例一樣，椅子的歷史顯示在佛教傳入中國的漫長過程中，除了教理及儀式以外，佛教也帶來了各式各類的器物及生活習俗。

以上的討論雖然可以了解椅子如何在中國出現、流傳，但無法解釋為什麼椅子會成為中國文化日常生活的組成部分。我們只要看一下日本的室內就能體會到這點。正如漢僧一樣，日本的僧人也讀過提及繩床的律典，也看過玄奘與義淨對於印度寺院的描寫。圓仁的日記顯示，日本的中國留學僧也注意到中國寺院中的椅子。從日本中古時期的繪畫及正倉院的藏品中，也可知當時日本僧人確實曾從中國把一些椅子帶回日本。然而，椅子在日本始終不如中國興盛。在近代西方的影響下，日本大量地引進及生產椅子，但即使到現在，典型的日本家庭仍然以席子為主，而非椅子為主。[98]

由此看來，從席子搬上椅子並不是人類文明的必然趨勢。說椅子的出現推廣了衛生習慣，並「對中華民族身體素質提高或許有益」、是「古代文明的一種進步」、是「向純理性方向的發展」[99]恐怕都不能成立。鋪席子的家庭往往講究乾淨，屬於席地而坐的文明（日本、韓國、波斯等）通常覺得席地坐比坐椅子舒適。這種問題與兵器及一些其他科技的流傳不同：國家為了自保會學習敵人的優勢兵器；[100]近代，眼鏡從西方傳到中國便很快被廣泛使用，也不出人意料。[101]但用不用椅子，與一個文化的生存沒有直接的關係；用椅子是否比席地而坐方便也很難說。[102]由此可知，由席子轉變到椅子，是基於一些相當主觀的文化因素，而與較客觀的科技及衛生等因素似乎無關。

至於中國人之所以改用椅子的原因，我在前面提到了幾個可能，如彌勒像的普及、椅子在寺院中的運用、非僧人與寺院生活的接觸，以及椅子與悠然平靜之人生態度的聯結。不過，雖然這些因素也曾同樣存在於日本和韓國，但他們並沒有廣泛接受椅子。[103]顯然，椅子的歷史相當複雜，仍有許多待闡明之處。然而，我希望以上的討論說明了一個較小而仍然重要的現象：中國人從低型家具發展到高型家具的過程中，椅子扮演了一個重要的角色，而佛教是這個過程中的關鍵因素之一。

第二節　糖

在椅子的傳播史中，一個微不足道卻耐人尋味的主題，是椅子與其相聯繫的某種情感在不同文化之間的傳遞。正如前文所談到的，在中國，椅子既暗含權威之意，同時又透露著安逸。椅子的傳播顯示了某些抽象的概念可以很容易地和一些看來非常世俗的物品聯繫在一起，這種聯繫又能藉由物品的傳播而橫跨廣袤的地域，穿越迥然不同的文化。

總的來說，無論是在印度還是中國，椅子不經意間所傳遞的這種意境和情感，並未成為文學構思的主要素材。在佛教文獻中，椅子也只是當作寺院的一種家具，主要關注它的使用和構造，而不是用來闡釋教義或表達佛教的理念。如果談到佛經中修辭譬喻的來源，我們還是要轉而關注那些常被經典引用、更具文學潛力的熟悉物品，其中最為人熟知的有菩提樹、蓮花、牛乳、恆河，以及一種對中國醫藥和烹飪史意義重大之物——甘蔗。

佛教經典常把甘蔗作為豐饒的象徵。如《維摩詰經》中所描述的盛景：「三千世界如來滿中，譬如甘蔗、竹蘆、稻麻、叢林。」[104]又如在《佛本行集經》中，佛陀告阿難：「此閻浮提世界，縱廣七千由旬，北面廣闊，南面狹小，猶如車箱，滿中羅漢，稠若甘蔗竹葦麻稻。」[105]此外，《十地經論》中把佛和菩薩的現身描述為「假使十方於一一方無量世界微塵數等諸佛國土，十地菩薩皆滿其中，譬如甘蔗、竹葦、稻麻、叢林。」[106]這只是以茂盛的甘蔗田作為豐饒象徵的幾個例證而已。這一象徵的流行也反映了甘蔗被廣泛種植的情況。植物學家們認為，甘蔗最早大概是在公元前八千年於新幾內亞開始被種植，到公元前六千年時已傳到印度。[107]

玄奘於七世紀到印度求法時，驚異於茂盛的甘蔗林，遂將其視為犍陀羅地區的一個顯著特徵。他在《大唐西域記》中寫道：「穀稼殷盛，花果繁茂，多甘蔗，出石蜜。氣序溫暑，略無霜雪。」[108]

古代印度認為甘蔗是上等的美味，正如當時無數關於惡劣、墮落的未來將要來到的預言中所描述的那樣：其時人們生活艱難，壽命短促；由於酥油、蜂蜜、油、鹽以及甘蔗等美味都被剝奪，只能依靠寡淡乏味的食物度日。[109]《四分律》中把甘蔗汁譬為天神的甘露，而《大般涅槃經》中也把甘蔗列為上等美食：「我說甘蔗、粳米、石蜜、一切穀麥，及黑石蜜、乳酪、蘇油，以為美食。」《正法念處經》亦云：「人世界中第一美味，所謂蜜味合蘗之酒，甘蔗肉等，閻浮提中此味第一。」[110]佛經中的很多譬喻也提到，在古代印度甘蔗會感染「赤腐病」

（經典中用這種病來描寫允許女人剃度出家的危害，說女人對於僧眾就如這種病對於甘蔗田一樣），甚至還談到蔗農如何灌溉甘蔗田。[111] 其他的軼聞典故還指出甘蔗除了味美可食外，還可以入藥。[112]

透過這些描寫，我們可以瞥見幾分甘蔗在日常生活中所起的作用，而一些更為精妙的比喻，則讓我們對甘蔗的加工過程有所了解。[113]《發覺淨心經》中把語言比作甘蔗，經云：「甘蔗莖幹皮不堅，然彼心中味最上，不以壓皮令有味，其味不離於甘蔗。如皮多言既如是，如汁思義亦復然。」[114] 在《守護國界主陀羅尼經》中，菩薩被比喻為甘蔗，經云：「菩薩摩訶薩為諸眾生，起大悲心，勞謙忘倦，譬如甘蔗及以胡麻，以物壓之漿油便現，菩薩亦爾。」[115] 在這些文獻中，我們可以清楚地知道古代印度人習於榨取甘蔗汁。在另一些譬喻的例子中，也顯示出中世紀的印度人已經知道從甘蔗汁中可以提取不同的物質。如《大般涅槃經》云：「迦葉菩薩白佛言，世尊，譬如甘蔗數數煎煮得種種味，我亦如是從佛數聞多得法味。」[116] 在《百千頌大集經地藏菩薩請問法身讚》中「種種味」則被賦予了不同的名字，經云：「增於甘蔗種，欲食於石蜜。若壞甘蔗種，無由石蜜生。若護甘蔗種，三種而可得，糖、半糖、石蜜，於中必得生，若護菩提心，三種而可得，羅漢、緣覺、佛，於中必得生。」[117] 就如從甘蔗中能提取糖、半糖和石蜜三種物質一樣，菩提心中亦能生阿羅漢、緣覺和佛陀這三種存在方式。又如《大方等大集經》中以甘蔗之味來說明菩薩、聲聞和緣覺的關係：「譬如甘蔗其味雖一，與白石蜜為福德人，出黑石蜜為薄福德人，法界亦爾。菩薩摩訶薩則得大智甘露之味，不雜聲聞辟支佛味，聲聞唯得有邊智味。」[118]

六世紀初譯為漢文的《正法念處經》中有一段更生動的甘蔗譬喻，經中以糖的煉製過程來比喻比丘的修行，把靈修過程描述如下：

如甘蔗汁，器中火煎。彼初離垢，名頗尼多（phaṇita）。次第二煎，則漸微重，名曰巨呂（gula）。更第三煎，其色則白，名白石蜜（śarkarā）。此甘蔗汁如是如是煎復更煎。離垢漸重，乃至色白。

隨後，經文又以該比喻來描述此比丘通過禪修「以智火煎」，不斷淨化自己，「最終則成無漏鮮白之法」。[119]

令人沮喪的是，就像對家具的描述一樣，中古時代的中國人描述糖的相關術語並不精準。根據不同加工後的純度，甘蔗汁可以被製成各式各樣的產品。「石蜜」一詞有時指糖漿，有時卻又指結晶的冰糖。[120]儘管我們不易弄清某部經典中所提到的糖其確切性質為何，但總體而論，研究食糖的專家根據佛教典籍和其他早期的印度文獻，都認為古代印度「毫無疑問是最早製造各種糖類食品的文明地區」。[121]古希臘人雖然知道有蔗糖，對印度的製糖術也有所了解，但要到很晚西方才開始大規模地製糖。[122]而中國開始製糖也相對較晚，這之後我們會再談。

總之，佛典中的各種記述都表明，糖在古代印度非常普遍，既是可食的美味，又能入藥治病，還可用於宗教儀式。[123]從甘蔗汁中能提煉各種糖類食品，在古時已是眾所周知的常識，故佛教典籍的編撰者能夠利用製糖術來闡釋佛教義理中的信念。這即是假設：雖然某些讀者可能會在理解佛教的教義方面有困難，但起碼人人都了解製糖的基本常識。

印度寺院裡的製糖

製糖需要人力，是勞動密集的行業。甘蔗在相對乾燥的氣候環境下生長，需要定期灌溉，一旦砍下甘蔗桿，就必須立刻提取和處理，以免甘蔗脫水、腐爛或發酵。[124]另外，雖然現代的技術人員已能夠測控糖漿的溫度和濃度，但古代匠人則只能依靠經驗推估糖漿大概的濃度和色澤，故精確度不高，[125]但是寺院卻在兩方面都具備了較好的條件。寺院不但擁有土地，且擁有能夠傳承專門製糖技術的僧眾，這些都讓寺院成為製糖的理想之地。

經典中不乏支持這一說法的證據。如《正法念處經》和《四分律》中都曾提到在寺院的田地上種植甘蔗。[126]又如《摩訶僧祇律》中描述僧人們如何處理收穫的甘蔗，「大得甘蔗，食殘笮作漿，得夜分受。若飲不盡，得煎作石蜜七日受。石蜜不盡，燒作灰，終身受。」[127]《根本說一切有部毘奈耶藥事》中還提到「煎糖室」，顯示除了甘蔗田外，一些寺院還配有從事相對規模較大的製糖所需的設備。[128]

律典是專門為僧人編撰，原則上不允許出家人以外的人閱讀。律典中的各種規定不僅表明蔗糖對寺院僧眾很重要，也提到蔗糖會帶來某些問題。理論上，持戒嚴格的僧人過午不食，但根據律典的記載，佛陀會特許僧人在午後食用包括甘蔗汁在內的一些果汁。[129]回顧一下前文所引《摩訶僧祇律》的記述：「大得甘蔗，食殘笮作漿，得夜分受。」[130]儘管單靠這些資料，我們很難了解古代寺院的飲食狀況，但是至少在一些寺院，甘蔗汁看起來可供僧人們午後食用以增強體力。[131]甘蔗汁雖然是一種很好的營養和熱量來源，但它發酵後產生的酒精也給僧眾帶來問題。[132]例如《大智度論》中就把甘蔗酒和其他的「藥草酒」列在一起，論云：「藥草酒者，種種藥草，合和米麴、甘蔗汁中，能變成酒」，並認為甘蔗酒不應飲用，因為「益身甚少，所損甚多。」[133]

唐以前中國人所用的甜料

如果一個文化像古代中國般擁有豐富的烹飪傳統卻沒有使用各種甜料，將會令人非常驚訝。很早以前，蜂蜜和飴糖在中國就已廣為人知。不過，在唐以前，食用蔗糖還很少見，生產白砂糖的技術幾乎無人知曉。毫無疑問，中國人很早就已採集和食用野生蜂蜜，從二世紀末起就有養蜂和採集蜂蜜的記載。至少自四世紀起，中國南方的市場已有蜂蜜出售。到唐朝，史書記載有十九個不同的地區向朝廷進貢蜂蜜，這都顯示那時蜂蜜的生產和消費已經相當普及。[134]

對古代中國人來說，更重要的一種甜料或許是自穀物萃取出的「飴糖」。早在新石器時代，人們很可能就已經從發酵的穀物中發現飴糖。中國古代的各類典籍多有提及飴糖，漢代時飴糖已是市場上一種很普通的商品。相較於西方，飴糖在中國人的飲食中占有更重要的地位。甚至今天，在中國市場上，仍隨處可見各種瓶裝透明而黏稠的飴糖。[135]

雖然蔗糖在唐以前並非中國人飲食中的常見之物，但不能據此認為甘蔗本身是藉由印度僧人傳入中國。早在公元前二世紀的西漢時期，中國史書中已有甘蔗的記載。克里斯汀・丹尼爾斯（Christian Daniels）提出，從西漢征服南越國後，甘蔗就開始出現在中國的典籍裡。[136]各種散見於漢代文獻的記載也清楚表明，西漢時中國人對甘蔗已經很熟悉，並且知道可以從甘蔗汁中提取各種甜料。例如《楚辭》記載甘蔗糖漿可以用來烹飪，另據《漢書》的記載，甘蔗汁還可用於醒酒。[137]

成書於一世紀的《異物志》，簡要記述了如何從煮沸的甘蔗汁中提煉、晒乾製成一種固體糖的過程。[138]另據著名的道士、煉金術士及藥物學家陶弘景之註記，他那時代的「砂糖」由廣州的甘蔗製成。譯於四八八年的佛教典籍《善見律毘婆沙》中的註記再次確認了陶弘景所述，且該書也提及砂糖盛行於廣州。[139]根據名稱判斷，學者認為這裡的「砂糖」是一種品質較低、晒乾的糖。[140]

我們不清楚製作這種「砂糖」（無定型糖，amorphous sugar）的技術是來自何處。克里斯汀・丹尼爾斯認為，漢朝時中國人最初是從當時南方的非漢民族學到製作無定型糖的技術。[141]不過，也有其他學者指出至少某些技術是來自印度，在《後漢書》中有關印度的記載就曾提到該地產的石蜜。[142]雖然已無法確知中國人最早如何接觸到糖及其生產技術，無可否認的是從漢到唐，一直有來自印度持續且穩定的影響。漢語中的「甘蔗」一詞即輾轉來源於梵文 *phāṇita*。[143]而且，在唐朝時，醫藥學家們仍認為來自「西方」的石蜜品質最好。[144]

總而言之，在中國甜料史中有關食糖的記述很分散，唐朝以前是飴糖和蜂蜜的時代，那時從甘蔗中提煉的主要的產品是無定型糖和各種半固體的糖。這些糖容易變質，造成儲存和運輸上很大的問題，[145]即便入唐以後，各種精煉加工的糖還是宮廷奢侈品和外來的稀有物。

中國僧人與糖

就糖對西方社會的影響這一課題，悉尼·敏思（Sydney Mintz）曾做過廣泛的研究，其中令他驚嘆的是：「阿拉伯人無論走到哪裡，都會隨身攜帶糖，以及製糖的技術及產品；我們被告知，有《古蘭經》的地方就有糖。」[146]這方面，亞洲的情形或許更為複雜，由於很多地區盛產甘蔗，在佛教未及之處也會有各式食糖製品。不過，佛教在亞洲的廣泛傳播無疑讓許多平生未嘗過糖的人知道了糖的存在。

中國高僧在註釋印度經典時，對於原典中提到的食糖有時會出註，這說明他們自己對糖也頗為了解。[147]當佛教譯場中的僧人們翻譯印度佛典中所提到的大量各具名稱的食糖種類時，可以想像他們必得經由討論發展出一套相應的漢語辭彙。[148]而從中國的佛教律典中可以看出，就如印度一樣，僧人們在佛教儀式裡會用到糖；他們不僅把糖當作食物，同時也用作藥品。另外，中國的寺院住持們，也如同印度的住持們那般，對發酵甘蔗汁所產生的問題非常關心。[149]鑑於直至七世紀初中國宮廷仍認為有必要專門派使者到印度學習製糖術，可知即便中國的僧人們知道如何製糖，大概他們也祕而不宣。在《新唐書》中，有一段關於摩揭陀國（即今天的印度西北部）的記載：

摩揭它，一曰摩伽陀，本中天竺屬國……貞觀二十一年（六四七年），始遣使者自通於天子，獻波羅樹，樹類白楊。太宗遣使取熬糖法，即詔揚州上諸蔗，拃沈如其劑，色味愈西域遠甚。[150]

多種不同的史料都載有此事，但我們並不知道被派到摩揭陀國的中國使者是何人，他們又是從何人、何處學到了何種技術。[151]不過，有份史料確實給我們提供了一些答案，也與佛教經典所描述的中世紀印度製糖的情況相符。《續高僧傳》的〈玄奘傳〉中寫道：「初，奘在印度聲暢五天，稱述支那人物為盛。戒日大王並菩提寺僧，思聞此國，為日久矣，但無信使，未可依憑。」[152]玄奘對唐朝的描述激起了戒日王和印度僧人們的好奇心：

戒日及僧，各遣中使齎諸經寶遠獻東夏。是則天竺信命自奘而通，宣述皇猷之所致也。使既西返，又勑王玄策[153]等二十餘人，隨往大夏，並贈綾帛千有餘段。王及僧等數各有差。並就菩提寺僧召石蜜匠，乃遣匠二人、僧八人，俱到東夏。尋勑往越州，就甘蔗造之，皆得成就。

這些文獻中述及的事件發生時間，學者看法不一。李志寰認為遣使到印度求取製糖術有兩次：第一次是《新唐書》所記載的六四七年太宗遣使，第二次則是《續高僧傳》所載的高宗（六五〇－六八三年在位）遣使；而每次帶回的製糖術都不同。克里斯汀．丹尼爾斯則提出兩次記載都指唐太宗在六四七至六四八年的遣使事件。[154]

不論歷史上究竟是一次、還是兩次遣使到印度求取製糖術，對佛教史而言最重要的是在這一過程中僧人們扮演的角色。《續高僧傳》的記載也顯示印度僧人擁有精湛的製糖工藝。從這段文字來看，我們並不清楚製糖之「匠」到底是僧是俗。不過，這段至少暗示了工匠們是和僧人一起協作製糖。同樣有趣的是，僧人們還扮演了政治文化中外交使者的角色。最初是由玄奘建立中國和摩揭陀國之間的聯繫；接著，唐朝皇帝又派中國僧人遠赴印度，與當地的僧人接觸；最後，出於禮尚往來，摩揭陀國又派僧人來到中國。

對於研究中古外交關係的學者來說，派遣僧人作外交使節，不足為奇。從唐朝至明朝，日本僧人在建立中日兩國的外交關係上就發揮了顯著的作用。[155]玄奘也充分意識到唐朝統治者會對他西行求法感興趣。當他抵達中國邊境後所做的第一件事，就是遣人上奏太宗，報告他回國的消息。著名的《大唐西域記》也是應唐太宗的敕令而作。[156]

不論是中國還是外國的高僧，從域外抵達中國後，常常會帶回新的佛教經典、學說和儀式出現在廟堂之上。他們也會傳播異域軍事、風土人情方面的信息。跟隨其他林林總總的東西，被帶進來的還有各種物品，以及相關的製造技術。在前文的引述中就曾提到有僧人向唐代宮廷進奉菩提樹。[157]此外，前面的例子也提到印度僧人金剛智，向唐武宗進奉寶石、香藥和七寶繩床。還有赴印度朝聖求法的高僧義淨所進奉的佛像和舍利，中亞僧人那提則向中國皇帝進奉外國的藥材。[158]僧人及與他們打交道的帝王所懷抱的動機無疑非常複雜，可能既有宗教方面的虔敬，也有政治方面的善巧方便，甚至普通的好奇心。從現存的史料來看，中國皇帝派遣使者到印度學習製糖術的動機並不明確。唐朝早期一次廣為人知的遣使出訪，是為了獲取外國的藥品；因此，很可能是糖的藥用特性吸引中國皇帝的興趣。現存的文獻也沒有透露僧人們從印度帶回何種技術上呈當時的統治者。所幸，一個在敦煌的偶然發現給我們提供了線索。這份暫可追溯到九至十世紀的文獻，是目前最早有關中國製糖工藝的詳細記載，也有可能是有關製糖的世界上最早記載。[159]文獻中羅列了可用於製糖的最佳甘蔗品種，並詳細描述砍伐甘蔗，且在一個牛拉的大碾盤中碾磨壓碎的過程，以及榨出的甘蔗汁該如何處理。

於甕中承取，將於十五個鐺中煎。旋寫（瀉）一鐺，著筋（筯），瘨（置）小（少）許。冷定，打。若斷者，熟也，便成砂糖。不折，不熟。160

這段文字記述的重要性在於它不僅提到如何萃取甘蔗汁，還提到煮沸汁液所使用的多個「鐺」。直到十九世紀，在亞洲的許多地區仍採用這種從甘蔗汁中快速煉製細砂糖的方法。這份文獻還描述如何從砂糖中提煉精製白糖：

若造煞割令（即石蜜），卻於鐺中煎了，於竹甑內盛之。祿（漉）水下，閉門滿十五日開卻，著甕承取水，竹甑內煞割令祿（漉）出後，手遂一處，亦散去，曰煞割令。其下來水，造酒也。

這份文獻揭示了有關食糖提煉的複雜知識，其中對過濾技術的探討，更讓該文獻在食糖史上別具意義。由於這份文獻沒有署名，我們無法得知作者是誰，但是間接的資料表明，這可能是由一位僧人寫給其他同道。首先，這份文獻是寫在一個含有兩個佛教咒語（三身真言和磬鈴鈴真言）資料的背面。其次，和所有敦煌文獻一樣，這份文獻可能也出自一個藏經洞。但以上兩點並不能完全排除這份文獻是由商人翻譯，或是為商人而翻譯的可能，但是它與寺院有關聯的可能性很高。由於敦煌是絲綢之路上行旅之人最常駐足之處，所以，這份文獻或許代表從印度傳來的訊息即將被進一步向更遠的南方傳播。無論如何，這份文獻表明，至少在一個中國的寺院裡，僧人們已經在那個視糖為貴重之物但其製作技術還未普及的時代，掌握了提煉蔗糖的複雜技術。

這份有關糖的敦煌文獻，不但向我們描述如何反覆煮沸甘蔗汁、不停攪動、再冷卻以得到乾燥細砂糖的過程，它還介紹了在此基礎上，如何進一步處理提煉出的糖以製作出質地更為細膩的糖。王灼在其十二世紀的一本著作《糖霜譜》中，把另一種類的糖追溯至一位比丘。根據《糖霜譜》的記載，四川某個寺院一位神祕的鄒姓僧人研製出一種大顆粒的固體糖——這種糖在西方有多種叫法，稱為 sugar candy、coffee crystals 或 rock candy。這條材料的記述有傳說的味道。文中提到，這位僧人住在一個與世隔絕的茅草屋裡，他通常會列出自己所需要的物品清單，然後讓驢子帶上單子和錢到村子裡去。做生意的村民從驢身上拿到錢，再讓驢子把所需的物品帶回去。有一次，這頭驢吃了一位黃姓人士的甘蔗。鄒姓僧人遂教這位黃某製作冰糖的方法以作補償。[161]繼《糖霜譜》之後，一些史料也記載這段鄒姓僧人的傳說。可惜的是，它們均未能提供其他額外訊息，以便讓我們更接近這個傳說的事實核心。[162]不過，中國最早有關冰糖的記載源自印度，這點讓我們把冰糖傳入中國和佛教聯繫起來更為可信。[163]至少，這個故事反映宋朝初期製糖和僧人間普遍的關聯。

一〇七二年，日本求法僧成尋乘坐一艘由醉醺醺的水手駕駛的船隻，一路歷盡艱辛來到中國。船到越州，當地商人賣給船員一種叫「糖餅」的小吃，成尋如此描述這種小吃：「以小麥粉作菓子也。其體似餅，大三寸許，同餅厚五分許，中入糖，其味甘美。」[164]在中國遊歷期間（向北最遠到達山西的五台山），成尋在各處的寺院裡經常能吃到這種甜餅。到十一世紀時，精製白糖在中國已經相當常見，製糖技術也視作平常。

把製糖技術和椅子的傳入對比，有助於我們更好理解和評價佛教寺僧在製糖術傳入中國的過程中，所發揮的作用。蔗糖和椅子二者顯著的不同之處在於，製糖需要投入大規模的資金種植甘蔗，以及建造萃取甘蔗汁的作坊。較為大型的中國寺院，通常擁有大量土地和主要用以壓榨油籽的牛拉輪碾的作坊。[165]同樣值得注意的是糖和椅子傳入中國的相似之處。和椅子相同，製糖技術成功傳入中國，其中的一個原因是僧人們絡繹不絕地穿行於兩種文化之間。技術史學家也指出技術的傳播依賴人員的流動。即便在今天，技術人員也通常是被派往某處安裝新系統，而不是僅靠設計圖和操作手冊來完成。[166]唐朝統治者最初遣使赴印度學習製糖術也說明這一點，而且朝廷也認識到利用寺院的社會網絡從印度進口新產品、吸納新觀念的好處。

第三節　茶

中國飲茶之風的興起

與目前為止談及的大多數物品不同，印度沒有介入佛教與中國茶的關係。從十九世紀初一直延續至二十世紀中葉，英國與中國學者就茶樹的起源問題爭論不休；前者認為茶樹原產於印度，後者則堅稱是中國。這一爭論牽涉殖民主義、巨大的國際茶葉市場以及民族自豪感；並非單純出於對歷史事實的探幽尋奇，討論因而顯得異常激烈。[167]這場爭論起源於一株在印度發現的野生老茶樹，人們據此推測，茶可能最早是在印度培植。但是野生茶樹在中國各地均能找到，且數量龐大，這至少為中國的植物學家提供同樣充足的證據說明茶樹最早種植於中國。儘管對茶樹起源何處，學者們仍莫衷一是，但以下這一點已經成為當代的普遍共識：茶葉的生產，也就是為了採摘葉片而種植的茶樹，確實源自中國。[168]雖然，我們無法完全否定古代中國以外的地方可能零星地存在飲茶的可能性，但是，諸如錫蘭和俄國等地要到十九世紀，商人把茶葉從中國引進之後，才真正開始生產茶。[169] 儘管飲茶的習俗在古代東亞其他地區，如韓國和日本也很普遍，但無疑也是自中國傳入。因此，在容許一些零星及分散的例外情況下，我們可以說，世界的茶樹種植和飲茶習俗絕大多數都可追溯至中國。而且根據中國不同地區的方言中「茶」字的發音，甚至可以說世界上所有現代語言中的「茶」這個詞，都可溯源到漢語。[170]

正如茶樹地理起源地的爭論激烈，有關茶在中國最早的用途也眾說紛紜。茶在中國的歷史至少可追溯至八世紀陸羽所著的《茶經》一書。陸羽把《爾雅》中的某些記載，當作是有關茶的紀錄，認為中國人使用茶可一直上溯至遠古傳說中的神農氏。接著，宋代及其後的學者如法炮製，或是力圖在古代典籍查找關於茶的記載；抑或與之相反，試圖尋找駁斥其他學者說法的證據。與椅子和糖的情況類似，根據古代文獻資料撰寫茶的早期歷史也同樣面臨一個主要困難，就是命名的問題，因為物品名稱的改換通常遠遠落後於物質文化的變遷。現代語言中的「茶」字要到八世紀才確定被用來作為該植物的標準命名。但是根據語境和早期的詞彙註釋，自陸羽以來的學者都認為古代典籍中所提及的各種植物名稱，其中最重要的「荼」，實際上就是指「茶」（camellia sinensis）。當代學者陳椽在其研究中，把中國茶的歷史遠溯至四千年前。另一些學者則認為，早期文獻裡提到的並不是茶，而是某種草；或者，即使那些文獻的確與茶有關，但是並沒有證據表明其葉子曾被用來泡製飲品。[171]

有關中國早期茶葉的語文學證據並不明確，除非有新的考古發現，否則對於中國上古時期飲茶的問題，總還會有令人質疑的地方。幸好，就我們的研究而言，我們可以從中國最早有關飲茶的確切證據開始敘述。最早記載飲茶的史料見於公元前五十九年王褒所撰寫的《僮約》。他在書中詳細列舉一個奴僕所要承擔的大量工作，其中就包括「煮茶」。[172] 這之後，跟飲茶有關的各種零星記載就更頻繁地出現在文獻中。

六朝時期，飲茶已成為南方文士的一種時尚，《世說新語》中大量關於飲茶的軼聞典故可以為證。不過，在唐朝之前，飲茶的習慣大多限於南方高門大族的小圈子。在北方，牛奶是優先選擇，而南方士人飲茶之俗則是被譏笑的對象。一則出自六世紀《洛陽伽藍記》中的典故，生動地記述這種不同地方飲食品味的差異：

> 肅初入國，不食羊肉及酪漿等物，常飯鯽魚羹，渴飲茗汁。京師士子，道肅一飲一斗，號為為漏卮。經數年已後，肅與高祖殿會，食羊肉酪粥甚多，高祖怪之，謂肅曰：「卿中國之味也，羊肉何如魚羹？茗飲何如酪漿？」肅對曰：「羊者是陸產之最，魚者乃水族之長。所好不同，並各稱珍。以味言之，甚是優劣。羊比齊魯大邦，魚比邾莒小國，唯茗不中，與酪作奴。」[173]

換言之，雖然北方人並非對茶一無所知，但是他們認為茶不如奶，而且也沒有飲茶的習慣。唐代晚期，飲茶的習俗已經傳到北方，事實上已遍及華夏大地；不管在南方還是北方，如果還有人認為茶的地位是「與酪作奴」，會被視為粗俗或怪誕。唐朝末年，飲茶成為宮廷日常生活的一部分，各地競相以茶葉為貢品來博取皇帝歡心，皇帝也會相應地獎賞那些向他進獻茶葉的人士。當時朝廷甚至首次嘗試徵收茶葉稅，這表明唐末茶葉貿易已非常興盛。詩人們賦詩數以百計，讚美茶的好處，並創造出被有茶癖者稱為「茶詩」的一種的新文體。[174] 這一時期的史料中，還有關於官員、將士，甚至農夫飲茶的記載。簡言之，到十世紀時茶已經融入中國人的飲食文化，飲茶已成為中國的民族習俗，並由此傳播到世界各地，使茶成為現代最重要的商品之一。六世紀時飲茶只是南方高門閥閱的習慣，但到十世紀初葉，它已普遍為中國各個階層接受，這種轉變也引起學者的極大關注。學界專家已提出許多促成飲茶成為全國性習俗的因素，而佛教就是其中最重要的一項。[175]

陸羽和《茶經》

八世紀《茶經》的作者陸羽，無疑是中國茶史上最重要的人物之一。陸羽在其書中詳細描述正確的種茶之法、煎茶之道，以及泡茶用水和各種器皿的選擇等，還旁徵博引各種史料中有關茶葉的記載。《茶經》為一種新型的鑑賞活動提供標準和語彙，迅即風靡文人學士。《茶經》成書於中國歷史上一個前所未有的國泰民富、溝通暢達的太平盛世；該書甫問世，就被競相傳閱，一時間洛陽紙貴。陸羽同時代的封演評論《茶經》：「楚人陸鴻漸為《茶論》，說茶之功效並煎茶炙茶之法，造茶具二十四事，以都統籠貯之。遠遠傾慕，好事者家藏一副。」[176] 飲茶很快蔚然成風，陸羽的名聲也廣為人知。唐朝末年，很多茶館、茶行的經營者供奉陸羽的畫像，認為是拜其人其書所賜，他們才得以從事這份職業。[177] 此後，《茶經》催生了大量傳授煎茶和品茶之道的指南手冊。[178]

在彌合南北差異、溝通僧俗兩界上，陸羽確實是理想的人選。他出生於七三三年的江陵，即今天的湖北省荊州市。根據他的自傳和熟識者為其撰寫的傳記，陸羽幼年父母雙亡，由僧人撫養成人。陸羽把自己文學詩書的才華都投入了世俗創作，而不是佛教經藏，這令他的師父頗為不悅；最終他也沒有選擇出家，而是選擇離開寺院。不過，終其一生，陸羽都與僧人保持密切的交往，身後葬在他早先師父的靈塔旁。陸羽的生平與著作揭示飲茶和僧人間的聯繫，對茶史有著特別的意義。作為其最著名的朋友，詩僧皎然曾寫過幾首與陸羽一起品茗的詩作。此外，文友皇甫冉也寫過一首陪伴陸羽一起到寺院採茶的詩。[179]《茶經》中也津津樂道在偏僻的寺院附近採茶的樂趣，並鼓勵煎茶時使用「濾水囊」，以免不小心傷害飲水中的生物。[180]由此可見，作為中國八世紀飲茶之風興起的一位重要代表人物，陸羽一生與僧人關係密切，很可能受僧人影響而養成飲茶的嗜好。其他的相關史料也顯示，這一中國茶史的關鍵時期，飲茶在佛教寺院中頗為盛行。

寺院中的飲茶習俗

八世紀時，飲茶之風甚熾，見證此一轉變的封演為我們留下了寶貴的紀錄。封演不但注意到陸羽的《茶經》大行於世及隨之而來人們對茶具的熱情，而且認為飲茶這一習俗的形成另有其因。他在書中寫道：

> 南人好飲之，北人初不多飲。開元中，太山靈岩寺有降魔師大興禪教，學禪務於不寐，又不夕食，皆恃其飲茶。人自懷挾，到處煮飲。[181]從此轉相仿效，遂成風俗。起自鄒、齊、滄、棣，漸至京邑。城市多開店鋪，煎茶賣之，不問道俗，投錢取飲。[182]

此處提及飲茶的兩個原因都與佛教有特別的關係。前文曾提及，比丘食糖的原因在於戒律規定出家人過午不食。相應地，僧人會喝些如甘蔗汁一類的流質食品以解除午後及夜晚時的飢餓感，同時增強體力。不過，與蔗糖不同，飲茶在印度並不盛行，所以佛教律典中沒有午後飲茶的記載不足為奇。七世紀的義淨亦只是提到茶在中國寺院的應用，只是他堅持僧人在煎煮草藥、糖水或是在午後非食時段煮茶的話，應當使用純淨的水。[183]

封演認為，為了在禪修時保持清醒是僧人飲茶的另外一個原因。六世紀的智顗討論禪修時，提到睡眠干擾打坐的問題，並建議執事僧使用「禪鎮杖」弄醒打坐時墜入黑甜之鄉的僧人。儘管中國人很早就藉由飲茶保持清醒，但智顗在其書中，卻從未談及茶可以作為禪修時的一味清醒劑。[184]唐代的各種文獻資料也同樣未提到禪修時飲茶之說。不過，當代中國和其他地方的僧人確實會在禪修中間飲茶，[185]而封演提出以茶提神的做法始於唐朝初年，有相當的可信度。

封演確信是在降魔大師的推動之下，初唐時寺院之中才會飲茶之風大盛，不過這點很難被證實。降魔是北方禪宗頗有影響力的人物，但是我們對他的生平所知甚少。[186]從降魔的傳記資料中可知，他的確曾在五台山教授禪法，並在當地聚集了大批徒眾。但是，除了封演的著作，沒有其他史料談及降魔與茶的關係。不過，降魔確實以提倡坐禪著稱，且他的方法遭到禪僧神會的批評。[187]因而，封演所說的降魔提倡坐禪，並鼓勵以茶保持醒覺的方法，儘管難以證實，卻有其合理之處。

雖然茶用於輔助禪修的記載較少，但唐代以降，我們發現大量資料記錄茶在寺院中的各種用途；由此可知，茶已經成為寺院日常生活很重要的一種飲品。如七世紀的道宣在其著作中談到僧人剩茶所造成的浪費。[188]另外，義淨在他從印度寫回的信件中，有處饒富興味的評論特別強調了茶的藥用特性。在描述了人蔘的治病用途後，他接著寫道：「茗亦佳也。自離故國向二十餘年。但以此療身，頗無他疾，且如神州藥。」[189]由於義淨在別處曾提到，茶在當時的印度並不普及，[190]這意味著他必定不憚煩勞隨身攜帶茶葉或自其他行客處討要。還有其他史料提到用茶來供養佛教中的神祇。[191]八世紀末編撰於四川的《歷代法寶記》中也包含數則僧人飲茶的記載。其中一則記載某位僧人非常高興地從另一位僧人那裡得到半斤茶葉。在該書的另一處，一位僧人談到自己有飲茶的嗜好，於是一群同道特為他寫了一首有關飲茶之益的詩。[192]唐末宋初的禪宗典籍內，時常雜見僧人飲茶的記載。宋初史料中甚至出現寺院設有「茶室」，以及專門負責寺院茶事的「茶頭」一職。[193]此外，散見於禪宗經典和唐詩中的一些資料中還可看到寺院會在自己的田地上種植茶樹，這種做法一直延續到宋代。[194]

總之，史料證據指出初唐時期僧人就開始有飲茶之習，且很大可能是從七世紀時始於今天四川省及南方地區等盛行茶葉的地區。僧人出於多種原因飲茶：或為茶的藥用特性，或為午後的提神功效，或者把它當作在禪修中保持清醒的輔助工具。大約八世紀中葉，飲茶的風氣已經傳到北方寺院。可能正是因為僧人的流動性最強，早在南方士人能帶動這方面風尚之前，茶就得以通過南部和西部的僧人，迅速傳播到了北方寺院。中國歷史上各時期的僧傳中都遍布著他們行腳遊方的路線，和所到之地的名稱。事實上，從古至今，在不同的寺院之間遊方參學，被認為是僧人的部分修行內容；因而，在一路參學行腳中，那些在南方養成飲茶習慣的僧人把這一習俗帶至北方亦不足為奇。推言之：正如椅子和糖的傳播史，飲茶的習俗一旦在北方寺院形成，很快就會由僧人那裡傳播至士大夫。

僧人、文人與茶

唐朝詩人元稹現存的詩作中，有一首頗為機巧的茶詩，單以「茶」字起首，漸次展開至兩言、三言、最後至七言。該詩的開頭幾句是：

茶，
香葉，

嫩芽。
慕詩客，
愛僧家。[195]

其他很多詩作也見證了元稹所言：有唐一代，詩人和僧人是茶的兩類忠實擁護者。《全唐詩》中有上百首提到茶的詩作，其中不少與僧人有關。在一首關於茶詩的自序中，李白描述他乘船到金陵，途中邂逅一位僧人，後者向他展示一種手掌大的茶葉，並帶他參觀茶園的情景。[196]劉禹錫（七七二－八四二）也在一首詩中描述他在寺院品茶的經歷。由於茶樹就種在寺院後方，詩中寫到「山僧後簷茶數叢」，所以「自摘至煎俄頃餘」。詩中另一句還提到「僧言靈味宜幽寂，采采翹英為嘉客。」[197]

以茶待客之道大約始於東晉時期（三一七－四二〇）的中國南方。[198]唐代時這種風氣傳到了寺院。義淨在《南海寄歸內法傳》中特別提到「謂若食噉一切諸物，下至吞嚼一片之藥，若不漱口洗手已來，並不合受禮禮他。若飲漿或水，乃至茶蜜等湯，及酥糖之類，若未漱口洗手，禮同前犯」。[199]雖然這樣的禮儀使待客之道顯得不免迂闊，但此處的關鍵詞是「禮敬」，似指一種正式向僧人致敬的禮儀，而非用於日常的迎賓待客。在稍晚的史料中，我們還發現，盛唐以來奉茶招待上門的賓客已成習俗，這當然也是現在中國各地通行的做法。唐詩中經常提到寺院裡舉行茶宴，跟僧人一同細品香茗的情景。這顯示八世紀時，寺院以茶招待上門造訪的文人已是一種常禮。[200]圓仁在其九世紀的日記《入唐求法巡禮行記》中提及茶之處頗多。前文的引述中曾提到，當地方官員造訪圓仁客居揚州的寺院時，除了被邀請於椅子上就坐，還另奉茶水款待。[201]時逾一載，在山東的一個寺院，圓仁再次目睹以香茗款待來訪的官員。[202]據明代《佛祖歷代通載》記載，開元年間（七一三－七四一），覺林寺的僧人志崇日常動用的有三種茶，用途各別：「以驚雷笑自奉，以萱草帶供佛，以紫茸香待客，赴茶者至以油囊盛餘滴以歸。」[203]雖然很難確證這份史料的來源和歷史真實性（志崇並不見於其他史料），但其中體現的精神相當真確，反映茶在佛寺中最重要的三種用途，而不僅只是待客而已。

前文中我們看到，在文人心中，繩床總是聯繫著僧人清幽寂靜的山林生活；而在他們筆下，茶與僧人形象之間的關係更為緊密。如詩人高適與友人在開善寺避暑小住時，思索山林修道生活優勝於廟堂仕途之處，寫道：「讀書不及經，飲酒不勝茶」。[204]還有一些詩人在詩中描述於寺院中坐在繩床上一邊品茗，一邊研讀佛經，間或高談深奧佛理的情景。[205]如同王維和白居易這樣熱心的居士，更嘗試在自家居室中營造有如寺院般清寂靜謐的氛圍。筆者在前文引述唐史中與椅子有關的文獻時曾提到，王維晚年過著簡樸寡慾的生活：「齋中無所有，唯茶鐺、藥臼、經案、繩床而已。退朝之後，焚香獨坐，以禪誦為事。」[206]同樣，白居易在一首詩中描寫他宿醉未醒，靜坐繩床，細品一壺新烹香茗的情致。[207]

僧人、文人與茶之間不單僅是文人意想中的抽象聯繫，而有更實用的層面。圓仁初到中國遊歷之時，曾備了一份包含「沙金大二兩、大阪腰帶一」的厚禮送給一位協助他辦理中國通關文書的新羅通譯。次日，這位通譯回贈圓仁「細茶十斤」。[208]之後，圓仁遇到一位極為吝嗇的主人，以至不得不用一斤茶換取所需的食物。[209]唐詩中也記述了一些類似的相互酬贈，茶被作為禮物，連同詩歌一起送給僧人；或者文人為了感謝僧人饋贈的茶葉，寫詩致謝。[210]可見，僧人與文人間以茶為贈亦司空見慣。

某種程度上，茶扮演了寺院間通貨的角色。

因為茶樹種在山寺附近，採摘便利，而且由於茶

圖 4-11　明．仇英《趙孟頫寫經換茶圖卷》。
（Cleveland Museum of Art. John L. Severance Fund, 1963.102）

與寺院生活有關，所以對僧人而言，茶葉既可用來交換其他物品（就如圓仁旅行時用茶換取食物），也可以用作更抽象的交換。根據義興縣一塊唐代碑銘的記載，向皇帝進貢茶葉正是從「山僧」開始。[211]與文人一樣，皇帝也會回饋那些貢茶的僧人。中國歷史上最著名、最重要的一套茶具，是由唐懿宗於八六九年賜給座落於長安城外御賜的法門寺。[212]此外，文獻資料也證實皇帝把飲茶與寺院活動聯繫在一起。如七八八年，唐代宗召集當時的高僧大德檢定訂立新的《四分律》注疏，為此他特為僧人們準備了紙墨，九十日齋食以及「茶貳拾伍釧」。[213]同樣，七九六年，德宗供應了負責重譯《華嚴經》的高僧們大量茶和香。[214]顯然到了八世紀，茶如同香和紙一樣，已成為學問僧著述時不可或缺之物。

糖無疑只是物質文化中算作生命短暫之物，僅僅給食品增添些許看不見，摸不着的滋味。而茶的包裝既直觀又實在（那些帶有裝飾紋樣的茶磚，煎製時所需的各種器具等等），讓它更可能成為中國物質文化的重要組成部分。例如，法門寺出土了作工精細的茶具，表現了精美絕倫的工藝，無愧其社會聲望。[215]但是，相對於僧人在糖或椅子的傳播裡所發揮的作用，他們在倡導飲茶改變中國物質文化方面，則有些模糊。僧人把印度食品和家具傳播到中國的過程中出了一臂之力，但是讀者卻有理由指出，即使佛教從未進入中國，茶遲早也會成為中國人的日常飲品。

封演在八世紀中期斷言，僧人在傳播飲茶習俗中有舉足輕重之力；因為他親身見證了中國人飲茶習俗的演變，所以他的說法頗具權威性。事實上，研究中國茶史的著作一般都徵引了封演的觀點，認為北方飲茶習俗的盛行可追溯至佛教僧人，他們通過飲茶來保持在禪修和午後禁食時的清醒。但是，若把飲茶風氣的流行僅僅歸功於佛教則是錯誤的，更不能僅歸之於個別僧人的努力。除了陸羽和他頗有影響的《茶經》一書所發揮的重要作用外，至少對於茶的傳播同樣重要的因素，還有隋唐時期中國疆域的日益鞏固以及更安全可靠的交通體系建設，這都使得各種思想、習俗和器物得以在中國快速且廣泛地流布。[216]

不過，即便我們認識到一種特定的風潮或品味的傳播會有多樣複雜的原因，且會包括各種個人興趣和歷史偶然事件，但毋庸置疑的是佛教在中國飲茶之風的興盛中扮演了重要的角色。正如我們所知，陸羽和佛教之間有密切的關係，而在陸羽寫作《茶經》之前，飲茶的風俗在寺院裡也已經流行多年。此外，在中國古代，僧人經常沿著遍及全國的寺院網絡四處遊方參學；他們比社會其他群體更能奔走在帝國新建的大道上，享受著日益增加的旅行安全。而且，由於文官與僧人來往密切，思想、習俗或器物一旦從一個寺院傳至另一個寺院，很快就會從寺院暢通無阻的社交管道，再傳至相鄰州府的士大夫文人圈中。

僧人在中國形成飲茶風尚的重要時期扮演了重要角色，而且在接下來的時代中，佛教在與飲茶有關的習俗和器物的發展中也繼續發揮著明顯的作用。僧人們繼續在寺院生產茶葉，事實上，寺院所種植的茶田在宋代已具相當規模，以至於國家（當時國家壟斷茶葉售賣）發現有必要規定僧人只能為滿足寺院的需求種植茶葉，不能進行販售。[217]大量的資料都可看出整個明代以及清初，茶一直在寺院的日常活動中扮演舉足輕重的角色。[218]在這種背景下，明代僧人被認為是龍井的發明者也就絲毫不讓人覺得奇怪了。[219]另外，宜興紫砂茶壺的普及也被歸功於明代僧人。[220]總而言之，煎茶所需的器皿、茶葉的加工方式、茶樹栽種的位置以及飲茶習俗本身，在某種程度上都得益於佛教在中國的傳入及發展。

本章小結

本章所討論的三個例子讓我們感受到佛教對中國物質文化影響的範圍和複雜性。作為寺院生活的附屬物品，椅子隨著佛教一起傳入中國，並引發中國家居陳設的巨大變化。中、印兩地之間僧人的頻繁往來，使得製糖的技術及知識得以傳入中國；跟椅子相同，製糖技術也很快地從寺院傳至整個社會。儘管在古代印度飲茶並不常見，與早期佛教也不存在任何聯繫，但中國僧人養成的飲茶習慣，卻推動了這一風尚在整個中國的流行，影響遍及社會各階層。

這些物品從中古時代開始被使用，到今天幾乎成為所有中國人的日常用品；佛經並未特別提倡其中的任何一種，而它們的流行也非因宣講佛法的結果。雖然律典中提過椅子，但寺院僧人似乎從未就此努力推廣使用椅子，遑論在家眾了。蔗糖在佛經中常被引以為喻，但是進食並不能培植功德；同樣，端坐繩床、啜飲清茗也不能積福修德。儘管茶可能有助於僧人在禪修時保持清醒，但是即便是在指導打坐的手冊中提及茶之處也相當有限，佛經中則更少。椅子和茶的確曾一度與佛教發生關聯，甚至在一定程度上可以說成為僧人生活方式的象徵，但是這些聯繫主要出之於偶然；更確切地說，它們是士大夫文化的產物，而非因僧人通過佛教著作努力推廣所致。這三類物品也自然從未被認為具有神聖的力量。無論它們與佛教之間存在何種關聯，這種聯繫都極其脆弱且短暫。自宋代以降，除了廖廖可數、學識淵博的專家，幾乎沒有人會意識到椅子、糖、茶與佛教之間的聯結。一些類型不同、重要程度各異的物品，也遵循了類似的傳播模式。有一種叫筌蹄的凳子，中間窄，上下大小一樣，也是隨著佛教傳入中國，並很快就在社會上流行。[221]此外，一種六朝時隨佛像一起從印度進口到中國的項鏈也非常受歡迎。[222]僧人似乎也為唐代盛行種植牡丹的風潮助了一臂之力。[223]更引人矚目的是，僧人把印度和其他地區的一些植物引進中國，對古代中國醫藥的發展有重要的貢獻。義淨對醫藥興趣濃厚，他從印度寄回的信中有三處談及醫藥。在其中一處，義淨指出中、印兩國可獲取的藥材原料不同。他先描述了大量印度沒有的中國藥材，隨後也談到一些外國有而在無法在中國找到的藥材。

西方則多足訶黎勒，北道則時有鬱金香，西邊乃阿魏豐饒，南海則少出龍腦。三種豆蔻皆在杜和羅，兩色丁香咸生堀倫國。唯斯色類是唐所須，自餘藥物不足收採。[224]

唐高宗在獲悉域外生長的各種藥用植物後，大致於同一時間派遣中亞僧人那提（Nandī）前往印度，稍後又到現在的柬埔寨去採集珍奇藥材。這說明僧人在這類事物上據有主導的權威地位。[225]幾位唐代文人提到在佛寺優美的林園之中，種植著來自異域的藥草。[226]這一時期的一些詩作，間接談及士人至僧人處療治各種疾病。[227]這些都表明，僧人們不僅把許多新藥材從印度和其他地方帶到中國，而且在推廣它們給俗眾使用的過程中也有重要貢獻。

香的歷程與藥材和茶相同，早在佛教傳入中國之前——可早至大約周朝晚期——人們就已經在使用香了。[228]不過，佛教的傳播使中國和亞洲其他地區間建立起交流管道，促進佛教引進新的香料，以及刺激對這些香料的需求。佛教對於中國香料的貢獻最重要的一個例證就是沉香。就如乳香之於西方香料，沉香在亞洲香料中同樣位居核心。[229]幾部佛教經典均提及，沉香源於印度，從那裡傳到東南亞，三世紀時進入中國，這是我們在中國佛教典籍中發現有關沉香的最早紀錄。山田憲太朗在其東亞沉香史的研究中，再三告誡不要因為過度強調佛教在沉香傳入中國的過程中的角色而忽略其他一些重要因素。沉香自身的吸引力，加上貨源充裕、相對便宜，也是它能融入中國風俗儀式和日常生活的重要原因。[230]不過，沒有人會懷疑佛教對於沉香傳入中國的重要貢獻。最早見於高僧佛圖澄之傳記的安息香亦如是。[231]

在把香介紹到中國的過程中，僧人發揮了重要的作用，而佛教在其進入中國之後，僧人在刺激消費方面也同樣至關重要。這不僅鼓勵了更多的香料進口，並最終推動本地香的生產。[232]寺院準備香的紀錄中也有大量資料顯示，香的消耗量非常巨大，以至於一位唐朝詩人用這樣的詩句來描述僧人閒適自在的生活：「僧家竟何事，掃地與焚香」。[233]與茶一樣，香也帶來與其用途相關的器皿製造，尤其是香爐。中國古代佛教藝術描繪虔誠信徒時最常出現的普通物品就是香爐，這既證實了佛教供養與香之間的關係密切，也顯示香爐這一器物的流行。其中許多香爐造價不菲且作工精湛。[234]

最令人好奇的是在寺院法事所燒用的香和用於標刻計時的香之間有何關聯。西爾維奧・貝迪尼（Silvio Bedini）基於幾首描寫僧人把標有刻度的香用於法事儀軌的唐詩、一份唐代翻譯的密教經典，以及敦煌出土的一張寺院財物清單，指出後來流行於中國的「香印或香篆」之計時裝置，起源於佛教寺院。[235]

在中國文化的背景下，從家具、蔗糖，到藥材與計時器，所有這些前所未見的新鮮事物，在它們最終融入日常生活之前，都先需要有能接受新事物的人給予程度深淺不等的接納。拿這些物品與那些精深哲學著述中的新思想相比較也許是有啟發性的。面對唐朝佛教義理的繁榮，與同時期傳統經學的相對故步自封造成的反差，中古思想史研究的現代學者指出，儘管士大夫文人能夠通過創作詩詞歌賦表達自我，但是朝廷保守的思想氛圍以及沈重的傳統都遏制了思想方面的探索。除了少數像韓愈這樣的特立獨行者一心為經學傳統注入新生命之外，中古時代中國有創見的思想家大都被佛教及其為新思想所提供的求索所吸引。[236]在相對不易察知的日常習俗領域，同樣的趨勢也起了作用。許多相當引人耳目的文化改變發生於唐代這個中古晚期世界——椅子傳入並引發中國室內陳設的變遷，食品方面的顯著變化，以及茶成為中國的全民飲料，這些都先在佛教寺院中經受測試和改進。如果說中古歐洲宮廷培養的是優雅儀態，[237]那麼中古時代的中國寺院則是培養新型物質文化的溫床。

假如佛教寺院仍舊堅持遠離塵囂，僧人走出山林蘭若只是為了布道弘法，那麼所有這些都不會帶來改變——寺院對家具、食品以及其他方面的革新只會被看作帶有異域色彩的畸變，僅是社會邊緣群體中一群與世隔絕人們的怪異習慣而已。但是，僧人與士大夫、朝廷之間培養並保持密切的互動，僧人不但被允許廁身其間，也被期望參與某些與佛教並不直接相關的活動。因此，那些最初在寺院之內進行的活動，後來也出現在其他一些和佛教關係不大的社會群體中，我們在本章所討論的那些偶然的和附帶的事情才會發生。[238]

僧人與朝廷官員，尤其是與皇帝的交往，對於中國佛教史上的一些重要發展具有決定性的影響。例如，唐太宗與玄奘、唐玄宗與善無畏之間的密切關係，都確保了這兩位大譯家的譯經計畫能夠得到所需的資源。歷史上像梁武帝、隋文帝和武則天對佛教的大力資助，使得整個帝國出現建寺、造塔和大規模製作佛教藝術品的風潮。朝廷資助佛教的動機相當複雜，同時夾雜著個人信仰和政治需求。而朝廷和佛寺間關係的副產品，則是僧人成了朝廷的常客，並發揮多項多數會涉及各色禮品交換的職能。當尋求資助的異域僧人來到中土的首都，經常會上呈該國帝王饋贈中國皇帝的禮物；如我們所見，僧人的進貢從裝飾珠寶的家具到樹木、藥草等形形色色的禮物。我們也見到皇帝派遣僧人作為使節遠赴他國家搜集藥材，或獲取國外製糖的技術。皇帝會欽賜香、茶或茶具給僧人，因之茶與香也屬於禮品的範疇。

在蔗糖的例子中，朝廷在將之從印度引入中國的過程中發揮了主動且決定性的作用。雖然蔗糖與佛教的關係大多出於偶然，但是它傳入中國本身卻不是意外。不過，我們所考察的絕大多數例子，都是以一種偶然的方式發生的。在大多數情況下，由僧人為滿足寺院之需而製造或進口的物品，被一些對佛教感興趣的文人和地方官員們帶出寺院，傳入中國社會的其他階層。儘管許多文人與僧人之間關係密切，經常造訪佛寺，非常重視佛教的思想和觀念，但他們與僧人間的交往大多只能算是一種休閒活動。士人到寺院中可以欣賞景致，也可以跟處在自己社會政治圈外的僧人交換談鋒；同時也為滿足了內心對悠然閑適且蘊含寧靜氛圍之寺院生活的渴望。正如教理、傳說和高僧傳記，這些具體的物品成為人民心目中寺院生活的一部分，引發士人對僧人身處環境中物質方面的興趣，令他們願意把這些與寺院生活方式相關的事物帶回家。

物質文化中新樣式的發展、調適的過程是非常複雜的，涉及不同的人群，各種觀念想法，還有隨機的歷史環境。不管我們可以把多少觀念與行為歸諸佛教的影響，但是，僅以佛教並不能解釋以上所討論的任何一件物品在中國流傳的歷程。不過，佛教，尤其是僧人，為每件物品在中國社會中占據一席之地發揮了至關重要的作用。在漫長而多變的歷史進程中，中國人接觸過許多種類的食品、家具和設施，但最後流行起來的只有很少一部分。在其他時代、地域的物品傳播史中，是一些其他的因素，或是新的技術（像馬鐙或汽車）、新的信仰（像伊斯蘭教或民族主義），及新的媒介（如報紙、收音機或電視），成為決定性的因素。而在本書的上述幾例中，將處於邊緣的奇珍異物轉化為日常必需品的關鍵卻是寺院佛教。

結論

有關中國物質文化的資料卷帙浩繁，爬羅剔抉之餘，幾生沒頂之感。這些詳盡的記述向我們提出的疑問和幫我們解決的問題幾乎同樣多。相關的主題包羅萬象，既有歷經風霜而屹立千載並仍將存世數百年的宏偉造像，也有眨眼之間便消溶於僧人鉢盂中的幾顆糖塊；既有簡單易懂的泡茶方法，也有莊嚴廟宇的頌賦，更還有探討物質空性的深奧論述。

要從這些不同物品的雜亂故事中清理出頭緒，其中一個方法是聚焦於它們的淵源：某些物品源自印度，然後伴隨佛教進入中國。這些物品可能代表著佛教對中國最初影響的例證。在本書的每一章，筆者費心關注這些器物佛教起源的費解問題；在多數案例中，更重辨明那些與中國器物相關的實踐和觀念的佛教起源。但是，相關的漢語文獻和定期公布的新考古發現實在是源源不絕，以至於任何結論總難避免有揣測之嫌。佛和菩薩的造像隨佛教進入中國，而造像有靈須加供奉的信念亦復如是；但也許將來某一天會發掘出新的資料，證明早在佛教來華之前，中國人已經在供奉某類造像了。令世人矚目而困惑的三星堆考古發現，也許就代表古中國西部造像崇拜的傳統。前文討論過的其他許多物品，情況也可能如此；在舍利崇拜、念珠、經卷和椅子的歷史上，非佛教的先例可能在某一天被發現。即便如此，我們仍可以確定佛教在這些事物的歷史中發揮過決定性的影響。某些物品上千年的譜系中總是會關涉多方面的影響，但是佛教在中國物質文化發展演變中發揮了重要作用，這一整體圖景已經足夠清晰且重要，以至於佛教應在任何中國專門史中都可占一席之地。

以這種粗重的筆法繪製一幅全景時，必然會抹去在大敘事中地位相對次要的一些母題；但這並不減少這些母題本身的重要性。例如，筆者對比丘著墨不少，但對比丘尼卻近乎沈默。雖然中國佛教史隨處可見尼眾的身影，她們在經藏的形成過程中卻非主力；筆者也未能找到尼眾關於諸如僧服和法器等等問題的著作。但是，比丘尼會偶爾出現在寺院和造像的碑銘裡。也有零星的資料展示了尼眾與其他各類人物（比如宮廷人士、在家眾、比丘等）的交往，也許可看出尼眾影響他人的方式，包括尼眾及相關人士與物品所建立的關係。若對這類資料詳加檢查，也許會揭示出尼眾在物質文化的某一領域內發揮過重大而獨特的作用。[1]此外，雖然尼眾不像僧眾留下了文獻和實物兩方面材料供我們研究她們對器物的態度，仔細分析現存文物，也許也能重建尼眾在物質文化方面的獨特模式。[2]但是，筆者在此不得不屈從於傳統，暫將尼眾置在中國佛教史的邊緣。

本書對道教也關注較少。筆者簡單地提及了道教對書籍與橋梁的觀念，但是佛教物質文化與道教物質文化之間的關係，必定遠較本書偶爾援引的材料所暗示的更為深厚。問題不在於資料的稀缺，而由於筆者有限的能力。道藏中的相關文獻非常豐富，道教相關的考古和藝術品資料數量也相當可觀，然而筆者對這些文獻和物質資料很生疏；另外，道教研究目前尚處初階，對道教物質文化的了解非常有限，很難讓研究者對佛道物質文化的關係遽下一般性結論。[3]

有鑑識力的讀者會質疑筆者將「印度」當作中國物質文化唯一的外在影響者來處理，彷彿佛教是從一個內部整齊劃一的、一統的印度，不經中亞或南亞，便直入中土。總體而言，這些中間地區對中國佛教的影響似乎有限。其中一個原因在於，中國人認為只有印度的佛教才是純正的，而傳播至中國過程中所產生的任何變化都應該被揭露和剔除。也許更重要的原因在於中亞地區和早期東南亞地區佛教的保守性；相比具有強大文化自信的中國人，這些地方的人在早期較難以容忍創新。不過，在這些方面尚受限於相關研究成果的稀缺；且關於明清時期西藏佛教對漢地的影響，現有的學術研究仍不夠詳細，筆者亦無相關學術背景，只得從缺。也許將來我們可以更仔細地審視這些地區間的物質文化互動，從而更細緻地描繪跨越文化界限的交流與影響。[4]

在中國歷史的時空範圍內，如果能針對佛教對於中國物質文化的重要性作分期研究，則能令我們對於佛教影響力的瞭解更加詳細。這樣，我們也能觀察更多同時代的其他因素，解釋為什麼佛教在某個時期的影響力特別強大。「衝擊」（impact）一詞意味著物體與物體之間的碰撞，而接觸之處會出現最強烈的變化；好比在平靜的水面上濺出巨大的水花，隨後出現逐漸衰弱的水紋。[5]但是，在佛教傳入中國的第一個世紀，亦即最早開始出現佛教影響力物證的時期，卻不是佛教對中國物質文化有最大影響力的時期。在許多案例中，需待數個世紀持續接觸之後，佛教器物和相關觀念才得以在中國整體社會中扎根。例如，三世紀的文獻資料已經有僧人使用座椅的記載，而圖像資料出現於六世紀；但是直到八世紀，座椅才進入世俗社會，十世紀才成為家居生活的尋常之物。又如，最早記載念珠的資料來自五世紀，而在家眾持用念珠的記載要到七世紀才出現。

即使印度佛教的研究者能夠確定何時佛教在印度最為生氣勃勃，我們也無法斷定佛教在中國最具衝擊力的時代即為此時。綜覽佛教對中華物質文化影響的全部歷史，即使在梵僧梵典不再來華的十一世紀之後，佛教影響力的強度依舊不減。即便在印度已不見製作聖像、書寫經典、縫製僧衣等之時，中國的佛教行者勞作依舊。佛教的功德觀念是鼓動中國人造橋之關鍵性因素，直到當代依舊如此。此外，佛教對器物的觀念在中國扎根後並非就此一成不變。例如儘管念珠很早就已傳到中國，但在十七世紀卻慢慢變成了政治權位的標識。儘管在此前數百年中，大量書寫佛典廣植功德的觀念已然流行，但八世紀佛教典籍才開始見諸大量印刷。就佛教的影響而言，沒有哪個時代堪稱無與倫比。特定器物的歷史與政治和經濟的發展分道揚鑣，就如器物與器物的發展也非齊頭並進。具體舉例來說，座椅的傳播並未同步於佛教藝術或念珠的流行。因此我們很難勾勒出佛教對物質文化影響的整體趨勢。這個問題是如此複雜，所謂影響大小的標準又很主觀，想要劃分出佛教物質文化的黃金或式微年代必為徒勞；因為一個黃金時代必然需要一個黑暗時代來反襯。

既然器物的歷史是依照各自的速度和節奏自行演化，那麼，如果分別考察其歷史，找出其中反覆出現的佛教引發影響的因素和模式，也許會取得更多的成果。在一些例子裡，個別事件引發了劇烈的改變；比如唐代依朝廷之力從印度的寺院引進精製食糖的技術，又如隋文帝聲勢浩大地將佛骨舍利分送到全國各地。然而更普遍的情況是，變化是在佛教個人和機構不斷地文化薰陶下緩緩地產生。換言之，佛教實踐與觀念的持續存在，為特定形式物質文化保證了傳播與發展所需的大量資源和時間。在當代，家居、服裝和建築的風格十年一變；相較之下，古代的物質文化轉變則非常緩慢，而且要轉變成功，背後還必須有某種勢不可擋的文化力量在長期推動。佛教在中國社會立足之後，便發揮了這種力量。

僧人的角色

雖然我們不能否認在家信眾甚至普羅大眾在中國物質文化演變過程中涵化和創新的地位，但僧眾在此中所占的核心地位還是特別吸引研究者的關切。筆者在本書中曾屢次談及僧院文化的開放性，我們也看到僧眾在許多情況下往往會突破社群和地理界限。他們願意採取新坐姿以適應座椅、迅速掌握了製糖技藝，因為這兩項是印度寺院的常用之物，並為僧人的日常生活所需——座椅是修習禪定和演說佛法時的坐具，而蔗汁可以在午後的半日齋戒中為僧人補充能量。

同樣，中國的僧眾也極力模仿印度僧眾的服飾和穿戴，若發覺有不相符之處，他們便會惶惶不安。一些中國的大比丘不滿僧人穿著帶袖子的偏衫，且非常在意用餐時的坐姿是否如法。換言之，他們在保持明確的漢文化認同之時，又自認為從屬於一個包括印度僧人在內的獨特群體。在這一方面，中國的僧人與士人不同，後者從不欽慕其他文化的知識精英，更不用說自認為從屬於其他群體，並以之為標竿。中國的詩人從未對印度的詩歌藝術表示興趣，更不會表達仰慕之情；但中國的僧徒，則以學徒的姿態來對待印度的大師，精研深思印度佛教的作品。在一定程度上，正是這種文化上的謙遜，令中國的僧眾不憚於在某些方面接受新鮮事物。更確切地說，中國僧人希望保持他們心目中由佛陀建立起來的生活方式，正是這種保守傾向讓他們吸納了那些不同於中國傳統的實踐與觀念。

在中國僧院文化中，對一致性的追求，並不僅限於他們對維持其眼中佛陀時代的純樸秩序的渴望。僧人很樂意在群體中分享一些俗界並不願接納的習慣，飲茶之俗便是如此；北方的僧人積極仿照南方的僧人持杯品茗，而北方的其他群體（官僚、軍士、農民等）則要用更長時間來接受這種南方的飲品。僧人獨特的身分認同得以維持，部分是依靠僧人的遊方傳統；大多數比丘在其一生中，都會花一定的時間遊走各方，四處參訪寺院，朝拜聖地。僧人行腳萬里，沿途巧遇當地或者其他遊方僧人的例子在歷史上屢見不鮮。經由頻繁的人際交往不斷強化這種身分的認同，這種認同又由一套獨特且統一的服制所鞏固，如僧服，鉢盂，錫杖等。不管因這套衣著而橫遭迫害或受人愛戴，僧人總是以獨特的宗教身分自我標識。換言之，器物直接反映了僧人身分，這種身分突破了存在於其他人群中的行為及觀念的隔閡。同時，新物品以及使用這些物品的新方法，也緩慢而持續地流傳到僧界之外。

在物質文化史上發揮影響的僧人，大都是僧團內和寺院外地方社會的精英。若要募得善款立像造寺、發起和推動名僧大德的舍利崇拜，或者要規範僧人的穿著，該僧人就需要具有一定的社會地位。這些領袖群倫的僧人很可能頗深諳佛經及教義，其中不時出現一些觀念與器物的使用密切相關。只在佛教觀念突顯的案例裡去注意僧人對於中國物質文化的影響，這當然有一定的危險性，但就整體而言，僧眾對物質文化的貢獻的確與佛教正式教義密不可分。供奉佛像、舍利崇拜，和製作佛經俱見諸經典。雖然在印度，佛像崇拜和經書的使用可能在佛教創立數百年後才出現，但是中國僧人並不知曉此史實；他們基於自稱如實傳達世尊言教的印度典籍，相信上述兩種做法承自佛陀時代，並且是基於佛陀手創的教義。由於重視恪守傳承，僧人會依照他們心目中正統的佛教觀念，形成自己對器物的態度。

紫衣袈裟作為朝廷恩寵的象徵與佛教的教義沒有關聯，但是袈裟作為苦行和教法傳承的標識，卻與佛教的觀念密切相關；袈裟不僅表徵此種觀念，而且也反映在佛教思想家筆下的論著當中。僧人手中的念珠則與西方極樂世界的信仰有關，只要持誦阿彌陀佛的聖號就能往生淨土；這一信仰同樣在主流佛教經典中出現並被傳播。佛教物質文化史中最重要的觀念恐怕就是功德觀念，包括將製造某些佛教器物的功德回向給親人。關於聖像、舍利、經書、寺院和橋梁的記載都頻引那些明確地提倡功德的佛典。在這些事物的創造過程中，僧人往往是領導者，不時宣揚他們平時從聽講和研讀中學來的佛教義理。只要是談及僧人鼓勵信徒使用數珠、建寺、印經等，幾乎所有記載都會挪用傳統佛典中的理論以解釋僧方的動機。

然而綜覽歷史便能發現，有時候器物文化發展有其自身的法則，而與佛教人士的闡發沒有關係。座椅、食糖和茶的歷史，的確與要求某些儀式的寺院生活略有關聯，但是食物及家具的發展，大體上與佛教的義理無關，而是不知不覺地踏進中國佛教的歷史。在此，我們又回到本書開篇所提出的其中一個問題：佛教中無常無我的學說，如何影響了僧人對器物的關係？克制、出離的苦修理念，又發揮了什麼樣的作用？

假如這些理念被貫徹到底，空落落的牆壁、灰暗的僧服恐怕就會變成佛教物質文化的全部。顯然事實並非如此，但是以上觀念也的確影響了僧人對待事物的態度。部分僧人對於前文述及的大多數器物的正當性仍持保留態度。他們質疑造像是否真的能傳達佛法真諦，並宣稱舍利與覺悟毫不相干。他們嚴格區分作為佛法象徵的僧衣以及佛法本身，反對在僧衣上精心修飾。有些僧人批評佩戴念珠是在賣弄對佛教的虔誠，抨擊一些人誤將佛法物質形式的表達當作切實的個人覺悟，後者離絕任何形式的有為法。出離的理念與對莊嚴和具象的渴求，這二者之間的矛盾貫穿了整個中國佛教史。飽讀經典的僧人總急於表達與物質世界相交接的顧慮，尤其是當他們纏身其中的時候，正如一尊造像的銘文曰：「實相無相而相之，至道絕書而書之。」

話雖如此，整個中國物質文化的發展史中，反對物質的理念對於僧人實際行為的影響實頗為有限。在大多數情況下僧袍保留著簡樸的形態，這無疑體現了僧人對世間的出離；但是，從唐代到現代，描述僧人身披精緻華麗袈裟之例並不少見。以光彩奪目的紫衣象徵出家修行的成就已成為過去，但它的消亡不是因為違背了袈裟作為清修的標誌遭到僧人所痛貶，而是因為名僧及其弟子之間的你爭我奪減低了它的特殊性。很少有僧人曾認真地批判鱗次櫛比的寺院建築群落和捐給僧眾的大量供養。大規模籌集資金一直是寺院體制中重要的一環，不管是要求捐款、捐地，還是通過既有寺產課取實物。在更小、私人的領域，僧尼仍常規地使用念珠和法器，而他們將舍利作為靈力和功德的物質載體來膜拜的熱情也從未曾稍歇；造像亦如是，不論是小型、不起眼的雕像，乃至巨大、皇家捐修的造像。禪宗中有少量故事說佛像因無法表徵深湛佛法而遭僧人毀棄，但這些似乎全是寓言性的，非真實記載。從古至今，許多銷毀佛像的事例幾乎都出於經濟和政治的考量，而非從佛教義理的層面針對物質世界墮落和虛妄的本質進行抨擊。另外諸如僧人焚經的幾則軼事，也只是意在對語言的局限性作哲學式的表達，而非鼓動他人在現實中付佛典於一炬。中國從未真正出現過基於佛教義理而試圖剔除佛教之物質表現的社會運動。

總體來說，佛教中支持製造和流通物質器具的教義，明顯地影響了中國人的行為，也改變著中國的面貌；相較之下，佛典中反物質主義觀點所產生的作用卻較為微妙，大體上只限於心理與說辭的層面。本書的個案研究表明，佛教對物質的態度體現的並非是赤裸裸的虛偽或背棄信仰。經藏實在太龐雜了，一個人只要夠淵博，就能從中找出大量的材料，證明各種器物的使用與講究是如理如法的。根據經藏，戒律可以因地制宜、調整變通；對器物作權宜之用，並不妨礙徹悟其空性，等等。因此，對器物處理的問題多是選擇合適的理據，而非嚴格遵循精心界定的術語和概念表述的標準教義。雖在懷疑論者的眼中，中國物質文化的豐富歷史可視為一段妥協和理想落空的悲劇，但從一個更具同理心的角度來觀察，這段歷史就可被看作靈活解讀戰勝教條主義、以主動表述來戰勝消極接納的故事。

僧界以外

即使在經律中的理想世界，僧眾也不是與世隔絕的群體；否則，僧人所擁有的物品和生活習慣對中國物質文化而言，就會只是提供新奇卻邊緣化的訊息。事實上，正是因為僧人融入了中國社會，才使他們能在中國物質文化乃至整個中國文化的發展中扮演要角。佛教經典中充滿了對僧俗交涉建議和告誡，說明早在古印度，沙門與社會上各色人等——從地方檀越到一國之主——都保持著多種關係。沙門自始便依賴在家眾供養，需要與各色人等進行交談，並與俗眾禮尚往來。的確，佛教的一大特色就是強調宣講佛經以勸人皈依；比丘應當致力於改變周圍人們的行為，且大量的資料證實各地僧人都將此謹記在心。

中國僧人與俗家人士接觸的機會很多，包括說法、論辯、法事等。從個人層面來說，具有強大文化影響力的文人會樂於造訪寺院、與僧人喝茶交談、或者將子孫送至寺院，讓他們利用那裡難得的藏書和清靜以考取功名。在許多事例中，尤其像是座椅的案例，僧俗之間的私人交往，推動了習俗和器物從寺院傳播至社會。文人與僧人之間的晤談往往發生在風景優美的偏遠地帶，目的不僅僅是為了談論深奧的佛法，也為了滿足京城與地方官員對簡樸平靜之生活模糊而浪漫的嚮往。對於物質文化史，最終這種輕鬆邂逅的重要性，並不亞於皇帝昭告天下的敕令和重要佛教思想家鄭重其事的宣講。物質文化太過於分散和龐大，不是任何機構所能左右的，不管是僧人組織還是朝廷。

除了上述間接因素對物質文化的潛移默化外，器具的製造和使用尚賴僧俗間其他形式的交往。為表達敬意或友情，僧俗之間常互贈禮品，包括茗茶、念珠、拂塵、袈裟，以及其他被認為佛教修行者適宜的物品。看看九世紀日本僧人圓仁的故事，他在中國各地漫長而艱辛的巡禮過程中，要解決飲食、住宿、通關、交涉等問題，就免不了與僧人、官員以及其他人士互通有無；因此，在疏通各種關係的過程中，他贈送和收受了各式各樣的佛教禮物。

雖然贈禮有助於形成和鞏固一對一的個人關係，但是有時造物成器會導致一般更經久「配置」（figuration）的形成。也就是說，在創造宏大而複雜的建築時，人們匯聚於彼此依賴的種種關係內。佛典中經常要求主要捐贈者（施主）、高僧，以及雖不醒目卻不可少的工匠進行協商。這三方人士需要相互摸索如何合作：著名的沙門會列名於碑銘有部分是為了光耀某一地方家族；匠人要確保作為主顧的施主滿意他們的作品；而施主則要求保證他們行為的功德能夠造福亡故的親人。類似的案例，在一些重大的法事中，比如法門寺的佛指舍利或者六祖肉身舍利的迎請，舍利會在附近的城坊中展出，供大眾禮拜。沙門、官僚和地方信眾一道護持迎請，如法進行，並努力達到最佳的效果；亦即所有相關各方都需要團結協作，完成以此舍利為中心的各種儀式。在這一過程中，器物不僅像餽贈禮品一樣促進了社會互動，更是引發社會互動的原因與核心；沒有它們，某些群體之間可能從來不會有哪怕是隻言片語的交流。

我們時常可以發現這種以器物為中心而形成的格局中一些矛盾的因素。在中古時期，僧人抱怨雇來的抄經匠汙言穢語，但對佛經的大量需求與高素質書工的短缺，必然造成這種妥協。各種社群之間最有意思的聚合，也許發生在造橋的過程中。造橋所必需的三種人員之間的張力，使得橋梁的歷史變得很奇特。地方官員由朝廷下令負責橋梁的建造和維護，地方士紳則負責出資，而僧人被地方官員命令去組織募款。有些事例中，官員對僧人募款時宣揚功德觀念持著頗為矛盾的態度，甚至很反感。但是，因為上級的壓力和資金的短缺，他們不得不求助地方寺院——只有具有經驗、社會資源、擅長運用勸人行善之辭令的寺院領袖，才能夠在短時間籌集到大量的資金。對僧人來說，他們時常很鄙夷粗俗的施主，認為他們只對捐施過程中的個人炫耀和善行所能帶來的實際利益有興趣，而對經典裡闡述有關功德與動機之間關係的複雜理論全無了解。我們可以猜想僧人也相當厭煩地方官員一再指使，在籌建好一座橋梁後又得為下一座而忙碌；而一旦橋梁建成後，很少有人再對他們感恩戴德了。不過，一個大型寺院的經濟來源非常複雜，依賴於各種社會關係，因此要想讓這樣的寺院正常運轉，需要良好的社會聲望、地方大族的慷慨供養，以及當地官員的多方關照。因此，寺院的領袖僧們也只好聽命於地方官員，為下一座橋梁的籌建而奔波。

造橋的例子表明，僧眾有時不但不是物質文化的內部動力的主導者，而且還會被捲入到他們難以掌控的過程中。不僅在寺院之外如此；甚至在寺院生活核心的物質文化上亦不例外。中國比丘很早就非常重視清規戒律，他們不辭勞苦地求取和翻譯多部在印度由不同部派歷時數百年編纂而成的律典。這些大規模、內容複雜的律文詳細地規範了寺院生活的方方面面，這些律典的譯出為中國的學問僧提供了豐富的參考資料，它們可被用來釐定僧人對器物製造和使用應有的態度。在這些律典中，對中國僧團影響最深的多在五世紀已譯出。但是這樣嚴密的規制未能為比丘遮除來自俗世的影響，在很多情況下，不是比丘將新器具或新式用法介紹給俗眾，而是恰恰相反。紫衣原本就是帝王為彰顯皇恩所創製，如意則是從社會中悄悄地溜進了寺院生活或至少在寺院中取得了新的意義，此前它則常見諸文人或宮廷人士間的論辯和清談等場合。儘管僧人推動了飲茶習慣由南到北的傳播，也促進了紙張的生產，但是這兩種東西並不是他們發明的。茗茶和紙張之所以能被「發現」，要歸功於那些與佛教無關的俗世圈子。

事實上，僧人甚至在使用佛教器物上也常位處邊緣。雖然時有僧人確實投身於建造大型佛教藝術，或組織樹立由較大群體施造的石碑，但是大量製造小型造像的過程不必然需要僧人的參與，這些造像或供於家庭的佛堂，或置於門廳，或放於匠人的店鋪。在前面的討論中，筆者強調僧人在籌款建橋過程中的重要性，但是也存在不少這樣的例子：雖然建橋也是為了積累佛教所宣揚的功德並將其回向給新近亡故的親人，但在實際建造過程中僧人並沒有參與。

物質文化中的佛教因素不但傳承下來，且常可以不經僧人之手而在社會中取得前所未有的用途和意義，這一點對於我們理解佛教在中國社會中的地位同等重要。念珠就是一個極好的例子。明代的行家撇開佛教經典，自己形成了一套鑑賞念珠的學問。念珠還可以作為普通禮品，在世人中間輾轉相贈。這時它失去了深層的宗教意涵，也不意味念珠主人會依據佛典中相關記載護持佛法。到了清代，念珠又變成了朝官品位的標識，而在這轉變的過程中，沒有證據說明僧人起過什麼作用。

隨著念珠演變成政治符號，器物的歷史也就觸及了佛教的模糊邊緣；朝珠很顯然源自佛教的念珠，但它們並不用於計數念誦，在日常生活中它們也喪失了佛教意味。椅子亦然。當它們大量出現在世俗家庭中時，它們原本與僧人的關係也就很快被遺忘了。在許多器物複雜而漫長的歷史中，佛教僅僅在某一段時間內起過關鍵作用。在中國，佛教的觀念和行持為印刷書籍、造橋、精製食糖提供了重要推廣力量，但是嚴格來說，它們都算不上是「佛教的器物」。雖然它們使得我們很難精確地界定出一個整齊劃一的「佛教傳統」，但我們也不能將其置而不論；它們應該被視為佛教史的一部分，它們也見證了中國文化面對佛教衝擊時產生的一連串複雜的反應。

衝擊的假象

儘管筆者反覆使用「複雜性」（complexity）一詞來描述佛教對中國物質文化的衝擊過程，但本書的英文標題（*The Impact of Buddhism on Chinese Material Culture*）暗示了一種直接、單向的影響。筆者已經指出，在檢討佛教於中國不同歷史時期物質文化中扮演的角色時，衝擊（impact）一喻不堪深究——非但不存在最重大的衝擊時刻，且由此產生的激盪亦未隨之漸漸減弱。更重要的是，「衝擊」一詞有誤導之嫌，暗示著中國文化被強大的外來宗教所吞沒。在任何一個高度發達社會裡的物質文化變化中，單向的文化影響都極端罕見。通常，一個文化之所以能被影響，至少部分是因為它願意被影響。日本和西藏，因為佛教在其文化尚未定型的早期階段即已傳入，所以在一個高度概括的層面，或許可以說它們在吸收佛教的器物與觀念時並不挑三揀四；但即使在這兩個例子裡，相關專家學者也一定會對這種說法表示不滿，迅速起來捍衛文化的自主性。在中國佛教史上，這種自主的選擇性更加突出，因為佛教傳入的中國是一個對自己的文化極為自信的國家，且習於貶低外來文化。

現代研究中國佛教的重要專著中，有兩部書的題名非常適切地體現了上述問題。一部是許理和的《佛教征服中國》（*The Buddhist Conquest of China*），另一部是陳觀勝的《中國對佛教的轉化》（*The Chinese Transformation of Buddhism*）。無疑，兩位學者都很清楚，歷史的真相應該介於這兩種研究角度中間，即外來宗教的征服和本土文化對其的轉化都是存在的。儘管來華的弘法僧人大力弘揚佛法和傳播佛教器物，但是中國人也作出同樣令人印象深刻的努力，積極獲取他們認為有用的佛教器物。舍利崇拜不是強加於中國信徒；正好相反，他們主動四處尋找舍利，或是到印度求請，或是在本土創造。佛教器物傳入中國，通常經歷改造和變形，以適應與其原產地截然不同的文化和環境。

但是，佛教在中國的影響並不是無所不在的，在某些方面，我們本以為佛教的影響會很大，但實際上卻根本沒有發現佛教的蹤影。佛教為中國人帶來了死後轉世投胎的觀念，但綜觀整個中國歷史，墓穴的布置和隨葬的冥器並沒有受到佛教太大的影響。回到人間，明清時期雖然各種佛教的題材和造像風靡民間，但是精英階層的正統繪畫領域卻不容佛教踏入半步；當參觀明清時代傑出畫作的展覽或者查閱作品目錄時，我們可能找不到任何佛教器物。當時，文人墨客為了彰顯自己的地位與高雅品味，常常將自己和一些物品並置，比如古箏、山水畫、奴婢和古玩；但在這些物品中看不到本書探討的佛教器物，對佛教來說，這是另一禁地。

一旦離開文士的精雅書齋，我們就可以看到佛教的影響遍及各個角落。而且細品明代山水畫作品目錄或畫作展覽，我們可能會隱隱發現一兩座塔矗立在雲霧之中。總而言之，認識到佛教對中國物質文化持續不斷的影響力，能豐富我們對佛教史的了解，促進我們理解佛教在其接觸的社會中所發揮的作用；此外，還提醒我們，物品在任何複雜且發達的文化中對社會互動都有重要作用，在中國自然也不例外。

註釋

序

1 參見 "Archaeology and Protestant Presuppositions in the Study of Indian Buddhism," 收入其 *Bones, Stones, and Buddhist Monks. Collected Papers on the Archaeology, Epigraphy, and Texts of Monastic Buddhism in India* (Honolulu: University of Hawaii Press, 1997), pp. 1-22。

2 黃正建，〈唐代的椅子與繩床〉，《文物》1990.7，pp.86-88。

導言

1 《長阿含經》，卷一，《大正藏》編號 1，第 1 冊，第 1 頁中欄至下欄。早期並沒有連貫的釋迦牟尼佛傳，但關於他的生平，公認的最早記載中，放棄王子生活的典故很常見。參見 Étienne Lamotte, *History of Indian Buddhism: From the Origins to the Saka Era,* Sara Webb-Boin 英譯 (Louvain: Peeters Press, 1988), pp. 648-662。

2 《中阿含經》，卷三十七，《大正藏》編號 26，第 1 冊，第 660 頁下欄。

3 《增一阿含經》，《大正藏》編號 125，第 2 冊，第 714 頁中欄。

4 《別異雜阿含經》，《大正藏》編號 100，第 2 冊，第 439 頁中欄。

5 《雜阿含經》，《大正藏》編號 99，第 2 冊，第 338 頁中欄：「非繩鏁杻械，名曰堅固縛，染汙心顧念，錢財寶妻子，是縛長且固，雖緩難可脫。」

6 同上，《大正藏》編號 101，第 2 冊，第 496 頁上欄。

7 同上，第 485 頁下欄。

8 《佛般泥洹經》，《大正藏》編號 5，第 1 冊，第 161 頁下欄。

9 見《阿毘達磨俱舍論》，卷一：色二或二十，聲唯有八種，味六香四種，觸十一為性。《大正藏》編號 1558，第 29 冊，第 2 頁中欄。

10 關於「法」的概念，簡明扼要的概述請見 Tadeusz Skorupski, "Dharma: Buddhist Dharma and Dharmas," *Encyclopedia of Religion* (New York: MacMillan, 1987), vol. 4, pp. 332-338。更詳細的解釋，參見 La Vallée Poussin, *L'Abhidharmakośa de Vasubandhu* (Bruxelles: Institut belge des hautes études chinoises, 1971) 的序，以及 Th. Stcherbatsky，*The Central Conception of Buddhism and the Meaning of the Word "Dharma"* (London: The Royal Asiatic Society, 1923)。

11 《大智度論》，卷四十二，《大正藏》編號 1509，第 25 冊，第 365 頁。

12 Gregory Schopen, *Bones, Stones, and Buddhist Monks: Collected Papers on the Archaeology, Epigraphy, and texts of Monastic Buddhism in India* (Honolulu: University of Hawaii Press, 1997)；Liu Xinru (劉欣如), *Ancient India and Ancient China: Trade and Religious Exchanges AD 1-600* (Delhi: Oxford University Press, 1988),pp.104-112.《根本說一切有部毗耶律》(*Mūlasarvāstivādavinaya*) 中有僧人花錢以及擁有自認財產的證據，參見 Gregory Schopen, "The Good Monk and His Money in a Buddhist Monasticism of 'The Mahāyāna Period,'" *The Eastern Buddhist*, 32.1 (2000), pp. 85-105。

13 Jacques Gernet (謝和耐), *Buddhism in Chinese Society: An Economic History from the Fifth to the Tenth Centuries* (《中國 5-10 世紀的寺院經濟》), Franciscus Verellen 英譯 (New York: Columbia University Press, 1995). 譯註：耿昇譯中文版，《覺群佛學譯叢》，上海：上海古籍出版社，2004。

14 《彌沙塞部和醯五分律》，《大正藏》編號 1421，第 22 冊，第 153 頁上欄。

15 《增一阿含經》，《大正藏》編號 125，第 2 冊，第 826 頁上欄。

16 他除了把這些進貢給僧侶，還供給婆羅門，因此受到神的指責。《大智度論》，卷十一，《大正藏》編號 1509，第 25 冊，第 142 頁中欄。這個故事有不少版本，包括一些早期的經典。參見 Étienne Lamotte, *Le traité de la grande vertu de sagesse* (Louvain: Institute Orientaliste Louvain-La-Neuve, 1981), pp. 677-688。

17 基督教方面，參見 Dominic Janes, *God and Gold in Late Antiquity* (Cambridge: Cambridge University Press, 1998), p. 61。

18 《大智度論》，卷十一，《大正藏》編號 1509，第 25 冊，第 142 頁上欄。

19 《妙法蓮華經》，《大正藏》編號 262，第 9 冊，第 8 頁下欄至第 9 頁上欄。更多關於佛教經典與實踐中寶石的討論，參見劉欣如，*Ancient India and Ancient China*。

20 《大方廣佛華嚴經》，《大正藏》編號 278，第 9 冊，第 395 頁上欄。

21 Janes, *God and Gold in Late Antiquity,* p. 123.

22 《阿彌陀經》，《大正藏》編號 366，第 12 冊，第 346 頁下欄至第 347 頁上欄。

23 《長阿含經》，《大正藏》編號 1，第 1 冊，第 12 頁中欄。

24 佛陀三十二大人相之一。可參見中村元，《佛教語大辭典》，東京：東京書籍，1975，「三十二相」一條，第 472-473 頁。

25 《大智度論》，卷八十八，《大正藏》編號 1509，第 25 冊，第 684 頁上欄。

26 《論語注疏》第七，《四部備要》版，第 3 頁中欄至第 4 頁上欄。

27 王叔岷編，《莊子校注》，第二十，臺北：中央研究院歷史語言研究所，1988，第 720 頁。參見 Stephen Eskildsen, *Asceticism in Early Taoist Religion* (Albany: State University of New York Press, 1998), pp. 1-14。

28 Mu-Chou Poo (蒲慕州), "Ideas Concerning Death and Burial in Pre-Han and Han China," *Asia Major*, Third Series, 3.2, 1990, pp. 25-62.

29 比如宗密（780-841 年）關於法相之教的注疏，參見 Peter N. Gregory, *Inquiry into the Origin of Humanity: An Annotated Translation of Tsung-mi's* Yuan jen lun *with a Modern Commentary* (Honolulu: University of Hawaii Press, 1995), pp. 148-60。

30 王溥，《唐會要》，卷四十九，北京：中華書局，1955，第 862 頁。

31 〈釋迦文佛像贊〉，收入《廣弘明集》，道宣編，卷十五，《大正藏》編號 2103，第 52 冊，第 195 頁下欄。

32 《續高僧傳》，道宣編，卷一，《大正藏》編號 2060，第 50 冊，第 428 頁中欄。

33 參見《法苑珠林》，道世編，卷十二，《大正藏》編號 2122，第 53 冊，第 379 頁下欄。

34 《宋高僧傳》，贊寧編，卷十八，《大正藏》編號 2061，第 50 冊，第 821 頁。

35 《法苑珠林》卷十八，《大正藏》編號 2122，第 53 冊，第 420 頁中欄。

36 《宋高僧傳》卷二十七，《大正藏》編號 2061，第 50 冊，第 882 頁中欄。

37 道恒的檄文《釋駁論》，載於僧祐編，《弘明集》，卷六，《大正藏》編號 2102，第 52 冊，第 35 頁中欄。

38 「頭陀」指一系列苦行。該評注由荀濟（547 年）所作，載於道宣編，《廣弘明集》，卷七，《大正藏》編號 2103，第 52 冊，第 128 頁下欄至 131 頁中欄。

39 《舊唐書》，劉昫編，卷一，北京：中華書局，1987，第 16-17 頁。

40 該敕文出現在《唐會要》，卷四十九，第 850-851 頁；以及李昉，《文苑英華》，卷六九八，北京：中華書局，1966，第 3603-3604 頁。二者給出的日期不同。這則紀事在 Gernet, *Buddhism in Chinese Society*, p. 330, no. 110，以及 Stanley Weinstein, *Buddhism Under the T'ang* (Cambridge: Cambridge University Press, 1987)（譯註：張煜譯中文版，《唐代佛教》，上海古籍出版社，2010）中亦有相關討論。

41 《景德傳燈錄》，道原編，卷四，《大正藏》編號 2076，第 51 冊，第 234 頁上欄。文中「百姓」作「百年」。譯註：在《景德傳燈錄》中，遺則名為惟則。

42 《宋高僧傳》，卷十，第 768 頁中欄至下欄。

43 據說王維一直吃素，妻子去世後未再續弦。「齋中無所有，唯茶鐺、藥臼、經案、繩床而已。退朝之後，焚香獨坐，以禪誦為事。」《舊唐書》，卷一九〇中，第 5052 頁。

44 關於這個問題的討論，參見 William H. Walker, "Where are the Witches of Prehistory?", *Journal of Archaeological Method and Theory,* 5.3 (1998), pp.

245-308。

45 Melville J. Herskovits, *Man and His Works: The Science of Culture Anthropology* (New York: Alfred A. Knopf, 1948), p. 241.

46 James Deetz, *In Small Things Forgotten: The Archeology of Early American Life* (New York: Anchor Press, 1977), pp. 24-25.

47 Cornelius Osgood, *Ingalik Material Culture* (New Haven: Yale University Press, 1940), p. 26. 對物質文化的定義，參見 Thomas J. Schlereth, *Material Culture Studies in America* (Nashville:American Association for State and Local History, 1982), pp. 1-5。

48 Michael Brian Schiffer, *The Material Life of Human Beings: Artifacts, Behavior, and Communication* (London: Routledge, 1999), p. 12.

49 Schlereth, *Material Culture Studies in America*, pp. 203; Schiffer，同上。

50 Edward B. Tylor, *Primitive Culture: Researches into the Development of Mythology, Philosophy, Religion, Language, Art, and Custom* (1871; 5th ed., London: John Murray, 1929), p.27.

51 早期對進化模型的批評，請見 Robert H. Lowie, *History of Ethnological Theory* (New York: Farrar and Rinechart, 1937), pp. 10-18。

52 William H. Stiebing Jr., *Uncovering the Past: A History of Archaeology* (Oxford: Oxford University Press, 1993), pp. 254-255.

53 Bruce G. Trigger, *A History of Archaeological Thought* (Cambridge: Cambridge University Presss, 1989), pp. 150-155.

54 對進化模型的批評當中，Lowie 承認：「儘管有上述局限，進化論在物質文化當中還是一個確定的事實」，這是我能找到最早使用「物質文化」一詞的例子之一。*The History of Ethnological Theory*, p. 27。

55 Deeetz, *In Small Things Forgotten.*

56 Igor Kopytoff, "The Cultural Biography of Things: Commoditization as Process," in *The Social Life of Things: Commodities in Cultural Perspective*, Arjun Appadurai, ed., (Cambridge: Cambridge University Press, 1986), pp. 64-94; Walker, "Ceremonial Trash," in *Expanding Archaeology,* James M Skibo et al. ed. (Salt Lake City: University of Utah Press, 1995), pp. 67-79.

57 Michael Baxandall, *Painting and Experience in Fifteenth-Century Italy* (Oxford: Oxford University Press, 1988), pp. 81-86.

58 同上，pp. 86-94。

59 參見 Peter Burke, *The Italian Renaissance: Culture and Society in Italy* (Princeton: Princeton University Press, 1986)；以及 Pierre Bourdieu, *Distinction: A Social Critique of the Judgment of Taste* (Cambridge: Harvard University Press, 1984)。

60 Thomas Babington Macaulay, *The History of England (1848-1861)* (London: Penguin Books, 1987), pp. 52-53.

61 William H. Prescott, *History of the Conquest of Mexico* (1843; rpt. New York: Random House, 1936), p. 330.

62 Fernand Braudel, *The Structures of Everyday Life: Civilization and Capitalism 15th -18th Century* (New York: Harper and Row, 1981).

63 Emmanuel Le Roy Ladurie, *Montaillou: The Promised Land of Error* (New York: George Braziller, 1978).

64 Lynn White, *Medieval Technology and Social Change* (Oxford: Clarendon Press, 1962); Richard W. Bulliet, *The Camel and the Wheel* (New York: Columbia University Press, 1990).

65 批評史學著作缺乏考古知識的論著，參見 Serge Cleuziou, etc., "The Use of Theory in French Archaeology," in *Archaeological Theory in Europe*, Ian Hodder ed. (New York: Routledge, 1991), pp. 114-115。

66 Johan Huizinga, *The Waning of the Middle Ages: A Study of the Forms of Life, Thought and Art in France and the Netherlands in the Dawn of the Renaissance* (New York: Doubleday, 1954), pp. 152 & 167.

67 Colleen McDannell, "Interpreting Things: Material Culture Studies and American Religion," *Religion* 21 (1991), pp. 371-387. 類似的，Walker 也在儀式問題中使用「日常物質」（ordinary objects）一詞，參見其 "Where Are the Witches of Prehistory?"。

68 參見 Schopen 關於 Charles Thomas 和 Graydon F. Snyder 的討論，*The Early Christian Archaeology of Northern Britain, Ante Pace: Archaeological Evidence of Church Life before Constantine*, 載於 Schopen, *Bones, Stones, and Buddhist Monks*, pp. 10-12。

69 McDannell, *Material Christianity: Religion and Popular Culture in America* (New Haven: Yale University Press, 1995), pp. 4-8.

70 Schopen, *Bones, Stones, and Buddhist Monks*, pp. 1-22.

71 同上，pp. 3-5。

72 Alan Ludwig, *Graven Images: New England Stonecarving and Its Symbols*, 1650-1815 (Middletown: Wesleyan University Press, 1966).

73 Birgit Meyer, " Christian Mind and Worldly Matters: Religion and Materiality in Nineteenth-Century Gold Coast", *Journal of Material Culture*, 2.3 (1997), pp. 311-337.

74 McDannell, *Material Christianity*, pp. 4-8.

75 Eugène Honée, "Image and Imagination in the Medieval Culture of Prayer: A Historical Perspective", *The Art of Devotion in the Late Middle Ages in Europe 1300-1500*, Hank van Os et al. ed. (Princeton: Princeton University Press, 1994), pp. 157-174.

76 「物質文化研究」的概念最近才作為一個有自我意識的方法論出現在當代

的漢學研究中。與考古學不同，人類學領域在中國仍然是弱項，就算在海外，研究中國社會的人類學家也很少重視物質文化。而中國考古學的方法基本上繼承自歐洲與美洲。也就是說，對「文物」的研究在中國歷代受到尊重。不嚴格限定的話，那裡的物質文化研究傳統最晚可以追溯到 11 世紀。

第一章　靈力

1　比如 Rudolf Otto（奧托）說：「沒有哪種宗教不是以神聖之物（the numinous）作為最內在的本質而存在；沒有它，任何宗教都名不副實。」奧托創造了 numinous 一詞，用以指稱那種非人格化的、中性的神聖力量，與 the holy 相對照。見 *The Idea of the Holy* (1923; rpt. Oxford: Oxford University Press, 1958), p. 6。

2　Tylor, *Primitive Culture*, chap. 11, "Animism" (泛靈論).

3　同上，p. 477；R. R. Marett，*The Threshold of Religion* (1909; 4th ed. London: Methuen, 1929), p. 18。

4　參見，如王吉懷，《中國遠古暨三代宗教史》，北京：人民出版社，1994，第 13-17 頁。

5　司馬遷，《史記》，卷二十八，北京：中華書局，1959，第 1359 頁。

6　這種石頭崇拜延續至今。見 Marianne Bujard, "Le joyau de Chen: culte historique – culte vivant," *Cahiers d'Extrême-Asia*, 10 (1998), pp. 131-181。

7　薛愛華 (Edward Schafer) 認為，在古代中國，一切事物都能發散出這一「難測之力」。他寫道：「說樹根有精神力量，並不意味著它就是精靈物質上的寓所，而是意味著樹根自身擁有一種能量，能夠以神祕的方式影響其他存在物，就像通電電線中的電流一樣。」但是，這一論斷與其說是根據古代中國的證據，不如說印證了泰勒的影響。見 Schafer, *Ancient China* (New York: Time-Life Books, 1967), p. 57。

8　對這些傳說的簡要考察，見杜正勝，〈與華無極：鼎的歷史與神話〉，載《故宮文物月刊》8.2，1990，第 6-19 頁。

9　孫詒讓集校，《墨子簡詁・耕柱第四十六》，《諸子集成》版，臺北：世界書局，1955，第 256 頁。

10　夏代祭祀用的禮器。

11　王充撰，黃暉校釋，《論衡校釋・第二十六》，北京：中華書局，1990，第 277 頁。

第一節　舍利

12　Edward J. Thomas, *The Life of Buddha as Legend and History* (3rd ed.,1949; rpt. London: Routledge & Kegan Paul, 1975), pp. 154-159; Jean Przyluski, "Le

partage des reliques du Buddha," *Mélange chinois et bouddhiques*, vol. 4 (1936), pp. 301-368.

13 John S. Strong, *The Legend of King Aśoka: A Study and Translation of the Aśokāvadāna* (Princeton: Princeton University Press, 1983), pp. 109-118.

14 Thomas，*The Life of Buddha*, pp. 160-161.

15 David Snellgrove, *Indo-Tibetan Buddhism: Indian Buddhists and Their Tibetan Successors* (Boston: Shambhala, 1987), p. 35.

16 同上，p. 38。

17 李建民，《中國古代「掩骴」禮俗考》，載《清華學報》24.3，1994，第319-342 頁。

18 Erik Zürcher (許 理 和), *The Buddhist Conquest of China: The Spread and Adaptation of Buddhism in Early Medieval China* (Leiden: Brill, 1972), pp. 51-55.（譯註：現有李四龍等譯，《佛教征服中國》，南京：江蘇人民出版社，2003。）

19 慧皎，《高僧傳》，卷一，《大正藏》編號 2059，第 50 冊，第 325 頁中欄。

20 Wu Hung (巫鴻), "Buddhist Elements in Early Chinese Art," *Artibus Asiae* 47 (1986), pp. 264-273.

21 法顯，《高僧法顯傳》，《大正藏》編號 2085，第 51 冊，第 858 頁下欄。

22 慧立，《大慈恩寺三藏法師傳》，卷十，《大正藏》編號 2053，第 50 冊，第 279 頁上欄。

23 《宋高僧傳》，卷一，《大正藏》編號 2059，第 50 冊，第 710 頁中。

24 參見珠琳，〈延慶寺塔記〉，載於修慶年編，《松陽縣志》，卷七，1654，第 11 頁上欄至 12 頁中欄；以及黃滋，〈浙江嵩陽延慶寺塔構造分析〉，《文物》1991.11，第 84-87 頁。

25 被認為是佛牙的舍利尤其流行。見 Paul Demiéville ed., *Hobogirin: dictionnaire encyclopédique du boudhisme, d›après les sources chinoises et japonaises* (《法寶義林》) (Tokyo: Maison Franco-Japonaise, 1929-1984), vol. 3, "Butsuge" (佛牙)，pp. 210-215；陳垣，〈佛牙故事〉，載於《陳援庵先生全集》，第 14 冊，臺北：新文豐出版社，1993，第 305-314 頁。

26 這種事情在 980 年就發生過。見《宋高僧傳》，卷二十三，第 862 頁上欄。關於阿育王所分發的舍利在中國的早年挖掘，請見 Zürcher, *Buddhist Conquest of China,* pp. 277-280，以及湯用彤，《漢魏兩晉南北朝佛教史》，北京：中華書局，1983，第 4-5 頁。

27 辟支佛舍利的案例，請見白化文等校注，《入唐求法巡禮行集校注》，第三版，石家莊：花山文藝出版社，1992，第 282 頁；以及山東聊城地區博物館，〈山東聊城北宋鐵塔〉，《考古》1987.2，第 124-130 頁。關於燃燈佛，請見常敘政、朱學山，〈山東省惠民縣出土錠光佛舍利棺〉，《文

物》1987.3，第 60-62 頁。

28 《宋高僧傳》，卷十八，《大正藏》編號 2061，第 50 冊，第 823 頁中欄至下欄。

29 《金光明經》，《大正藏》編號 663，第 16 冊，第 354 頁上欄。僧傳當中有不少關於舌舍利的故事，包括一流的翻譯家鳩摩羅什的舌頭。見《高僧傳》，卷二，《大正藏》編號 2059，第 50 冊，第 333 頁上欄。

30 《宋高僧傳》，卷十九，《大正藏》編號 2061，第 50 冊，第 830 頁下欄。

31 《續高僧傳》，卷十一，《大正藏》編號 2060，第 50 冊，第 510 頁上欄。

32 Robert H. Sharf, "The Idolization of Enlightenment: On the Mummification of Ch'an Masters in Medieval China," *History of Religions*, 32.1 (1992), pp. 1-31.

33 《高僧傳》，卷十，《大正藏》編號 2059，第 50 冊，第 389 頁上欄。

34 見 Sharf, "The Idolization of Enlightenment," pp. 9-10；同時參考 Bernard Faure, *The Rhetoric of Immediacy: A Cultural Critique of Chan/Zen Buddhism* (Princeton: Princeton University Press, 1991), pp. 151-153。

35 比如 8 世紀僧人圓紹，人們發現他的屍體在塔中存放三年後仍完好無損，自此便受到供奉。《宋高僧傳》，卷十三，《大正藏》編號 2061，第 50 冊，第 784 頁下欄。

36 〈雲門寺重裝匡真祖師金身碑記〉，元才著於 1687 年，收錄於岑學呂編，《雲門山志》，卷九，載於杜潔祥編，《中國佛寺史志會刊》第 2 輯，卷六，臺北：宗青圖書，1994，第 230 頁。

37 《宋高僧傳》，卷三十，《大正藏》編號 2061，第 50 冊，第 899 頁上欄；卷二十二，第 852 頁中欄。

38 《續高僧傳》，卷二十七，《大正藏》編號2060，第50冊，第680頁下欄。

39 最著名的要數偷取禪宗祖師慧能頭顱的故事了。參見 Sharf, "The Idolization of Enlightenment," p. 10；以及 Faure, *The Rhetoric of Immediacy*, pp. 163-164。5 世紀便帶入中國的佛牙舍利幾次三番地遭受偷竊之事，也同樣令人深思。見陳垣〈法獻佛牙隱現記〉，載於《陳援庵先生全集》，第 15 冊，第 469-471 頁。然而，中國對舍利偷竊事件的描寫與歐洲中世紀提供的豐富材料無法比擬，歐洲對此類事件的記錄幾乎已經成為了一種定式。見 Patrick J. Geary, *Furta Sacra: Thefts of Relics in the Central Middle Ages* (Princeton: Princeton University Press, 1990)。

40 《高僧法顯傳》，《大正藏》編號 2059，第 51 冊，第 858 頁下欄。

41 《入唐求法巡禮行記》，卷三，第 323 頁。

42 中國考古期刊上有許多相關參考文獻。如連雲港市博物館，〈連雲港海清寺阿育王塔文物出土記〉，《文物》1981.7，第 31-38 頁；劉友恆、樊子林，〈河北正定天寧寺淩霄塔地宮出土文物〉，《文物》1991.6，第 28-37 頁。

43 Lamotte, *History of Indian Buddhism*, p. 312.

44 最有影響力的兩種解釋是：Paul Mus, *Barabudur: Sketch of a History of Buddhism Based on Archaeological Criticism of the Texts* (1933; New Delhi: Sterling, 1998)，以及 Adrian Snodgrass，*The Symbolism of the Stupa* (Ithaca: Cornell University Press, 1985)。

45 見書評：Peter Skilling, "Donald Swearer's *The Buddhist World of Southeast Asia,*" *Journal of the American Oriental Society*, 117.3 (1997), pp. 579-580。

46 李玉珉，〈中國早期佛塔溯源〉，《故宮學術季刊》6.3，1990，第 85 頁。

47 關於早期中國佛塔的圖像證據，除了李玉珉的研究，見 Marylin Martin Rhie, *Early Buddhist Art of China and Central Asia* (Leiden: Brill, 1999), vol. 1, pp. 21-22。

48 姚思廉，《梁書》，卷五十四，北京：中華書局，1973，第 791 頁。

49 楊衒之撰、周祖謨注，《洛陽伽藍記校釋》，卷一，北京：中華書局，1987，第 20-21 頁。

50 Arthur F. Wright, *The Sui Dynasty: The Unification of China, A.D. 581-617* (New York: Alfred A. Knopf, 1978).

51 《廣弘明集》，卷十七，《大正藏》編號 2103，第 52 冊，第 213 頁中。另見杜斗城的〈隋文帝分舍利建塔的意義及其有關問題〉，載於《北涼譯經論》，蘭州：甘肅文化出版社，1995，第 282-291 頁。（全文是「僧為朕、皇后、太子、廣諸王子孫等及內外官人、一切民庶、幽顯生靈，各七日行道並懺悔。起行道日打剎，莫問同州異州，任人佈施，錢限止十文已下，不得過十文。所施之錢以供營塔，若少不充役正丁及用庫物率土諸州僧尼，普為舍利設齋。限十月十五日午時，同下入石函。總管刺史已下，縣尉已上，息軍機停常務七日，專檢校行道及打剎等事。務盡誠敬，副朕意焉。」）

52 杜斗城發現《法苑珠林》（卷三十八，第 585 頁上欄）中有一段說阿育王令八萬四千塔同時置入舍利。見杜斗城，《北涼譯經論》，第 284 頁。

53 《續高僧傳》，卷二十六，〈道密傳〉，《大正藏》編號 2060，第 50 冊，第 667 頁下欄。

54 同上，第 669 頁上欄。

55 該評論見魏徵，《隋書》，卷六十九，北京：中華書局，1973 年，第 1613 頁。

56 見 Koichi Shinohara (筱 原 亨 一), "Two Sources of Chinese Buddhist Biographies: Stupa Inscriptions and Miracle Stories," 收入 Phyllis Granoff and Koichi Shinohara, eds, *Monks and Magicians: Religious Biographies in Asia* (Oakville: Mosaic Press, 1988), pp. 212-214。

57 見 Weinstein, *Buddhism under the T'ang,* 索引 "relics" 下相關的文獻。

58 例如，15 世紀初永樂皇帝曾多次派使臣去韓國索取佛教舍利。見 Frederick W. Mote、Denis Twitchett, ed., *The Cambridge History of China*,

Vol. 7: The Ming Dynasty, 1368-1644 (Cambridge: Cambridge University Press, 1988), Part 1, p.268。

59 對這段佛牙 5 世紀進入中國的早年歷史重現，見陳垣的〈法獻佛牙隱現記〉。在程羚等編，《釋迦牟尼佛真身舍利》，臺灣：佛光人文社會學院，2002 年，第 43 頁中可看到一張佛牙的照片。

60 Holmes Welch, *Buddhism under Mao* (Cambridge: Harvard University Press, 1972), pp. 180-184. 這個佛牙於 1994 年再一次被送往緬甸。像 1955 年那次一樣，這項活動也與中緬政治密切相關。見 Juliane Schober, "Buddhist Just Rule and Burmese National Culture: State Patronage of the Chinese Tooth Relic in Myanma," *History of Religions*, vol. 35, no. 3 (1997), pp. 218-243。

61 Welch, *Buddhism Under Mao*, p. 181. Welch 引用周恩來的話來自於當時緬甸參訪團的成員之一。參見 Welch, *Buddhism Under Mao*, p.553。

62 因為人們認為佛塔能夠鎮住周遭環境，所以舍利有時也用於風水活動之中。不過在這種用途中，關鍵在於佛塔的造形和位置，而非舍利，甚至為了改善風水目的而建造的塔可以不必藏有舍利。17 世紀的作者屈大均曾經抱怨廣東地區到處都建滿了風水塔，與佛陀意旨大相逕庭。《廣東新語》，卷十九，《屈大均全集》，北京：人民文學出版社，1996，第 4 冊，第 455 頁。

63 〈論佛骨表〉，收入屈守元、常思春主編，《韓愈全集校注》，成都：四川大學出版社，1996，第 2290 頁。

64 「影骨」在歷史上一直扮演著重要角色，比如大多數照片上的舍利正是影骨 (圖 1-1) 而非真正的靈骨。筆者所見過唯一的靈骨照片來自程羚的《釋迦牟尼真身舍利》，宜蘭：佛光人文社會學院，2002，第 43 頁。

65 劉欣如指出，在這件事情上，判斷真假的標準往往是它是否來自印度，而非看上去像不像。見 Liu Xinru, *Silk and Religion: An Exploration of Material Life and the Thought of People, AD 600-1200* (Delhi: Oxford University Press, 1996), p. 44。

66 程大昌，《演繁露正續》，臺北：新文豐，1984，第 164 頁。

67 王闢之，〈澠水燕談錄・讜論〉，《叢書集成》卷一，第 4 頁。

68 《本草綱目》，卷五十一上，《四庫全書》版，第 10 頁中欄。

69 對該活動的詳細報導，請見陳光祖，〈佛光山所迎的不是「第三顆牙」〉，《當代》第 131 期，1998 年 7 月，第 88-105 頁。

70 江燦騰，〈關於佛牙舍利真偽之辨〉，《當代》第 130 期，1998 年 6 月，第 68-73 頁。

71 Faure, *The Rhetoric of Immediacy*, pp. 144-147.

72 參見〈無然傳〉，載於《宋高僧傳》，卷二十三，《大正藏》編號 2061，第 50 冊，第 855 頁下欄至 856 頁中欄。

73 Faure, *The Rhetoric of Immediacy*, pp. 144-147. 傅雷提到了屈大均的註釋

（第 144 頁，第 40 號），他曾對一處傳說供奉有慧能頭髮舍利的佛塔提出過非議，理由是：剃髮的傳統意味著佛陀認為毛髮不淨，而且供養人類的頭髮，顯然與無常法相牴牾。儘管這一說法與佛教主流教義一致，卻基本沒有佛教思想家以之為論點。不過屈大均本人對佛教的態度是比較複雜的。他年幼時曾出家，後來還俗，還寫了一篇叫〈歸儒說〉的文章，解釋他為什麼要放棄佛教。他對於慧能塔的意見，見屈大均，《廣東新語》，卷十九，第 456 頁。

74 Sharf, "On the Allure of Buddhist Relics," *Representations* 66 (1999), pp. 75-99.

75 辨機等撰，《大唐西域記》，卷一，《大正藏》編號 2087，第 51 冊，第 287 頁下欄。

76 同上。

77 《高僧傳》，卷三，《大正藏》編號 2059，第 50 冊，第 342 頁下欄。

78 《宋高僧傳》，卷十四，《大正藏》編號 2061，第 50 冊，第 790 頁中欄；卷十九，第 834 頁下欄；卷十四，第 796 頁上欄。

79 同上，卷四，第 726 頁上欄。

80 蘇軾，《東坡志林》，《叢書集成》，第 12 頁；《宋高僧傳》，卷六，《大正藏》編號 2061，第 50 冊，第 741 頁上欄至中欄。

81 《宋高僧傳》，卷二十五，《大正藏》編號2061，第50冊，第870頁上欄。

82 同上，卷六，第 742 頁上欄；卷十二，第 779 頁上欄；卷十一，第 776 頁中欄。

83 同上，卷七，第 750 頁上欄；卷二十六，第 886 頁下欄。

84 同上，卷十一，第 776 頁中欄；卷十七，第 814 頁中欄；卷二十六，第 873 頁上欄。

85 「可愛」一詞，出自窺基見到舍利的故事。

86 沈括撰、胡道靜校，《新校正夢溪筆談》，卷二十，香港：中華書局，1975，第 199-200 頁。

第二節　造像

87 在此傳說中，當佛陀突然升至三十三天為其母（於其出生後不久去世）說法後，當時最虔誠的功德主之一優填王非常沮喪，以致其使臣們只好用檀木造出一尊佛像來取悅他。此事還啟發了另一位功德主波斯匿王用真金打造了一尊相似的佛像。見《增一阿含經》，卷二十九，《大正藏》編號 125，第 2 冊，第 705-706 頁。關於這個傳說及相關討論，見 Demiéville, Hobogirin, "Butzuzo," pp. 210-211。

88 許多傳說暗示，或真或仿，這尊造像也傳入中國及日本；見 Michel Strickmann, *Mantras et Mandarins: le bouddhisme tantrique en Chine* (Paris: Gallimard, 1996), p. 168。關於路加製作的瑪麗肖像，參考 Hans Belting,

Likeness and Presence: A History of the Image before the Era of Art (Chicago: University of Chicago Press, 1994), pp. 47-77。

89 見道世，《法苑珠林》，卷十三，《大正藏》編號 2122，第 53 冊，第 383 頁引用的〈冥祥記〉。

90 對 5-6 世紀佛教石碑的製作中僧尼所扮演的角色，見侯旭東，《五、六世紀北方民眾佛教信仰》，北京：中國社會科學出版社，1998，第 91-95、255-258 頁。關於僧人參與敦煌的佛教藝術創作，見 Sarah E. Fraser, *Performing the Visual. The Practice of Buddhist Wall Painting in China and Central Asia, 618-960* (Stanford: Stanford University Press, 2004)； 馬德，《敦煌工匠史料》，蘭州：甘肅人民出版社，1997，第 29-30 頁；以及馬德，《敦煌莫高窟史研究》，蘭州：甘肅教育出版社，1996，第 165-167 頁。

91 馬德，《敦煌工匠史料》，第 30 頁。

92 比如，一尊大型的鍍金佛像於 765 年被安置在代宗皇帝的大明宮。見 Weinstein，*Buddhism under the T'ang*, p.88。

93 Schopen，*Bones, Stones, and Buddhist Monks*, pp. 238-257.

94 《梵網經》，《大正藏》編號 1484，第 24 冊，第 1008 頁上欄。

95 關於懺法中使用佛像的討論，請見 Kuo Li-ying (郭麗英), *Confession et contrition dans le bouddhisme chinois du Ve au Xe siècle* (Paris: École française d'Extrême-Orient, 1994), pp. 41, 146-167；Faure, *Visions of Power: Imagining Medieval Japanese Buddhism* (Princeton: Princeton University Press, 1996), pp. 244-245。觀想中佛像的使用，見 Stanley K. Abe, "Art and Practice in Fifth-Century Chinese Buddhist Cave Temple," *Ars Orientalis*, vol. 20 (1990), pp. 1-31。

96 見 Zürcher, "Buddhist Art in Medieval China: The Ecclesiastical View," 載於 K.R. van Kooij and H. van der Veere, ed., *Function and Meaning in Buddhist Art* (Groningen: Egbert Forsten, 1995), pp. 1-20。

97 在 "Religious Functions of Buddhist Art in China" 一文中，T. Griffith Foulk 提醒說，除了作為供養對象（即筆者的關注點），佛教造像也被用來作裝飾、功德的來源、不直接相關的經典的舞臺、儲藏聖物之處，或作為護符。本文收錄於魏瑪莎（Marsha Weidner）編，*Cultural Intersections in Later Chinese Buddhism* (Honolulu: University of Hawaii Press, 2001), pp. 13-29。

98 Marylin Martin Rhie 就曾提出，孔望山 (中國最早佛教造像的所在地) 摩崖石刻上挖的坑洞，很可能是人們當時在對造像 (更確切的說是對造像所藏之神靈) 禮拜之時用其來插蠟燭或油燈的。Rhie, *Early Buddhist Art of China and Central Asia*, pp. 36-37。

99 Strickmann, *Mantras et mandarins*, pp. 165-175；Alexander Soper, *Literary*

Evidence for Early Buddhist Art in China (Ascona: Artibus Asiae Publisher, 1959), pp. 243-252.

100 造像在印度的出現更早，但這裡的問題是：根據我們有限的證據，造像是何時才開始具有神聖的力量？至5世紀，印度佛教論師覺音(Buddhaghosa)在其《善見論》中提到了為造像開光的做法，見 N. A. Jayawickrama 的譯本，*The Inception of Discipline and the Vinaya Nidāna, Being a Translation and Edition of the Bāhiranidāna of Buddhaghosa's Sammantapāsādika, the Vinaya Commentary* (London: Luzac, 1962), p. 39，覺音還參考了《大事》中的開光做法，見 Wilhelm Geiger, *Mahāvamsa* (Oxford: Pali Text Society, 1912), p. 34。貢布里希（Richard Gombrich）在 "The Consecration of a Buddhist Image," (*Journal of Asian Studies,* vol.26, no.1 [1966], pp. 23-36) 中提供了這些相關文獻；文中，貢布里希不僅引用了經典作為證據，還描述了他在斯里蘭卡親身經歷的一次佛像開光儀式。

101 《四分律》，《大正藏》編號 1428，第 22 冊，第 711 頁下欄。Zürcher, "Buddhist Art in Medieval China,"; Demiéville, "Butsuzo" 則討論了其他律典中的佛像問題。

102 《十誦律》，卷四十八，《大正藏》編號 1435，第 23 冊，第 351 頁下欄至 352 頁上欄。Zürcher, "Buddhist Art in Medieval China", pp. 5-7 也討論了這段文字。

103 對相關概述，參見曹者祉主編，《中國古代俑》，上海：上海文化出版社，1996。

104 蒲慕州，《追尋一己之福．中國古代的信仰世界》，臺北：允晨出版社，1995，第 219-221 頁。

105 《史記》，卷三，第 104 頁。清代學者趙翼曾簡略地討論過中國造像史，提出神像在佛教進入中國前就已經存在，並提供了古典文獻的引文為據。見趙翼，《陔餘叢考》，卷三十二，上海：商務印書館，1957，第 692-693 頁，〈塑像〉一文。

106 Fu-shih Lin (林富士), "Chinese Shamans and Shamanism in the Chiang-nan Area during the Six Dynasties Period" (PhD. dissertation, Princeton University, 1995), p. 91. 他在文中提出，六朝宗祠與漢代最大的差別就在於前者擺放著造像。林氏還提供了一些例外，說明漢代造像有可能也是受到崇拜的。四川三星堆遺址的年代目前約可推算至商代末，其「面具」和其他造像很可能被認為具有神力，但由於缺乏理解這些圖像的語境，我們只能對它們原來的功能加以推測。參見四川省文物考古研究所編，《三星堆祭祀坑》，北京：聞物出版社，1999。暫且不論一些例外，我們還是可以說在佛教傳入中國之前禮拜圖像並不常見。

107 Gombrich, "The Consecration of a Buddhist Image,"pp. 23-36.

108 《杜文慶等造天宮像記》，載於魯迅編，《魯迅輯校石刻手稿》第 2 函，

第 1 冊，第 131 頁。轉引自於劉淑芬，《五至六世紀華北鄉村的佛教信仰》，《中央研究院歷史語言研究所集刊》63. 3，1993，第 527 頁。

109 相關實例，同上，第 527 頁。

110 同上，第 528 頁。Soper, *Literary Evidence*, p. 137.

111 《日本書紀》，卷二十七，天智天皇十年月（「辛未，於內裡開百佛眼」），東京：小學館，1994-1998，第 292 頁；卷三十，持統天皇十一年六月（癸亥、公卿．百寮，設開佛眼會於藥師寺），第 560 頁。另外參考 Bernard Frank, "Vacuité et corps actualisé: Le problème de la présence des personnages vénérés dans leurs images selon la tradition du bouddhisme japonais," *Journal of the International Association of Buddhist Studies,* vol.11, no.2 (1988), pp. 53-86。

112 此處仍據劉淑芬之文，《五至六世紀華北鄉村的佛教信仰》，第 528 頁。

113 《一切如來安像三昧儀軌經》，《大正藏》編號 1418，第 21 冊，第 933 頁下欄。Strickmann 的 *Mantras et mandarins* 也提到這部經，pp. 198-202。（譯註：英文原文為 "ritual specialist"，故譯為「儀軌專家」，經文中則通稱「阿闍梨」(ācārya)。）

114 《一切如來安像三昧儀軌經》，第 933 頁中欄。

115 坦比亞（Stanley Tambiah）在討論泰國佛教造像開光時，反對貢布里希提到的造像點睛後會產生危險力量，從而帶來「惡果」（evil influence）的說法。他傾向於認為這種經過開光獲得的力量，是因為太過強大所以普通人無法承受，而不一定是邪惡的。見 Tambiah, *The Buddhist Saints of the Forest and the Cult of Amulets* (Cambridge: Cambridge University Press, 1984), pp. 256-257. 關於是由僧人還是工匠點睛，見 Strickmann, *Mantras et Mandarins*, pp. 451-452, n. 36。

116 段成式，《寺塔記》，《大正藏》編號 2092，第 51 冊，第 1023 頁下欄。此法亦見於《宋高僧傳》，卷二十三，《大正藏》編號 2061，第 50 冊，第 857 頁中欄。

117 李建超，〈隋唐長安城實際寺遺址出土文物〉，《考古》1998.4，第 314-317 頁。

118 《宋高僧傳》，卷十九，《大正藏》編號 2061，第 50 冊，第 823 頁中欄至 833 頁上欄。關於這種做法更多的討論，請見 Foulk, Sharf, "On the Ritual Use of Ch'an Portraiture in Medieval China," *Cahiers d'Extrême-Asie* 7 (1993-1994), pp. 149-219。

119 1984 年在北京一尊佛像裡就發現了元代經卷，見許惠利，〈北京智化寺發現元代藏經〉，《文物》1987.8，第 1-7、29 頁。一個明代的案例，見 Strickmann, *Mantras et mandarins*, p. 181，所引用的是 Herbert Franke,"Einge Drucke und Handschriften der frühen Ming-Zeit," *Oriens Extremis* 19.1-2 (1972), pp. 55-64；Strickmann 還提到了中世紀日本大量類

似的例子 (pp.178-181)。有關此實踐的文獻記載可溯至 4 世紀，而現存幾座造像的中空部分，很可能曾被用於存放舍利；參考 Rhie, *Early Buddhist Art of China and Central Asia*, p. 83, n. 127-128; p. 133。

120 比如：在敦煌成千上百的題記中，只有一則提到開光，且是藏文。該題記見第 365 窟。

121 道宣，《集神州三寶感通錄》，卷下，《大正藏》編號 2106，第 52 冊，第 420 頁中欄。

122 在本文接下來的部分，筆者所依據的是 Glen Dudbridge 在 "Buddhist Images in Action: Five Stories from the Tang," *Cahiers d'Extrême-Asie* 10 (1998), pp. 377-391 中提出的觀點。Hubert Delahaye 的 "Les antécédents magique des statues chinoises," *Revue d'esthétique* 5 (1983), pp. 45-54，也提到了各個時期為造像開光的大量軼事。

123 David Freedberg 的 *The Power of Images: Studies in the History and Theory of Response* (Chicago: University of Chicago Press, 1989). 在此書中這是一個主要觀點。

124 「光環的壞滅」（decay of the aura）是對現代藝術批評有著巨大影響的一個概念，相關研究見 Walter Benjamin, "The Work of Art in the Age of Mechanical Reproduction"，載於 *Illuminations: Essays and Reflections* (1955; New York: Harcourt Brace Jovanovich, 1968)；亦可參考 Faure, "The Buddhist Icon and the Modern Gaze," *Critical Inquiry* 24 (1998), pp. 768-813。

125 引文取自唐代詩人姜貽恭的〈詠金剛〉，《全唐詩》，卷八七〇，北京：中華書局，1979，第 9871 頁。

126 《宋高僧傳》，卷二十七，《大正藏》編號2061，第50冊，第880頁下欄。

127 Freedberg 敏銳地指出，眼睛通常是毀像的首要對象，因為「所有人都感知奪走造像的眼睛尤其能夠有效剝奪它的生命。」見 *The Power of Images*, pp. 415-416。

128 Gombrich, *Precept and Practice: Traditional Buddhism in the Rural Highlands of Ceylon* (Oxford: Clarendon Press, 1971), p. 112;Snellgrove, *The Image of the Buddha* (Paris: UNESCO, 1978), pp. 23-24. Susan L. Huntington 則反對這一解釋，見 Huntington, "Early Buddhist Art and the Theory of Aniconism," *Art Journal* 49.4 (1990) p. 1。

129 〈東魏天平二年嵩陽寺沙門統倫豔遵法師等造七級佛塔天宮及白玉像記〉，《北京圖書館藏中國歷代石刻塔碑匯編》，第 6 冊，第 28 頁。（譯註：文字參考嚴可均編《全上古三代秦漢三國六朝文．全後魏文》及《漢文大藏經電子佛典集成新編》；紙本依據：顏娟英主編，《北朝佛教石刻拓片百品》，第 1 冊，no. 34，臺北：中央研究院歷史語言研究所，2008。）

130 《洛陽伽藍記校釋》，卷四，周祖謨校釋，第 162 頁。

131 《宋高僧傳・自覺傳》，卷二十六，《大正藏》編號 2061，第 50 冊，第 874 頁中欄；及同卷〈慧雲傳〉，第 874 頁中欄至下欄。

132 本節我部分地依據 Faure 的講法，見其 *Visions of Power*, pp. 264-274。關於中國佛教史上反造像運動的具體研究，見 Paul Demiéville，" L'iconoclasme anti-bouddhique en Chine," *Mélanges d'Histoire des Religious offerts à H.C. Puech* (Paris: Presses Universitaires de France, 1974), pp. 17-25。

133 《高僧傳・康僧會傳》，卷一，《大正藏》編號 2059，第 50 冊，第 326 頁上欄。Soper, *Literary Evidence*, p. 6.

134 許理和（Erik Zürcher）討論過在該傳說中所包含的些微歷史事實，見 Zürcher, *The Buddhist Conquest of China,* p. 52。

135 道宣，《廣弘明集》，卷八，《大正藏》編號 2103，第 52 冊，第 135 頁下欄。Kenneth Chen (陳觀勝), *Buddhism in China: A Historical Survey* (Princeton: Princeton University Press, 1964), p. 189.

136 Welch, *Buddhism under Mao*, p. 163.

137 高皋、嚴家其，《文化大革命十年史》，天津：天津人民出版社，1986，第 58 頁；王年一，《大動亂的年代》，鄭州：河南人民出版社，1988，第 70 頁。目前還很難估計文化大革命時佛教場所總體上受到的毀壞有多嚴重。

138 Weinstein, *Buddhism under the T'ang*, p. 125.

139 同上，p. 133。

140 羅宗振，〈唐代揚州寺廟遺址的初步考析〉，《考古》1981.4，第 359-362 頁。

141 Welch, *Buddhism under Mao*, p. 163.

142 王年一，《大動亂的年代》，第 70 頁。

143 《廣弘明集》，卷八，《大正藏》編號 2103，第 52 冊，第 135 頁下欄。

144 Christopher S. Wood, "Iconoclasm and Iconophobia," in Michael Kelly, ed., *Encyclopedia of Aestheics* (Oxford: Oxford University Press, 1998), pp. 450-454.

145 McDannell, *Material Christianity*, Ch. 6, "Christian Kitsch and the Rhetoric of Bad Taste."

146 關於早期佛教藝術中是否有普遍的所謂「反偶像」思想曾是爭論的焦點。蘇珊・亨廷頓曾經提出，在絕大多數案例中，工匠們並沒有試圖用一些象徵替代佛陀，以描述他的一生。她認為，工匠們其實是在描繪在佛陀離世很久之後，信徒們供養與佛陀相關的實物場景。而且她說，認為佛陀的遺物（法輪、寶座、佛塔）就代表佛陀是錯誤的。相反，它們自身就被認為充滿了力量。她的論點在兩方面受到攻擊：其一，在早期印度佛教藝術中，反偶像論事實上是一種主流思想；其二，諸如法輪、腳印和塔等在早期佛教藝術中描繪的東西，確實被看作召喚佛陀到場的象徵

物。參見 Huntington, "Early Buddhist Art and the Theory of Aniconism"；並見其評論：Michael Rabe, "Letters to the Editor," *Art Journal* 51.1 (1992), pp. 125-127；Vidya Dehejia, "Aniconism and the Multivalence of Emblems," *Ars Orientalis* 21 (1991), pp. 45-66；Huntington, "Aniconism and the Multivalence of Emblems: Another Look", *Ars Orientalis*, 21 (1991), pp. 111-145。

147 《大寶積經》，卷八十九，《大正藏》編號 310，第 11 冊，第 513 頁下欄；Zürcher，"Buddhist Art in Medieval China", p. 11。

148 《道行般若經》，卷十，《大正藏》編號 224，第 8 冊，第 476 頁中欄。

149 《金棺敬福經》，引自《法苑珠林》，卷三十三，《大正藏》編號 2122，第 53 冊，第 540 頁上欄；Zürcher 在 "Buddhist Art in Medieval China," p. 8，對此也曾討論過。

150 《目連問戒律中五百輕重事》，《大正藏》編號 1483，第 24 冊，第 973 頁中欄及 984 頁下欄。Zürcher, "Buddhist Art in Medieval China," p. 8。

151 該造像現存藏於納爾遜藝術博物館（Nelson Gallery）。見金申編，《中國歷代紀年佛像圖典》，58 號，北京：文物出版社，1995。

152 《北魏孝昌三年蔣伯先造彌勒像記》，no. 23253，藏於中央研究院歷史語言研究所傅斯年圖書館。

153 Faure 深入地討論了這個主題，*The Rhetoric of Immediacy*。

154 柳田聖山編，《達磨の語錄・禪の語錄》，卷一，東京：筑摩書房，1969，第 226 頁。比較 Faure，*Le traité de Bodhidharma: Première anthologie du bouddhisme Chan* (Paris: Le Mail, 1986), pp. 55, 133.（譯註：此處錄文取自敦煌寫卷 P. 3018。另，據 Faure, *Le traité de Bodhidharma*, note 14 (p. 142)，作答者有二說，或曰慧可，或曰緣禪師。延壽，《宗鏡錄》，《大正藏》編號 2016，第 48 冊，第 941 頁中欄。文字略有不同：「緣禪師雲。譬如家中有大石。尋常坐臥。或作佛像。心作佛解。畏罪不敢坐。皆是意識筆頭畫作。自忙自怕。石中實無罪福。」）

155 郭朋編，《壇經校釋》，卷五，北京：中華書局，1983 年，第 11-14 頁。（譯註：《南宗頓教最上大乘摩訶般若波羅蜜經六祖惠能大師於韶州大梵寺施法壇經》，卷一，《大正藏》編號 2007，第 48 冊，第 337 頁下欄。）

156 《祖堂集》，卷四，長沙：岳麓出版社，1996，第 96-97 頁。

157 《鎮州臨濟慧照禪師語錄》，《大正藏》編號 1985，第 47 冊，第 502 頁中欄。13 世紀日本僧人道元曾評論過丹霞的故事，強調不能作字面理解。見 Heinrich Dumoulin, *Zen Buddhism: A History, vol. 2: Japan* (New York: Macmillan, 1988), p. 99。

158 Foulk and Sharf, "On the Ritual Use of Ch'an Portraiture in Medieval China."

159 參見 Deborah A. Sommer, "Images into Words: Ming Confucian Iconoclasm," *National Palace Museum Bulletin,* 29.1-2 (1994), pp. 1-24；以及黃進興，〈毀像與聖師祭〉，《大陸雜誌》99.5，1999，第 1-8 頁。

160 儘管筆者在此強調了佛教和基督教對待造像的不同態度，但二者之間亦有令人驚異的相似性 —— 都相信神靈寓居在造像內、使造像聖化的方式，以及由此引起的各種矛盾。對西方造像的概述，請見 Belting, *Likeness and Presence*。

161 Belting，同上，p. 7。

162 關於造佛形象的功德，一部早期的重要經典是《作佛形象經》，《大正藏》編號 692，第 16 冊；以及《增一阿含經》，卷二十八，《大正藏》編號 125，第 708 頁中欄。關於禁止毀像，見《正法念處經》，卷十五，《大正藏》編號 721，第 17 冊，第 85 頁下欄。

163 Freedberg, *The Power of Images*.

164 這也有例外。即使是在佛教儀式中，也並非所有造像都被認為有神聖的力量。比如，水陸法會內壇的牌位是有神聖力量的，而後面裝飾性的畫像則沒有。參見 Daniel B. Stevenson, "Texts, Image, and Transformation in the History of the Shuilu fahui, the Buddhist Rite for the Deliverance of Creatures of Water and Land," 收錄於 Marsha Weidner, *Cultural Intersections in Later Chinese Buddhism* (Honolulu: University of Hawaii Press, 2001), p. 58。

第二章　象徵

1 對中國早期佛教藝術的概述，參見 Wu Hong (巫鴻), "Buddhist Elements in Early Chinese Art (2nd and 3rd century AD)", *Artibus Asiae*, 47 (1986), pp. 263-347（中譯本收入《禮儀中的美術》一書。巫鴻著，鄭岩等譯《禮儀中的美術：巫鴻中國古代美術史文編》，北京：生活・讀書・新知三聯書店，2005，第 289 頁。）及 Marylin Martin Rhie, *Early Buddhist Art of China and Central Asia, Volume 1: Later Han, Three Kingdoms, and Western Chin in China and Bactria to Shan-shan in Central Asia,* (Leiden: Brill,1999)。

2 巫鴻前揭文，第 264-273 頁。

3 巫鴻前揭文，第 273 頁。Rhie 不同意這個觀點。她認為在某種程度上，佛陀涅槃的刻畫與孔望山的佛本生經變起碼在某種程度上可視為帶有獨特的佛教性質，而不是代表籠統的祥瑞。參見其前揭書，第 44-45 頁。

4 武翔，〈江蘇六朝畫像磚研究〉，《東南文化》1997.1，第 72-96 頁。

5 參見 James Cahill, *Chinese Painting* (New York: Rizzoli International Publishers, 1977), p.15。

6 對於這個問題的綜合討論，可參見 Danny Miller, "Artifacts as Products of Human Categorisation Processes." In Ian Hodder, ed., *Symbolic and Structural Archaeology* (Cambridge: Cambridge University Press, 1982), pp. 17-25。

第一節　僧伽衣具

7　蕭璠，〈長生思想和與頭髮相關的養生方術〉，《中央研究院歷史語言研究所集刊》69.4，1998，第 671-726 頁。

8　討論中國僧人的聖僧傳記所刻畫的棄俗出家，參見拙著 *The Eminent Monk: Buddhist Ideals in Medieval Chinese Hagiography* (Honolulu: University of Hawaii Press), 1997, pp. 671-726。

9　Akira Hirakawa (平川彰), *A History of Indian Buddhism: From Śākyamuni to Early Mahāyāna*,Paul Groner trans. (Honolulu: University of Hawaii Press,1990), p.68. 佛光大辭典編修委員會編，《佛光大辭典》，第1274頁。

10　川口高風，〈袈裟史における道宣の地位一六物を中心に〉，《宗教研究》47.2，1974，第 98-100 頁。

11　Schopen, *Bones, Stones and Buddhist Monks,* pp. 3-5.

12　Gernet, *Buddhism in Chinese Society,* pp. 79-93.

13　Paul Dundas, *The Jains* (London:Routledge,1992).

14　《大智度論》，卷六十八，〈釋魔事品第四十六〉，《大正藏》編號 1509，第 25 冊，第 538 頁中欄。

15　Mohan Wijayaratna, *Buddhist Monastic Life: According to the Texts of the Theravada Tradition*, Claude Grangier & Steven Collins trans (Cambridge: Cambridge University Press, 1990), p.43.

16　與此相似，在基督教牧師長袍的歷史中，也一方面要避免赤貧者的襤褸衣衫，另一方面要拒絕腐化者的華麗衣著。可參見 Louis Trichet, *Le costume du clergé: ses origines et son évolution en France d'après les règlements de l'Église* (Paris: Cerf, 1986)。

17　《四分律刪繁補闕行事鈔》，卷下一，〈二衣總別篇第十七〉，《大正藏》編號 1804，第 40 冊，第 104 頁下欄。對道宣在《行事鈔》中討論僧服的詳細注疏及其現代日文翻譯，參見河野訓，〈僧衣資料研究：四分律二衣總別篇一本文（抄）並びに譯解〉，《佛教文化》18，1987，第 85-114 頁；《佛教文化》19，1988，第 74-86 頁。對道宣關於僧服觀點的簡要概述，可見鳥居本幸代〈南山道宣の袈裟觀について〉，《天臺學報》25，1983，第 185-188 頁。6 世紀時的高僧智顗在《摩訶止觀》中，也對僧服在修行中的必要性有類似的說法。見《摩訶止觀》，卷四，《大正藏》編號 1911，第 46 冊，第 41 頁下欄（衣者遮醜陋，遮寒熱，遮蚊虻，飾身體）。

18　Bernard Faure, "Quand l'habit fait le moine: The Symbolism of the Kāṣāya in Soto Zen," *Cahiers d'Extreme-Asie* 8 (1995), pp. 335-369. 這篇文章除了分析日本僧服的象徵意義外，還提供了許多關於印度與中國僧服有用的信息。在以下討論中，筆者從此篇受益頗多。

19　《宋高僧傳》，卷六，〈唐台州國清寺湛然傳〉，《大正藏》編號 2061，

第 50 冊，第 739 頁中欄。

20 同上，卷十一，〈唐荊州福壽寺甄公傳〉，第 775 頁中欄。

21 《大宋僧史略》，卷上，《大正藏》編號 2126，第 54 冊，第 237 頁下欄至 238 頁上欄。另可見拙著 *The Eminent Monk* 一書，第 29-32 頁。10 世紀以後，中國僧服的顏色逐漸變得標準化。當今中國僧人通常穿黑色或灰色的僧服。

22 漢語大詞典編纂處，《漢語大詞典》，〈緇衣〉條，上海：上海辭書出版社，1991，第 928 頁。

23 圓仁《入唐求法巡禮行記》中記載，道士上奏武宗：「孔子說云：『李氏十八子昌運方盡，便有黑衣天子理國。』臣等竊惟黑衣者，是僧人也。」

24 釋圓仁著，[日] 小野勝年校註，白化文等修訂校註，《入唐求法巡禮行記校註》，卷四，石家莊：花山文藝出版社，1992，第 493 頁。

25 參見 A. B. Griswold, “Prolegomena to the Study of the Buddha’s Dress in Chinese Sculpture,” *Artibus Asiae*, 26.2，1963, pp. 88-130。

26 另見 Chang Kun (張琨), *A Comparative study of the Kaṭhinavastu* (The Hague: Mouton,1957)。

27 《四分律》，卷四十，《大正藏》編號 1428，第 22 冊，第 855 頁中欄（諸比丘不知當作幾條衣。佛言：應五條，不應六條，應七條不應八條，應九條不應十條，乃至十九條不應二十條。）；卷四十三，第 878 頁上欄（四周有緣，五條作十隔，如是衣僧應受作功德衣。若復過是者亦應受，應自浣染、舒張、輾治、裁作十隔縫治。……四周安緣。五條作十隔，若過，如是衣受作功德衣，自浣染、舒張、輾治、裁作十隔縫治）。

28 《薩婆多毗尼毗婆沙》，卷四，《大正藏》編號 1440，第 23 冊，第 527 頁中欄。（「又僧伽梨，下者九條，中者十一條，上者十三條；中僧伽梨，下者十五條，中者十七條，上者十九條；上僧伽梨，下者二十一條，中者二十三條，上者二十五條。」）同上，《四分律》，卷四十，第 855 頁中欄。

29 同上，《四分律》，卷四十，第 855 頁中欄。（佛言：「自今已去，聽著割截欝多羅僧、僧伽梨，聽葉作鳥足縫，若編葉邊，若作馬齒縫。」）

30 關於這個特殊儀典在不同語言文本中的描述，參見前揭 Chang Kun（張琨）一書。

31 《佛制比丘六物圖》，《大正藏》編號 1900，第 45 冊，第 898 頁上欄。《大宋僧史略》，《大正藏》編號 2126，第 54 冊，第 238 頁上欄。（若服黑色，最為非法也。何耶？黑是上染大色五方正色也。）

32 道宣，《關中創立戒壇途徑》，《大正藏》編號 1892，第 45 冊，第 816 頁上欄。道宣大概是引用了《華嚴經》中的一篇發願文。見《大方廣佛華嚴經》，卷六，〈淨行品第七〉，《大正藏》編號 0278，第 9 冊，第 430 頁下欄。（受著袈裟，當願眾生，舍離三毒，心得歡喜。）

33 《四分律》，卷四十，《大正藏》編號1428，第22冊，第855頁中欄。《分別功德論》卷四中記載，三衣與三個季節（冬、夏、春）有關係。《分別功德論》，《大正藏》第25冊，編號1507，第44頁下欄。（或云為三時故，故設三衣。冬則著重者，夏則著輕者，春秋著中者。為是三時故，便具三衣。）還可參見 Faure, "Quand l'habit fait le moine," p. 338。

34 《律相感通傳》，《大正藏》編號1898，第45冊，第881頁上欄。（元制坐具之意，用表塔基之相。僧衣袈裟在上，以喻法身之塔。塔基既不偏邪，坐具寧容長廣。縱使四周具貼，不違半搩之文。）

35 中村元的《佛教語大辭典》中收錄了超過一百條以數字3開頭的佛教詞組。《佛教語大辭典》，東京：東京松塞出版公司，1975。

36 實際上，「壞色」的梵文為 kāṣāya（音譯作「袈裟」），它後來就變成了僧衣的代稱。參見中村元，《佛教語大辭典》，「袈裟」條，第298頁。

37 《南海寄歸內法傳》，卷二，〈衣食所須章〉，《大正藏》編號2125，第54冊，第214頁上欄至中欄。（且如神州祇支，偏袒覆膊，方裙、禪袴、袍襦，咸乖本製，何但同袖及以連脊。至於披著不稱律儀，服用並皆得罪，頗有著至西方，人皆共笑，懷慚內恥。裂充雜用，此即皆是非法衣服也。）

38 《南海寄歸內法傳》，卷二，〈衣食所須章〉，《大正藏》編號2125，第54冊，第216頁上欄。

39 Wijayaratna, *Buddhist Monastic Life*, p.36.

40 張籍，〈送閩僧〉，《全唐詩》，卷三八四，第4312頁。

41 徐凝，〈獨住僧〉，《全唐詩》，卷四七四，第5380頁。（百補袈裟一比丘，數莖長睫覆青眸。多應獨住山林慣，唯照寒泉自剃頭。）

42 現存的古僧衣很少，但通過日本已公開的三件中古時期的僧衣，可以看到當時中國僧衣的樣式。參見《正倉院寶物．北倉》，京都：正倉院事務所編，1989，圖24-29。

43 《律相感通傳》，《大正藏》編號1898，第45冊，第881頁上欄；《佛制比丘六物圖》，《大正藏》編號1900，第45冊，第900頁中欄；《四分律》，卷四十，《大正藏》編號1428，第22冊，第855頁下欄；《根本說一切有部毗那耶雜事》，卷四，《大正藏》編號1451，第24冊，第233頁下欄。

44 在《釋氏要覽》中，道誠引用了從《摩訶僧祇律》中摘出的一段關於禁止使用貴金屬衣環的內容，但我在《大正藏》裡沒能找到它的原出處。見《大正藏》編號2127，第54冊，《釋氏要覽》卷上，第270頁。（鉤鈕，《僧祇》云「紐緤」，《集要》云「前面為鉤，背上名鈕。……佛制一切金銀寶物，不得安鉤鈕上。）而道宣的有關評論，見其《釋門章服儀》所載，《大正藏》編號1894，第45冊，第838頁下欄。（今則不爾，或有縫帶長垂，銀鉤現臆，金玉之飾亂舉於蒙心。）12世紀的程大昌在其《演

繁露・正》中一篇以「僧衣環」為題的文章裡舉例說明了銀製衣環的流行。程大昌，《演繁露・正》，臺北：新文豐出版社，1984，第 343 頁上欄。程氏猜想衣環的使用，源自吐蕃將其作為官員等級的標示。然而，有充分的證據表明宋代之前的僧人就已使用鉤鈕來固定僧衣了。而道宣在他那個時代所抱怨的金屬衣環，筆者也找到了一個例子，證明在 7 世紀藏傳佛教成熟之前已經存在了。筆者所看到最早的是 629 年的一幅圖像，參見本書第 164 頁圖 2-10。順帶要提的是，天主教傳道書中也有類似的關於神父法袍上金銀鈕釦使用的論爭，參見 Trichet, *Le costume du clergé*, pp. 70、85。

45 《釋門章服儀》，第 836 頁上。道宣緊接著還批評「劫蜂賊蜜」的行為。然而儘管後代有一些僧人戒穿絲綢，但是很少有人反對食用蜂蜜。

46 《律相感通傳》，第 879 頁下欄。道宣在《續高僧傳》中也提到了他問梵僧一事，《續高僧傳》，卷二十七，第 684 頁中欄至下欄。

47 Liu Xinru (劉欣如), *Silk and Religion: An Exploration of Material Life and the Thought of People, AD 600-1200* (Delhi: Oxford University Press, 1998), pp. 50-51.

48 《南海寄歸內法傳》，卷二，《大正藏》編號 2125，第 54 冊，第 212 頁下欄。中國是在 10 世紀以後才普遍使用棉織物。10 世紀時，上好的棉織物與上好的絲織品差不多是等價。可參見 Eric Trombert, *Le Credit a Dunhuang: Vie materielle et societe en Chine medievale* (Paris: College de France, Institut des Hautes Etudes Chinoises, 1995), p.122（中譯本有余欣、陳建偉譯《敦煌的借貸》，北京：中華書局，2003）。

49 《南海寄歸內法傳》，卷二，第 212 頁下欄至 213 頁上欄。

50 比如有些僧人就選擇穿上了紙製的袈裟，以避免用絲綢。參見 Tsien Tsuen-Hsuin (錢存訓), *Paper and Printing, part 1 of vol.5, "Chemistry and Chemical Technology,"* In Joseph Needham (李 約 瑟) ed., *Science and Civilisation in China* (Cambridge: Cambridge University Press, 1985), p.112. 中譯單行本見錢存訓著，鄭如斯編訂，《中國紙和印刷文化史》，桂林：廣西師範大學出版社，2004，第 102 頁。與天主教類同，牧師們也不准身著絲綢，參見 Trichet, *le costume du clergé*, pp. 60、93-94。

51 在《行事鈔》中，道宣引用了不同的戒律條文，強調袈裟應該由厚重粗糙的材料而非絲綢那樣精緻的材料製成。參見《四分律刪繁補闕行事鈔》，卷下一，《大正藏》編號 1804，第 40 冊，第 105 頁中欄；以及河野訓〈僧衣資料研究〉一文，第 91 頁。而袈裟使用絲綢的情況，在日本又經歷了一個十分有趣的轉變，參見 Faure, "Quand l'habit fait le moine," pp. 346-352。

52 《佛光大辭典》，第 4407 頁下至 4408 頁上。關於此項以及後文要談論的「胎衣」，可參見 Faure, "Quand l'habit fait le moine," p.363。

53 《宋高僧傳》，卷十一，〈唐澧陽雲巖寺曇晟傳〉，《大正藏》編號 2061，第 50 冊，第 775 頁中欄。

54 《宋高僧傳》，卷十三，〈後唐福州長慶院慧稜傳〉，第 787 頁上欄。

55 《漢語大詞典》，「紫衣」、「紫服」條，第 815 頁。

56 黃敏枝，〈宋代的紫衣師號〉，收入氏著《宋代佛教社會經濟史論集》，臺灣：學生書局，1989，第 444 頁。本書關於紫衣的談論主要依靠這篇文章，同時還可參見 Antonino Forte, *Political propaganda and ideology in China at the end of the 7th century* (Napoli: Istituto Universitario Orientale, 1976), p.11。

57 《宋高僧傳》中有許多反映類似情況的例子。

58 《大宋僧史略》，卷下，《大正藏》編號 2126，第 54 冊，第 248 頁下欄。

59 參見拙著 *The Eminent Monk*, pp.31-32。

60 黃敏枝，《宋代佛教社會經濟史論集》，第 450 頁。

61 《宋高僧傳》，卷二十四，〈唐太原府崇福寺慧警傳〉，第 863 頁上欄。Roderick Whitfield 認為在斯坦因搜集的一件衲衣（見圖 2-3）實際上就是 9 世紀敦煌僧統洪辯被賜予的紫衣。這件衲衣和其他許多敦煌所出織物一樣，都是在藏經洞第 17 窟發現，而此窟乃為紀念洪辯而建。參見 Whitfield, *The Art of Central Asia: The Stein Collection in the British Museum.* Vol.3, pl.9, Tokyo: Kodansha, 1982. 然而，這件衲衣上只有兩小塊布是紫色的。而且它只有 107 釐米長，比正倉院裡的袈裟小了不止一半。筆者懷疑它不是紫衣，而更有可能只是用來裝飾洪辯的塑像。從一份敦煌物品的清單中可以看出，在一些塑像的袈裟上會披有紫色的織物。參見 Hou Ching-lang (侯錦郎), “Trésors du monastère Long-hing à Touen-houang: une étude sur le manuscrit P. 3432.” In Michel Soymié ed., *Nouvelles contributions aux* études *de Touen-Houang* (Geneva: Droz, 1981), pp. 149-168. 總而言之，我不認為在敦煌發現的是一件「紫衣」。

62 《大慈恩寺三藏法師傳》，卷七，《大正藏》編號 2053，第 50 冊，第 258 頁下欄。

63 《宋代佛教社會經濟史論集》，第 454 頁。

64 關於日本的紫衣情況，參見 Faure, “Quand l’habit fait le moine,” p.355。

65 下面的討論大多借鑑 Wendi Leigh Adamek, *The Mystique of Transmission. On an Early Chan History and Its Contexts* (New York: Columbia University Press, 2007)。

66 《大唐西域記》，卷九，《大正藏》編號 2087，第 51 冊，第 919 頁中欄至下欄。可奇怪的是，這件袈裟是「金縷」的這一細節，與前文所討論的理想袈裟有點矛盾。還要注意的是，儘管佛陀理所當然和一般僧人的標準不同，但就像之前提過的，道宣曾聲稱自己最先注意到絲製袈裟的不正當性，因為他在讀《大智度論》時看到佛陀穿的是襤褸僧衣。

67 《法苑珠林》，卷三十五，〈法服篇・違損部〉，《大正藏》編號 2122，第 53 冊，第 560 頁。Adamek 也討論了這個故事，參見 128 頁。而 Koichi Shinohara（篠原亨一）將這項研究推向了新高度，參見其 “The Kaṣāya Robe of the Past Buddha Kāśyapa in the Miraculous Instruction Given to the Vinaya Master Daoxuan (596-667),” *Chung-Hwa Buddhist Journal*, vol. 13 (2000), pp. 299-367。

68 郭朋校釋，《壇經校釋》，北京：中華書局，1986，第 19 頁。

69 《歷代法寶記》，《大正藏》編號 2075，第 51 冊。

70 《歷代法寶記》，《大正藏》編號 2075，第 51 冊，第 181 頁。另見 Adamek, “Robes Purple and Gold: Transmission of the Robe in the *Lidai fabao ji* (Record of the Dharma-Jewel through the Ages),” *History of Religions*, 40.1(2000), pp. 58-81。

71 「接觸性遺物」一詞參見 Faure, *Visions of Power: Imaging Medieval Japanese Buddhism*. (Princeton: Princeton University Press, 2000), p.159。

72 Anna Seidel（石秀娜）, “Den-e” 傳衣，即刊於 Hōbōgirin（《法寶義林》）。

73 Bernard Faure 有一本書的主題就是禪宗傳法過程中的頓悟和相應的妥協所造成的問題，參見 Faure, *The Rhetoric of Immediacy*。

74 楊曾文編校，《神會和尚禪話錄》，北京：中華書局，1996，第 29 頁。

75 正如 Faure 所說的那樣，在禪宗傳衣「不只是一個象徵，就像包括《六祖壇經》在內的其他慧能遺物，都是禪宗佛法的化身」，他還提到：「袈裟和其他的『令牌』一樣，最初都只是作為具象化的選擇，最終卻變成了具有魔力的原因。」

76 《壇經校釋》，第 22 頁。

77 同上，第 103 頁。

78 《神會和尚禪話錄》，第 34 頁。還可參見 Adamek, *The Mystique of* Transmission, p.157。

79 《十誦律》，卷三十九，《大正藏》編號 1435，第 23 冊，第 282 頁中欄。

80 《毘尼母經》，卷七，《大正藏》編號 1463，第 24 冊，第 840 頁上欄。

81 《四分律刪繁補闕行事鈔》，卷下一，《大正藏》編號 1804，第 40 冊，第 105 頁上欄。道宣在這裡改述了《摩訶僧祇律》的說法。參見《摩訶僧祇律》，卷三十八，《大正藏》編號 1425，第 22 冊，第 528 頁上欄。

82 《四分律》，卷五十二，《大正藏》編號 1428，第 22 冊，第 951 頁下欄至第 952 頁上欄。

83 同上，卷九，第 621 頁下欄。

84 同上，卷第九，第 623 頁上欄。

85 參見《四分律刪繁補闕行事鈔》卷下一，〈缽器制聽篇第十九〉，《大正藏》編號 1804，第 40 冊，第 124-127 頁。

86 《宋高僧傳》，卷三，〈唐洛京天竺寺寶思惟傳〉，《大正藏》編號

2061，第 50 冊，第 720 頁上欄；卷四，〈唐新羅國義湘傳〉，第 729 頁中欄。

87 同上，卷十六，〈唐江州興果寺神湊傳〉，第 807 頁中欄。

88 同上，卷五，《唐代州五台山清涼寺澄觀傳》，第 737 頁下欄。

89 《入唐求法巡禮行記校註》，卷三，第 296 頁。

90 《宋高僧傳》，卷七，〈後唐杭州龍興寺可周傳〉，第 747 頁下欄。

91 同上，卷八，〈唐韶州今南華寺慧能傳〉，第 755 頁上欄；卷十三，〈晉會稽清化院全付傳〉，第 787 頁中欄；卷十四，〈唐光州道岸傳〉，第 793 頁中欄；卷十八，〈唐泗州普光王寺僧伽傳〉，第 823 頁中欄。

92 同上，卷二十八，〈宋東京普淨院常覺傳〉，第 887 頁上欄。

93 石興邦選編，《法門寺地宮珍寶》，西安：陝西人民美術出版社，1989，第 32 頁；韓偉，《法門寺地宮金銀器鏨文考釋》，《考古與文物》1995.1，第 72 頁。

94 《大智度論》，卷二十六，《大正藏》編號 1509，第 25 冊，第 252 頁下欄至第 253 頁中欄。

95 類似的缽盂在宋代佛塔中也有出土。參見溫州市文物處，〈溫州市北宋白象塔清理報告〉，《文物》1987.5，第 1-15 頁；以及河北省文物管理處，〈河北易縣淨覺寺舍利塔地宮清理記〉，《文物》1986. 9，第 76-80 頁。

96 《宋高僧傳》卷二十九，《唐京兆鎮國寺純陀傳》，《大正藏》編號 2061，第 50 冊，第 891 頁上欄。

97 《歷代法寶記》，《大正藏》編號 2075，第 51 冊，第 187 頁下欄。另外，關於缽盂作為傳法信物的記載，參見 Faure, “Quand l’habit fait le moine,” p. 353。

98 《宋高僧傳》，卷十五，〈唐京師安國寺藏用傳〉，《大正藏》編號 2061，第 50 冊，第 803 頁上欄。

99 正如 Faure 在袈裟的例子中指出的那樣，現代的中國與日本僧人會在傳法與接受僧職時舉行袈裟的授受儀式，參見 Faure, Quand l’habit fait le moine,” p. 343。

100 洛陽市文物工作隊，〈洛陽唐神會和尚身塔塔基清理〉，《文物》1992.3，第 64-67 頁。

101 本書關於佛缽的討論立基於 Françoise Wang-Toutain, “Le bol du Buddha. Propagation du bouddhisme et légitimité politique.” *Bulletin de l’Ecole française d’Extrême-Orient* vol.81 (1994), pp. 59-82。

102 這個佛缽的頂部有四條線用來代表四缽，它的表現形式可以在犍陀羅中見到。參見 Wladimir Zwalf, ed., *Buddhism: Art and Faith* (London: British Museum Publications, 1985), p.196, pl.282. 引自 Wang-Toutain, Ibid., p. 61。

103 《高僧法顯傳》，《大正藏》編號 2085，第 51 冊，第 858 頁中欄。對弗樓沙國位於白沙瓦（Peshawar）的確定，依據章巽《法顯傳校注》，上

海：上海古籍出版社，1985，第 40 頁。

104 《高僧法顯傳》，第 865 頁下欄。

105 《德護長者經》,《大正藏》第 14 冊，編號 545。

106 《德護長者經》，卷二，第 849 頁中欄 20-28 列；Wang-Toutain, "Le bol du Buddha," pp. 75-78。

107 佛缽也出現在鬼子母（Hārītī）的傳說中，佛陀將她最小的孩子藏進佛缽裡，以此來將她降服；這個故事在唐代以後的中國藝術中常見。參見 Julia M. Murray, "Representations of Hārītī, the Mother of Demons, and the Theme of' Raising the Alms-Bowl'in Chinese Painting". Artibus Asiae, vol.43,no. 4(1982), pp. 253-284。

108 《律相感通傳》，第 880 頁下欄至 881 頁上欄。

109 《十誦律》，卷五十六，《大正藏》編號 1435，第 23 冊，第 417 頁上欄；《毘尼母經》，卷五，《大正藏》編號 1463，第 24 冊，第 826 頁上欄。

110 《根本說一切有部毘奈耶雜事》，卷三十四，《大正藏》編號 1451，第 24 冊，第 375 頁上欄。

111 《得道梯橙錫杖經》，《大正藏》編號 785，第 17 冊，第 724 頁上欄。

112 比如詩僧貫修在他的兩首詩裡就寫到了「六環金錫杖」——這和法門寺出土的一根錫杖很相似，但法門寺的錫杖是銅製的。參見〈送新羅衲僧〉，《全唐詩》，卷八六三，第 9418 頁；〈海覺禪師山院〉，《全唐詩》，卷八三七，第 9437 頁。義淨也提到他那時見到印度僧人所持的錫杖，其環「或六或八」；參見《南海寄歸內法傳》，卷四，《大正藏》編號 2125，第 54 冊，第 230 頁中欄。

113 劉言史，〈送僧歸山〉，《全唐詩》，卷四六八，第 5328 頁；白居易，〈天竺寺送堅上人歸廬山〉，《全唐詩》，卷四四六，第 5006 頁。

第二節　念珠

114 曹雪芹、高鶚，《紅樓夢》，第 15 回〈王熙鳳弄權鐵檻寺 秦鯨卿得趣饅頭〉，北京：人民文學出版社，1973，第 164 頁。

115 同上，第 18 回〈大觀園試才題對額 榮國府歸省起元宵〉，第 210 頁。

116 俞樾，《茶香室三鈔》卷十七〈持珠誦佛〉條，《筆記小說大觀》23 編第 5 冊，臺北：新興書局，1978，第 10 頁。

117 有關日本念珠的兩項研究，也為印度與中國的念珠研究提供了有用的信息；參見 E.Dale Saunders, *Mudrā: A Study of Symbolic Gestures in Japanese Buddhist Sculpture* (London: Routledge and Kegan Paul,1960), pp. 174-177。更詳細的討論參見 George J. Tanabe Jr., "Telling Beads: The Forms and Functions of the Buddhist Rosary in Japan,"Beiträge des Arbeitskreises Japanische Religionen, 2012, pp. 1-20。

118 也有學者認為念珠在伊斯蘭教中的運用（最早可能為 8 世紀）和在天主

教中的運用（約自 13 世紀起）都可以追溯到印度，但證據很薄弱。大多數相關主題的研究，提供了念珠在兩種宗教中獨立發展的可能性。有關伊斯蘭教念珠的研究，參見 A. J. Wensinck, "Subha,"in Thomas Patrick Hughes ed., *A Dictionary of Islam* (Lahore: Premier Book House, 1965), p. 492 以及 Ignaz Goldziher, "Le rosaire dans l'Islam," *Revue de l'histoire des religions*,vol.21(1890), pp. 295-300。有關天主教念珠的研究，參見 Anne Winston-Allen, *Stories of the Rose: The Making of the Rosary in the Middle Ages* (University Park: Pennsylvania State University Press, 1997), pp. 111-116。

119 沒有圖像能提供早期佛教中念珠的證據。據筆者所知，桑奇大塔和帕魯德佛塔中都沒有念珠的跡象。到了 7 世紀，念珠才經常性地出現在印度教塑像裡。

120 參見望月信亨，《佛教大辭典》，〈じゅず數珠〉詞條，東京：世界聖典刊行協會，1963，第 2474 頁上欄至 2477 頁上欄。望月氏認為念珠起源於婆羅門教的依據是他覺得 Sahr-bohl 的一幅圖像中，一個婆羅門手拿著念珠。筆者一直沒能看到望月氏提到的這幅圖像。在各種語言對念珠起源的研究中，望月氏是唯一一個提出證據支持「念珠起源於婆羅門教」觀點的人；這或許是個無法解決的問題。

121 這部經不見於現存最早的佛教目錄書《出三藏記集》中。據筆者所知，這部經最早出現在成書於 594 年的《眾經目錄》中，其卷三列出了《木槵子經》經名。因此，這部經不會晚於 6 世紀。(道世在 668 年撰成的《法苑珠林》，卷三十四第 551 頁下欄裡也列出了該經經名。該經的另一版本據稱由 8 世紀密教大師不空翻譯（《金剛頂瑜珈念珠經》），由此增加了它是印度佛經的譯本而非中國偽經的可信度。參見小野玄妙，《佛書解說大辭典》，卷十一，東京：大東出版社，1932，第 11 頁 4 欄。

122 滿久崇麿在其著《佛典的植物》（東京：八坂書房，1995）一書中將之定為「無患子」（Sapindus Mukurossi）。Tanabe " Telling Beads" 一文則給出了它的俗稱「皂莓（soapberry）」。

123 《佛說木槵子經》，《大正藏》編號 786，第 17 冊，第 726 頁上欄。

124 《金剛頂瑜珈念珠經》，《大正藏》編號 789，第 17 冊。《大毘盧遮那經廣大儀軌》，卷下，《大正藏》編號 851，第 18 冊，第 107 頁下欄。

125 《曼殊室利咒藏中校量數珠功德經》，《大正藏》編號 787，第 17 冊。此經另有寶思惟的譯本，《佛說校量數珠功德經》，《大正藏》編號 788，第 17 冊。

126 這類咒語可見《菩提場所說一字頂輪王經》，卷二，「穿珠真言」、「加持珠真言」，《大正藏》編號 950，第 19 冊，第 202 頁上欄至中欄；《白傘蓋大佛頂王最勝無比大威德金剛無礙大道場陀羅尼念誦法要》，《大正藏》編號 975，第 19 冊，第 400 頁下欄。

127 參見天息災譯，《大方廣菩薩藏文殊師利根本儀軌經》，卷十一，〈數珠儀則品第十二〉，《大正藏》編號 1191，第 20 冊，第 873 頁上欄至 874 頁上欄。

128 《佛說校量數珠功德經》，《大正藏》編號 788，第 17 冊，第 727 頁。在不空譯的《金剛頂瑜珈念珠經》中也有類似的說法。Tanabe 教授指出菩提樹的果實很小，做不了念珠，通常所說的菩提子念珠實際上用的是生長在喜馬拉雅山一帶的 Bodhici 樹的果實。參見其著 "Telling Beads" 一文。

129 具體何種儀軌用何種念珠，參見 11 世紀時法護譯出的《佛說大悲空智金剛大教王儀軌經》，卷五，《大正藏》編號 892，第 18 冊，第 601 頁上欄。11 世紀入華求法的日僧成尋在《參天台五台山記》中也有提及，載高楠順次郎，《大日本佛教全書》，卷一一五，東京：講談社，1970-1973，第 147 頁。而不同神祇用不同的念珠，參見般若在 8 世紀後期譯出的《諸佛境界攝真實經》，卷下，《大正藏》編號 868，第 18 冊，第 281 頁下欄；或金剛智譯出的《金剛頂瑜伽中略出念誦經》，卷四，《大正藏》編號 866，第 18 冊，第 247 頁上欄至中欄；以及善無畏譯出的《蘇悉地羯羅供養法》，卷中，《大正藏》編號 894，第 18 冊，第 697 頁中欄。有關密教中各「家族」的神眾，參見 David Snellgrove, *Indo-Tibetan Buddhism: Indian Buddhists and Their Tibetan Successors* (Boston: Shambahla, 1987)。

130 《佛說陀羅尼集經》，卷二，《大正藏》編號 901，第 18 冊，第 803 頁上欄至中欄。

131 參見不空譯，《金剛頂瑜珈念珠經》，《大正藏》編號 789，第 17 冊，第 702 頁下欄。在《金剛頂經一字頂輪王瑜伽一切時處念誦成佛儀軌》中也引了同樣的說法，《大正藏》編號 957，第 19 冊，第 325 頁中欄。

132 指《佛說木槵子經》、《校量數珠功德經》和《金剛頂瑜伽念珠經》。

133 前者見《佛說陀羅尼集經》，卷四，《大正藏》編號 901，第 18 冊，第 819 頁上欄至中欄；後者見《佛說一切如來烏瑟膩沙最勝總持經》，《大正藏》編號 978，第 19 冊，第 408 頁中欄。

134 在缺少考古材料的情況下，同樣很難考證念珠究竟是用什麼材料製成的，以及念珠的使用究竟有多普遍這一更重要的問題。不空在 8 世紀譯出的《金剛頂經瑜伽十八會指歸》中強調，在修行金剛寶冠瑜伽時，「不假持珠遍數以為劑限」。這至少體現出當時念珠的使用十分普遍，以至於對不需要念珠的修行都必須明確禁止使用。參見《大正藏》編號 869，第 18 冊，第 287 頁中欄。

135 第 23 窟。參見天水麥積山石窟藝術研究所，《中國石窟：麥積山石窟》，東京：平凡社，1987，圖 65。

136 實際上，在唐以前的佛教文獻中，筆者還沒有找到在「中國」使用念珠的紀錄。

137 收藏於火奴魯魯藝術館。參見金申，《中國歷代紀年佛像圖典》，北京：文物出版社，1995，圖 251。

138 寶山第 77 號塔，嵐峰山第 38、42、47 號塔。河南省古代建築保護研究所，《寶山靈泉寺》，河南：河南人民出版社，1991。

139 《全唐詩》，卷三八四，第 4325 頁。

140 《四分律刪繁補闕行事鈔》，卷下一，第 115 頁上欄；宋代的元照對念珠的分類更為詳細。見《四分律行事鈔資持記》，卷下一，《大正藏》編號 1805，第 40 冊，第 375 頁上欄。

141 《宋高僧傳》，卷二十，《唐代州五台山華嚴寺無著傳》，第 836 頁下欄。

142 《天地陰陽交歡大樂賦》，載葉德輝輯，《雙楳景闇叢書》，第 7 頁中欄。也是在唐朝時，念珠被確定為羅漢肖像的普遍特徵。龍門看經寺洞窟中有這類手持念珠的羅漢像。參見中國美術全集編輯委員會，《中國美術全集：雕塑編 11．龍門石窟雕刻》，北京：人民美術出版社，1984-1989，圖 197。

143 陶岳，《五代史補》，卷一，第 14 頁上欄。《景印文淵閣四庫全書》，臺北：臺灣商務印書館，1983-1986。

144 《續高僧傳》，卷二十九，〈唐京師弘福寺釋慧雲傳〉，《大正藏》編號 2060，第 50 冊，第 698 頁下欄。

145 《十一面神咒心經義疏》，《大正藏》編號 1802，第 39 冊，第 1009 頁中欄。

146 《金剛般若經贊述》，卷上，《大正藏》編號 1100，第 33 冊，第 126 頁中欄。具有諷刺意味的是，11 世紀日僧成尋入華巡禮時，發現一尊窺基的造像就是手持念珠。參見《參天台五台山記》，第 57 頁上欄。

147 《念佛三昧寶王論》，卷中，《大正藏》編號 1967，第 47 冊，第 138 頁下欄。

148 Koelreuleria paniculata（欒樹子）。

149 《續高僧傳》，卷二十，〈唐并州玄中寺釋道綽傳〉，《大正藏》編號 2060，第 50 冊，第 594 頁上欄。道綽現存的唯一著作《安樂集》中並無對念珠的記述。

150 《舊唐書》，卷一三四，第 4759 頁。

151 高彥休，《闕史》，卷下，〈王居士神丹〉條，第 11 頁中欄。此事亦載於《太平廣記》，卷八十四，〈王居士〉條，北京：中華書局，1961，第 542 頁。同時這也是前引俞樾所指的「典故」。

152 《宋高僧傳》，卷十九，〈唐西域亡名傳〉，《大正藏》編號 2061，第 50 冊，第 830 頁中欄。

153 河南省古代建築保護研究所，《寶山靈泉寺》，寶山第 83 號塔、嵐峰山第 48 號塔。

154 《大慈恩寺三藏法師傳》，卷九，《大正藏》編號 2053，第 50 冊，第 272

頁中欄。

155 《入唐求法巡禮行記》，卷一，第 65 頁。

156 《宋高僧傳》，卷一，〈唐京兆大興善寺不空傳〉，《大正藏》編號 2061，第 50 冊，第 713 頁中欄。

157 僧人給予和接受念珠的事例，可以在各種文獻資料中找到。比如宋代作品《夢粱錄》中就記載了 10 世紀時，一位高麗國王曾遣使向永明延壽奉送「金線織袈裟、紫水晶數珠」。參見吳自牧，《夢粱錄》，卷十七，〈歷代方外僧〉條，收入《東京夢華錄外四種》，臺北：大立出版社，1980，第 277 頁。日僧成尋也在他的遊記中不斷提到念珠被作為禮物，參見《參天台五台山記》，第 7 頁中欄、12 頁中欄、14 頁上欄、18 頁中欄、19 頁中欄、21 頁上欄、31 頁上欄、37 頁上欄、143 頁上欄。

158 《雲仙雜記》，卷上，〈水玉數珠〉條，第 4 頁上欄，《四部叢刊》，上海：商務印書館，1919。這是馮氏從一部更早的已散佚的《童子通神集》中徵引出來的。

159 《朱子語類》，卷九十七，〈程子之書三〉，北京：中華書局，1986，第 2491-2492 頁。

160 《老學庵筆記》，卷四，收入《陸放翁全集》，臺北：世界書局，1961，第 22 頁。

161 《夢粱錄》，卷十三，「諸色雜貨」條，第 245 頁。

162 Craig Clunas 在他的著作中，充分地討論了文震亨的這本書，參見 Clunas, *Superfluous Things: Material Culture and Social Status in Early Modern China* (Chicago: University of Illinois Press, 1991)。

163 指五種供養物：塗香、供花、燒香、飯食、燈明。

164 「記總」是將珠子或別的東西串在一起並連接母珠的一個配件，用來提醒人們已經轉完一圈。（類似之前提到的記子。）

165 文震亨原著，陳植、楊超伯，《長物志校注》，卷七「數珠」條，江蘇：江蘇科技出版社，1984，第 288 頁。

166 事實上，文震亨關於念珠的觀點大多都是取自屠隆（1542-1605）的《考槃餘事》。參見《考槃餘事》，卷四〈數珠〉條，《叢書集成初編》影印《龍威祕書》本，臺北：臺灣商務印書館，1965，第 4 頁。有關文震亨《長物志》與屠隆《考槃餘事》這兩部書之間的關係，參見前引 Clunas, *Superfluous Things*, pp. 28-31。

167 《長物志》中有關雅與俗的劃分參見 Clunas, *Superfluous Things*,pp.82-83。誠然，對念珠宗教功能的熟悉程度和敬意並不一定會影響對其美感的欣賞，唐代詩僧皎然曾寫過一首〈水精數珠歌〉，稱讚水晶念珠之美「皎如日」，但與《長物志》不同的是，皎然這首詩裡提到了「佛」、「無著」、「空」等一些特色鮮明的佛教術語，參見《全唐詩》，卷八二一，第 9265 頁。顯而易見，《長物志》與佛教傳統劃清了界限而僅僅關注器

物的審美價值。

168 王雲英，《清代滿族服飾》，瀋陽：遼寧出版社，1985，第 134 頁。

169 Schuyler V. R. Cammann, "Ch'ing Dynasty 'Mandarin Chains,'" *Ornament*, vol. 4, no.1 (1979), pp. 25-29.

170 聶崇正，《清代宮廷繪畫》，香港：商務印書館，1996，圖 18.13。

171 《清朝文獻通考》，卷一四一，〈王禮考〉十七，臺北：臺灣商務印書館，1987，第 6074 頁；昆岡《清會典》，卷二十九〈禮部〉，北京：中華書局，1991，第 242 頁。

172 王雲英，《清代滿族服飾》，第 136 頁。從所能見到的清朝圖像和照片來看，人們在實際生活中基本上忽視這條規定。

173 同上，《清代滿族服飾》，第 136 頁。

174 具體實例參見故宮博物院編輯委員會，《清代服飾展覽圖錄》，臺北：故宮博物院，1986，第 133-143 頁。

175 在藏傳佛教中，有一些念珠的記子也是這樣設計的，因此佐證了清代朝珠源自藏傳佛教這一觀點；參見 Louis Sherr Dubin, *The History of Beads* (New York: Abramas, 1987), pl.70。

第三節　如意

176 Mircea Eliade, *Patterns in Comparative Religion*, trans. Rosemary Sheed, London: Sheed and ward, 1958. 中譯本有晏可佳、姚蓓琴譯，《神聖的存在：比較宗教的範型》，廣西：廣西師範大學出版社，2008。

177 伊利亞德是關注「自然」象徵符號的學者之一。榮格（Jung）認為十字架和曼荼羅都是一種存在於全人類「集體無意識」中的自然象徵符號。Mary Douglas 關注的是人的身體在超越文化界限後所具備的象徵意義。還有其他的學者也討論過更為任意的象徵符號，即其意義取決於詮釋以及社會習俗。大多數學者借鑑了 19 世紀美國哲學家查爾斯・皮爾斯（Charles Peirce）給出的定義，他區分了「指示」（index，獅子的足跡即是牠的路線）、「圖標」（icon，類似於作為代表的東西）和「符號」（symbol，依據風俗習慣而任意制定的事物）。這方面的文獻回顧，參見 Raymond Firth, *Symbols Public and Private* (London: George Allen and Unwin, 1973), pp. 54-91。

178 接下來許多內容，筆者要感謝陳夏生先生在《吉祥如意文物特展圖錄》中詳細介紹了如意的歷史，她還為此引用了最為重要的文字和圖片資料。《吉祥如意》，臺北：國立故宮博物院，1995。

179 George Macartney, *An Embassy to China, Being the Journal Kept by Lord Macartney during His Embassy to the Emperor Ch'ien-lung 1793-1794*, J. L. Cranmer-Byng ed. (London: Longmans, Green, 1961), p. 122. 有學者對馬戛爾尼訪華一事進行了探討，請參見 James L. Hevia, *Cherishing Men From*

Afar: Qing Guest Ritual and the Macartney Embassy of 1793 (Durham: Duke University Press, 1995)。（譯註：鄧常春譯，《懷柔遠人：馬戛爾尼使華的中英禮儀衝突》，北京：社會科學文獻出版社，2002。此處引用了該中譯本。）

180 參見 George Stammton, *An Authentic Account of An Embassy from the King of Great Britain to the Emperor of China* (London: W.Bulmer, 1797), p.223，此書寫作主要依靠馬戛爾尼的資料。（譯註：葉篤義譯，《英使謁見乾隆紀實》，上海：上海書店出版社，1997，第 367 頁。此處引用了該中譯本。）

181 中村元，《佛教語大辭典》，第 1059 頁第四欄；望月信亨，《佛教大辭典》，第 4130 頁；《佛光大辭典》，第 2369 頁第四欄。

182 指六神通之一的「如意通」（梵文 ṛddhyabhijñā）。

183 指「如意寶珠」（梵文 cintāmaṇi），參見 Shiratori Kurakichi (白鳥庫吉), "The Mu-nan-chu of Ta-ch'in and the cintāmaṇi of India," *Memoirs of the Research Department of the Toyo Bunko*, vol. 11(1939), pp. 2-54。（譯註：〈大秦的木難珠與印度的如意珠〉，後收入《白鳥庫吉全集》，卷七，東京：岩波書店，1969，第 597-640 頁。）

184 《四分律》，卷十九，《大正藏》編號 1428，第 22 冊，第 694 頁上欄。

185 「如意即爪杖，用以搔癢。」《四分律行事鈔資持記》，卷中三下，《大正藏》第 1805 號，第 40 冊，第 329 頁中欄。

186 有幾個宋代的文本給出了如意對應的梵文詞，望月信亨《佛教大辭典》中引用其中的說法——*anuruddha*（阿那律），第 4130 頁。*Anuruddha* 一詞也被收入 Monier Monier-Williams, *A Sanskrit-English Dictionary*, (1899; rpt. Oxford: Claredon Press, 1979), p. 37，但其英文註釋的含義是檢查，對立；安慰，撫慰（"checked, opposed; soothed, pacified"），並沒有工具的概念。

187 J. LeRoy Davidson 列舉出三種文本資料來論證如意源自印度。其中一則本生故事中，一群外道在爭論時會將攜帶的樹枝栽種在面前。而正如我們所知，如意在中國成為清談的一種象徵，Davidson 由此認為這個故事指出了如意的一種早期形態。另外兩個佛經文獻中都提到了 wishing tree，在翻譯時就被以「如意」來命名了。但正如 Davison 自己所說，「證據還很薄弱」。參見 J. LeRoy Davidson, "The Origin and Early Use of the Ju-i," *Artibus Asiae*, 13.4 (1950), pp. 239-249。

188 唐代筆記小說集《酉陽雜俎》（《四部叢刊》本，卷十一，第 61 頁）中記載了一個傳說，吳王孫權（182-252）曾經掘地得到了秦始皇的一柄如意。雖然早期如意一類器物的發現並非沒有可能，但是我們無法得知這柄如意是否就是秦始皇當年埋在金陵的。我們甚至還不能確信孫權真的獲得了這件他認為是秦始皇曾擁有過的如意，因為這個故事完全有可能是唐朝人杜撰出來的。王嘉撰，齊治平校註，《拾遺記》，北京：中華書局，

1984。
189 《拾遺記》，第 181 頁。
190 魏收，《魏書》，卷二十一，北京：中華書局，1974，第 546 頁。
191 房玄齡，《晉書》，卷九十八，北京：中華書局，1974，第 2557 頁。
192 指揮軍隊一事指謝萬北征，參見劉義慶撰、徐震堮校，《世說新語校箋．簡傲第二十四》，第十四條，北京：中華書局，1984，第 415 頁；皇帝用如意打他女兒一事指梁武帝教訓永興公主，參見李延壽，《南史》，卷六十，北京：中華書局，1975，第 1489 頁。
193 《魏書》，卷八，第 215 頁。
194 杜佑，《通典》，卷一一七，北京：中華書局，1988，第 2984、2997 頁。
195 尹聖平、李西興，《唐墓壁畫精品選粹》，西安：陝西人民美術出版社，1991，第 9 頁。
196 《世說新語》中有大量這樣的記載。參見《世說新語校箋》，〈雅量第六〉，第 41 條；〈豪爽第十三〉，第 4 條、第 11 條；〈排調第二十五〉第 23 條；〈汰侈第三十〉第 8 條。
197 蘇鶚，《杜陽雜編》，卷中，《叢書集成初編》影印《學津討原》本，第 17-18 頁。
198 賀昌群，〈世說新語札記〉，《國立中央圖書館館刊》復刊第一號，1947，第 1-7 頁。有關麈尾的起源，一種意見認為從印度傳入中國，但也有人不贊成此說。王勇曾著文梳理這一爭論，參見〈麈尾雜考〉，《佛教藝術》175，1987，第 77-89 頁。
199 《蓮花傳記》，卷三，〈唐台州國清寺釋智晞〉，《大正藏》編號 2068，第 51 冊，第 60 頁中欄。
200 《續高僧傳》，卷七，〈陳攝山栖霞寺釋慧布傳〉，《大正藏》編號 2060，第 50 冊，第 480 頁下欄至 481 頁上欄。
201 《續高僧傳》，卷十七，〈陳南岳衡山釋慧思傳〉，《大正藏》編號 2060，第 50 冊，第 564 頁中欄。
202 參見中國美術編輯委員會，《中國美術全集：雕塑編 13．鞏縣天龍山響堂山安陽石窟雕塑》，北京：人民美術出版社，1984-1989，圖 197；或河南省古代建築保護研究所，《寶山靈泉寺》，圖 21。
203 《陶庵夢憶》，卷六，〈天童寺僧〉，《叢書集成初編》影印粵雅堂本，第 50 頁。
204 《高僧傳》，卷六，《大正藏》編號 2059，第 50 冊，第 359 頁上欄。
205 《續高僧傳》，卷十六，〈後梁荊州支江禪慧寺釋惠成傳〉，《大正藏》編號 2060，第 50 冊，第 557 頁上欄。
206 《隋天台智者大師別傳》，《大正藏》編號2050，第50冊，第196頁上欄。
207 《入唐求法巡禮行記》，卷一，第 134 頁。
208 正倉院事務所編，《正倉院寶物．南倉》，圖 100-105。

209 北京圖書館金石組，《北京圖書館藏中國歷代石刻拓本彙編》，第 4 冊，鄭州：中州古籍出版社，1989，第 181 頁。同冊第 59 頁，519 年的《孫寶憘造像記》中也有一柄相似的如意之物。

210 獅子是佛教的象徵之一，參見 Edward H. Schafer, *The Golden Peaches of Samarkand*, p.87。（中譯本有吳玉貴譯，《唐代的外來文明》，北京：中國社會科學出版社，1995，第 195 頁。）

211 韓偉，〈法門寺地宮金銀器鏨文考釋〉，第 71-78 頁。

212 徐蘋芳，《中國歷史考古學論叢》，臺北：允晨文化出版社，1995，第 437 頁。

213 維摩詰經變的浮雕主要集中在蓮花洞、古陽洞、地花洞和藥方洞等洞窟；參見龍門文物保管所，《龍門石窟》（一），北京：文物出版社，1991，圖 53、56、61、63、64、102、168、177、233 等。還可參見 Emma C. Bunker, "Early Chinese Representations of Vimalakīrti," *Artibus Asiae*, 30.1 (1968), pp. 28-52。

214 例如現藏安徽省博物館的一件 563 年的〈上官僧度等造像碑〉，《鞏縣等石窟雕塑》，圖 122，收入中國美術編輯委員會，《中國美術全集：雕塑編 13．鞏縣天龍山響堂山安陽石窟雕塑》，北京：人民美術出版社，1984-1989。還有美國大都會藝術館藏的一件東魏時期（534-550）的石刻中也能看到類似的情景。國立故宮博物院編輯委員會，《海外遺珍：佛像》（一），臺北：國立故宮博物院圖，1986，圖 33。

215 在一件供養文殊師利菩薩的敦煌 10 世紀木版畫中，文殊師利菩薩就是手執如意、身騎獅子 —— 文殊師利菩薩形象的常見特徵。Whitfield, *The Art of Central Asia*, vol. 2,fig,142,143,147（斯坦因 236、237、239 號繪畫）。

216 《量處輕重儀》，《大正藏》，編號 1895，第 45 冊，第 842 頁上欄。

217 如意在晚唐十分普遍的說法乃基於一份 972 年的敦煌文書，其中講到六朝時慧遠大師在一場宮廷辯論後，皇帝敕旨「賜遠公如意，數珠串六環，錫杖一。」潘重規，《敦煌變文集新書》，臺北：文津出版社，1994，第 1070 頁。這份 10 世紀的記述不大可能如此具體詳實地列出 5 世紀時的禮物，但起碼能說明 10 世紀時的僧人擁有如意，就像有念珠和錫杖一樣，這已被視為理所當然了。

218 Zürcher, *The Buddhist Conquest of China*, p. 207, n. 59.

219 望月信亨氏認為「如意」對應的梵文發音是 *anuruddha*。但正像筆者之前提到的，這個詞很可能是中國僧人所杜撰，他們認為該物應有一個對應的梵文詞。

220 《指歸》顯然是一本佛教典籍，但筆者始終沒能確定出它具體是哪本佛典。

221 清沼與雲勝都是傑出的宋代僧人。其中雲勝與《大宋僧史略》、《宋高僧傳》的作者贊寧齊名。清沼亦見於徐松，《宋會要輯本》，第 200 冊，〈道釋〉二之六，臺北：世界書局，1964。

222 《釋氏要覽》，卷中，《大正藏》，編號 2127，第 54 冊，第 279 頁下欄。
223 道誠此處提到的這種如意造型，可以與法門寺地宮中出土的如意比照。石興邦，《法門寺地宮珍寶》，圖 30。
224 《長物志校注》，卷七，〈如意〉條，第 279 頁。

本章小結

225 本書接下來的討論，主要參考了黃兆漢〈木魚考〉一文，載《世界宗教研究》1987. 1，第 28-38 頁。
226 這種傳統說法雖然經常被徵引，但它的史源卻不清楚。參見前引黃兆漢〈木魚考〉，第 37 頁。
227 這類詩歌有：張祜，〈題秀師影堂〉，《全唐詩》，卷五一一，第 5837 頁；劉禹錫，〈謝寺雙檜〉，《全唐詩》，卷三五九，第 4051 頁。關於長明燈的文章，有一個 688 年石刻的拓本，參見〈隆福寺長明燈樓頌幢〉，《北京圖書館藏中國歷代石刻拓本彙編》，第 17 冊，第 87-88 頁。對長明燈歷史的概述參見 Hubert Durt, "Chōmyōtō"（長明燈）in *Hōbōgirin*, pp. 360-365。
228 前引 Durt, "Chōmyōtō". 關於弘忍的言辭參見其《觀心論》，《大正藏》，編號 2833，第 85 冊，第 1272 頁上欄。
229 劉禹錫的〈謝寺雙檜〉就視長明燈為時間的象徵。而曾敏行的《獨醒雜志》中記載了他對長明燈火焰特性的探究。《獨醒雜志》，卷四，《景印文淵閣四庫全書》，第 2 頁上欄。
230 唐代飾品的情況參見孫機〈五步佩〉一文，收入《中國聖火》，遼寧：遼寧教育出版社，1996，第 107-121 頁。他關注這種形制特別的項鏈── 五兵佩從一件具有印度佛教氣息的佛具變成了一件毫無象徵意義的中國首飾。清代陶瓷中的佛教圖案，參見 Francis Hitchman, "Buddhist Symbols on Chinese Ceramics," *Orient Art*, new series, 8.4, (1962), pp. 14-20, 207。
231 參見孫機，〈七駝紋銀盤與飛廉紋銀盤〉，收入《中國聖火》，第 156 頁。
232 Eliade, *Patterns in Comparative Religion.*
233 同上，pp. 443-444。

第三章　功德

1 這條特例取自《長阿含經》，卷六，《大正藏》，編號 1，第 1 冊，第 37 頁上欄，但類似的勸誡遍布佛典。
2 出自 *Anguttaranikāya* 3，引自 Lamotte, *History of Indian Buddhism*, p. 415。
3 《增一阿含經》，卷三十五，《大正藏》，編號 125，第 2 冊，第 741 頁下欄。
4 Lamotte, *History of Indian Buddhism*, p. 415.

5 關於古時佛教教義在中國引進印度寶石之過程中的作用，參見劉欣如 (Liu Xinru), *Ancient India and Ancient China*, pp. 104-112。

6 參見 André Bareau, *Les sects bouddhiques du petit véhicule* (Paris: École française d'Extrême-Orient, 1955), pp. 269-270。Erich Frauwallner 認為僧眾在這些問題上大作文章的主要動機之一就是積累功德，換言之，他們認為「宣揚功德」是有功德的；Erich Frauwallner, *Studies in Abhidharma Literature and the Origins of Buddhist Philosophical Systems* (Albany: State University of New York, 1995), p. 122。

7 在有些文獻中，「制多」一詞涵蓋了所有的佛教聖所，包括佛塔。此處似乎並不包括佛塔。兩者的區別是：佛塔中有舍利而制多則無。關於佛塔與制多之別，參看《摩訶僧祇律》，卷三十三，《大正藏》編號 1425，第 22 冊，第 489 頁中欄。

8 《阿毗達磨俱舍論》，卷十八，《大正藏》編號 1558，第 29 冊，第 97 頁上欄至中欄。唐人《俱舍論記》對這一段文字已有探討。《大正藏》編號 1521，第 41 冊，第 286 頁上欄至中欄。

9 關於早期印度宗教中的功德，參見 Torkel Brekke, "Contradiction and the Merit of Giving in Indian Religions," *Numen,* vol.45, no.3 (1998), pp. 287-320。

10 Schopen, *Bones, Stones, and Buddhist Monks*, p. 7.

11 關於這一點，參見 Schopen, "Filial Piety and the Monk in the Practice of Indian Buddhism," 載於 *Bones, Stones, and Buddhist Monks*。

12 同上，第 30 頁。

13 關於這方面的綜述，參見蒲慕州，《墓葬與生死——中國古代宗教之省思》，臺北：聯經，1993。當然，此書出版後的幾十年中又有大量文物出土。

14 關於中國古時陰間信仰的綜述，參見蒲慕州，《追尋一己之福》，第七章。

15 同上，第 174 頁。

16 《周易正義》，卷一，第 7 頁左欄，《十三經注疏》，阮元校刻本。

17 《高僧傳·興福第八》，《大正藏》編號 2059，第 50 冊，第 410 頁上欄和第 411 頁上欄。

18 同上，《興福第八》，第 411 頁中欄。

19 《高僧傳》，卷十三，第 413 頁中欄。

20 參見侯旭東在其《五、六世紀北方民眾佛教信仰》一書中（第 95 頁）統計的資料。

21 此塔現藏於甘肅省酒泉博物館。金申，《中國歷代紀年佛像圖典》，第 2、433 頁。

22 關於四恩有幾種不同的說法；最普遍的一種是父母、眾生、君主和三寶（佛、法、僧），還有一種是天地、師、君、親。

23　常青，《記榆林發現的劉宋金銅佛像》，《文物》1995.1，第 92 頁。

24　關於妻子、母親和姊妹的案例，見山東省青州市博物館，〈青州龍興寺佛教造像窖藏清理簡報〉，《文物》1998.2 第 4 至 15 頁載碑 529 和碑 536。為軍士所造像，見周錚，〈駱思慎造像小考〉，《文物》1984.12，第 23-24 頁。

25　例如程紀中，〈河北藁城縣發現一批北齊石造像〉，《考古》1980.3，第 242 至 245 頁載造像 570。又如王熙祥、曾德仁，〈四川資中重龍山摩崖造像〉，《文物》1988.8，第 24 頁載造像 848 藥師佛。

26　比丘尼的例子見山東省青州市博物館，《青州龍興寺佛教造像》載造像 536；或劉善沂，〈山東茌平縣廣平出土唐代石造像〉，《考古》1983.8，第 752 頁載彌勒像 660。至於偶見於各朝史書、為數不多的中層官員之例，見中國社會科學院考古研究所等，〈河北臨漳鄴城遺址出土的北朝銅造像〉，《考古》1992.8，第 741-744 頁中的案例。

第一節　書籍

27　關於印度書籍簡史，參見 Pratapaditya Pal 和 Julia Meech-Pekarik, *Buddhist Book Illuminations* (Hong Kong: Ravi Kumar Publishers, 1988), pp. 21-49。作者指出，直到公元 400 年，書籍在印度還未普及（第 24 頁）。

28　Edward Conze 據梵文本翻譯。*The Perfection of Wisdom in Eight Thousand Lines and Its Verse Summary* (Bolinas: Four Seasons Foundation, 1973), pp. 104-106.Gregory Schopen, "The Phrase 'sa pṛthivīpradeśaś caityabhūto bhavet' in the *Vajracchedikā*: Notes on the Cult of the Book in Mahāyāna," *Indo-Iranian Journal,* vol.17, no.3/4 (1975), pp. 147-187.

29　《妙法蓮華經》，卷四，《大正藏》編號 262，第 9 冊，第 30 頁下欄。

30　Schopen, "Notes on the Cult of the Book in Mahāyāna".

31　同上，第 181 頁。

32　能夠準確定年的最古老的佛經，是 1 世紀用犍陀羅語佉盧（Kharoṣṭī）字體寫在樺樹皮上的手卷。參見 Richard Salomon et al., *Ancient Buddhist Scrolls from Gandhāra: The British Library Kharoṣṭī Fragments* (Seattle: University of Washington Press, 1999)。另外一批早期寫本也很重要，它們於 1938 年被發現於吉爾吉特（位於現在的巴基斯坦）的一座佛塔，可追溯至 4-9 世紀之間。參見 Pal, *Buddhist Book Illuminations*, pp. 41-44。

33　在後來更易於定年的史料中，包括 5 世紀中國求法者法顯的記載，都表明公元 4 世紀左右印度僧人普遍用棕櫚葉書寫經典。這一傳統肯定可以再前推幾個世紀。參見 Pal 的著作，同上，第 45 頁。

34　Tsien, *Paper and Printing*, p. 30. 最有名的早期帛書出自馬王堆，包括現存最早版本的《老子》。

35　Jean-Pierre Drège, "La lecture et l'écriture en Chine et la xylographie," Études

chinoises 10, no.1-2 (1991), p. 92.

36 Tsien, *Paper and Printing*, p. 2.

37 關於佛教功德觀念對佛經和佛法在中國傳播的促進作用，參見 Stephen F. Teiser（太史文）, *The Scripture on the Ten Kings and the Making of Purgatory in Medieval Chinese Buddhism* (Honolulu: University of Hawaii Press, 1994), p. 160。

38 平井宥慶，〈金剛般若經〉，收入牧田諦亮編，《敦煌と中國佛教》，東京：大東出版社，1984，第 20-21 頁。

39 關於《金剛經》的文獻歷史，參見平井宥慶〈金剛般若經〉和 Teiser, *The Scripture on the Ten Kings*, pp. 95-97。

40 據宋人所說，彼時流通著八百多種《金剛經》的注疏。參見平井宥慶的著作，同上，第 19 頁。

41 以上經文均引自鳩摩羅什譯，《金剛般若波羅蜜經》，《大正藏》編號 235，第 8 冊，第 750 頁下欄。

42 唐代吉藏、窺基、宗密等高僧的注疏都包含這一段，但均未出注。參見《金剛般若疏》，《大正藏》編號 1699，第 33 冊，第 103 頁下欄；《金剛般若經贊述》，《大正藏》編號 1700，第 33 冊，第 139 頁下欄以及《金剛般若經疏論纂要》，《大正藏》編號 1701，第 33 冊，第 163 頁下欄。

43 《金剛般若集驗記》（三），《續藏經》，卷一四九，第 49 頁上欄。

44 《金剛般若集驗記》（二），第 46 頁上欄。

45 這批佛經似乎不太可能被用在舉行大型儀式時人手一冊的分發物。但是因為我們現在對藏經洞知之甚少，因此也不完全排除這種可能。事實上，敦煌確實也舉行過上萬人的儀式。參見馬德，《敦煌莫高窟史研究》，第 194 頁。

46 《持誦金剛經靈驗功德記》，《大正藏》編號 2743，第 85 冊，第 160 頁上欄。（P.2094 號）

47 參見 S.2605 號，平井宥慶《金剛般若經》（第 27 頁）和方廣錩〈敦煌文獻中的《金剛經》及其注疏〉，《世界宗教研究》1995.1，第 74 頁。

48 S.87 號，《金剛般若波羅蜜經》。

49 S.5544 號。另見 Teiser, *The Scripture on the Ten Kings*, p. 136。

50 關於隱士的事例，參見《梁書》，卷五十一，〈劉慧斐〉，第 746 頁。關於皇室妃嬪，據宋人張端義所述，楊貴妃為唐玄宗書寫的《心經》藏於某寺藏經閣。見《貴耳集》（《叢書集成》版），卷三，第 58 頁。關於皇帝抄經作功德的記載，見脫脫編，《宋史》，卷二四二，北京：中華書局，1977，第 8625-8626 頁。

51 關於這種觀念的早期型態，參見 Jean-Pierre Drège 對古代中國圖籍辟邪功能的研究：Drège, *Les bibliothèques en Chine au temps des manuscrits* (Paris: École française d'Extrême-Orient, 1991), pp. 15-16。例如，據說大量收藏

圖籍是劉邦得天下的原因之一。與 Drège 所引用的其他例子一樣，此案例中書籍是因承載知識而顯得重要，象徵了知識的力量。但書籍不能幻化神奇，也無助於改善來世的命運。在佛教入華以前，與此相近的觀點有早期傳統中的圖讖之說，它們從天而降，有些書因為記有鬼神名號而能役使鬼神。參見 Anna Seidel, "Imperial treasures and Taoist Sacraments: Taoism Roots in the Apocrypha," 收入 Michel Strickmanned., *Tantric and Taoist Studies in Honour of R.A. Stein,* vol.2, *Mélanges Chinois et bouddhiques*, vol. 21 (Bruxelles: Institute Belge des Hautes Études Chinoises, 1983), pp. 291-371 和 Robert F. Campany, *Strange Writing: Anomaly Accounts in Early Medieval China* (Albany: State University of New York, 1996), pp. 122-124。

52 Seidel,"Imperial Treasures and Taoist Sacraments," p. 323; Isabelle Robinet, *La révélation du Shangqing dans l'histoire du Taoisme* (Paris: École française d'Extrême-Orient, 1984), vol.1, pp. 213-214.

53 對比猶太教的傳統，可以看出源自猶太教傳統的早期基督教徒並不特別敬重他們的經書，參見 Harry Y. Gamble, *Books and Readers in the Early Church: A History of Early Christian Texts* (New Haven: Yale University Press, 1995), p. 78。

54 《顏氏家訓．治家篇五》（《四部叢刊》本），第 13 頁下欄。另參 Tsien, *Paper and Printing*, p. 109 和 Drège, *Les bibliothèques en Chine*, p. 162。

55 更多的例子見 Robert F. Campany, "Note on the Devotional Uses and Symbolic Functions of Sutra Texts as Depicted in Early Chinese Buddhist Miracle Tales and Hagiographies," *Journal of the International Association of Buddhist* Studies, 14.1 (1991), pp. 40-43。

56 《洛陽伽藍記》，卷四，第 151 頁。

57 Drège, *Les bibiliothèques en Chine*, p. 204.

58 Teiser, *The Scripture on the Ten Kings*, p. 10.

59 《憨山大師夢遊全集》，卷五十三，《續藏經》，卷一二七，第 479 頁上欄。拙著 "Blood Writing in Chinese Buddhism," *Journal of the International Association of Buddhist Studies,* vol.23, no.2 (2001), pp. 177-194 以及 Jimmy Yu, *Sanctity and Self-Inflicted Violence in Chinese Religions, 1500-1700* (Oxford: Oxford University Press, 2012) 有更詳細的的探討，見第 177-194 頁。

60 參見《南嶽思大禪師立誓願文》，《大正藏》編號 1933，第 46 冊，第 786 頁下欄。參見 Paul Magnin, *La vie et l'oeuvre de Huisi* (Paris: École française d'Extrême-Orient, 1979), pp. 192-238。

61 《梵網經》，卷十下，《大正藏》編號 1484，第 24 冊，第 1009 頁上欄 19 行；《大方廣佛華嚴經》，卷四十，《大正藏》編號 293，第 10 冊，第 845 頁下欄。

62 參見 Kieschnick, *The Eminent Monk*, pp. 40-41, 49-50, 46。

63 P.2876 號，參見 Teiser, *The Scripture on the Ten Kings*, p. 10。

64 S.5669 號和 P.2876 號，譯文摘自 Teiser 的著作，同上，第 126-127 頁。

65 《宋高僧傳》，卷二十五，〈鴻楚傳〉，《大正藏》編號 2061，第 50 冊，第 870 頁中欄；卷二十六，〈增忍傳〉，第 877 頁中欄。

66 《祖堂集》，卷十九，第 415 頁。又可參 Kieschnick, *The Eminent Monk*, pp. 131-135。

67 關於這方面的記述，參見 Drège, *Les bibliothèques en Chine au temps des manuscrits*, pp. 120-130。

68 《隋書》，卷三十五，第 1099 頁。

69 比如敦煌寫本中雖不乏宮廷書匠用上好的紙以上乘的書法製作出的寫本，但更多的還是民間私人的手抄本。參見方廣錩，《佛教大藏經史（8-10 世紀）》，北京：中國社會科學出版社，1991，第 56-64 頁。滋賀高義基於題記將敦煌寫經分為三類：京城的官方手抄本、各大寺院用於祭典和其他大典的手抄本，還有信徒用來獲得功德的手抄本。參見滋賀高義，〈敦煌寫經跋文より見た佛教信仰〉，收入野上俊靜編，《大谷大學所藏敦煌古寫經》，京都：大谷大學東洋學研究室，1986，第 151-156 頁。

70 參見 Drège, *Les bibliothèques en Chine*, p. 177。

71 同上，第 166 頁。

72 這些經目收錄於方廣錩，《敦煌佛教經錄輯校》，南京：江蘇古籍出版社，1997。參見 Drège 的著作，同上，第 186-193 頁。

73 《高僧傳》，卷二，〈卑摩羅叉傳〉，《大正藏》編號 2061，第 50 冊，第 333 頁下欄。

74 《廣弘明集》，卷十四，《大正藏》編號 2103，第 52 冊，第 188 頁上欄。

75 Drège, *Les bibliothèques en Chine*, p. 146.

76 皇帝購置紙張用於佛典譯介的例子，可參《宋高僧傳》，卷十五，〈圓照傳〉，《大正藏》編號 2061，第 50 冊，第 805 頁上欄。此處用紙不僅關係到譯經的數量，也關係到翻譯的過程。Anthony Pym 曾指出，紙的引入曾對西班牙的伊斯蘭教產生重大影響，促其人員翻譯時進行分工合作，同時有助於翻譯團隊的形成。這種情況與當初中國使用紙張時產生的影響驚人地相似。Pym, "Translation History and the Manufacture of Paper," 收入 Roger Ellis, *The Medieval Translator/Traduire au Moyen Âge* (Turnhout: Brepols, 1998), vol.6, pp. 57-71。

77 比如，參見《法苑珠林》，卷十八，《大正藏》編號 2122，第 53 冊，第 419 頁下欄；卷七十一，第 822 頁下欄。

78 《譬喻經》，參見 Tsien, *Paper and Printing*, p. 86；關於敦煌用紙，同書第 47 頁；另參 Drège, "Papiers de Dunhuang: Essai d'analyse morphologique des manuscrits chinois datés," *T'oung Pao*, 67.3-5 (1981), pp. 305-360。

79 即使在紙張代替竹簡、木牘和絲帛成為主要書寫媒介之後，佛教在中國紙張的發展史上依然扮演著十分重要的角色。某些寺院因其所造的紙質量上乘、染色技術高超和耐用性好而聞名遐邇。參見 Tsien，同上，第 48、75、82、89 頁。

80 大約公元 7 世紀時，紙張被引入印度，但直到 12 世紀，紙才在印度流行起來。參見 Tsien，同上，第 2-3 頁。另外錢存訓和太史文都認為中國最早將書籍裝訂成冊是受了棕櫚葉書冊的啟發。參見 Teiser, *The Scripture on the Ten Kings*, pp. 93-94；另參 Tsien，同上，第 230 頁。

81 Drège, *De Duhuang au Japon*, p. 172.

82 Gamble, *Books and Readers in the Early Church*, pp. 49-66.

83 Tsien, *Paper and Printing*, p. 136.

84 Drège, *Les bibliothèques en Chine*, p. 266.

85 Tsien, *Paper and Printing*, pp. 322, 151, 252, 280.

86 《一切如來心祕密全身舍利寶篋印陀羅尼經》，《大正藏》編號 1022，第 19 冊，不空金剛譯，以上版本參見 Tsien，同上，第 157-158 頁。

87 Tsien，同上，第 158、255 頁。

88 《北山錄》，卷十，《大正藏》編號 2113，第 52 冊，第 632 頁上欄。童瑋，《北宋「開寶大藏經」雕印考釋及目錄還原》，北京：書目文獻出版社，1991，第 1-3 頁對此段進行了探討，錢存訓亦對宋代雕刻《大藏經》的木料用量做過估計，並認為每次雕印耗掉約六萬到八萬塊木料，略低於童氏的估算，參見 Tsien，同上，第 61 頁。

89 羅振玉，〈宋元釋藏刊本考〉，收入《永豐鄉人雜著》（1922 年版）。

90 Drège, "La lecture et l'écriture en Chine et la xylographie," pp. 101-103.

91 《憨山大師夢遊全集》，卷五十三，第 477 頁中欄。

92 《舊唐書》，卷一八九，第 4963 頁。

93 《酉陽雜俎》，卷五，第 34 頁。

94 《達磨論》，北 8374 號。

95 S.5818 號，參考方廣錩，《佛教大藏經史》，第 60 頁。

96 部分敦煌寫本雖由僧人寫就，卻字跡潦草，筆跡拙劣，可見他們並沒用心。參見 Richard Schneider, "Les copies de sūtra défectueuses dans les manuscrits de Touenhouang," 收入 Drège, *De Dunhuang au Japon,* pp. 141-161。刊印佛經之舉也是一樣，參與雕版的僧人和在家眾，一些是出於誠心，另一些則純粹只是為謀生。參見楊繩信，〈從《磧砂藏》刻印看宋元印刷工人的幾個問題〉，《中華文史論叢》29.1，1984，第 40-58 頁。

97 《真誥》，《正統道藏．太玄部》，卷十九，臺北：新文豐，1966，第 12 頁上欄。

98 關於《四庫全書》的編撰，參見 R. Kent Guy, *The Emperor's Four Treasuries: Scholars and the State in the Late Ch'ien-lung Era* (Cambridge: Harvard

University Press, 1987)。

99 宋光宇，〈關於善書的研究及其展望〉，《新史學》5.4，1994，第164頁。

100 對此類書籍的概況，參考宋光宇著作，同上；以及 Cynthia J. Brokaw, *The Ledgers of Merit and Demerit: Social Change and Moral Order in Late Imperial China* (Princeton: Princeton University Press, 1991)。

101 參見梁其姿，〈清代的習字會〉，《新史學》5.2，1994，頁 83-115。

102 在某種程度上，許多佛典資料庫工程的發起和展開也是受功德觀念所驅使。

第二節　寺院

103 參見吳英才和郭雋杰，《中國的佛寺》，天津：天津人民出版社，1994，第3頁。

104 關於佛寺在中國建築史中的地位，參見劉敦楨對中國建築的調查，《中國古代建築史》，北京：中國建築工業出版社，1980。

105 湯用彤，《漢魏兩晉南北朝佛教史》，第370頁。

106 《洛陽伽藍記》，第8頁。

107 《增一阿含經》，卷三十五，《大正藏》編號125，第2冊，第741頁下欄。

108 Owen Chadwick, *The Reformation* (1964; rpt. Middlesex: Penguin Books, 1972), pp. 41-43. 關於贖罪券的詳細研究，參見 Robert W. Shaffern, "Images, Jurisdiction, and the Treasury of Merit," *Journal of Medieval History,* 27.33 (1996), pp. 237-247。

109 《彌沙塞部五分戒本》，《大正藏》編號1422，第22冊，第110頁中欄。另參 Thomas, *The life of Buddha as Legend and History*, p. 92。

110 《四分律》，卷三十三，第798頁中欄。

111 這種理解，參見 André Bareau, *Recherches sur la biographie du Buddha dans let sūtrapiṭaka et lesvinayapiṭaka anciens: de la quête de l'éveil à Śāriputra et de Maudgalyāyana* (Paris: École française d'Extrême-Orient, 1963), pp. 341-342。

112 參見 Gregory Schopen, "The Buddha as an Owner of Property and Permanent Resident in Medieval Indian Monasteries," 載於 *Bones, Stones, and Buddhist Monks*, pp. 258-289。

113 《四分律》，卷五十，《大正藏》編號1428，第22冊，第939頁下欄。另參 Thomas, *The life of Buddha*, pp. 104-105。

114 Hirananda Shastri, "The Nālandā Copper-Plate of Devapāladeva," *Epigraphia Indica*, 17 (1924), pp. 310-327.

115 J. Ph. Vogel, "Prakrit Inscriptions from a Buddhist Site at Nagarjunikonda," *Epigraphia Indica,* 20 (1929), pp. 1-37.

116 《洛陽伽藍記》，卷二，第84頁。

117 《洛陽伽藍記》，卷二，第 111 頁。

118 《洛陽伽藍記》，卷四，第 161 頁。

119 《法苑珠林》，卷一百，《大正藏》編號 2122，第 53 冊，第 1027 頁上欄。詳細記述，另參 Weinstein, *Buddhism under the T'ang*, pp. 22-23。

120 《資治通鑑》，卷二二四，北京：中華書局，1987，第 7196 頁。

121 此引文源自明代文獻，講述一座在宋朝時由私宅改建而來的佛寺歷史。見〈崇福庵〉，收入王錦編，《常昭合志稿》，卷十六，1797，第 38 頁中欄。

122 此著書人為鄒起，其論參〈淨土院釋迦殿記〉，收於阮元編，《兩浙金石記》（1890 版），第 1 頁下欄至第 3 頁下欄；此處鄒氏尤其稱讚修葺舊寺之功德。引文出自一本未知佛經，此經可能為《像法决疑經》，《大正藏》編號 2870，第 85 冊，第 1336 頁上欄。此經聲稱為佛說，但實際上可能是在中國寫成。參見 Kyoko Tokuno, "*The Book of Resolving Doubts Concerning the Semblance Dharma*," 收入 Donald S. Lopez Jr., *Buddhism in Practice* (Princeton: Princeton University Press, 1995), pp. 257-71。

123 Welch, *The Buddhist Revival in China*, pp. 87-88.

124 對此類材料有過兩個特別深入的研究，參見 Mark Halperin (何復平), *Out of the Cloister, Literati Perspectives on Buddhism in Sung China, 960-1279* (Cambridge: Harvard University Press, 2006) 和 Timothy Brook, *Praying for Power: Buddhism and the Formation of Gentry Society in Late-Ming China* (Cambridge: Harvard University Press, 1993)。

125 〈南林報寺碑〉，《兩浙金石志》，卷十一，第 35-37 頁。

126 參見屠隆，〈重修阿育王寺募緣疏〉，郭子章編，《阿育王山志》，卷四，臺北：新文豐，1978，第 13 頁。

127 陸徽之，〈東靈寺莊田記〉，鄭虎臣編，《吳都文粹續集》，《四庫全書》，卷三十四，第 19 頁。

128 《資治通鑑》，卷二二四，第 7195 頁。另參 Weinstein, *Buddhism under the T'ang*, p. 84。

129 很可能出自前面導言裡提及的《易經》引文。

130 兩份奏疏都出自《資治通鑑》，卷二二四，第 7196 頁。

131 〈保壽院記〉，潛說友編，《咸淳臨安志》，卷七十七，北京：中華書局，1990，第 16 至 17 頁。

132 《景德傳燈錄》，卷三，《大正藏》編號 2076，第 51 冊，第 219 頁上欄。此故事的較早版本，出現在《祖堂集》，卷二，第 45 頁。

133 湯用彤，《漢魏兩晉南北朝佛教史》，第 341-342 頁。文中武帝為先母所建的佛寺是智度寺，參見孫文川，《南朝佛寺志》，卷一，杜潔祥編，《中國佛寺史志彙刊》第二冊，臺北：明文，1980，第 20 頁。

134 林希逸，〈永隆院〉，潛說友編，《咸淳臨安志》，卷七十九，北京：中

華書局，1990，第 7 頁。

135 〈御書閣記〉，《歐陽修全集》，卷三十九，北京：中國書店，1986，第 270-271 頁。

136 〈金相院〉，莫尚簡編，《惠安縣志》，卷十，上海：上海古籍，1963，第 11 頁。Brook, *Praying for Power*, p. 199，對此有引用。在第 198-199 頁中，他也談到了功德（業）在明代寺廟建設中所扮演的角色。

第三節　橋梁

137 〈武德于府君等義橋石像之碑〉。此碑發現於 1752 年。最完整的石碑錄文，可見袁通及方履籛所撰，《河內縣誌》，卷二十，1825，第 8 頁上欄至第 16 頁下欄。更新的錄文，可參考《魯迅輯校石刻手稿》，第二函，上海：上海書畫出版社，1987，第 433-452 頁。最後，傅斯年圖書館藏有該石碑的拓本（頂部帶有佛教風格的圖案）。常盤大定對此碑有簡單介紹，見其《續支那佛教の研究》，東京：春秋社松柏館，1941，第 486-487 頁。

138 關於中國建橋工程的歷史，參考 Joseph Needham et al., *Civil Engineering and Nautics*, part 3 of vol. 4, *Physics and Physical Technology*, 收入 *Science and Civilisation in* China (Cambridge: Cambridge University Press, 1971), pp. 145-210; Ronald G. Knapp, *Chinese Bridges* (New York: Oxford University Press, 1993)；唐寰澄，《橋梁卷》，收入盧嘉錫編，《中國科學技術史》，北京：科學出版社，2000；和唐寰澄，《中國古代橋梁》，北京：文物出版社，1957。以當代民族學資料為基礎的對於橋梁文化意義的研究，參考周星，《境界與象徵：橋與民俗》，上海：上海文藝出版社，1998。

139 《佛說諸德福田經》，《大正藏》編號 683 號，第 16 冊，第 777 頁中欄。

140 《增一阿含經》，卷二十七，《大正藏》編號 125，第 2 冊，第 699 頁上欄。在這份清單之前是一份奇特的「不得其福」的清單，列舉了五種「惠施」，包括以刀施人、以婬女施人等等。

141 《薩婆多毘尼毘婆沙》，卷七，《大正藏》編號 1440，第 23 冊，第 545 頁中欄；《正法念處經》卷二十二，《大正藏》編號 721，第 17 冊，第 125 頁下欄。筆者此處提到的四段經文，在 668 年完成的《法苑珠林．興福部》（卷三十三，第 537-542 頁）中均有引用。

142 敦煌 296 窟中的一幅壁畫，也宣揚造橋可以積聚功德的觀念。這幅可能完成於 6 世紀的壁畫，描繪了《佛說諸德福田經》中所說的種種修功德的方式，包括造橋。

143 在中世紀，伊斯蘭教及官方機構也鼓勵造橋這一慈善行為，參見 Bertold Spuler, Trade in the Eastern Islamic Countries in the Early Centuries, 收入 D.S. Richard, *Islam and the Trade of Asia* (Philadelphia: University of Pennsylvania

Press, 1970), p. 15。中世界的歐洲也有類似情況，教皇發行贖罪券以用於各種目的，包括造橋，而造橋本身也經常是懺悔贖罪的一種方式。參見 Paul Sebillot, "Les ponts du moyen age et les frères pontifes," 收入 *Les travaux public et les mines dans les traditions et les superstitions de tous les pays* (1894; rpt. Neuilly, Guy Durier), pp. 121-140 和 Shaffern, "Images, Jurisdiction, and the Treasury of Merit," pp. 237-247。跟中國佛教關係更直接的，是早期中國道教也鼓勵造橋。據《神仙傳．張道陵傳》，卷四，第 7 頁，《叢書集成》版，張道陵「領人修復道路，不修復者，皆使疾病。」此外，他也帶領大家造橋。與此相似，《赤松子章曆》（《正統道藏．洞玄部表奏類，編號 615》，臺北：新文豐，1966，卷二，18 頁）把造橋跟修路一起列為贖罪的方式。筆者尚無法確定這些觀念到底是受了佛教的影響，還是獨立發展出來的結果。感謝林富士先生提供此參考文獻。

144 Alan Trachtenberg, *Brooklyn Bridge: Fact and Symbol* (Chicago: University of Chicago Press, 1979).

145 更確切地說，北宋有關橋梁的資料仍相對較少，但至南宋時此類記載就變得很普遍。關於這一點，參見 Robert P. Hymes, *Statesmen and Gentlemen: The Elite of Fu-Chou, Chiang-Hsi, in Northern and Southern Sung* (Cambridge: Cambridge University Press, 1986), p. 332, n. 115。Yang Lien-sheng（楊聯陞）可能是第一個強調佛教對中國公共設施建設重要性的人，見 *Les aspects économiques des travaux publics dans la chine impériale* (Paris: Collège de France, 1964), pp. 13-16。關於佛教在宋代福建所扮演的角色已有詳細的研究，參見程光裕，〈宋元時代泉州之橋梁研究〉，《宋史研究集》6，臺北：中華叢書編審委員會，1958，第 313-334 頁；方豪，〈宋代僧徒對造橋的貢獻〉，收入《方豪六十至六十四自選待定稿》，臺北：學生書局，1974, 第 137-146 頁；黃敏枝，《宋代佛教社會經濟史論集》，臺北：學生書局，1989，第 128-137、413-417 頁；竺沙雅章，《中國佛教社會史研究》，京都：同朋舍，1982，第 169-181 頁。

146 《續高僧傳》卷十八，《大正藏》編號 2060，第 50 冊，第 574 頁下欄。此橋似乎為一座吊橋。因為中國似乎在更早之前即已經開始使用吊橋，所以這並不稀奇。參見 Needham et al., *Civil Engineering and Nautics*, pp. 200-201。

147 〈五大夫新橋記〉，卷七十三，第 31-34 頁，收於《石刻史料新編》初編，第七冊，第 5182 頁上欄至 5183 頁下欄。

148 蕭珙，〈高壁鎮通濟橋碑〉，卷九，第 34-36 頁，收於《石刻史料新編》初編，第二十冊，第 15125 頁下欄至 15127 頁下欄。

149 黃敏枝，《宋代佛教社會經濟史論集》，第 135 頁。

150 關於這一點，參見 Needham et al., *Civil Engineering and Nautics*, pp. 154-155。

151　黃敏枝，《宋代佛教社會經濟史論集》，第 129-130 頁。

152　Needham et al., *Civil Engineering and Nautics*, p. 154；茅以升，《中國古橋技術史》，北京：中國青年出版社，1986，第 236 頁。

153　《宋史》，卷四六二，第 13519 頁。也可參 Needham et al., *Civil Engineering and Nautics*, p. 160。

154　「鐵牛」指以公牛狀的鑄鐵，用以錨固浮橋於兩岸。對於現存中古時的鐵牛實物，參見唐寰澄，《橋梁卷》，第 716-717 頁。

155　〈秦尚書鳴雷碑記〉，收入遠應祺編，《黃巖縣志》，卷一，上海：上海古籍書店，1981，第 30 頁。「攢木以低衝」和「懸機以引率」，參見茅以升，《中國古橋技術史》，第 199 頁。

156　李仲光，〈百丈橋記〉，載於《雷州府志》，卷十，第 20 頁，收入《稀見中國地方志匯刊》，第 47 冊，北京：中國書店，1992，引自方豪《宋代僧徒對造橋的貢獻》（第 141 頁）。同樣地，據說宋代著名造橋者道詢也在「其徒」的協助下，修建過一座橋梁。見懷陰布編，《泉州府志》，泉州：泉山書社，1928，第 25 頁。

157　〈王我師重修洪塔橋記〉，常明編，《四川通志》，1816，卷三十三，第 6 頁下欄。

158　《安海志》，卷三，上海：上海書店，1992，第 7 頁；潛說友等編，《咸淳臨安志》，卷二十一，第 33 頁。

159　〈百丈橋記〉，卷十，第 20-21 頁。

160　Mary Carruthers, *The Craft of Thought: Meditation, Rhetoric, and the Making of Images, 400-1200* (Cambridge: Cambridge University Press, 1998).

161　〈敕建五台山大護國聖光寺妙峰登禪師傳〉，《憨山大師夢遊全集》，卷三十，第 319 頁下欄。更多關於福登本人及其所造工程的研究，見 Else Glahn “Fu-teng, 收於 L. Carrington Goodrich ed., *Dictionary of Ming Biography 1368-1644* (New York: Columbia University Press, 1976), pp. 462-466。

162　張景蒼，〈重建孔目江橋記〉，收入文聚奎等編，《新喻縣志》，卷二，1873，第 45 頁下欄。

163　前兩個例子出自《大智度論》，卷十三，《大正藏》編號 1509，第 25 冊，第 153 頁下欄；卷五十二，第 603 頁下欄。「法橋」這一表達方式尤為常見，比如參見《長阿含經》，卷二，《大正藏》編號 1，第 1 冊，第 12 頁下欄。最後有關「菩薩廣度眾生猶如橋梁」的例子，出自《大方廣佛華嚴經》，《大正藏》編號 278，第 9 冊，卷十八，第 96 頁下欄。這些例子也容易輾轉倍增。

164　前者引自黃濳，〈通濟橋記〉，收入李微編，《敕修浙江通志》，卷三十七，1812，第 13 頁。後者引自許瑤光編，《嘉興府志》，卷五，1879 年版中的一條紀錄，第 12 頁。

165　《大智度論》，卷十六，《大正藏》編號 1509，第 25 冊，第 177 頁上欄。

166 常明編，《四川通志》，卷三十三，1816，第 7 頁上欄。和橋梁一樣，「梯航」也常用以譬喻菩薩的善行。

167 《孟子》卷四：「子產聽鄭國之政，以其乘輿濟人於溱洧。孟子曰：『惠而不知為政。歲十一月，徒杠成；十二月，輿梁成，民未病涉也。』」關於中國政治中橋梁的象徵意義，參見周星《境界與象徵》，第145-148頁。

168 《舊唐書》，卷四十三，第 1841-1842 頁。

169 有關歷代政府的橋梁政策，參見唐寰澄《橋梁卷》，第 5 至 7 頁。

170 此觀點見陳壽祺等人在其所編《福建通志》（1869 版，卷二十九，第 1 頁上欄）有關橋梁部分的導言。也有其他學者強調，北宋中央政府跟地方政府之間的關係比此前薄弱。參見錢穆，《國史大綱》，1931；臺北：臺灣商務印書館，1984，第 409-411 頁；Hymes, *Statesmen and Gentlemen*, p. 175。

171 T'ung-tsu Ch'ü (瞿同祖), *Local Government in China under the Ch'ing* (Stanford: Stanford University Press, 1969), p. 156.

172 關於地方家族在 19 世紀橋梁建設中所扮演的角色，參見 Chung-li Chang (張仲禮), *The Chinese Gentry: Studies on Their Role in Nineteenth-Century Chinese Society* (1955; rpt. Seattle: University of Washington Press, 1970), pp. 56-57。

173 參見〈洺州南和縣澧水石橋碑〉，卷四十，第 1-6 頁，收於《石刻史料》初編，卷一，第 679 頁上欄至 681 頁下欄。

174 〈仲思那等造橋碑〉，《魯迅輯校石刻手稿》，卷七，第 1173-1177 頁。

175 Mark Halperin（何復平）也印證過佛寺碑文的這種變化，見其 *Out of the Cloister*。

176 參見〈教諭羅元琦重建異文橋〉，阮元編，《雲南通志稿》，卷四十八，1835，第 11 頁下欄，及為越江橋而作的〈陳三恪記〉，常明編，《四川通志》，卷三十一，1816，第 61 頁上欄。

177 為水簾橋所作的〈甘為霖記〉，常明編，《四川通志》，卷三十二，1816，第 5 頁下欄。

178 「八福田」通常指佛、聖人、僧伽、和尚、阿闍梨、父親、母親和病人。參見佛光大辭典編修委員會編，《佛光大辭典》，高雄：佛光出版社，1988，第 305 頁。八種善行含括「修橋」可能是中國人的發明。唐代著名僧人法藏在注疏《梵網經》時指出：「八福田者，有人云：一、造曠路美井；二、水路橋梁；三、平治嶮路；四、孝事父母；五、供養沙門；六、供養病人；七、救濟危厄；八、設無遮大會。未見出何聖教。」見《梵網經菩薩戒本疏》，卷五，《大正藏》編號 1813，第 40 冊，第 639 頁上欄。

179 《四川通志》，卷三十三，第 7 頁。

180 在本章的結語部分，我將介紹疑偽經《像法決疑經》這個例外。

181 〈永濟橋記〉，收於曾作舟等編，《南昌府志》，卷四，1873，第 67 頁上

欄。

182 學者們常用「士紳」(gentry) 指代明清時期的地方精英。

183 行如，〈重修萬安橋亭記碑〉，收入《上海碑刻資料選集》，上海：上海人民出版社，1980，第 61 頁。Brook, *Praying for Power*, p. 186 對此有所討論。

184 〈吉祥橋〉，收入許瑤光編，《嘉興府志》，卷五，1879 年版，第 24 頁上欄。

185 〈重修桐口靈光橋記〉，收入《福建通志》，卷二十九，第 8 頁下欄。

186 〈萬壽橋〉，收入《福建通志》，卷二十九，第 4 頁下欄。

187 對現代橋梁建設中引用功德觀念卻不直接提及佛教的例子，參見周星《境界與象徵》，第 15-17 頁。

188 有關術語「配置」（figuration），參見 Norbert Elias, *What is Sociology?* (New York: Columbia University Press, 1978), pp. 128-133，及 Stephen Mennell, *Norbert Elias: An Introduction* (Oxford: Blackwell, 1989), pp. 251-252。

本章小結

189 關於中國的佛教碑刻，參見 Kenneth Ch'en (陳觀勝), "Inscribed Stelae during the Wei, Chin, and Nan-ch'ao," 收入 Lawrence G. Thompson, ed., *Studia Asiatica: Essays in Asian Studies in Felicitation of the Seventy-Fifth Anniversary of Professor Ch'en Shou-yi* (San Francisco: Chinese Materials Center, 1975), pp. 75-84。更新的研究，見 Liu Shufen (劉淑芬), "Art, Ritual, and Society: Buddhist Practice in Rural China during the Northern Dynasties," *Asia Major*, Third Series, 8.1 (1995), pp. 19-46。

190 此種情況下，若想要找尋經文以支持寺鐘與寺鼓同樣是功德之舉也很容易，因為如上所述，佛陀曾言一切寺院陳設皆可鑄就功德。

191 有關中國冥界的官僚性，參見 Teiser, *The Scripture on the Ten Kings*。

192 《像法決疑經》，第 1335 頁下欄至 1338 頁下欄。有關此經的寫作時間與影響，參見牧田諦亮《疑經研究》，《大正藏》編號 2070，第 85 冊，第 304-319 頁；和 Tokuno, "The *Book of Resolving Doubts Concerning the Semblance Dharma*"。

193 即「像法」。

194 有關敦煌匠人相信通過他們的作品必能獲得功德的證據，參見馬德《敦煌莫高窟史研究》（第 179 頁）和《敦煌工匠史料》（第 21 頁）。

第四章　無心插柳

1 關於佛教對中國漢語和語言學的影響，見朱慶之，《佛典與中國漢語詞彙研究》，臺北：文津出版社，1992；劉靜，〈反切源於佛教說辨析〉，

《陝西師大學報》22.2，1993，第 122-127 頁；以及 Edwin G. Pulleyblank, "Traditional Chinese Phonology," *Asia Major.* Third Series. 12.2，1999, pp. 101-138。

2 來自佛典的成語彙編，參見朱端玟，《成語與佛教》，北京：北京經濟學院，1989。

3 關於佛教對中國音樂的影響，見田青，〈佛教音樂的華化〉，《世界宗教研究》1985.3，第 1-20 頁；關於佛教和中國舞蹈，見王克芬等，《佛教與中國舞蹈》，天津：天津人民出版社，1995。

第一節　椅子

4 以下有關椅子的章節依據收錄於《中央研究院歷史語言研究所集刊》69.4 (1998)，第 727-763 頁〈椅子與佛教流傳的關係〉，與英文的章節稍有出入，但內容基本上相同。

5 朱熹，〈跪坐拜說〉，《晦奄先生朱文公文集》，卷六十八，第 1-2 頁，收入《四部叢刊初編》集部，第 137 冊，上海：上海印書館，1919。

6 蘇軾，〈四十策〉，《東坡文集》，卷二十二，第 5-6 頁，收入《東坡七集》，臺北：臺灣中華書局，1970。

7 陸游，《老學庵筆記》，收入《陸放翁全集》，卷四，臺北：世界書局，1961，第 24 頁；此條也為俞樾所引用，見〈宋時椅子兀子猶未通行〉，《茶香室三鈔》，卷二十七，第 7 頁，收入《筆記小說大觀續編》，第 7 冊，臺北：新興書局，1960。

8 參見歐陽修，〈歸田錄〉，卷二，第 11 頁，收入《歐陽文忠全集》，卷一二七，收入《四部備要》，上海：中華書局，1936。朱熹，《家禮》，卷一，第 2 頁，收入《景印文淵閣四庫全書》，臺北：臺灣商務印書館，1983，第 142 冊。

9 朱熹，〈跪坐拜說〉，第 2 頁。

10 黃廷鑑，《第六弦溪文鈔》，卷一，第 1 頁，收入《叢書集成初編》，第 2461 冊，北京：中華書局，1985。

11 王鳴盛，《十七史商榷》，卷二十四，〈箕踞〉條，臺北：廣文書局，1960，第 2 頁。

12 Louise Hawley Stone 在其 *The Chair in China* (Toronto: Royal Ontario Museum of Archaeology, 1952) 認為椅子出現於漢代，但她所引用的證據其實是 6 世紀晚期的作品。參見崔詠雪，《中國家具史：坐具篇》，臺北：明文書局，1994，第 30 頁，圖四・十。

13 Lydia H. Liu (劉禾), *Translingual Practices: Literature, National Culture, and Translated Modernity-China, 990-1937* (Stanford: Stanford University Press, 1995), p.307.

14 有關古代席子及席地而坐的習慣，參看尚秉和，《歷代社會風俗事物

考》，臺北：臺灣商務印書館，1985，第 281-291 頁。崔詠雪，《中國家具史．坐具篇》，第 15-48 頁。

15 有關坐次的方向，參看余英時，〈說鴻門宴的坐次〉，收入《史學與傳統》，臺北：時報文化出版公司，1982，第 184-195 頁。

16 《呂氏春秋》，卷十五〈下賢〉，第 9-10 頁，《四部叢刊初編》子部，第 65 冊。

17 參見李濟，〈跪坐蹲居與箕踞〉，《國立中央研究院歷史語言研究所集刊》24，1954，第 254-255 頁。

18 〈陸賈傳〉，《史記》，卷九十七，北京：中華書局，1985，第 2697-2698 頁；也載於《漢書》，北京：中華書局，1962，卷四十三，第 2111-2112 頁。

19 雲夢睡虎地秦墓編寫組編，《雲夢睡虎地秦墓》，北京：文物出版社，1981，圖版 131，竹簡 871-872。Donald Harper, "A Chinese Demonography of the Third Century B.C.," *Harvard Journal of Asiatic Studies*, 45.2 (1985), p.483. 據李濟的研究，「箕踞」到了周朝才被視為不禮貌的坐法。

20 Jean-Claude Schmitt 描寫中古時期歐洲人的姿態觀念時說，當時：「修士具有修士的姿態，騎士有騎士的姿態。在社群之內以及不同社群之間，姿態使得社會的組織具體化。」其實，這段文字也可用於古代的中國。*La raison des gestes dans l'Occident médiéval* (Paris：Gallimard, 1960), p.16。關於商周時的姿態，請參考李濟，〈跪坐蹲居與箕踞〉；及劉桓，〈卜辭拜禮試析〉，載於《殷契新釋》，河北：河北教有出版社，1989，第 1-51 頁。有關中古時期的坐姿參見朱大渭，〈中古漢人由跪坐到垂腳高坐〉，《中國史研究》4，1994，第 102-114 頁；及崔詠雪的《中國家具史》。余雲華，《拱手、鞠躬、跪拜——中國傳統交際禮儀》，成都：四川人民出版社，1993，此書也值得參考。

21 詳見賀梓城，〈唐墓壁畫〉，《文物》1959.8，第 31-33 頁。唐代戴孚所著《廣異記》中有幾條提到椅子的資料。詳見〈仇嘉福〉及〈李參軍〉的故事，方詩銘輯校，《冥報記．廣異記》，北京：中華書局，1992，第 58、201 頁。此外，相傳為唐人周昉所畫的〈揮扇仕女圖〉中則有宮女坐於椅子，但此畫是否為唐代的作品則相當可疑。同樣，相傳為唐人盧楞伽所畫的〈六尊者像〉、唐人周文矩的〈宮中圖〉和〈琉璃堂人物圖〉，以及五代人王齊翰的〈勘書圖〉和顧閎中的〈韓熙載夜宴圖〉，雖然都有椅子，但都很可能是宋代的作品。詳見 James Cahill, *An Index of Early Chinese Paintings: T'ang, Sung,and Yüan* (Berkeley: University of California Press, 1980), pp. 16, 28-30, 50。

22 崔詠雪，《中國家具史》，第 59 頁。

23 例如，王鳴盛，〈箕踞〉，第 3 頁；黃正建，〈唐代的椅子與繩床〉，《文物》1990.7，第 86-88 頁；及 Craig Clunas, *Chinese Furniture* (London:

Bamboo Publishing Ltd.,1988), p.16，都持此說。

24 王鳴盛，〈箕踞〉，第 3-4 頁。

25 詳見陳偉明，《唐宋飲食文化初探》，北京：中國商業出版社，1993，第 63-64 頁。

26 Sarah Handler, "The Revolution in Chinese Furniture：Moving from Mat to Chair," *Asian Art* 4.3 (Summer1991)，第 9-33 頁。Wu Tung (吳同) 認為，強調集體性的上古中國社會不能容忍代表了「自由」與「個人主義」的椅子。Wu Tung, "From Imported 'Nomadic Seat' to Chinese Folding Armchair," *Journal of the Classical Chinese Furniture Society*, 3.2 (Spring 1993), pp. 38-47 (原戴於 *Boston Museum Bulletin* 71[1973])。

27 Donald Holzman, "À propos de l'origine de la chaise en chine," *T'oung Pao* 53 (1967), p.279. Holzman 在這篇書評中已經列出有關中國椅子史最主要的證據。我對椅子史的理解基本上跟隨著 Holzman 的說法。崔詠雪《中國家具史》更為全面地分析中國的椅子史。

28 《漢語大詞典》（上海：上海辭書出版社，1991）及《現代漢語詞典》（北京：商務印書館，1985）。

29 參見崔詠雪，《中國家具史》，第 9 頁。

30 參見貞元十三年（797 年）的《濟瀆廟北海壇祭器碑》，收入王昶輯，《金石萃編》，卷一〇三，北京：中國書店，1985，第 11 頁；及王讜《唐語林》，周勛初校證《唐語林校證》，卷六，北京：中華書局，1987，第 523 頁。王讜是宋人，但提到倚子一段來自唐代筆記《戎幕閒談》。

31 黃朝英，《靖康緗素雜記》，卷四，第 8 頁，《景印文淵閣四庫全書》第 850 冊。

32 圓仁，《入唐巡禮行記》，卷四，白化文等編，《入唐巡禮行記校注》，石家莊：花山文藝出版社，1992，第 454 頁。

33 參見孫機，《漢代物質文化資料圖說》，北京：文物出版社，1991，第 216-228 頁。

34 在漢代，凳子並不流行。到南北朝，所謂「荃蹄」從國外引進來以後，坐凳子的習慣才興起。在此過程當中，佛教或許扮演了某種角色。詳見孫機，〈唐李壽石槨線刻《侍女圖》、《樂舞圖》散記〉，《文物》1996.5，第 33-49 頁。

35 陳增弼，〈漢、魏、晉獨坐式小榻初論〉，《文物》1979.9，第 66-71 頁。

36 《後漢書》，卷五十三，北京：中華書局，1965，第 1746 頁。崔詠雪卻認為此文中的「榻」指的是摺疊凳，見《中國家具史》，第 81 頁。

37 趙翼，〈高坐緣起〉，《陔餘叢考》，卷三十一，上海：商務印書館，1957，第 661-662 頁。C.P. Fitzgerald 在其 *Barbarian Beds: The Origin of the Chair in China* (London: The Cresset Press,1965) 中也提到這個可能，請見第 45-49 頁。實際上，「椅子」一詞在唐代已有。更重要的是，下面談及

繩床的時候，我們會發現趙翼對繩床的理解也是錯的。

38 除了榻以外，中國早期的椅子或許與中國的其他物品有密切的關係。例如，吳美鳳曾指出北魏馬車之形制跟當時坐具的形制有相似之處；參見〈宋明時期家具形制之研究〉，臺北：中國文化大學藝術研究所美術組碩士論文，1996，第 197 頁；及吳美鳳，〈坐椅繩床閑自念——從明式家具看坐具之演變〉，《歷史文物》8.2，1998，第 59-69 頁。

39 有關胡床，最詳細的著作仍然是藤田豐八，〈胡床について〉，收入《東西交⊠史の研究》，東京：岡書院，1934，第 143-185 頁。此外，亦見崔詠雪《中國家具史》，第 80-88 頁；以及 Wu Tung, "From Imported 'Nomadic Seat' to Chinese Folding Armchair"。易水，〈漫談胡床〉，《文物》1982.10，第 82-85 頁，討論近年有關胡床的考古發現。Fitzgerald 的 *Barbarian Beds* 值得參考，但 Holzman 在上面所引的書評裡指出此書不少問題，並提供頗多有價值的資料和分析。關於 543 年的碑，詳見 E. Chavannes，*Mission archéologique dans la Chine septentrionale* (Paris: E.Leroux, 1913-1915)，第 2 冊第 1 部，圖版 274、432 號及第 1 冊第 2 部，第 589-590 頁，還有長廣敏雄，《六朝時代美術の研究》，東京：美術出版社，1969，第 69-92 頁。有關女侍俑，見磁縣文化館，〈河北磁縣東陳村東魏墓〉，《考古》1977.6，圖版 9。關於李壽墓的石槨，見陝西省博物館、文館會，〈唐李壽墓發掘簡報〉、〈唐李壽墓壁畫試探〉，《文物》1974.9，第 71-94 頁及孫機，《中國聖火》，第 198-250 頁。

40 Ole Wanscher, *Sella Curulis: The Folding Stool, an Ancient Symbol of Dignity* (Copenhagen,1980).

41 《後漢書》，卷十三，〈五行志〉，第 3272 頁。

42 《太平御覽》在〈胡床〉條下引《風俗通》說：「靈帝好胡床……」可作《後漢書》的旁證。請見《太平御覽》，卷七〇六，第 8 頁，《四部叢刊三編》，子部，第 34 冊，上海：商務印書館，1935。

43 朱大渭，〈中古漢人由跪坐到垂腳高坐〉，第 106 頁。

44 胡德生在其〈古代的椅和凳〉中持此說。參見《故宮博物院院刊》1996.3，第 23-33 頁。

45 張端義，《貴耳集》，卷三，第 64 頁，收入《叢書集成初編》第 2783 冊，北京：中華書局，1985；程大昌，《演繁露》，卷十，〈胡床〉，第 3-4 頁，收入《景印文淵閣四庫全書》第 852 冊；及王圻，《三才圖會》（據萬曆 34 年本），卷十二〈器用〉，臺北：成文出版社，1970，第 14 頁。

46 《資治通鑑》，卷二四二〈穆宗長慶二年（822）〉，第 7822 頁。

47 崔詠雪也支持胡三省的說法，見《中國家具史》，第 88 頁。

48 Schmitt, *La raison des gestes*, p.68.

49 詳見朱謙之，《中國景教》，北京：東方出版社，1993。

50 Fitzgerald, *Barbarian Beds*, p.33-50.

51 另見 Holzman,"À propos de l'origine de la chaise en chine."

52 張載，〈經學理窟・禮樂〉，收入《張載集》，北京：中華書局，1978，第 265 頁。

53 這類像中有一些屬於所謂「半跏思惟像」。思惟像的性質較複雜。學者一般認為這種像通常是彌勒，但有時是釋迦牟尼或其他的菩薩。Junghee Lee 甚至認為半跏思惟像中沒有一個是彌勒，"The Origins and Development of the Pensive Bodhisattva Images of Asia," *Artibus Asiae* 53.3/4 (1993), pp.311-353。印度美術也有類似的問題，垂腳而坐的佛像中有哪些是彌勒、哪些是釋迦牟尼有時很難查考。詳見 M.G. Bourda,"Quelque reflexions sur la pose assise a l'européene dans l'art bouddhique,"*Artibus Asiae* 12.4 (1959), pp. 302-313。

54 詳見 Jan Nattier, "The Meanings of the Maitreya Myth:A Typological Analysis," 載於 Alan Sponberg 和 Helen Hardacre 編 *Maitreya,the Future Buddha* (Cambridge: Cambridge University Press,1988), p.54 及同書所載 Padmanabh S.Jaini,"Stages in the Bodhisattva Career of the Tathāgata Maitreya," p.54。

55 詳見周紹良，〈彌勒信仰在佛教初入中國的階段和其造像意義〉，《世界宗教研究》1990.2，第 35-39 頁。對於坐禪的姿勢，中國的僧人也有類似的說法，參見 Carl Bielefeldt, *Dōgen's Manuals of Zen Meditation* (Berkeley, University of California Press,1988), p.112，n. 5。

56 參見擂鼓臺中洞正壁、龍華寺洞東壁及惠簡洞正壁。後面的紋飾可能並不代表椅背，因為印度的佛像中有類似的紋飾，而此紋飾很明顯的不是椅子的靠背。參見 Madeleine Hallade, *Gandharan Art of North India* (New York: Harry N. Abrams Inc.,1969)，圖 73。此外，《高僧傳・竺法蘭傳》（《大正藏》編號 2059，第 50 冊，卷一，第 323 頁上欄）載「（蔡）愔又於西域得畫釋迦倚像，是優田王栴檀像師第四作也。既至雒陽，明帝即令畫工圖寫，置清涼臺中及顯節陵上，舊像今不復存焉。」如果「倚像」指坐椅子，中國佛教藝術中的椅子可推至很早，但我們不能確定「倚」字是否指這座像是坐椅子。宋代以前垂腳而坐的像幾乎都是彌勒或思惟菩薩。因此，「釋迦倚像」可能指「釋迦涅槃像」，也就是側躺的釋迦像。

57 參見松原三郎，《中國佛教彫刻史論》，第 723 頁。

58 參見松原三郎，《中國佛教彫刻史論》，第 660-661 頁；及 Yen Chuan-Ying, "The Sculpture from the Tower of seven Jewels：the style,Patronage and Iconography of the Monument"（哈佛大學博士論文，1986）。此外，崔詠雪認為敦煌北魏 254 窟的一尊菩薩是坐在椅子上，參見《中國家具史：坐具篇》，圖 4129。

59 參見曽布川寛，〈龍門石窟における唐代造像の研究〉，《東方學報》60，1988，第 287 頁。

60 詳見 Asha Vishnu, *Material Life of Northern India* (*3rd century B.C.to 1st Century*

B.C.) (New Delhi: Mittal Publications, 1993), pp. 30-32。

61 參見伊東照司撮影、解說，《原始佛教美術圖典》，東京：雄山閣出版株式會社，1992，頁 227。

62 《大唐西域記》，卷二，《大正大藏經》編號 2087，第 51 冊，第 876 頁。

63 Bourda 並指出印度造像中的釋迦牟尼之所以有時坐椅子與其象徵意義有關。"Quelque reflexions sur la pose assise," pp. 307-313。

64 藤田豐八，〈胡床について〉，第 183-185 頁；朱大渭，〈中古漢人由跪坐到垂腳高坐〉，第 106 頁。

65 《佛說尊上經》，《大正藏》編號 77，第 1 冊，第 886 頁中。所謂「尼師壇」（梵 niṣīdana）是用為坐具的方形布。

66 《中阿含經》，卷四十三，《大正藏》編號 26，第 1 冊，第 698 頁下欄。

67 《摩訶止觀》，卷二，《大正藏》編號 1911，第 46 冊，第 11 頁中欄。

68 義淨，《南海寄歸內傳》，卷一〈食坐小床〉，《大正藏》編號 2125，第 54 冊，第 206 頁下欄。

69 《四分律》，卷四十九，《大正藏》編號 1428，第 22 冊，第 931 頁下欄。

70 《四分律》，卷十二，頁 644 上欄。

71 參見黃正建〈唐代的椅子與繩床〉、Holzman, "À propos de l'origine de la chaise en chine" 及崔詠雪《中國家具史：坐具篇》，第 88-92 頁。

72 收入王昶輯，《金石萃編》，卷一〇三，北京：中國書店，1985，第 11 頁。

73 《四分律》，卷十九，第 693 頁上欄至中欄。

74 例如《彌沙塞五分戒本》，《大正藏》編號 1422，第 22 冊，第 198 頁中欄；《四分律》，卷二十五，第 736 頁中欄；《十誦律》，卷十八，《大正藏》編號 1435，第 23 冊，第 127 頁下欄等。

75 《四分律》，卷十九，第 693 頁中欄；卷三十九，第 846 頁中欄。

76 《十誦律》，卷三十九，《大正藏》編號 1435，第 23 冊，第 280 頁中欄。有關床腳的高度，在上引書中，義淨指出佛陀的指頭比一般人的指頭大三倍。因此，此文中的「八指」相當於現代的 24 英寸左右。

77 元照，《四分律行事鈔資持記》，卷中三上，《大正藏》編號 1805，第 40 冊，第 311 頁中欄。

78 除了敦煌的壁畫以外，探討中國家具史的著作有時提及斯坦因所發掘的 1 到 4 世紀的「木椅」。有學者認為其上所刻的紋飾是蓮花，所以此物應與佛教有關係。（Roderick Whitfield 編，《西域美術：スタイン・コレクション》第三冊，東京：講堂社，1984，圖 60，頁 310。）然而，斯坦因所發現的物品是否為椅子還值得商榷。此物沒有靠背也沒有扶手，而斯坦因發掘此物時它已經不完整。大英博物館最近的目錄甚至說它不是椅子而是桌子（參見 Whitfield，《西域美術：スタイン・コレクション》第三冊，圖 60），因此我們很難斷定它究竟是椅子還是其他家具。斯坦因同時發現一些 3 到 4 世紀的「椅腳」，但因為沒有同時發現靠背或椅板，所以我

們很難確定它們到底是否是椅腳。有關敦煌的家具，參見楊泓，〈敦煌莫高窟與中國古代家具史研究之一〉，載於段文杰編，《1987 敦煌石窟研究國際討論會文集（石窟考古編）》，瀋陽：遼寧美術出版社，1990，第 520-533 頁。

79 《四分律刪繁補闕行事鈔》，卷上四，《大正藏》編號 1804，第 40 冊，第 35 頁中欄。

80 《高僧傳》，卷九，《大正藏》編號 2059，第 50 冊，第 384 頁上欄。

81 《高僧傳》，卷三，第 341 頁中欄。

82 〈張興碩等造像〉原於 1916 年發現於山西芮城縣延慶寺，現藏在 Kansas City 的 Nelson-Atkins Museum。詳見張亙等纂修，《芮城縣誌》，卷十三，臺北：成文出版社，1968，第 3 頁；及 Laurence Sickman, "A Sixth-Century Buddhist Stele," *Apollo* (March 1973), pp. 12-17。

83 除了佛教的資料以外，最早提到椅子的記載可能是以上所引貞元十三年（797 年）的〈濟瀆廟北海壇祭器碑〉。

84 《摩訶止觀》，卷二，《大正藏》編號 1911，第 46 冊，第 11 頁中欄。另見智顗，《修習止觀坐禪法要》，《大正藏》編號 1915，第 46 冊，第 456 頁下欄。

85 《觀心論疏》，卷三，《大正藏》編號 1921，第 46 冊，第 600 頁中欄。

86 《續高僧傳》，卷十六，第七傳，《大正藏》編號 2060，第 50 冊，第 553 頁中欄。《宋高僧傳》，卷十六，第一傳，《大正藏》編號 2061，第 50 冊，第 806 頁。

87 《南海寄歸內法傳》，卷一〈食坐小床〉，第 207 頁上欄。義淨之所以會注意到這個問題是因為在此之前，即 5 世紀初，范泰與祇洹寺的僧侶曾辯論過僧人吃飯時應不應該「踞食」（即垂腳而坐）的問題。詳見僧祐，《弘明集》，卷十二，《大正藏》編號 2102，第 52 冊，第 77-79 頁。

88 Norbert Elias 在其經典之作《文明的進程》中，研究歐洲有關飲食、擤鼻涕及吐痰規矩的形成，並指出很多所謂文明習慣起源於中古時期各地的宮廷，又從宮廷傳到社會的其他階層，而在此過程中，修士扮演了媒介的角色。詳見 Norbert Elias, *The Civilizing Process* (Oxford: Blackwell,1994〔即 1939 年 *Über den Prozeß der Zivilisation* 的英譯〕), p.83。

89 《貞元新定釋教目錄》，卷十四，《大正藏》第 2157 號，第 55 冊，第 876 頁上欄。

90 《入唐巡禮行記》，卷四，第 454 頁。

91 《入唐巡禮行記》，卷一，第 68 頁。

92 《全唐詩》，卷三七四，北京：中華書局，1960，第 4200 頁。與此相同，有學者認為某些在寺院用為待客的食品也是如此從寺院傳到民間。

93 《全唐詩》，卷一六〇，第 1647 頁。

94 《全唐詩》，卷四四八，第 5010 頁。唐詩中，提到繩床的例子有數十首，

在此不贅述。

95 《舊唐書》，卷一九〇下，第 5052 頁。

96 陶岳，《五代史補》，卷五，第 15 頁，《景印文淵閣四庫全書》第 407 冊。

97 《雞肋編》，卷下，第 54 頁，《景印文淵閣四庫全書》第 1039 冊。

98 Braudel 在其《日常生活的結構：第 15 到第 18 世紀的文明與資本主義》一書中曾說中國的文明是唯一使用「雙層家具」的文明，這是指中國人有時垂著腳坐於椅子上，有時盤著腿坐於炕上。其實，印度及當代的日本更符合「雙層家具」之稱。更有趣的是，在論述中國人從席地而坐到坐椅子的轉變以後，Braudel 提到「傳統的文明不肯脫離其原有家飾」的「原則」。他接著說 15 世紀的中國家庭與 18 世紀的中國家庭毫無差別。這似乎是說，清代的中國文化是「傳統的」（即不變的），而唐宋的文化不是。明清的家具是否如 Braudel 所講的如此靜態，值得商榷。但不可否認的是唐宋文明經過坐禮及家具如此大的變化，的確顯示出當時社會的活力。詳見 Braudel, *The Structures of Everyday Life*, vol.1, pp. 285-290。

99 前兩個引文來自於朱大渭，〈中古漢人由跪坐到垂腳高坐〉，第 111 頁。後者來自於崔詠雪，《中國家具史》，第 68 頁。

100 有關兵器流傳的研究很多，A1bert E. Dien 對於馬鐙的研究是一個很好的範例，見 “The Stirrup and Its Effect on Chinese Military History,” *Ars Orientalis,* 16 (1986), pp. 33-56。Braudel 對於科技史的看法也很值得參考；Braude1, *Structures of Everyday Life*, p.290。

101 參見孫機，〈我國早期的眼鏡〉，收入孫機、楊泓著，《文物叢談》，北京：文物出版社，1991，第 203-207 頁。

102 Galen Cranz 在其 *The Chair: Culture, Body, and Design* (New York: W.W. Norton, 1998) 中，說明歷史上椅子主要用於顯示社會地位，要等到近代才有設計師注意後背支撐。Cranz 主張為了健康我們卻應該少用椅子。

103 詳見 Sarah Handler, “The Korean and Chinese Furniture Tradition,” *Journal of the Classical Chinese Furniture Society*, 4.4 (Autumn 1994), pp. 45-57。

第二節　糖

104 《維摩詰經》，《大正藏》編號 474，第 14 冊，第 535 頁中欄。

105 《佛本行集經》，《大正藏》編號 190，第 3 冊，第 912 頁上欄。

106 《十地經論》，《大正藏》編號 1522，第 26 冊，第 199 頁下欄；《大智度論》，卷六十四，第 511 頁上欄。

107 Sydney Mintz, *Sweetness and Power: The Place of Sugar in Modern History* (Middlesex: Penguin Books, 1982), p.19.

108 《大唐西域記》，卷二，第 879 頁中欄。Watters 對此段文字有簡短評論，參見 Thomas Watters, *On Yuan Chwang's Travels in India* (1904; rpt., New

Delhi: Munshiram Manoharlal Publishers, 1973), pp. 200-201。

109 參見《中阿含經》，卷十五，第 523 頁上，以及《瑜伽師地論》，卷二，《大正藏》編號 1579, 第 30 冊，第 286 頁上欄。

110 《四分律》，卷四十二，第 873 頁下欄；《正法念處經》，卷五十二，《大正藏》編號 721，第 17 冊，第 305 頁上欄；《大般涅槃經》，卷四，《大正藏》編號 374，第 12 冊，第 386 頁上欄。

111 關於赤腐病，參見《根本說一切有部毘奈耶雜事》，卷二十九，《大正藏》第 1451 號，第 24 冊，第 305 頁下欄。Christian Daniels 對中國食糖史也有全面的論述，參見其著作 *Science and Civilisation in China* 第 6 卷（*Biology and Biological technology*）第 3 部分（*Agro-Industries and Forestry*）(Cambridge: Cambridge University Press, 1995)，p. 258。關於印度甘蔗的灌溉，參見《大方等大集經》，卷十一，《大正藏》編號 397，第 13 冊，第 67 頁中欄；和《海意菩薩所問淨印法門經》，卷十三，《大正藏》編號 400，第 13 冊，第 509 頁；Daniels, *Agro-Industries and Forestry,* pp. 191-192。

112 《撰集百緣經》，卷五，《大正藏》編號 200，第 4 冊，第 222 頁下欄。

113 David Knechtges評論食物在哲學論述中的作用時指出：「在中國古典文學中常把食物用作政治或哲學論述中的比喻。這些關於食物的比喻和中古時期的基督教作家把上帝比作麵包、把真理比作營養和食物，以及把基督教教義比作膳食的譬喻相似。在中國經典中，調味適當的食物常被用來比作健全的政府。」參見其 “A Literary Feast: Food in Early Chinese Literature,” *Journal of the American Oriental Society,* 106.1 (1986), p. 51。

114 《發覺淨心經》，《大正藏》編號 327，第 12 冊，第 49 頁中欄。

115 《守護國界主陀羅尼經》，卷三，《大正藏》編號 997，第 19 冊，第 537 頁上欄。

116 《大般涅槃經》，卷十六，《大正藏》編號 374，第 461 頁上欄；可對照《大正藏》編號 375《大般涅槃經》（另一譯本），第 12 冊，第 703 頁中欄。

117 《百千頌大集經地藏菩薩請問法身讚》，《大正藏》編號 413, 第 13 冊，第 791 頁中欄。

118 《大方等大集經》，卷十三，《大正藏》編號397，第13冊，第87頁中欄。

119 《正法念處經》，卷三，《大正藏》編號 721，第 17 冊，第 17 頁。

120 Christian Daniels 詳細討論了梵文、中文和英文命名的差別，參見 *Agro-Industries and Forestry*, pp. 279, 374。也參見李治寰，〈從製糖史談石蜜和冰糖〉，《歷史研究》1981.2，第 146-154 頁；及《中國食糖史稿》，北京：農業出版社，1990，第 108 頁。

121 參見 Daniels, *Agro-Industries and Forestry*, p. 367，及 Mintz, *Sweetness and Power*, pp. 19-20。

122 有關西方古代產糖地的調查，可參見 R. J. Forbes, *Studies in Ancient Technology* (Leiden: E.J. Brill, 1957) 第 5 冊中有關糖的章節。

123 特別有趣的是糖在婚禮中的使用，參見《根本說一切有部毘奈耶雜事》，卷二十五，《大正藏》編號 1442，第 23 冊，第 764 頁上欄。《根本說一切有部苾芻尼毘奈耶》，《大正藏》編號 1443，第 23 冊，第 968 頁下欄。

124 Mintz, *Sweetness and Power*, p. 2l.

125 李治寰，《中國食糖史稿》，第 113 頁。

126 《正法念處經》譯於 6 世紀，見卷十五，《大正藏》編號 721，第 17 冊，第 89 頁上欄，以及卷二十四，第 136 頁下欄。《四分律》譯於 5 世紀初，見卷四十三，《大正藏》編號 1428，第 22 冊，第 875 頁上欄。

127 《摩訶僧祇律》，卷十一，《大正藏》編號 1425，第 22 冊，第 317 頁下欄。

128 《根本說一切有部毘奈耶藥事》，卷十七，《大正藏》編號 1448，第 24 冊，第 87 頁上欄。

129 Daniels, *Agro-Industries and Forestry*, p. 278. 12 世紀的歐洲也有一個很有趣的類似爭論，即食用藥、糖是否視為是違反齋戒。托馬斯．阿奎那（Thomas Aquinas）認為糖屬藥品，而非食品；參見 Mintz, *Sweetness and Power,* p. 99。

130 《摩訶僧祇律》，卷十一，第 317 頁下欄。不過，其他律典則明確規定甘蔗汁不應在午後食用，見《十誦律》，卷五十三，《大正藏》編號 1435，第 23 冊，第 390 頁下欄；和《薩婆多部毘尼摩得勒伽》，《大正藏》編號 1441, 第 23 冊，第 619 頁下欄。

131 同樣，在 *Sweetness and Power* 一書中，敏思（Mintz）指出了在 19 世紀糖（和茶一起食用）如何成了英國工人階層重要的卡路里來源。對中古時期的佛教僧人而言，甘蔗汁和用其製成的各種天然原糖，要遠比 19 世紀英國人所食用的高純度糖更富含營養。

132 有關甘蔗汁發酵及由此可以製造的酒的種類，參見 Daniels, *Agro-Industries and Forestry*, pp. 81-2。該書第 58 頁有關於印度早期醫學論著中提及的甘蔗酒。

133 《大智度論》，卷十三，《大正藏》編號 1509，第 25 冊，第 158 頁中欄。

134 《新唐書．地理志》，卷三十九。有關古代中國的蜂蜜，參見李治寰，《中國食糖史稿》，第 22-34 頁。《宋高僧傳》記載一個唐朝的寺院把梨花蜜作為供品（卷十六，第 807 頁下欄）。如同糖的案例，我們也很難準確地知道在唐朝遍布整個帝國的寺院中蜂蜜製造的規模有多大。

135 有關中國飴糖歷史的考察，參見李治寰，《中國食糖史稿》，第 35-59 頁。

136 Daniels, *Agro-Industries and Forestry,* pp. 182-183；關於蔗糖傳入中國，也參見李治寰，《中國食糖史稿》，第 66-69 頁。

137 漢代有關蔗糖的記載，參見李治寰，《中國食糖史稿》，第 60 頁。《楚辭》的記載引自《招魂》，宿醉的記載見《漢書》卷二十二，第 1063

頁。參見 Knechtges, "A Literary Feast," p. 55。Daniels，*Agro-Industries and Forestry,* p. 59；指出現代研究已經證實了甘蔗汁有促進酒精新陳代謝的功效。

138 Daniels, 同上，第 280 頁。

139 陶弘景的註釋，見李時珍編寫的《本草綱目》，卷三十三，頁 12〈甘蔗〉條。佛教典籍的相關記載，參見《善見律毘婆沙》，卷十七，《大正藏》編號 1462, 第 24 冊，第 795 頁中欄。

140 李治寰，《中國食糖史稿》，第 111 頁。

141 Daniels, *Agro-Industries and Forestry*, p. 88.

142 《後漢書》，卷八十八，頁 2921。

143 季羡林，〈一張有關印度製糖法傳入中國的敦煌殘卷〉，載《歷史研究》1982.1，第 133 頁。Daniels, *Agro-Industries and Forestry,* p. 279.

144 蘇敬，《新修本草》，引自《本草綱目》卷三十三，頁 15 中欄，見「石蜜」標題下。

145 Daniels, *Agro-Industries and Forestry,* p. 84.

146 關於敏思的評論，參見 *Sweetness and Power*, p. 25。

147 慧遠的註釋，見《大般涅槃經義記》，卷二，《大正藏》編號 1764，第 37 冊，第 663 頁上欄、第 756 頁下欄和第 900 頁上欄。窺基的註釋，見《瑜伽論略纂》，卷一，《大正藏》編號 1829，第 43 冊，第 14 頁下欄。

148 關於此點，參見 Daniels, *Agro-Industries and Forestry*, p. 145。

149 儘管在佛教典籍中有部分記述可提供線索，但有關中世紀蔗糖和中國寺院中糖的記載還是很缺乏。關於食用甘蔗，可參見道宣，《四分律比丘含注戒本》，《大正藏》編號 1806，第 40 冊，第 459 頁上欄。義淨在他從印度寫回的信中，建議中國僧人使用石蜜和砂糖。如果中國的寺院根本就沒有糖，那他的建議就毫無意義。參見《南海寄歸內法傳》，《大正藏》編號 2125，第 54 冊，第 225 頁中欄。對於甘蔗發酵的問題，可參見道宣，《四分律刪繁補闕行事鈔》，《大正藏》編號 1804，第 40 冊，第 118 頁；懷素，《僧羯磨》，《大正藏》編號 1809，第 40 冊，第 519 頁中欄；以及《尼羯磨》，《大正藏》編號 1810，第 40 冊，第 546 頁中欄。

150 《新唐書》列傳第一四六上，頁 4239。此處譯文主要參照 Daniels, *Agro Industries and Forestry*, p. 369。但李志寰堅持認為「如其劑」是指所加入的石灰，參見《中國食糖史稿》第 111 頁。石灰後來被用作加工甘蔗汁的試劑，它能產生吸附甘蔗汁中雜質、漂浮於汁液表層的凝狀物，其後再將之撇除。石灰的使用，是食糖提純工藝中一個重要的技術革新。儘管不能排除在印度的影響下中國在唐朝有可能已經開始使用石灰來提純，但起碼這段文字並沒有明確地證實這一點。筆者贊同丹尼爾斯對這段文字的解讀，因為甘蔗桿是用研缽來壓榨的，故而以炮製藥劑來比喻製糖的過程。

151 其他有關遣使的資料，參見《唐會要》，卷一百，第 1796 頁；《太平

御覽》，卷八五七，頁 2；《冊府元龜》卷九七○，臺北：中華書局，1972，第 11-12 頁。

152 《續高僧傳》卷四，《大正藏》編號 2060，第 50 冊，頁 454 下。

153 王玄策多次被唐朝派遣到印度，他甚至撰寫了有關西域的長篇論著，但已不幸佚失。可參見孫修身，《王玄策事跡鉤沉》，烏魯木齊：新疆人民出版社，1998。

154 李志賓，《中國食糖史稿》，第 123-128 頁；Daniels, *Agro-Industries and Forestry*, pp. 371-372。

155 參見 Wang Zhenping, "Chonen's Pilgrimage to China, 983-986," *Asia Major*, Third Series, vol. 7, no. 2 (1994), pp. 63-64.

156 《大慈恩寺三藏法師傳》，卷六，《大正藏》編號 2053，第 50 冊，第 253 頁中欄。

157 Edward H. Schafer, *The Golden Peaches of Samarkand: A Study of T'ang Exotics* (Berkeley: University of California Press, 1963), pp. 122-123.

158 關於義淨，參見《宋高僧傳》，卷一，《大正藏》編號 2061，第 50 冊，第 710 頁中欄和 Schafer, 同上，頁 266。關於那提，參見《續高僧傳》，卷四，《大正藏》編號 2060，第 50 冊，第 458 頁下欄和 Schafer, 同上，頁 183。

159 Daniels, *Agro-Industries and Forestry,* p. 373.

160 季羨林是最早注意到該文獻（伯希和 Pelliot 敦煌寫卷，3303 號）的學者，他在其〈一張有關印度製糖法傳入中國的敦煌殘卷〉中，抄錄了該文獻並附有註釋。李志賓也在書中關注了該文獻，而 Daniels 在書中（同上，第 373-379 頁）對此亦有特別的討論。

161 《糖霜譜》，參見 Daniels，出處同上，頁 382-384。李志賓在《中國食糖史稿》一書中也討論了這個傳說，其中還包括了對《糖霜譜》文本歷史的考察，參見第 167-170 頁；在第 216-212 頁中，他還給出了包含註釋的完整文本。

162 宋人洪邁在他的《容齋五筆》裡也談到《糖霜譜》，參見《容齋五筆》，卷六（《筆記大觀》本），第 2 頁。宋人王象之在他的《輿地紀勝》中也提到這則傳說，詳見《輿地紀勝》，卷三十八，1849 本，第 5 頁。明朝學者宋應星在其著作《天工開物》中也提及這則傳說，見《天工開物》（1637 年版），頁 14。也參見李志賓，《中國食糖史稿》，第 167 頁。

163 Daniels, *Agro-Industries and Forestry,* p. 384.

164 《參天台五台山記》，卷一，頁 4 中欄，收入南條文雄等編，《大日本佛教全書》南條文雄等編，1931; 東京：講談社，1970-1973，第 115 冊。

165 Daniels, *Agro-Industries and Forestry,* pp. 292-298.

166 可特別參見 Carlo M. Cipolla, *Before the Industrial Revolution: European Society and Economy 1000-1700* (London: Routledge, 1993), pp. 137-159。

第三節　茶

167　陳椽在其著作中記述了這一爭論，極力捍衛茶樹起源於中國的說法，並猛烈抨擊了那些持印度起源說的學者。可參見陳椽，《茶葉通史》，北京：農業出版社，1984，第 26-28 頁。

168　相關例證可參見 Daniels, *Agro-Industries and Forestry,* pp. 477; Hsing-tsung Huang (黃興宗), *Fermentation and Food Science,* part 5 of vol. 6, *Biology and Biological Technology,* in Joseph Needham (李約瑟) ed., *Science and Civilisation in China* (Cambridge: Cambridge University Press, 2000), p. 503。

169　陳椽，《茶葉通史》，第 91-94 頁。

170　陳椽考察了各種語言中「茶」字的來源，發現廣東話和閩南語中茶字的發音是其他各種語言中茶字讀音的兩個基本來源。出處同上，第 18-20 頁。

171　同上，第 5 頁。宋人王觀國不但對椅子的歷史做過評註，也對「茶」字做過詞源學的探討，參見《學林》，卷四，臺北：新文豐，1984，第 124 頁。清朝學者顧炎武在其著作《日知錄》中也談及這個問題，參見《日知錄》，卷七，《四庫全書》本，第 39 -40、42 頁。

172　對於本段的討論，見 Yü Ying-shih (余英時), “Han” in K. C. Chang (張光直) ed., *Food in Chinese Culture* (New Haven: Yale University Press, 1977), p.70; 陳椽，《茶葉通史》，第 272-273 頁，及其他所有中國茶史的研究。

173　《洛陽伽藍記校釋》，卷三，第 126 頁。

174　朱自振，〈中國茶文化史〉，收入《中國茶酒文化史》，臺北：文津出版社，1995，第 150 頁。James A. Benn, Tea in China. A Religious and Cultural History (Honolulu: University of Hawaii Press, 2015), pp. 72-95.

175　關於唐朝時期飲茶風尚的興起，有許多優秀的研究。見朱重聖，〈我國飲茶成風之原因及其對唐宋社會與官府之影響〉，《史學彙刊》10，1980，第 93-150 頁；林正三，〈唐代飲茶風氣探討〉，《國立編譯館館刊》13.2，1984，第 208-228 頁；布目潮渢，〈唐代の名茶とその流通〉收入《小野勝年博士頌壽記年東方學論集》，京都：龍谷大學東洋史學研究會，1982，pp. 255-285；暨遠志，〈唐代茶文化的階段性 ── 敦煌寫本〈茶酒論〉研究之二〉，《敦煌研究》1982 年第 2 期，第 99-107 頁。

176　《封氏聞見記》，卷六，《筆記大觀》本，第 1 頁。

177　林正三，〈唐代飲茶風氣探討〉，第 217 頁。

178　24 種從 8 世紀至 18 世紀的此類說明指南，見 Hsing-tsung Huang, *Fermentation and Food Science,* p. 516。

179　〈送陸鴻漸棲霞寺採茶〉，《全唐詩》，第 2808 頁。

180　「濾水囊」見於佛教律典。義淨在他的許多著作中都對「濾水囊」都有詳細的描述和提倡，包括《南海寄歸內法傳》，《大正藏》編號 2125，第 54 冊，第 208 頁。也參見《佛光大辭典》，第 5825 頁。

181　那時飲茶通常是把茶葉磨碎後煎煮，而不像今天中國人那樣把茶葉完全浸

泡在熱水中。

182 《封氏聞見記》，卷六，第 1 頁。

183 《受用三水要行法》，《大正藏》編號 1902，第 45 冊，第 903 頁上欄。由於義淨曾在印度生活，所以他在該書中明確指出「西方」（即印度）的僧人是不飲茶的。他在《說罪要行法》中告誡不可用不淨水在午後煮茶。見《說罪要行法》，《大正藏》編號 1903，第 45 冊，第 904 頁上欄。

184 最早的有關用茶來保持清醒的記載，在佛教傳入中國前已經出現。參見陳椽，《茶葉通史》，第 124 頁。有關唐朝的記載，參見 Edward H. Schafer, "T'ang," in Chang, *Food in Chinese Culture,* p. 124。

185 Holmes Welch, *The Practice of Chinese Buddhism 1900-1950* (Cambridge: Harvard University Press, 1967), p. 68; Robert E. Buswell, *The Zen Monastic Experience: Buddhist Practice in Contemporary Korea* (Princeton: Princeton University Press, 1992), p. 170.

186 關於降魔的傳記及其在禪宗史上的地位，參見 John McRae, *The Northern School and the Formation of Early Ch'an Buddhism* (Honolulu: University of Hawaii Press, 1986), p. 63；Faure, *The Rhetoric of Immediacy,* p. 100。

187 〈菩提達磨南宗定是非論〉，楊曾文編，《神會和尚禪話錄》，北京：中華書局，1996，第 30-31 頁。

188 《教誡新學比丘行護律儀》，《大正藏》編號 1897，第 45 冊，第 870 頁下欄。

189 《南海寄歸內法傳》，卷三，《大正藏》編號 2125，第 54 冊，第 224 頁。

190 《受用三水要行法》，《大正藏》編號 1902，第 45 冊，第 903 頁下欄。

191 《入唐求法巡禮行記》，卷二，第 272 頁。

192 《歷代法寶記》，《大正藏》編號 2075，第 51 冊，第 187 頁中欄、159 頁上欄；另一首關於茶的詩見 193 頁中欄。

193 有關茶用於供養，參見朱自振，《中國茶文化史》，頁 177。各種關於茶的記載，時常出現在唐末宋初的禪宗語錄和典籍中。關於「茶室」的記載，參見《景德傳燈錄》，卷八，《大正藏》編號 2076，第 51 冊，第 256 頁上欄、352 頁下欄、368 頁上欄，及其餘多處地方。有關「茶頭」的記載，見《敕修百丈清規》，卷五，《大正藏》編號 2025，第 48 冊，第 1132 頁下欄、第 1136 頁。

194 張籍和元稹的詩中，都提到僧人在寺院附近種植茶樹。分別參見〈山中贈日南僧〉，《全唐詩》，卷三八四，第 4308 頁；及〈和友封題開善寺十韻〉，《全唐詩》，卷四〇八，第 4541 頁。禪宗典籍中提及茶樹和茶園的記載，參見《虛堂和尚語錄》，卷九，《大正藏》編號 2000，第 47 冊，第 1048 頁中欄；《筠州洞山悟本禪師語錄》，《大正藏》編號 1986，第 47 冊，第 509 頁上欄。有關宋代寺院茶樹種植的記載，參見方豪，〈宋代僧侶對於栽茶之貢獻〉，《大陸雜誌》29.4，1964，第 124-

128 頁；朱自振，《中國茶文化史》，第 62 頁。
195 元稹，〈茶〉，《全唐詩》，卷四二三，第 4632 頁。
196 李白，〈答族姪僧中孚贈玉泉仙人掌茶〉，《全唐詩》，卷一七八，第 1817 頁。
197 劉禹錫，〈西山蘭若試茶歌〉，《全唐詩》，卷三五六，第 4000 頁。
198 朱自振，《中國茶文化史》，第 26 頁。
199 《南海寄歸內法傳》，卷二，《大正藏》編號 2125，第 54 冊，第 218 頁。
200 朱自振，《中國茶文化史》，122 頁。
201 《入唐求法巡禮行記》，卷一，第 68 頁。
202 《入唐求法巡禮行記》，卷二，第 224 頁。
203 《佛祖歷代通載》，卷十四，《大正藏》編號 2036，第 49 冊，第 611 頁下欄。
204 〈同群公宿開善寺贈陳十六所居〉，《全唐詩》，卷二一二，第 2206 頁。張謂在他的詩作〈道林寺送莫侍御〉中也提到品茶勝於飲酒之處，見《全唐詩》，卷一七九，第 2018 頁。
205 李嘉祐，〈同皇甫侍御題薦福寺一公房〉，《全唐詩》，卷二〇六，第 2153 頁。方干，〈寒食宿先天寺無可上人房〉，《全唐詩》，卷六四九，第 7459 頁。
206 《舊唐書》，卷一九〇下，第 5052 頁。
207 白居易，〈睡後茶與憶楊同州〉，《全唐詩》，卷四五三，第 5126 頁。
208 《入唐求法巡禮行記》，卷一，第 130 頁。
209 《入唐求法巡禮行記》，卷二，第 239 頁。
210 朱自振，《中國茶文化史》，第 53 頁。
211 〈唐義興縣重修茶舍記〉，《金石錄》，卷二十九，第 2 頁。
212 1987 年，這套茶具和其他的佛教物品一起出土。見韓偉，〈從飲茶風尚看法門寺等地出土的唐代金銀茶具〉，《文物》1988.10，第 44-56 頁。
213 《大唐貞元續開元釋教錄》，《大正藏》編號 2156，第 55 冊，第 760 頁中欄；《宋高僧傳》，卷十五，《大正藏》編號 2061，第 50 冊，頁 805 上欄。
214 《貞元新定釋教目錄》，卷十七，《大正藏》編號 2157，第 55 冊，第 895 頁上欄（也見第 892 頁中欄、893 中欄）。
215 參見韓偉，〈從飲茶風尚看法門寺等地出土的唐代金銀茶具〉。
216 朱重聖認為飲茶之風在唐朝的傳播主要有三個原因：(1) 交通改善；(2) 陸羽的努力；(3) 茶對於僧人和道士的重要性。參見朱重聖，〈我國飲茶成風之原因及其對唐宋社會與官府之影響〉。
217 方豪，〈宋代僧侶對於栽茶之貢獻〉，第 127 頁。
218 朱自振，《中國茶文化史》，第 109、154 頁。
219 同上，第 101 頁。

220 同上，第 143-144 頁。此外，黃興宗推測用小茶壺煎茶，用小杯喝功夫茶的習俗可能始於僧人，見 Huang, *Fermentation and Food Science,* p. 561。

本章小結

221 孫機，《中國聖火》，遼寧：遼寧教育出版社，1996，第 198-250 頁。

222 同上，頁 107-121。

223 David McMullen，未刊稿。

224 《南海寄歸內法傳》，卷三，《大正藏》編號 2125，第 54 冊，第 323 頁下欄。

225 《續高僧傳》，卷四，《大正藏》編號 2060，第 50 冊，第 458 頁下欄；Schafer, *The Golden Peaches of Samarkand,* p. 183。

226 許棠，〈題干露寺〉，《全唐詩》，卷六〇四，第 6987 頁；皮日修，〈重玄寺元達年逾八十好種名藥凡所植者多至自天臺四明包山句曲叢翠〉，《全唐詩》，卷六一三，第 7078 頁；張蠙，〈寄法乾寺令諲太師〉，《全唐詩》，卷七〇二，第 8076 頁。

227 如楊凝，〈尋僧元皎因病〉，《全唐詩》，卷二九〇，第 3303 頁（也見李昌符，《全唐詩》，卷六〇一，第 6948 頁）；以及皇甫冉，〈問正上人疾〉，《全唐詩》，卷二四九，第 2805 頁。

228 Joseph Needham and Lu Gwei-Djen (魯桂珍), *Spagyrical Discovery and Invention: Magisteries of Gold and Immortality,* part 2 of vol. 5, *Chemistry and Chemical Technology in Science and Civilisation in China* (Cambridge: Cambridge University Press, 1974), p. 132.

229 山田憲太朗，《東亞香料史》，1942；京都：同朋舍，1979，第 195 頁。

230 同上，頁 225-231。

231 《高僧傳》，卷九，《大正藏》編號 2059，第 50 冊，第 384 頁上欄；Schafer, *The Golden Peaches of Samarkand,* p.169。

232 中國鄭重其事地開始製作沉香，大約始於唐朝。見山田憲太朗，《東亞香料史》，第 232-242 頁。

233 崔峒，〈題崇福寺禪苑〉，《全唐詩》，卷二九四，第 3343 頁。有關唐朝時寺院焚香的準備事宜，參見洪芻，《香譜．唐化度寺牙香法》（《四庫全書》本），第 11 頁。

234 Edward Schafer 在著作中，引述了一份唐朝的紀錄，其中描寫一個製作精美、裝飾了無數寶石、用於焚香的火盆，見 *The Golden Peaches of Samarkand,* p. 161。一個在法門寺發現的唐朝香爐，也同樣令人印象深刻。

235 Silvio A. Bedini, *The Trail of Time: Time Measurement with Incense in East Asia* (Cambridge: Cambridge University Press, 1994), pp. 81-92; Needham et al., *Civil Engineering and Nautics,* pp. 146-147.

236 牟潤孫，〈唐初南北學人論學之異趣與影響〉，《香港中文大學中國文化

研究學報》1，1968，第 50-89 頁。郭紹林，《唐代士大夫與佛教》，臺北：文史哲出版社，1993，第 229-234 頁。

237 Elias, *The Civilizing Process,* p. 63.

238 有關中國僧人精通其他工巧技藝（如繪畫、詩文、醫藥等）的詳細研究，請見曹仕邦，《中國沙門外學的研究：漢末至五代》，臺北：東初出版社，1994。

結論

1 Gregory Schopen 在對古印度銘文進行分析後，提出比丘尼在引介塑像崇拜入印度佛教時扮演了關鍵角色。因為大量的銘文表明，這些早期佛陀塑像乃是比丘尼所捐造。比丘尼在中國物質文化中的角色，也許將來也會被揭示。參見 Schopen, *Bones, Stones, and Buddhist Monks*, chapter 11。

2 參見 Roberta Gilchrist 在她的 *Gender and Material Culture: The Archaeology of Religious Women* (London: Routledge, 1994) 一書中研究中世紀英國修女與物質文化關係得到的各式成果。

3 本書英文版出版後，Shih-shan Susan Huang (黃士珊) 便出版了其 *Picturing the True Form: Daoist Visual Culture in Traditional China* (Cambridge: Harvard University Press, 2012)。

4 關於中亞佛教與漢地佛教的關係，參見 Zürcher, "Han Buddhism and the Western Region," 收入 Jonathan A. Silk ed., *Buddhism in China. Collected Papers of Erik Zürcher* (Leiden: Brill, 2014), pp. 353-376；以及 Valerie Hansen, "The Path of Buddhism into China: The View from Turfan," *Asia Major,* Third Series, 11.2 (1998), pp. 37-66。

5 譯註：本書的英文書名是佛教對中國物質文化之「衝擊」（impact）。

參考書目

史料

1 畫

《一切如來心祕密全身舍利寶篋印陀羅尼經》，《大正藏》編號 1022，第 19 冊。
《一切如來安像三昧儀軌經》，《大正藏》編號 1418，第 21 冊。

2 畫

《十一面神咒心經義疏》，《大正藏》編號 1802，第 39 冊。
《十七史商榷》，王鳴盛著，〈箕踞〉條，臺北：廣文書局，1960。
《十地經論》，《大正藏》編號 1522，第 26 冊。
《十誦律》，《大正藏》編號 1435，第 23 冊。
《入唐求法巡禮行集校注》，白化文等校注，第三版，石家莊：花山文藝出版社，1992。
《入唐巡禮行記》，圓仁著，白化文等編，《入唐巡禮行記校注》，石家莊：花山文藝出版社，1992。

3 畫

《三才圖會》，王圻編（據萬曆 34 年本），臺北：成文出版社，1970。
《大方等大集經》，《大正藏》編號 397，第 13 冊。
《大方廣佛華嚴經》，《大正藏》編號 278，第 9 冊。
《大方廣菩薩藏文殊師利根本儀軌經》，《大正藏》編號 1191，第 20 冊。
《大宋僧史略》，贊寧編，《大正藏》編號 2126，第 54 冊。
《大唐西域記》，辨機等編，《大正藏》編號 2087，第 51 冊。
《大唐貞元續開元釋教錄》，《大正藏》編號 2156，第 55 冊。
《大智度論》，《大正藏》編號 1509，第 25 冊。
《大毘盧遮那經廣大儀軌》，《大正藏》編號 851，第 18 冊。
《大般涅槃經》，《大正藏》編號 374，第 12 冊。
《大般涅槃經》《大正藏》編號 375，第 12 冊。
《大般涅槃經義記》，慧遠註釋，《大正藏》編號 1764，第 37 冊。
《大慈恩寺三藏法師傳》，慧立編，《大正藏》編號 2053，第 50 冊。
《大寶積經》，《大正藏》編號 310，第 11 冊。
〈山中贈日南僧〉，張籍著，《全唐詩》，卷三八四，第 4308 頁。

4 畫

《中阿含經》，《大正藏》編號 26，第 1 冊。
《文苑英華》，李昉編，北京：中華書局，1966。
〈五大夫新橋記〉，卷七十三，第 31-34 頁，收於《石刻史料新編》初編，第七冊，第 5182-5183 頁。
《五代史補》，陶岳著，《景印文淵閣四庫全書》，臺北：臺灣商務印書館，1983-1986，第 407 冊。
〈王我師重修洪塔橋記〉，《四川通志》，常明編，1816，卷三十三，第 6 頁。
《太平御覽》，《四部叢刊三編》，上海：商務印書館，1935。
《太平廣記》，李昉編，北京：中華書局，1961。
《天工開物》，宋應星編，1637。
〈天竺寺送堅上人歸廬山〉，白居易著，《全唐詩》，卷四四六，第 5006 頁。
《日知錄》，顧炎武著，《四庫全書》本。
《日本書紀》，東京：小學館，1994-1998。
《分別功德論》，《大正藏》第 25 冊。
〈水精數珠歌〉，皎然著，《全唐詩》，卷八二一，第 9265 頁。

5 畫

《世說新語校箋》，劉義慶著，北京：中華書局，1984。
〈甘為霖記〉，水簾橋著，《四川通志》，常明編，1816，卷三十二，第 5 頁。
《弘明集》，僧祐編，《大正藏》編號 2102，第 52 冊。
《史記》，司馬遷編，北京：中華書局，1959。
《本草綱目》，《四庫全書》本。
《目連問戒律中五百輕重事》，《大正藏》編號 1483，第 24 冊。
《北山錄》，《大正藏》編號 2113，第 52 冊。
《北魏孝昌三年蔣伯先造彌勒像記》，no.23253，藏於中央研究院歷史語言研究所傅斯年圖書館。
《正法念處經》，《大正藏》編號 721，第 17 冊。
〈四十策〉，蘇軾著，《東坡文集》卷二十二，第 5-6 頁，收入《東坡七集》，臺北：臺灣中華書局，1970。
《四川通志》，常明編，1816。
《四分律》，《大正藏》編號 1428，第 22 冊。
《四分律行事鈔資持記》，元照編，《大正藏》編號 1805，第 40 冊。
《四分律比丘含注戒本》，道宣著，《大正藏》編號 1806，第 40 冊。
《四分律刪繁補闕行事鈔》，道宣編，《大正藏》編號 1804，第 40 冊。
〈永隆院〉，林希逸，《咸淳臨安志》，潛說友編，北京：中華書局，1990，卷七十九，第 7 頁。
〈永濟橋記〉，收於《南昌府志》，曾作舟等編，1873，卷四，第 67 頁。

《尼羯磨》，《大正藏》編號 1810，第 40 冊。
《冊府元龜》，王欽若編，臺北：中華書局，1972。
《白傘蓋大佛頂王最勝無比大威德金剛無礙大道場陀羅尼念誦法要》，《大正藏》編號 975，第 19 冊。

6 畫

《寺塔記》，段成式著，《大正藏》編號 2092，第 51 冊。
〈百丈橋記〉，李仲光著，載於《雷州府志》卷十，第 20 頁，收入《稀見中國地方志匯刊》，北京：中國書店，1992，第 47 冊。
《百千頌大集經地藏菩薩請問法身讚》，《大正藏》編號 413，第 13 冊。
《安海志》，上海：上海書店，1992。
〈仲思那等造橋碑〉，《魯迅輯校石刻手稿》，卷七，第 1173-1177 頁。
〈吉祥橋〉，收入《嘉興府志》，許瑤光編，1879，卷五，第 24 頁。
《老學庵筆記》，陸游著，收入《陸放翁全集》，臺北：世界書局，1961。
《全唐詩》，北京：中華書局，1960。
《守護國界主陀羅尼經》，《大正藏》編號 997，第 19 冊。
〈西山蘭若試茶歌〉，劉禹錫著，《全唐詩》，卷三五六，第 4000 頁。
〈同皇甫侍御題薦福寺一公房〉，李嘉祐著，《全唐詩》，卷二〇六，第 2153 頁。
〈同群公宿開善寺贈陳十六所居〉，高適著，《全唐詩》，卷二一二，第 2206 頁。
《朱子語類》，北京：中華書局，1986。
《考槃餘事》，屠隆著，叢書集成初編影印龍威祕書本，臺北：臺灣商務印書館，1965。

7 畫

《別譯雜阿含經》，《大正藏》編號 100，第 2 冊。
〈杜文慶等造天宮像記〉，載於《魯迅輯校石刻手稿》，魯迅編，第二函，第一冊，第 131 頁。
《杜陽雜編》，蘇鶚編，（叢書集成初編影印學津討原本）。
《佛本行集經》，《大正藏》編號 190，第 3 冊。
《佛制比丘六物圖》，《大正藏》編號 1900，第 45 冊。
《佛祖歷代通載》，《大正藏》編號 2036，第 49 冊。
《佛般泥洹經》，《大正藏》編號 5，第 1 冊。
《佛說一切如來烏瑟膩沙最勝總持經》，《大正藏》編號 978，第 19 冊。
《佛說大悲空智金剛大教王儀軌經》，《大正藏》編號 892，第 18 冊。
《佛說木槵子經》，《大正藏》編號 786，第 17 冊。
《佛說陀羅尼集經》，《大正藏》編號 901，第 18 冊。
《佛說校量數珠功德經》，《大正藏》編號 788，第 17 冊。
《佛說尊上經》，《大正藏》編號 77，第 1 冊。

《佛說諸德福田經》，《大正藏》編號 683 號，第 16 冊。
《妙法蓮華經》，《大正藏》編號 262，第 9 冊。
《宋史》，脫脫編，北京：中華書局，1977。
《宋高僧傳》，贊寧編，《大正藏》編號 2061，第 50 冊。
〈宋時椅子兀子猶未通行〉，俞樾著，《茶香室三鈔》卷二十七，第 7 頁，收入《筆記小說大觀續編》，臺北：新興書局，1960，第 7 冊。
《宋會要輯本》，徐松編，臺北：世界書局，1964。
《作佛形象經》，《大正藏》編號 692，第 16 冊。
《赤松子章曆》，《正統道藏．洞玄部表奏類，編號 615》，臺北：新文豐，1966。
《呂氏春秋》，《四部叢刊初編》子部，第 65 冊。
《酉陽雜俎》（《四部叢刊》本）。

8 畫

〈延慶寺塔記〉，珠琳著，載於修慶年編，《松陽縣志》卷七，1654，第 11-12 頁。
《長阿含經》，《大正藏》編號 1，第 1 冊。
《長物志校注》，文震亨原著，陳植、楊超伯校注，江蘇：江蘇科技出版社，1984。
《阿毘達磨俱舍論》，《大正藏》編號 1558，第 29 冊。
《阿彌陀經》，《大正藏》編號 366，第 12 冊。
《唐會要》，王溥編，北京：中華書局，1955。
《法苑珠林》，道世編，《大正藏》編號 2122，第 53 冊。
《法顯傳校注》，章巽校注，上海：上海古籍出版社 1985。
《金光明經》，《大正藏》編號 663，第 16 冊。
《金石萃編》，王昶輯編，北京：中國書店，1985。
〈金相院〉，《惠安縣志》，莫尚簡編，卷十，上海：上海古籍，1963，第 11 頁。
《金剛般若波羅蜜經》，《大正藏》編號 235，第 8 冊。
《金剛般若疏》，吉藏著，《大正藏》編號 1699，第 33 冊。
《金剛般若集驗記》，孟獻忠編，《續藏經》，編號 149 冊。
《金剛般若經疏論纂要》，宗密著，《大正藏》編號 1701，第 33 冊。
《金剛般若經贊述》，窺基著，《大正藏》編號 1700，第 33 冊。
《金剛般若經贊述》，《大正藏》編號 1100，第 33 冊。
《金剛頂瑜珈念珠經》，《大正藏》編號 789，第 17 冊。
《金剛頂瑜伽中略出念誦經》，《大正藏》編號 866，第 18 冊。
《金剛頂經一字頂輪王瑜伽一切時處念誦成佛儀軌》，《大正藏》編號 957，第 19 冊。
《金剛頂經瑜伽十八會指歸》，《大正藏》編號 869，第 18 冊。

《念佛三昧寶王論》，《大正藏》編號 1967，第 47 冊。
《東坡志林》，蘇軾著，《叢書集成》本。
〈東魏天平二年嵩陽寺沙門統倫艷遵法師等造七級佛塔天宮及白玉像記〉，《北京圖書館藏中國歷代石刻塔碑匯編》，第 6 冊，第 28 頁。
〈東靈寺莊田記〉，陸徽之著，《吳都文粹續集》，鄭虎臣編，《四庫版》，卷三十四，第 19 頁。
《宗鏡錄》，延壽，《大正藏》編號 2016，第 48 冊。
《周易正義》，《十三經注疏》阮元校刻本。
《兩浙金石志》，阮元編，1890。
《芮城縣誌》，張亙等纂修，臺北：成文出版社，1968。
《受用三水要行法》，《大正藏》編號 1902，第 45 冊。
〈和友封題開善寺十韻〉，元稹，《全唐詩》，卷四〇八，第 4541 頁。
〈武德於府君等義橋石像之碑〉，《河內縣誌》，袁通及方履籛編，1825，卷二十，第 8-16 頁。

9 畫

《洛陽伽藍記校釋》，楊衒之著，周祖謨注，北京：中華書局，1987。
《陔餘叢考》，趙翼著，上海：商務印書館，1957。
《南史》，李延壽編，北京：中華書局，1975。
〈南林報寺碑〉，《兩浙金石志》，卷十一，第 35-37 頁。
《南宗頓教最上大乘摩訶般若波羅蜜經六祖惠能大師於韶州大梵寺施法壇經》，《大正藏》編號 2007，第 48 冊。
《南海寄歸內法傳》，義淨著，《大正藏》編號 2125，第 54 冊。
《南朝佛寺志》，孫文川編，《中國佛寺史志彙刊》，杜潔祥編，臺北：明文，1980，第二冊。
《南嶽思大禪師立誓願文》，《大正藏》編號 1933，第 46 冊。
《祖堂集》，長沙：岳麓出版社，1996。
《持誦金剛經靈驗功德記》，《大正藏》編號 2743，第 85 冊。
〈重玄寺元達年逾八十好種名藥凡所植者多至自天臺四明包山句曲叢翠〉，皮日修著，《全唐詩》，卷六一三，第 7078 頁。
〈重建孔目江橋記〉，張景蒼著，收入《新喻縣志》，文聚奎等編，1873，卷二，第 45 頁。
〈重修阿育王寺募緣疏〉，屠隆著，《阿育王山志》，郭子章編，臺北：新文豐，1978，卷四，第 13 頁。
〈重修桐口靈光橋記〉，收入《福建通志》卷二十九，第 8-9 頁。
〈重修萬安橋亭記碑〉，行如著，收入《上海碑刻資料選集》，上海：上海人民出版社，1980，第 61-63 頁。
〈保壽院記〉，《咸淳臨安志》，潛說友編，卷七十七，北京：中華書局，

1990，第 16-17 頁。
《泉州府志》，懷陰布編，泉州：泉山書社，1928。
〈洺州南和縣澧水石橋碑〉，卷四十，第 1-6 頁，收於《石刻史料》初編，卷一，第 679-681 頁。
《後漢書》，范曄編，北京：中華書局，1965。
《貞元新定釋教目錄》，《大正藏》編號 2157，第 55 冊。
《封氏聞見記》，封演著，《筆記大觀》本。
《紅樓夢》，曹雪芹，高鶚著，北京：人民文學出版社，1973。
《律相感通傳》，《大正藏》編號 1898，第 45 冊。
《拾遺記》，王嘉撰，齊治平校註，北京：中華書局，1984。

10 畫

〈送陸鴻漸棲霞寺採茶〉，皇甫然著，《全唐詩》，第 2808 頁。
〈送閩僧〉，張籍著，《全唐詩》，卷三八四，第 4312 頁。
〈送新羅衲僧〉，貫修著，《全唐詩》，卷八六三，第 9418 頁。
〈送僧歸山〉，劉言史，《全唐詩》，卷四六八，第 5328 頁。
《神仙傳》（《叢書集成》本）。
《神會和尚禪話錄》，楊曾文編校，北京：中華書局，1996。
〈海覺禪師山院〉，貫修著，《全唐詩》，卷八三七，第 9437 頁。
《高僧傳》，慧皎編，《大正藏》編號 2059，第 50 冊。
《高僧法顯傳》，法顯編，《大正藏》編號 2085，第 51 冊。
〈高坐緣起〉，趙翼著，《陔餘叢考》，上海：商務印書館，1957，卷三十一，第 661-662 頁。
《俱舍論記》，《大正藏》編號 1521，第 41 冊。
《真誥》，《正統道藏·太玄部》，臺北：新文豐，1966。
〈高壁鎮通濟橋碑〉，蕭珙，卷九，收於《石刻史料新編》初編，第二十冊，第 15125-15127 頁。
〈秦尚書鳴雷碑記〉，秦鳴雷，收入《黃巖縣志》遠應祺編，上海：上海古籍書店，1981，第 30-32 頁。
《家禮》，朱熹著，收入《景印文淵閣四庫全書》，臺北：臺灣商務印書館，1983，第一四二冊。
《唐語林》，王讜編，周勛初校證，《唐語林校證》，北京：中華書局，1987。
《修習止觀坐禪法要》，智顗著，《大正藏》第 1915 號，第 46 冊。
《根本說一切有部毘奈耶雜事》，《大正藏》第 1451 號，第 24 冊。
《根本說一切有部苾芻尼毘奈耶》，《大正藏》編號 1443，第 23 冊。
《海意菩薩所問淨印法門經》，《大正藏》編號 400，第 13 冊。
《容齋五筆》，洪邁編，《筆記大觀》本。
〈茶〉，元稹著，《全唐詩》，卷四二三，第 4632 頁。

《茶香室三鈔》，俞樾著，《筆記小說大觀》23 編第 5 冊，臺北：新興書局，1978。
〈唐義興縣重修茶舍記〉，《金石錄》，卷二十九，第 2 頁。
《毘尼母經》，《大正藏》編號 1463，第 24 冊。
《晉書》，房玄齡編，北京：中華書局，1974。

11 畫

《通典》，杜佑編，北京：中華書局，1988。
〈通濟橋記〉，黃潛著，收入《敕修浙江通志》，李微編，1812，卷三十七，第 13 頁。
《莊子校注》，王叔岷編，臺北：中央研究院歷史語言研究所，1988。
《梁書》，姚思廉編，北京：中華書局，1973。
《梵網經》，《大正藏》編號 1484，第 24 冊。
〈崇福庵〉收入《常昭合志稿》，王錦編，1797，卷十六，第 38 頁中欄。
〈淨土院釋迦殿記〉，鄒起著，收入《兩浙金石記》，阮元編，1890，第 1-3 頁。
〈敕建五台山大護國聖光寺妙峰登禪師傳〉，《憨山大師夢遊全集》，卷三十，第 319 頁。
《敕修百丈清規》，《大正藏》編號 2025，第 48 冊。
〈教諭羅元琦重建異文橋〉，《雲南通志稿》，阮元編，1835，卷四十八，第 11 頁。
《教誡新學比丘行護律儀》，《大正藏》編號 1897，第 45 冊。
〈陳三恪記〉，《四川通志》，常明編，1816，卷三十一，第 61 頁上欄。
《第六弦溪文鈔》，黃廷鑑編，收入《叢書集成初編》，北京：中華書局，1985，第 2461 冊。
《張載集》，北京：中華書局，1978。
《參天台五台山記》，成尋著，收入《大日本佛教全書》，南條文雄等編，1931；東京：講談社，1970-1973，第 115 冊。
〈寄法乾寺令諲太師〉，張蠙著，《全唐詩》，卷七〇二，第 8076 頁。
〈問正上人疾〉，皇甫冉著，《全唐詩》，卷二四九，第 2805 頁。
《曼殊室利咒藏中校量數珠功德經》，《大正藏》編號 787，第 17 冊。
《清朝文獻通考》，臺北：臺灣商務印書館，1987。
《清會典》，北京：中華書局，1991。
《陶庵夢憶》，張岱著，叢書集成初編影印粵雅堂本。
〈御書閣記〉，《歐陽修全集》，北京：中國書店，1986，卷三十九，第 270-271 頁。

12 畫

《集神州三寶感通錄》，道宣著，《大正藏》編號 2106，第 52 冊。

《發覺淨心經》，《大正藏》編號 327，第 12 冊。
〈隆福寺長明燈樓頌幢〉，《北京圖書館藏中國歷代石刻拓本彙編》，第 17 冊，第 87-88 頁。
《景德傳燈錄》，道原編，《大正藏》編號 2076，第 51 冊。
《雲仙雜記》，馮贄著，《四部叢刊》，上海：商務印書館，1919。
《雲門寺重裝匡真祖師金身碑記》，元才著於 1687 年，收錄於岑學呂編，《雲門山志》卷九，載於杜潔祥編，《中國佛寺史志會刊》，臺北：宗青圖書，1994，第二輯，第 6 卷，第 230 頁。
《隋書》，魏徵編，北京：中華書局，1973。
〈詠金剛〉，亹貽恭著，《全唐詩》，北京：中華書局，1979，第 9871 頁。
《貴耳集》，張端義著，《叢書集成初編》，北京：中華書局，1985，卷三。
《善見律毘婆沙》，《大正藏》編號 1462，第 24 冊。
《虛堂和尚語錄》，《大正藏》編號 2000，第 47 冊。
〈答族姪僧中孚贈玉泉仙人掌茶〉，李白著，《全唐詩》，卷一七八，第 1817 頁。
〈寒食宿先天寺無可上人房〉，方干著，《全唐詩》，卷六四九，第 7459 頁。
〈尋僧元皎因病〉，楊凝著，《全唐詩》，卷二九〇，第 3303 頁。
《菩提場所說一字頂輪王經》，《大正藏》編號 950，第 19 冊。
〈菩提達磨南宗定是非論〉，《神會和尚禪話錄》，楊曾文編，北京：中華書局，1996。
《量處輕重儀》，《大正藏》編號 1895，第 45 冊。

13 畫

《道行般若經》，《大正藏》編號 224，第 8 冊。
〈道林寺送莫侍御〉，張謂著，《全唐詩》，卷一七九，第 2018 頁。
《達磨の語錄．禪の語錄》，柳田聖山編，東京：筑摩書房，1969。
《達磨論》，北 8374 號。
《新校正夢溪筆談》，沈括著，胡道靜校，香港：中華書局，1975。
《資治通鑑》，司馬光編，北京：中華書局，1987。
〈萬壽橋〉，收入《福建通志》，卷二十九，第 4 頁。
〈跪坐拜說〉，朱熹著，《晦奄先生朱文公文集》卷六十八，第 1-2 頁，收入《四部叢刊初編》，上海：上海印書館，1919，集部，第 137 冊。
《靖康緗素雜記〉，黃朝英著，《景印文淵閣四庫全書》第 850 冊。
《瑜伽師地論》，《大正藏》編號 1579，第 30 冊。
《瑜伽論略纂》，《大正藏》編號 1829，第 43 冊。
《筠州洞山悟本禪師語錄》，《大正藏》編號 1986，第 47 冊。

14 畫

《福建通志》，陳壽祺等編，1869。

《漢書》，北京：中華書局，1962。
〈睡後茶與憶楊同州〉，白居易著，《全唐詩》，卷四五三，第5126頁。
《演繁露正續》，程大昌著，臺北：新文豐，1984。
《嘉興府志》，許瑤光編，1879。
《維摩詰經》，《大正藏》編號474，第14冊。
《僧羯磨》，懷素編，《大正藏》編號1809，第40冊。
《說罪要行法》，《大正藏》編號1903，第45冊。
《夢粱錄》，吳自牧編，收入《東京夢華錄外四種》，臺北：大立出版社，1980。

15畫

《增一阿含經》，《大正藏》編號125，第2冊。
《蓮花傳記》，〈唐台州國清寺釋智晞〉，《大正藏》編號2068，第51冊。
〈論佛骨表〉，收入《韓愈全集校注》，屈守元及常思春主編，成都：四川大學出版社，1996。
《論語注疏》，《四部備要》版。
《論衡校釋》，王充撰，黃暉校釋，北京：中華書局，1990。
《墨子簡詁》，孫詒讓集校，《諸子集成》版，臺北：世界書局，1955。
《廣弘明集》，道宣編，《大正藏》編號2103，第52冊。
《廣東新語》，屈大均著，《屈大均全集》，北京：人民文學出版社，1996，第4冊。
《廣異記》，戴孚著，《冥報記·廣異記》，方詩銘輯校，北京：中華書局，1992。
《摩訶僧祇律》，《大正藏》編號1425，第22冊。
《摩訶止觀》，《大正藏》第1911號，第46冊。
《魯迅輯校石刻手稿》，上海：上海書畫出版社，1987。
《撰集百緣經》，卷五，《大正藏》編號200，第4冊。
《諸佛境界攝真實經》，《大正藏》編號868，第18冊。

16畫

《澠水燕談錄》，王辟之著，（《叢書集成》）。
《學林》，王觀國著，臺北：新文豐，1984。
《壇經校釋》，郭朋編，北京：中華書局，1986。
《憨山大師夢遊全集》，憨山德清著，《續藏經》，卷一二七。
《歷代法寶記》，《大正藏》編號2075，第51冊。
〈獨住僧〉，徐凝著，《全唐詩》卷四七四，第5380頁。
《獨醒雜志》，《影印文淵閣四庫全書》本。

17 畫

〈謝寺雙檜〉，劉禹錫著，《全唐詩》卷三五九，第 4051 頁。
《彌沙塞部和醯五分律》，《大正藏》編號 1421，第 22 冊。
《濟瀆廟北海壇祭器碑》，收入王昶輯，《金石萃編》，北京：中國書店，1985，卷一〇三，第 11 頁。
《輿地紀勝》，王象之，《輿地紀勝》，1849。

18 畫

〈歸田錄〉，歐陽修編，卷二，第 11 頁，收入《歐陽文忠全集》，卷一二七，收入《四部備要》，上海：中華書局，1936。
《雜阿含經》，《大正藏》編號 99，第 2 冊。
《舊唐書》，劉昫編，北京：中華書局，1987 年。
《鎮州臨濟慧照禪師語錄》，《大正藏》編號 1985，第 47 冊。
《顏氏家訓》，顏之推著，（四部叢刊本）。
《薩婆多毘尼毘婆沙》卷七，《大正藏》編號 1440，第 23 冊。
《薩婆多部毘尼摩得勒伽》《大正藏》編號 1441，第 23 冊。
《雞肋編》，《景印文淵閣四庫全書》第 1039 冊。
〈題干露寺〉，許棠著，《全唐詩》，卷六〇四，第 6987 頁。
〈題秀師影堂〉，張祜著，《全唐詩》，卷五一一，第 5837 頁。
〈題崇福寺禪苑〉，崔峒著，《全唐詩》，卷二九四，第 3343 頁。
《魏書》，魏收編，北京：中華書局，1974。

19 畫

《關中創立戒壇途徑》，《大正藏》編號 1892，第 45 冊。

20 畫

〈釋迦文佛像贊〉，收入《廣弘明集》，道宣編，卷十五，《大正藏》編號 2103，第 52 冊，第 195 頁下欄。
《釋氏要覽》，道世編，《大正藏》，編號 2127，第 54 冊。
《釋門章服儀》，道宣編，《大正藏》編號 1894，第 45 冊。
《蘇悉地羯羅供養法》，《大正藏》編號 894，第 18 冊。

21 畫

《續高僧傳》，道宣編，《大正藏》編號 2060，第 50 冊。

25 畫

《觀心論》，《大正藏》，編號 2833，第 85 冊
《觀心論疏》，《大正藏》，編號 1921，第 46 冊。

西文

Abe, Stanley K. "Art and Practice in Fifth-Century Chinese Buddhist Cave Temple," *Ars Orientalis*, vol. 20 (1990), pp. 1-31.

Adamek, Wendi Leigh. *The Mystique of Transmission. On an Early Chan History and Its Contexts* (New York: Columbia University Press, 2007).

Adamek, Wendi Leigh. "Robes Purple and Gold: Transmission of the Robe in the *Lidai fabao ji* (Record of the Dharma-Jewel through the Ages)," *History of Religions*, 40.1 (2000), pp. 58-81.

Bareau, André. *Les sects bouddhiques du petit véhicule* (Paris: École française d'Extrême-Orient, 1955).

Bareau, André. *Recherches sur la biographie du Buddha dans let sūtrapiṭaka et lesvinayapiṭaka anciens: de la quête de l'éveil à* Śāriputra et de Maudgalyāyana (Paris: École française d'Extrême-Orient, 1963).

Baxandall, Michael. *Painting and Experience in Fifteenth-Century Italy* (Oxford: Oxford University Press, 1988).

Bedini, Silvio A. *The Trail of Time: Time Measurement with Incense in East Asia* (Cambridge: Cambridge University Press, 1994).

Belting, Hans. *Likeness and Presence: A History of the Image before the Era of Art* (Chicago: University of Chicago Press, 1994).

Benjamin, Walter. "The Work of Art in the Age of Mechanical Reproduction," 載於 *Illuminations: Essays and Reflections* (1955; New York: Harcourt Brace Jovanovich, 1968).

Benn, James A. Tea in China. A Religious and Cultural History (Honolulu: University of Hawaii Press, 2015).

Bielefeldt, Carl. *Dōgen's Manuals of Zen Meditation* (Berkeley, University of California Press,1988).

Bourda, M.G. "Quelque reflexions sur la pose assise a l'europééne dans l'art bouddhique,"*Artibus Asiae* 12.4 (1959), pp. 302-313.

Bourdieu, Pierre. *Distinction: A Social Critique of the Judgment of Taste* (Cambridge: Harvard University Press, (1984).

Braudel, Fernand. *The Structures of Everyday Life: Civilization and Capitalism 15th -18th Century* (New York: Harper and Row, 1981).

Brekke, Torkel. "Contradiction and the Merit of Giving in Indian Religions," *Numen,* vol.45, no.3 (1998), pp. 287-320.

Brokaw, Cynthia J. *The Ledgers of Merit and Demerit: Social Change and Moral Order in Late Imperial China* (Princeton: Princeton University Press, 1991).

Brook, Timothy. *Praying for Power: Buddhism and the Formation of Gentry Society in Late-Ming China* (Cambridge: Harvard University Press, 1993).

Bujard, Marianne."Le joyau de Chen: culte historique – culte vivant," *Cahiers d'Extrême-Asia*, vol. 10 (1998), pp. 131-181.

Bulliet, Richard W. *The Camel and the Wheel* (New York: Columbia University Press, 1990).

Bunker, Emma C. "Early Chinese Representations of Vimalakīrti," *Artibus Asiae*, 30.1 (1968), pp. 28-52.

Burke, Peter. *The Italian Renaissance: Culture and Society in Italy* (Princeton: Princeton University Press, 1986).

Buswell, Robert E. *The Zen Monastic Experience: Buddhist Practice in Contemporary Korea* (Princeton: Princeton University Press, 1992).

Cahill, James. *An Index of Early Chinese Paintings: T'ang, Sung,and Yüan* (Berkeley: University of California Press, 1980).

Cahill, James. *Chinese Painting* (New York: Rizzoli International Publishers, 1977).

Cammann, Schuyler V. R. "Ch'ing Dynasty 'Mandarin Chains,'" *Ornament*, vol.4,no.1(1979), pp. 25-29.

Campany, Robert F. *Strange Writing: Anomaly Accounts in Early Medieval China* (Albany: State University of New York, 1996).

Campany, Robert F. "Note on the Devotional Uses and Symbolic Functions of Sutra Texts as Depicted in Early Chinese Buddhist Miracle Tales and Hagiographies," *Journal of the International Association of Buddhist* Studies, vol.14, no.1 (1991), pp. 28-72.

Carruthers, Mary. *The Craft of Thought: Meditation, Rhetoric, and the Making of Images, 400-1200* (Cambridge: Cambridge University Press, 1998).

Chadwick, Owen. *The Reformation* (1964; rpt. Middlesex: Penguin Books, 1972).

Chang, Chung-li (張仲禮). *The Chinese Gentry: Studies on Their Role in Nineteenth-Century Chinese Society* (1955; rpt. Seattle: University of Washington Press, 1970).

Chang Kun (張琨), *A Comparative study of the Kaṭhinavastu* (The Hague: Mouton, 1957).

Chavannes, E. *Mission archéologique dans la Chine septentrionale* (Paris: E. Leroux, 1913-15).

Chen, Kenneth (陳觀勝). *Buddhism in China: A Historical Survey* (Princeton: Princeton University Press, 1964).

Chen, Kenneth. "Inscribed Stelae during the Wei, Chin, and Nan-ch'ao," 收入 Lawrence G. Thompson, ed., *Studia Asiatica: Essays in Asian Studies in Felicitation of the Seventy-Fifth Anniversary of Professor Ch'en Shou-yi* (San Francisco: Chinese Materials Center, 1975), pp. 75-84.

Ch'ü, T'ung-tsu (瞿同祖). *Local Government in China under the Ch'ing* (Stanford: Stanford University Press, 1969).
Cipolla, Carlo M. *Before the Industrial Revolution: European Society and Economy 1000-1700* (London: Routledge, 1993).
Cleuziou, Serge. "The Use of Theory in French Archaeology," in *Archaeological Theory in Europe*, Ian Hodder ed. (New York: Routledge, 1991), pp. 114-115.
Clunas, Craig. *Chinese Furniture* (London: Bamboo Publishing Ltd.,1988).
Clunas, Craig. *Superfluous Things: Material Culture and Social Status in Early Modern China* (Chicago: University of Illinois Press, 1991).
Conze, Edward. *The Perfection of Wisdom in Eight Thousand Lines and Its Verse Summary* (Bolinas: Four Seasons Foundation, 1973).
Cranz, Galen. *The Chair: Culture, Body, and Design* (New York: W.W. Norton, 1998).
Daniels, Christian. *Biology and Biological technology,* Part 3 volume 6 of *Science and Civilisation in China* (Cambridge: Cambridge University Press, 1995).
Davidson, J. LeRoy. "The Origin and Early Use of the Ju-i," *Artibus Asiae*, 13.4 (1950), pp. 239-49 pp. 239-249.
Deetz, James. *In Small Things Forgotten: The Archeology of Early American Life* (New York: Anchor Press, 1977).
Dehejia, Vidya. "Aniconism and the Multivalence of Emblems," *Ars Orientalis* 21 (1991), pp. 45-66.
Delahaye, Hubert. "Les antécédents magique des statues chinoises," *Revue d'esthétique* 5 (1983), pp. 45-54.
Demiéville, Paul ed. *Hobogirin: dictionnaire encyclop*édique du boudhisme, d'après les sources chinoises et *japonaises* (《法寶義林》) (Tokyo: Maison Franco-Japonaise, 1929-1984).
Demiéville, Paul ed. "L'iconoclasme anti-bouddhique en Chine," *Mélanges d'Histoire des Religious offerts à H.C. Puech* (Paris: Presses Universitaires de France, 1974), pp. 17-25.
Dien, A1bert E. "The Stirrup and Its Effect on Chinese Military History,"*Ars Orientalis* 16 (1986), pp. 33-56.
Drège, Jean-Pierre. "La lecture et l'écriture en Chine et la xylographie," Études chinoises 10, no.1-2 (1991), pp. 77-111.
Drège, Jean-Pierre. *Les bibliothèques en Chine au temps des manuscrits* (Paris: École française d'Extrême-Orient, 1991).
Drège, Jean-Pierre. "Papiers de Dunhuang: Essai d'analyse morphologique des manuscrits chinois datés," *T'oung Pao*, 67.3-5 (1981), pp. 305-360.
Dubin, Louis Sherr. *The History of Beads* (New York: Abramas, 1987).

Dudbridge, Glen. "Buddhist Images in Action: Five Stories from the Tang," *Cahiers d'Extrême-Asie* 10 (1998), pp. 377-391.
Dumoulin, Heinrich. *Zen Buddhism: A History, vol. 2: Japan* (New York: Macmillan, 1988).
Dundas, Paul. *The Jains* (London: Routledge, 1992).
Durt, Hubert. "Chōmyōtō" (長明燈) in *Hōbōgirin*, pp. 360-365.
Elias, Norbert. *What is Sociology?* (New York: Columbia University Press, 1978).
Elias, Norbert. *The Civilizing Process* (Oxford: Blackwell,1994 [即 1939 年 Über den Proze*ß der Zivilisation* 的英譯]）.
Eskildsen, Stephen. *Asceticism in Early Taoist Religion* (Albany: State University of New York Press, 1998).
Faure, Bernard. *The Rhetoric of Immediacy: A Cultural Critique of Chan/Zen Buddhism* (Princeton: Princeton University Press, 1991).
Faure, Bernard. *Visions of Power: Imagining Medieval Japanese Buddhism* (Princeton: Princeton University Press, 1996).
Faure, Bernard. "The Buddhist Icon and the Modern Gaze," *Critical Inquiry* 24 (1998), pp. 768-813.
Faure, Bernard. *Le traité de Bodhidharma: Première anthologie du bouddhisme Chan* (Paris : Le Mail, 1986).
Faure, Bernard. "Quand l'habit fait le moine: The Symbolism of the Kāṣāya in Soto Zen," *Cahiers d'Extreme-Asie* 8 (1995), pp. 335-69.
Firth, Raymond. *Symbols Public and Private*, (London: George Allen and Unwin, 1973).
Fitzgerald, C.P. *Barbarian Beds: The Origin of the Chair in China* (London: The Cresset Press,1965).
Forbes, R. J. *Studies in Ancient Technology* (Leiden: E.J. Brill, 1957).
Forte, Antonino. *Political propaganda and ideology in China at the end of the 7th century* (Napoli: Istituto Universitario Orientale, 1976).
Foulk, T. Griffith. "Religious Functions of Buddhist Art in China," in Marsha Weidner ed., *Cultural Intersections in Later Chinese Buddhism* (Honolulu: University of Hawaii Press, 2001), pp. 13-29.
Foulk, T. Griffith and Robert Sharf. "On the Ritual Use of Ch'an Portraiture in Medieval China," *Cahiers d'Extrême-Asie* 7 (1993-94), pp. 149-219.
Frank, Bernard. "Vacuité et corps actualisé : Le problème de la présence des personnages vénérés dans leurs images selon la tradition du bouddhisme japonais," *Journal of the International Association of Buddhist Studies,* vol.11, no.2 (1988), pp. 53-86.
Franke, Herbert. "Einge Drucke und Handschriften der frühen Ming-Zeit," *Oriens*

Extremis 19.1-2 (1972), pp. 55-64.
Fraser, Sarah E. *Performing the Visual. The Practice of Buddhist Wall Painting in China and Central Asia, 618-960* (Stanford: Stanford University Press, 2004).
Frauwallner, Erich. *Studies in Abhidharma Literature and the Origins of Buddhist Philosophical Systems* (Albany: State University of New York, 1995).
Freedberg, David.*The Power of Images: Studies in the History and Theory of Response* (Chicago: University of Chicago Press, 1989).
Gamble, Harry Y. *Books and Readers in the Early Church: A History of Early Christian Texts* (New Haven: Yale University Press, 1995).
Geary, Patrick J. *Furta Sacra: Thefts of Relics in the Central Middle Ages* (Princeton: Princeton University Press, 1990).
Geiger, Wilhelm. *Mahāvamsa* (Oxford: Pali Text Society, 1912)
Gernet, Jacques (謝和耐). *Buddhism in Chinese Society: An Economic History from the Fifth to the Tenth Centuries* (《中國 5-10 世紀的寺院經濟》), Franciscus Verellen 英譯 (New York: Columbia University Press, 1995)。(耿昇譯中文版，《覺群佛學譯叢》，上海古籍出版社，2004)
Gilchrist, Roberta. *Gender and Material Culture: The Archaeology of Religious Women* (London: Routledge, 1994).
Glahn, Else. "Fu-teng," 收 於 L. Carrington Goodrich, ed., *Dictionary of Ming Biography 1368-1644* (New York: Columbia University Press, 1976), pp. 462-6.
Goldziher, Ignaz. "Le rosaire dens l'Islam," *Revue de l'histoire des religions*, vol.21(1890), pp. 295-300.
Gombrich, Richard. "The Consecration of a Buddhist Image," *Journal of Asian Studies,* vol.26, no.1 (1966), pp. 23-36.
Gombrich, Richard. Gombrich, *Precept and Practice: Traditional Buddhism in the Rural Highlands of Ceylon* (Oxford: Clarendon Press, 1971).
Gregory, Peter N. *Inquiry into the Origin of Humanity: An Annotated Translation of Tsung-mi's* Yuan jen lun *with a Modern Commentary* (Honolulu: University of Hawaii Press, 1995).
Griswold, A. B. "Prolegomena to the Study of the Buddha's Dress in Chinese Sculpture," *Artibus Asiae*, 26.2 (1963), pp. 88-130.
Guy, R. Kent. *The Emperor's Four Treasuries: Scholars and the State in the Late Ch'ien-lung Era* (Cambridge: Harvard University Press, 1987).
Hallade, Madeleine. *Gandharan Art of North India* (New York: Harry N. Abrams Inc.,1969).
Halperin, Mark. *Out of the Cloister. Literati Perspectives on Buddhism in Sung China, 960-1279* (Cambridge: Harvard University Press, 2006).
Handler, Sarah. "The Revolution in Chinese Furniture: Moving from Mat to

Chair," *Asian Art* 4.3 (Summer1991), pp. 9-33.

Handler, Sarah. Sarah Handler, "The Korean and Chinese Furniture Tradition," *Journal of the Classical Chinese Furniture Society*, 4.4 (Autumn 1994), pp. 45-57.

Hansen, Valerie. "The Path of Buddhism into China: The View from Turfan," *Asia Major,* Third Series, 11.2 (1998), pp. 37-66.

Harper, Donald. "A Chinese Demonography of the Third Century B.C.," *Harvard Journal of Asiatic Studies* 45.2 (1985), pp. 459-98.

Herskovits, Melville J. *Man and His Works: The Science of Cultural Anthropology* (New York: Alfred A. Knopf, 1948).

Hevia, James L. *Cherishing Men From Afar: Qing Guest Ritual and the Macartney Embassy of 1793*, (Durham: Duke University Press, 1995). (中譯本有鄧常春譯，《懷柔遠人：馬戛爾尼使華的中英禮儀衝突》，北京：社會科學文獻出版社，2002)

Hirakawa, Akira (平 川 彰). *A History of Indian Buddhism: From Śākyamuni to Early Mahāyāna*, Paul Groner trans. (Honolulu: University of Hawaii Press,1990).

Hitchman, Francis. "Buddhist Symbols on Chinese Ceramics," *Orient Art*, new series, 8.4, (1962), pp. 14-20, 207.

Holzman, Donald. "À propos de l'origine de la chaise en chine," *T'oung Pao* 53 (1967), pp. 279-92.

Honée, Eugène. "Image and Imagination in the Medieval Culture of Prayer: A Historical Perspective", *The Art of Devotion in the Late Middle Ages in Europe 1300-1500*, Hank van Os et al. ed. (Princeton: Princeton University Press, 1994), pp. 157-74.

Hou Ching-lang (侯錦郎), "Trésors du monastère Long-hing à Touen-houang: une étude sur le manuscrit P. 3432." In Michel Soymié ed., *Nouvelles contributions aux études de Touen-Houang* (Geneva: Droz, 1981), pp. 149-68.

Huizinga, Johan. *The Waning of the Middle Ages: A Study of the Forms of Life, Thought and Art in France and the Netherlands in the Dawn of the Renaissance* (New York: Doubleday, 1954).

Huang, Hsing-tsung (黃興宗). *Fermentation and Food Science,* part 5 of vol. 6, *Biology and Biological Technology,* in Joseph Needham, ed., *Science and Civilisation in China* (Cambridge: Cambridge University Press, 2000).

Huang, Shih-shan Susan (黃士珊). *Picturing the True Form. Daoist Visual Culture in Traditional China* (Cambridge: Harvard University Press, 2012).

Huntington, Susan. "Early Buddhist Art and the Theory of Aniconism," *Art Journal* 49.4 (1990), pp. 401-8.

Huntington, Susan. "Aniconism and the Multivalence of Emblems: Another Look", *Ars Orientalis*, 21 (1991), pp. 111-145.

Hymes, Robert P. *Statesmen and Gentlemen: The Elite of Fu-Chou, Chiang-Hsi, in Northern and Southern Sung* (Cambridge: Cambridge University Press, 1986).

Jaini, Padmanabh S. "Stages in the Bodhisattva Career of the Tathāgata Maitreya," in Alan Sponberg et al ed., *Maitreya,the Future Buddha* (Cambridge: Cambridge University Press,1988), pp. 54-90.

Janes, Dominic. *God and Gold in Late Antiquity* (Cambridge: Cambridge University Press, 1998).

Jayawickrama, N. A. *The Inception of Discipline and the Vinaya Nidāna, Being a Translation and Edition of the Bāhiranidāna of Buddhaghosa's Sammantapāsādika, the Vinaya Commentary* (London: Luzac, 1962)

Kieschnick, John. "Blood Writing in Chinese Buddhism," *Journal of the International Association of Buddhist Studies,* vol.23, no.2 (2001), pp. 177-94.

Kieschnick, John. *The Eminent Monk: Buddhist Ideals in Medieval Chinese Hagiography* (Honolulu: University of Hawaii Press), 1997.

Knapp, Ronald G. *Chinese Bridges* (New York: Oxford University Press, 1993).

Knechtges, David. "A Literary Feast: Food in Early Chinese Literature," *Journal of the American Oriental Society,* 106.1 (1986), pp. 49-63.

Kopytoff, Igor. "The Cultural Biography of Things: Commoditization as Process," in *The Social Life of Things: Commodities in Cultural Perspective*, Arjun Appadurai, ed., (Cambridge: Cambridge University Press, 1986), pp. 64-94.

Kuo Li-ying (郭麗英), *Confession et contrition dans le bouddhisme chinois du Ve au Xe siècle* (Paris: École française d'Extrême-Orient, 1994).

Lamotte, Étienne. *History of Indian Buddhism: From the Origins to the Saka Era*, Sara Webb-Boin 英譯 (Louvain: Peeters Press, 1988), pp. 648-662.

Lamotte, Étienne. *Le traité de la grande vertu de sagesse* (Louvain : Institute Orientaliste Louvain-La-Neuve, 1981)

La Vallée Poussin, Louis de. *L'Abhidharmakośa de Vasubandhu* (Bruxelles: Institut belge des hautes études chinoises, 1971).

Le Roy Ladurie, Emmanuel. *Montaillou: The Promised Land of Error* (New York: George Braziller, 1978).

Lee, Junghee. "The Origins and Development of the Pensive Bodhisattva Images of Asia," *Artibus Asiae* 53.3/4 (1993), pp. 311-353。

Lin, Fu-shih (林富士). "Chinese Shamans and Shamanism in the Chiang-nan Area during the Six Dynasties Period" (PhD. dissertation, Princeton University, 1995).

Liu Lydia H. (劉禾). *Translingual Practices: Literature, National Culture, and Translated Modernity-China, 990-1937* (Stanford: Stanford University Press,

1995).
Liu Shufen (劉淑芬). “Art, Ritual, and Society: Buddhist Practice in Rural China during the Northern Dynasties,” *Asia Major*, Third Series, 8.1 (1995), pp. 19-46.
Liu Xinru (劉欣如). *Ancient India and Ancient China: Trade and Religious Exchanges AD 1-600* (Delhi: Oxford University Press, 1988).
Liu Xinru. *Silk and Religion: An Exploration of Material Life and the Thought of People, AD 600-1200* (Delhi: Oxford University Press, 1996)
Lowie, Robert H. *History of Ethnological Theory* (New York: Farrar and Rinechart, 1937).
Ludwig, Alan. *Graven Images: New England Stonecarving and Its Symbols*, 1650-1815 (Middletown: Wesleyan University Press, 1966).
Macartney, George. *An Embassy to China, Being the Journal Kept by Lord Macartney during His Embassy to the Emperor Ch'ien-lung 1793-1794*, J. L. Cranmer-Byng, ed., (London: Longmans, Green, 1961).
Macaulay, Thomas Babington. *The History of England (1848-1861)* (London: Penguin Books, 1987).
McDannell, Colleen. “Interpreting Things: Material Culture Studies and American Religion,” *Religion* 21 (1991), pp. 371-387.
McDannell, Colleen. *Material Christianity: Religion and Popular Culture in America* (New Haven: Yale University Press, 1995).
McRae, John. *The Northern School and the Formation of Early Ch'an Buddhism* (Honolulu: University of Hawaii Press, 1986).
Magnin, Paul. *La vie et l'oeuvre de Huisi* (Paris: École française d'Extrême-Orient, 1979), pp. 192-238.
Marett, R. R. *The Threshold of Religion* (1909; 4th ed. London: Methuen, 1929).
Mennell, Stephen. *Norbert Elias: An Introduction* (Oxford: Blackwell, 1989).
Meyer, Birgit. “Christian Mind and Worldly Matters: Religion and Materiality in Nineteenth-Century Gold Coast”, *Journal of Material Culture*, vol. 2, no. 3 (1997), pp. 311-337.
Miller, Danny. “Artifacts as Products of Human Categorisation Processes.” In Ian Hodder, ed., *Symbolic and Structural Archaeology* (Cambridge: Cambridge University Press, 1982), pp. 17-25.
Mintz, Sydney. *Sweetness and Power: The Place of Sugar in Modern History* (Middlesex: Penguin Books, 1982).
Mircea Eliade, *Patterns in Comparative Religion*, trans. Rosemary Sheed, (London: Sheed and ward, 1958). (中譯本有晏可佳、姚蓓琴譯，《神聖的存在：比較宗教的範型》，廣西：廣西師範大學出版社，2008)
Monier, Monier-Williams. *A Sanskrit-English Dictionary*, (1899; rpt. Oxford:

Claredon Press, 1979).
Mote, Frederick W., *The Cambridge History of China, Vol. 7: The Ming Dynasty, 1368-1644* (Cambridge: Cambridge University Press, 1988).
Mus, Paul. *Barabudur: Sketch of a History of Buddhism Based on Archaeological Criticism of the Texts* (1933; New Delhi: Sterling, 1998).
Nattier, Jan. "The Meanings of the Maitreya Myth: A Typological Analysis," in Alan Sponberg et al ed., *Maitreya,the Future Buddha* (Cambridge: Cambridge University Press,1988), pp. 23-53.
Needham, Joseph. *Civil Engineering and Nautics*, part 3 of vol. 4, *Physics and Physical Technology*, 收入 *Science and Civilisation in* China (Cambridge: Cambridge University Press, 1971).
Needham, Joseph and Lu Gwei-Djen (魯桂珍). *Spagyrical Discovery and Invention: Magisteries of Gold and Immortality,* part 2 of vol. 5, *Chemistry and Chemical Technology in Science and Civilisation in China* (Cambridge: Cambridge University Press, 1974).
Osgood, Cornelius. *Ingalik Material Culture* (New Haven: Yale University Press, 1940).
Otto, Rudolph. *The Idea of the Holy* (1923; rpt. Oxford: Oxford University Press, 1958).
Pal, Pratapaditya 和 Julia Meech-Pekarik. *Buddhist Book Illuminations* (Hong Kong: Ravi Kumar Publishers, 1988).
Poo Mu-Chou (蒲慕州). "Ideas Concerning Death and Burial in Pre-Han and Han China," *Asia Major*, Third Series, vol. 3, part. 2, (1990), pp. 25-62.
Prescott, William H. *History of the Conquest of Mexico* (1843; rpt. New York: Random House, 1936).
Przyluski, Jean. "Le partage des reliques du Buddha," *Mélange chinois et bouddhiques*, vol. 4 (1936), pp. 301-368.
Pulleyblank, Edwin G. "Traditional Chinese Phonology," *Asia Major.* Third Series. 12.2 (1999), pp. 101-138.
Pym, Anthony. "Translation History and the Manufacture of Paper," 收入 Roger Ellis, *The Medieval Translator/Traduire au Moyen Âge* (Turnhout: Brepols, 1998), vol.6, pp. 57-71.
Rabe, Michael. "Letters to the Editor," *Art Journal* 51.1 (1992), pp. 125-127.
Rhie, Marylin Martin. *Early Buddhist Art of China and Central Asia* (Leiden: Brill, 1999).
Robinet, Isabelle. *La révélation du Shangqing dans l'histoire du Taoisme* (Paris: École française d'Extrême-Orient, 1984).
Salomon, Richard et al., *Ancient Buddhist Scrolls from Gandhāra: The British*

Library Kharoṣṭī Fragments (Seattle: University of Washington Press, 1999).
Saunders, E. Dale. *Mudrā: A Study of Symbolic Gestures in Japanese Buddhist Sculpture* (London: Routledge and Kegan Paul,1960).
Schafer, Edward. *Ancient China* (New York: Time-Life Books, 1967).
Schafer, Edward. *The Golden Peaches of Samarkand: A Study of T'ang Exotics* (Berkeley: University of California Press, 1963). (中譯本有吳玉貴譯，《唐代的外來文明》，北京：中國社會科學出版社，1995)
Schafer, Edward. "T'ang," in Chang, *Food in Chinese Culture*.
Schiffer, Michael Brian. *The Material Life of Human Beings: Artifacts, Behavior, and Communication* (London: Routledge, 1999)
Schlereth, Thomas J. *Material Culture Studies in America* (Nashville:American Association for State and Local History, 1982).
Schmitt, Jean-Claude. *La raison des gestes dans l'Occident médiéval* (Paris: Gallimard, 1960).
Schneider, Richard. "Les copies de sūtra défectueuses dans les manuscrits de Touenhouang," 收入 Drège, *De Dunhuang au Japon,* pp. 141-161.
Schober, Juliane. "Buddhist Just Rule and Burmese National Culture: State Patronage of the Chinese Tooth Relic in Myanma," *History of Religions*, vol. 35, no. 3 (1997), pp. 218-243.
Schopen, Gregory. *Bones, Stones, and Buddhist Monks: Collected Papers on the Archaeology, Epigraphy, and texts of Monastic Buddhism in India* (Honolulu: University of Hawaii Press, 1997).
Schopen, Gregory. "The Good Monk and His Money in a Buddhist Monasticism of 'The Mahāyāna Period'"，*The Eastern Buddhist*, vol. 32, no. 1 (2000), pp. 85-105.
Schopen, Gregory. "The Phrase 'sa pṛthivīpradeśaś caityabhūto bhavet' in the *Vajracchedikā*: Notes on the Cult of the Book in Mahāyāna," *Into-Iranian Journal,* vol.17, no.3/4 (1975), pp. 147-187.
Sebillot, Paul. "Les ponts du moyen age et les frères pontifes," 收入 *Les travaux public et les mines dans les traditions et les superstitions de tous les pays* (1894; rpt. Neuilly, Guy Durier), pp. 121-140.
Seidel, Anna. "Imperial treasures and Taoist Sacraments — Taoism Roots in the Apocrypha," 收入 Michel Strickmann, ed., *Tantric and Taoist Studies in Honour of R.A. Stein,* vol.2, *Mélanges Chinois et bouddhiques*, vol. 21 (Bruxelles: Institute Belge des Hautes Études Chinoises, 1983) pp. 291-371.
Shaffern, Robert W. "Images, Jurisdiction, and the Treasury of Merit," *Journal of Medieval History,* 27.33 (1996), pp. 237-247.
Sharf, Robert H. "The Idolization of Enlightenment: On the Mummification of

Ch'an Masters in Medieval China," *History of Religions*, vol. 32, no. 1 (1992), pp. 1-31.
Sharf, Robert H. "On the Allure of Buddhist Relics," *Representations* 66 (1999), pp. 75-99.
Shastri, Hirananda. "The Nalanda Copper-Plate of Devapaladeva," *Epigraphia Indica*, 17 (1924), pp. 310-327.
Shinohara, Koichi (筱原亨一). "Two Sources of Chinese Buddhist Biographies: Stupa Inscriptions and Miracle Stories," in Phyllis Granoff and Koichi Shinohara, eds, *Monks and Magicians: Religious Biographies in Asia* (Oakville: Mosaic Press, 1988), pp. 119-228.
Shinohara, Koichi. "The Kaṣāya Robe of the Past Buddha Kāśyapa in the Miraculous Instruction Given to the Vinaya Master Daoxuan (596-667)," *Chung-Hwa Buddhist Journal*, vol. 13 (2000), pp. 299-367.
Shiratori Kurakichi (白鳥庫吉). "The Mu-nan-chu of Ta-ch'in and the cintāmaṇi of India," *Memoirs of the Research Department of the Toyo Bunko*, vol. 11(1939), pp. 2-54. (《大秦的木難珠與印度的如意珠》一文後收入《白鳥庫吉全集》第 7 卷，東京：岩波書店，1969，第 597-640 頁)
Sickman, Laurence. "A Sixth-Century Buddhist Stele," *Apollo* (March 1973), pp. 12-17.
Skilling, Peter. "Donald Swearer's *The Buddhist World of Southeast Asia,"* *Journal of the American Oriental ociety*, vol. 117, no. 3 (1997), pp. 579-580.
Skorupski, Tadeusz. "Dharma: Buddhist Dharma and Dharmas", *Encyclopedia of Religion* (New York: MacMillan, 1987), vol.4, pp. 332-338。
Snellgrove, David. *Indo-Tibetan Buddhism: Indian Buddhists and Their Tibetan Successors* (Boston: Shambhala, 1987).
Snellgrove, David. Snellgrove, *The Image of the Buddha* (Paris: UNESCO, 1978).
Snodgrass, Adrian. *The Symbolism of the Stupa* (Ithaca: Cornell University Press, 1985).
Sommer, Deborah A. "Images into Words: Ming Confucian Iconoclasm," *National Palace Museum Bulletin,* 29.1-2 (1994), pp. 1-24.
Soper, Alexander. *Literary Evidence for Early Buddhist Art in China* (Ascona: Artibus Asiae Publisher, 1959).
Spuler, Bertold. "Trade in the Eastern Islamic Countries in the Early Centuries," 收 入 D.S. Richard, *Islam and the Trade of Asia* (Philadelphia: University of Pennsylvania Press, 1970), pp. 11-20.
Stammton, George. *An Authentic Account of An Embassy from the King of Great Britain to the Emperor of China*, (London: W.Bulmer, 1797), p.223. 此書寫作主要依靠 Macartney 的資料。(中譯本有葉篤義譯《英使謁見乾隆紀實》，

上海：上海書店出版社，1997)
Stcherbatsky, Th.. *The Central Conception of Buddhism and the Meaning of the Word "Dharma"* (London: The Royal Asiatic Society, 1923).
Stevenson, Daniel B. "Texts, Image, and Transformation in the History of the Shuilu fahui, the Buddhist Rite for the Deliverance of Creatures of Water and Land," 收錄於 Marsha Weidner, *Cultural Intersections in Later Chinese Buddhism* (Honolulu: University of Hawaii Press, 2001), pp. 30-72.
Stiebing Jr., William H. *Uncovering the Past: A History of Archaeology* (Oxford: Oxford University Press, 1993).
Stone, Louise Hawley. *The Chair in China* (Toronto: Royal Ontario Museum of Archaeology, 1952).
Strickmann, Michel. *Mantras et Mandarins: le bouddhisme tantrique en Chine* (Paris: Gallimard, 1996).
Strong, John S. *The Legend of King Aśoka: A Study and Translation of the Aśokāvadāna* (Princeton: Princeton University Press, 1983).
Tambiah, Stanley. *The Buddhist Saints of the Forest and the Cult of Amulets* (Cambridge: Cambridge University Press, 1984).
Tanabe, George J. Jr., "Telling Beads: The Forms and Functions of the Buddhist Rosary in Japan," (Beiträge des Arbeitskreises Japanische Religionen, 2012), pp. 1-20.
Teiser, Stephen F. *The Scripture on the Ten Kings and the Making of Purgatory in Medieval Chinese Buddhism* (Honolulu: University of Hawaii Press, 1994).
Thomas, Edward J. *The Life of Buddha as Legend and History* (3rd ed. 1949; rpt. London: Routledge & Kegan Paul, 1975).
Tokuno, Kyoko. "*The Book of Resolving Doubts Concerning the Semblance Dharma*," 收入 Donald S. Lopez Jr., *Buddhism in Practice* (Princeton: Princeton University Press, 1995), pp. 257-71.
Trachtenberg, Alan. *Brooklyn Bridge: Fact and Symbol* (Chicago: University of Chicago Press, 1979).
Trichet, Louis. *Le costume du clergé: ses origines et son évolution en France d'après les règlements de l'Église* (Paris: Cerf, 1986).
Trigger, Bruce G. *A History of Archaeological Thought* (Cambridge: Cambridge University Presss, 1989).
Tsien, Tsuen-hsuin. Paper and Printing, part 1 of vol.5, Chemistry and Chemical Technology. In Joseph Needham, ed., *Science and Civilisation in China* (Cambridge: Cambridge University Press, 1985). (中譯單行本見錢存訓著，鄭如斯編訂，《中國紙和印刷文化史》，桂林：廣西師範大學出版社，2004)

Trombert, Eric. *Le Credit a Dunhuang: Vie materielle et societe en Chine medievale.* (Paris: College de France, Institut des Hautes Etudes Chinoises, 1995).

Tylor, Edward B. *Primitive Culture: Researches into the Development of Mythology, Philosophy, Religion, Language, Art, and Custom* (1871; 5th ed., London: John Murray, 1929).

Vishnu, Asha. *Material Life of Northern India (3rd century B.C.to 1st Century B.C.)* (New Delhi: Mittal Publications,1993).

Vogel, J. Ph. "Prakrit Inscriptions from a Buddhist Site at Nagarjunikonda," *Epigraphia Indica,* 20 (1929), pp. 1-37.

Walker, William H. "Where are the Witches of Prehistory?" *Journal of Archaeological Method and Theory,* vol.5, no.3 (1998), pp. 245-308.

Walker, William H. "Ceremonial Trash," in *Expanding Archaeology,* James M Skibo et al. ed. (Salt Lake City: University of Utah Press, 1995), pp. 67-79.

Wang-Toutain, Françoise. "Le bol du Buddha. Propagation du bouddhisme et légitimité politique." *Bulletin de l'Ecole française d'Extrême-Orient* vol.81 (1994)，pp. 59-82.

Wang, Zhenping. "Chonen's Pilgrimage to China, 983-986," *Asia Major*, Third Series, vol. 7, no. 2(1994), pp. 63-97.

Wanscher, Ole. *Sella Curulis: The Folding Stool, an Ancient Symbol of Dignity* (Copenhagen,1980).

Watters, Thomas. *On Yuan Chwang's Travels in India* (1904; rpt., New Delhi: Munshiram Manoharlal Publishers, 1973).

Weinstein, Stanley (斯坦利・威因斯坦). *Buddhism Under the T'ang* (Cambridge: Cambridge University Press, 1987) (張煜譯中文版《唐代佛教》上海古籍出版社，2010)

Welch, Holmes. *Buddhism under Mao* (Cambridge: Harvard University Press, 1972).

Welch, Holmes. *The Practice of Chinese Buddhism 1900-1950* (Cambridge: Harvard University Press, 1967).

Wensinck, A. J. "Subha." In Thomas Patrick Hughes, ed., *A Dictionary of Islam* (Lahore: Premier Book House, 1965), p. 492.

White, Lynn. *Medieval Technology and Social Change* (Oxford: Clarendon Press, 1962).

Whitfield, Roderick.《西域美術：スタイン・コレクション》(東京：講堂社，1984).

Wijayaratna, Mohan. *Buddhist Monastic Life: According to the Texts of the Theravada Tradition*, Claude Grangier & Steven Collins trans (Cambridge: Cambridge University Press, 1990).

Winston-Allen, Anne. *Stories of the Rose: The Making of the Rosary in the Middle Ages* (University Park: Pennsylvania State University Press, 1997).
Wright, Arthur F. *The Sui Dynasty: The Unification of China, A.D. 581-617* (New York: Alfred A. Knopf, 1978).
Wood, Christopher S. "Iconoclasm and Iconophobia," in Michael Kelly, ed., *Encyclopedia of Aestheics* (Oxford: Oxford University Press, 1998), pp. 450-454.
Wu Hung (巫 鴻). "Buddhist Elements in Early Chinese Art," *Artibus Asiae* 47 (1986), pp. 264-73. (中譯本收入《禮儀中的美術》一書。巫鴻著，鄭岩等譯，《禮儀中的美術：巫鴻中國古代美術史文編》，生活・讀書・新知三聯書店，2005）
Wu Tung (吳同), "From Imported 'Nomadic Seat' to Chinese Folding Armchair," *Journal of the Classical Chinese Furniture Society* 3.2 (Spring 1993), pp. 38-47，(原戴於 *Boston Museum Bulletin* 71[1973]).
Yang Lien-sheng. *Les aspects économiques des travaux publics dans la chine impériale* (Paris: Collège de France, 1964).
Yen Chuan-Ying (顏娟英), "The Sculpture from the Tower of seven Jewels: the style, Patronage and Iconography of the Monument" (哈佛大學博士論文，1986).
Yu, Jimmy. *Sanctity and Self-Inflicted Violence in Chinese Religions, 1500-1700* (Oxford: Oxford University Press, 2012).
Yü Ying-shih (余英時). "Han" in K. C. Chang 張光值 , ed., *Food in Chinese Culture* (New Haven: Yale University Press, 1977) pp. 53-83.
Zürcher, Erik (許理和). *The Buddhist Conquest of China: The Spread and Adaptation of Buddhism in Early Medieval China* (Leiden: Brill, 1972). (李四龍等譯，《佛教征服中國》，江蘇人民出版社，2003)
Zürcher, Erik. "Buddhist Art in Medieval China: The Ecclesiastical View," 載於 K.R. van Kooij and H. van der Veere, ed., *Function and Meaning in Buddhist Art* (Groningen: Egbert Forsten, 1995), pp. 1-20.
Zürcher, Erik. "Han Buddhism and the Western Region," 收入 Jonathan A. Silk ed., *Buddhism in China. Collected Papers of Erik Zürcher* (Leiden: Brill, 2014), pp. 353-376.
Zwalf, Wladimir ed. *Buddhism: Art and Faith* (London: British Museum Publications, 1985)

日文及中文

3 畫

山東聊城地區博物館，〈山東聊城北宋鐵塔〉，《考古》1987.2，第 124-130 頁。
山東省青州市博物館《青州龍興寺佛教造像窖藏清理簡報》，《文物》1998.2，第 4-15 頁。
山田憲太朗，《東亞香料史》，1942；京都：同朋舍，1979。
川口高風，〈袈裟史における道宣の地位一六物を中心に〉，《宗教研究》47.2，1974，第 98-100 頁。
小野玄妙，《佛書解說大辭典》，東京：大東出版社，1932。

4 畫

王吉懷，《中國遠古暨三代宗教史》，北京：人民出版社，1994。
王年一，《大動亂的年代》，鄭州：河南人民出版社，1988。
王熙祥，曾德仁《四川資中重龍山摩崖造像》，《文物》1988.8，第 19-30 頁。
王克芬等，《佛教與中國舞蹈》，天津：天津人民出版社，1995。
中村元，《佛教語大辭典》，東京：東京書籍，1975。
中國社會科學院語言研究所編，《現代漢語詞典》，北京：商務印書館，1985。
中國社會科學院考古研究所等，〈河北臨漳鄴城遺址出土的北朝銅造像〉，《考古》1992.8，第 741-744 頁。
中國美術編輯委員會，《中國美術全集：雕塑編 13 鞏縣天龍山響堂山安陽石窟雕塑》，北京：人民美術出版社，1984-1989。
方廣錩，〈敦煌文獻中的《金剛經》及其注疏〉，《世界宗教研究》1995.1，第 74-80 頁。
方廣錩，《佛教大藏經史（8-10 世紀）》，北京：中國社會科學出版社，1991。
方豪，〈宋代僧徒對造橋的貢獻〉，收入《方豪六十至六十四自選待定稿，臺北：學生書局，1974，第 137-146 頁。
方豪，〈宋代僧侶對於栽茶之貢獻〉，《大陸雜誌》29.4，1964，第 124-128 頁。
天水麥積山石窟藝術研究所，《中國石窟：麥積山石窟》，東京：平凡社，1987。
王雲英，《清代滿族服飾》，瀋陽：遼寧出版社，1985。
王勇，〈塵尾雜考〉，《佛教藝術》175，1987，第 77-89 頁。
尹聖平、李西興、《唐墓壁畫精品選粹》，西安：陝西人民美術出版社，1991。

5 畫

四川省文物考古研究所編，《三星堆祭祀坑》，北京：聞物出版社，1999。
平井宥慶，〈金剛般若經〉，收入牧田諦亮編，《敦煌と中國佛教》，東京：大東出版社，1984，第 17-34 頁。

田青，〈佛教音樂的華化〉，《世界宗教研究》1985.3，第 1-20 頁。
布目潮渢，〈唐代の名茶とその流通〉，收入《小野勝年博士頌壽記年東方學論集》，京都：龍谷大學東洋史學研究會，1982，第 255-285 頁。
正倉院事務所編，《正倉院寶物．北倉》，京都：正倉院事務所編，1989。
石興邦選編，《法門寺地宮珍寶》，西安：陝西人民美術出版社，1989。
北京圖書館金石組，《北京圖書館藏中國歷代石刻拓本彙編》，鄭州：中州古籍出版社，1989。

6 畫

江燦騰，〈關於佛牙舍利真偽之辨〉，《當代》第 130 期，1998.6，第 68-73 頁。
朱慶之，《佛典與中國漢語詞彙研究》，臺北：文津出版社，1992。
朱端玟，《成語與佛教》，北京：北京經濟學院，1989。
朱大渭，〈中古漢人由跪坐到垂腳高坐〉，《中國史研究》4，1994，第 102-114 頁。
朱謙之，《中國景教》，北京：東方出版社，1993。
朱自振，〈中國茶文化史〉，收入《中國茶酒文化史》，臺北：文津出版社，1995。
朱重聖，〈我國飲茶成風之原因及其對唐宋社會與官府之影響〉，《史學彙刊》10，1980，第 93-150 頁。
伊東照司，《原始佛教美術圖典》，東京：雄山閣出版株式會社，1992。
牟潤孫，〈唐初南北學人論學之異趣與影響〉，《香港中文大學中國文化研究學報》1，1968，第 50-89 頁。

7 畫

杜正勝〈與華無極：鼎的歷史與神話〉，《故宮文物月刊》第 8 卷第 2 期，1990 年，第 6-19 頁。
杜斗城，〈隋文帝分舍利建塔的意義及其有關問題〉，載於《北涼譯經論》，蘭州：甘肅文化出版社，1995，第 282-291 頁。
杜斗城，《北涼譯經論》，蘭州：甘肅文化出版社，1995。
李建民，〈中國古代「掩骴」禮俗考〉，《清華學報》24.3，1994，第 319-342 頁。
李玉珉，〈中國早期佛塔溯源〉，《故宮學術季刊》6.3，1990 年，第 85 頁。
李建超，〈隋唐長安城實際寺遺址出土文物〉，《考古》1998.4，第 314-317 頁。
李濟，〈跪坐蹲居與箕踞〉，《國立中央研究院歷史語言研究所集刊》24，1954，第 254-255 頁。
李治寰，《中國食糖史稿》，北京：農業出版社，1990。
李治寰，〈從製糖史談石蜜和冰糖〉，《歷史研究》1981.2，第 146-154 頁。
宋光宇，〈關於善書的研究及其展望〉，《新史學》5.4，1994，第 163-191 頁。
吳英才、郭雋杰，《中國的佛寺》，天津：天津人民出版社，1994。

吳美鳳，〈宋明時期家具形制之研究〉，臺北：中國文化大學藝術研究所美術組碩士論文，1996。
吳美鳳，〈坐椅繩床閑自念——從明式家具看坐具之演變〉，《歷史文物》8.2，1998，第59-69頁。
佛光大辭典編修委員會編，《佛光大辭典》，高雄：佛光出版社，1988。
余英時，〈說鴻門宴的坐次〉，收入《史學與傳統》，臺北：時報文化出版公司，1982，第184-195頁。
余雲華，《拱手、鞠躬、跪拜——中國傳統交際禮儀》，成都：四川人民出版社，1993。

8畫

金申編，《中國歷代紀年佛像圖典》，北京：文物出版社，1995。
周錚，《駱思慎造像小考》，《文物》1984.12，第23-24頁。
周星，《境界與象徵：橋與民俗》，上海：上海文藝出版社，1998。
周紹良，〈彌勒信仰在佛教初入中國的階段和其造像意義〉，《世界宗教研究》1990.2，第35-39頁。
竺沙雅章，《中國佛教社會史研究》，京都：同朋舍，1982。
尚秉和，《歷代社會風俗事物考》，臺北：臺灣商務印書館，1985。
易水，〈漫談胡床〉，《文物》1982.10，第82-85頁。
長廣敏雄，《六朝時代美術の研究》，東京：美術出版社，1969。
季羨林，〈一張有關印度製糖法傳入中國的敦煌殘卷〉，載《歷史研究》1982.1，第124-136頁。
林正三，〈唐代飲茶風氣探討〉，《國立編譯館館刊》13.2，1984，第208-228頁。
武翔，〈江蘇六朝畫像磚研究〉，《東南文化》1997.1，第72-96頁。
河野訓，〈僧衣資料研究：四分律二衣總別篇—本文（抄）並びに譯解〉，《佛教文化》18，1987，第85-114頁；《佛教文化》19，1988，第74-86頁。
河北省文物管理處，《河北易縣淨覺寺舍利塔地宮清理記》，《文物》1986.9，第76-80頁。
河南省古代建築保護研究所，《寶山靈泉寺》，河南：河南人民出版社，1991。

9畫

馬德，《敦煌工匠史料》，蘭州：甘肅人民出版社，1997。
馬德，《敦煌莫高窟史研究》，蘭州：甘肅教育出版社，1996。
侯旭東，《五六世紀北方民眾佛教信仰》，北京：中國社會科學出版社，1998。
茅以升，《中國古橋技術史》，北京：中國青年出版社，1986。
胡德生，〈古代的椅和凳〉，《故宮博物院院刊》1996.3，第23-33頁。
鳥居本幸代，〈南山道宣の袈裟觀について〉，《天臺學報》25，1983，第185-188頁。

洛陽市文物工作隊，《洛陽唐神會和尚身塔塔基清理》，《文物》1992.3，第 64-67 頁。
故宮博物院編輯委員會，《清代服飾展覽圖錄》，臺北：故宮博物院，1986。

10 畫

連雲港市博物館，〈連雲港海清寺阿育王塔文物出土記〉，《文物》1981.7，第 31-38 頁。
高皋、嚴家其，《文化大革命十年史》，天津：天津人民出版社，1986。
唐寰澄，《中國古代橋梁》，北京：文物出版社，1957。
唐寰澄，《橋梁卷》，收入盧嘉錫編，《中國科學技術史》，北京：科學出版社，2000。
孫機，《漢代物質文化資料圖說》，北京：文物出版社，1991。
孫機，〈唐李壽石槨線刻《侍女圖》、《樂舞圖》散記〉，《文物》1996.5，第 33-49 頁。
孫機，〈我國早期的眼鏡〉，收入孫機、楊泓著，《文物叢談》，北京：文物出版社，1991，第 203-207 頁。
孫機，《中國聖火》，遼寧：遼寧教育出版社，1996。
孫修身，《王玄策事跡鉤沉》，烏魯木齊：新疆人民出版社，1998。
陝西省博物館、文館會，〈唐李壽墓發掘簡報〉、〈唐李壽墓壁畫試探〉，《文物》1974.9，第 71-94 頁。
徐蘋芳，《中國歷史考古學論叢》，臺北：允晨文化出版社，1995。

11 畫

陳偉明，《唐宋飲食文化初探》，北京：中國商業出版社，1993。
陳垣，〈佛牙故事〉，載於《陳援庵先生全集》，第 14 冊，臺北：新文豐出版社，1993，第 305-314 頁。
陳垣，〈法獻佛牙隱現記〉，載於《陳援庵先生全集》，第15冊，第469-471頁。
陳光祖，〈佛光山所迎的不是「第三顆牙」〉，《當代》第 131 期，1998.7，第 88-105 頁。
陳增弼，〈漢、魏、晉獨坐式小榻初論〉，《文物》1979.9，第 66-71 頁。
陳椽，《茶葉通史》，北京：農業出版社，1984。
常敘政、朱學山，〈山東省惠民縣出土錠光佛舍利棺〉，《文物》1987.3，第 60-62 頁。
常青，《記榆林發現的劉宋金銅佛像》，《文物》1995.1，第 92-95、89 頁。
常盤大定，《續支那佛教の研究》，東京：春秋社松柏館，1941。
曹者祉主編，《中國古代俑》，上海：上海文化出版社，1996。
曹仕邦，《中國沙門外學的研究：漢末至五代》，臺北：東初出版社，1994。
許惠利，〈北京智化寺發現元代藏經〉，《文物》1987.8，第 1-7、29 頁。

梁其姿，〈清代的習字會〉，《新史學》5.2，1994，頁 83-115。
崔詠雪，《中國家具史：坐具篇》，臺北：明文書局，1994。
郭紹林，《唐代士大夫與佛教》，臺北：文史哲出版社，1993。
望月信亨，《佛教大辭典》，東京：世界聖典刊行協會，1963。
國立故宮博物院編輯委員會，《海外遺珍：佛像》（一），臺北：國立故宮博物院圖，1986。

12 畫

黃滋，〈浙江嵩陽延慶寺塔構造分析〉，《文物》1991.11，第 84-87 頁。
黃進興，〈毀像與聖師祭〉，《大陸雜志》99.5，1999，第 1-8 頁。
黃敏枝《宋代佛教社會經濟史論集》，臺北：學生書局，1989。
黃正建，〈唐代的椅子與繩床〉，《文物》1990.7，第 86-88 頁。
黃兆漢，〈木魚考〉，載《世界宗教研究》1987. 1，第 28-38 頁。
湯用彤，《漢魏兩晉南北朝佛教史》，北京：中華書局，1983。
程光裕〈宋元時代泉州之橋梁研究〉，《宋史研究集》6，臺北：中華叢書編審委員會，1958，第 313-334 頁。
程羚等編，《釋迦牟尼佛真身舍利》，臺灣：佛光人文社會學院，2002。
滋賀高義，〈敦煌寫經跋文より見た佛教信仰〉，收入野上俊靜編，《大谷大學所藏敦煌古寫經》，京都：大谷大學東洋學研究室，1986，第 151-156。
童瑋《北宋〈開寶大藏經〉雕印考釋及目錄還原》，北京：書目文獻出版社，1991。
雲夢睡虎地秦墓編寫組編，《雲夢睡虎地秦墓》，北京：文物出版社，1981。
賀梓城，〈唐墓壁畫〉，《文物》1959.8，第 31-33 頁。
賀昌群，〈世說新語札記〉，《國立中央圖書館館刊》復刊第一號，1947，第 1-7 頁。
曾布川寬，〈龍門石窟における唐代造像の研究〉，《東方學報》60，1988，第 199-398 頁。

13 畫

楊繩信，〈從《磧砂藏》刻印看宋元印刷工人的幾個問題〉，《中華文史論叢》29.1，1984，第 40-58 頁。
楊泓，〈敦煌莫高窟與中國古代家具史研究之一〉，載於段文杰編，《1987 敦煌石窟研究國際討論會文集（石窟考古編）》，瀋陽：遼寧美術出版社，1990，第 520-533 頁。
溫州市文物處，《溫州市北宋白象塔清理報告》，《文物》1987.5，第 1-15 頁。

14 畫

滿久崇麿，《仏典の植物》，東京：八坂書房，1995。

漢語大詞典編纂處，《漢語大詞典》，上海：上海辭書出版社，1991。
蒲慕州，《追尋一己之福・中國古代的信仰世界》，臺北：允晨出版社，1995。
蒲慕州，蒲慕州《墓葬與生死 —— 中國古代宗教之省思》，臺北：聯經出版社，1993。
磁縣文化館，〈河北磁縣東陳村東魏墓〉，《考古》1977.6。
暨遠志，〈唐代茶文化的階段性 —— 敦煌寫本〈茶酒論〉研究之二〉，《敦煌研究》1982.2，第 99-107 頁。

15 畫

劉友恆、樊子林，〈河北正定天寧寺淩霄塔地宮出土文物〉，《文物》1991.6，第 28-37 頁。
劉淑芬，〈五至六世紀華北鄉村的佛教信仰〉，《中央研究院歷史語言研究所集刊》63.3，1993，第 497-544 頁。
劉善沂《山東茌平縣廣平出土唐代石造像》，《考古》1983.8，第 752 頁。
劉敦楨對中國建築的調查，《中國古代建築史》，北京：中國建築工業出版社，1980。
劉靜〈反切源於佛教說辨析〉，《陝西師大學報》22.2，1993，第 122-127 頁。
劉桓，〈卜辭拜禮試析〉，載於《殷契新釋》，河北：河北教有出版社，1989，第 1-51 頁。
潘重規，《敦煌變文集新書》，臺北：文津出版社，1994。

16 畫

錢穆，《國史大綱》，1931；臺北：臺灣商務印書館，1984。
蕭璠，〈長生思想和與頭髮相關的養生方術〉，《中央研究院歷史語言研究所集刊》69.4，1998，第 671-726 頁。
龍門文物保管所，《龍門石窟》，北京：文物出版社，1991。

17 畫

韓偉，〈從飲茶風尚看法門寺等地出土的唐代金銀茶具〉，載於《文物》1988.10，第 44-56 頁。
韓偉，《法門寺地宮金銀器鏨文考釋》，《考古與文物》1995.1，第 71-78 頁。

18 畫

顏娟英，《北朝佛教石刻拓片百品》，第 1 冊，no. 34，臺北：中央研究院歷史語言研究所，2008。
聶崇正，《清代宮廷繪畫》，香港：商務印書館，1996。

19 畫

羅宗振，〈唐代揚州寺廟遺址的初步考析〉，《考古》1981.4，第 359-362 頁。
羅振玉，〈宋元釋藏刊本考〉，收入《永豐鄉人雜著》，1922。
藤田豐八，〈胡床について〉，收入《東西交涉史の研究》，東京：岡書院，1934，第 143-185 頁。

國家圖書館出版品預行編目資料

器物的象徵：佛教打造的中國物質世界／柯嘉豪（John Kieschnick）著；趙悠、陳瑞峰、董浩暉、宋京、楊增譯 . -- 初版 . -- 新北市：遠足文化 , 2020.12
面；　公分 . --（潮歷史）
ISBN 978-986-508-081-5（平裝）

1. 佛教　2. 物質文化　3. 文化研究

220　　109018791

潮歷史 03

器物的象徵

佛教打造的中國物質世界

作　　者── 柯嘉豪（John Kieschnick）
編　　輯── 王育涵
叢書主編── 蔣竹山
執 行 長── 陳蕙慧

行銷總監── 陳雅雯
行銷企劃── 尹子麟、余一霞、張宜倩
封面設計── 江孟達工作室
內文排版── 張靜怡

社　　長── 郭重興
發行人兼出版總監── 曾大福
出 版 者── 遠足文化事業股份有限公司
地　　址── 231 新北市新店區民權路 108-2 號 9 樓
電　　話── (02) 2218-1417
傳　　真── (02) 2218-0727
客服信箱── service@bookrep.com.tw
郵撥帳號── 19504465
客服專線── 0800-221-029
網　　址── https://www.bookrep.com.tw
臉書專頁── https://www.facebook.com/WalkersCulturalNo.1
法律顧問── 華洋法律事務所　蘇文生律師
印　　製── 呈靖彩藝有限公司

定　　價── 新臺幣 520 元

初版一刷　西元 2020 年 12 月
初版四刷　西元 2022 年 12 月
Printed in Taiwan
有著作權　侵害必究

The Impact of Buddhism on Chinese Material Culture by John Kieschnick
Copyright © 2003 by Princeton University Press
This edition published by arrangement with Princeton University Press
through Bardon-Chinese Media Agency
博達著作權代理有限公司
All rights reserved.

本書譯文經北京時代墨客文化傳媒有限公司代理，由上海中西書局有限公司授權使用。

特別聲明：有關本書中的言論內容，不代表本公司／出版集團之立場與意見，文責由作者自行承擔。